포스트커뮤니케이션을 말하다

미디어지식인의 기록 2017

나남
nanam

나남신서 2104

포스트커뮤니케이션을 말하다

미디어지식인의 기록 2017

2022년 2월 5일 발행
2022년 2월 5일 1쇄

지은이   김승수
편집자   심미선 정연우 김수정 최은경
발행자   趙相浩
발행처   (주) 나남
주소   10881 경기도 파주시 회동길 193
전화   (031) 955-4601 (代)
FAX   (031) 955-4555
등록   제 1-71호 (1979.5.12)
홈페이지   http://www.nanam.net
전자우편   post@nanam.net

ISBN 978-89-300-4104-1
ISBN 978-89-300-8001-9 (세트)

나남신서 2104

포스트커뮤니케이션을 말하다

미디어지식인의 기록 2017

김승수 지음

나남
nanam

저자 서문을 대신하여

2018년에는 11월 24일에 첫눈이 내렸습니다. 창밖에는 첫눈이 내리고, 김승수 교수는 눈이 내리는 하늘나라로 그렇게 떠났습니다. 그이후로 우리 가족에게 첫눈은 설렘이 아니라 '진한 슬픔'이 되었습니다. 첫눈 오는 날이면 먼저 떠난 남편을, 아빠를 기억합니다.

저와 남편은 언론학을 전공했지만 학문분야는 완전히 달랐습니다. 남편 김승수 교수는 비판적 정치경제학을 공부했고, 저는 실증주의 연구자였습니다. 같은 언론학을 전공했지만 관심을 두는 학문분야가 다르다 보니, 남편도 저도 서로의 연구 분야에 대해 깊이 알지 못했습니다.

김승수 교수는 아내인 제가 자신의 글을 읽고 평가해 주기를 바랐습니다. 그러나 엄마의 역할과 학자로서의 역할이 저에게는 너무 과중했고, 변명 같지만 함께 사는 동안 남편의 학문세계에 큰 관심을 갖지 못했습니다. 남편을 보내고 남겨둔 원고를 보면서 비로소 남편이 무엇에 관심을 갖고 어떤 생각을 하며 살았는지, 그리고 그의 학문의 세계가 얼마나 넓고 깊은지를 알게 되었습니다. 책에도 유행가 가사가 많이 나오는데 남편은 대중가요를 좋아했고, 책 읽고 토론하고 글 쓰고 틈틈이 서점에 들러 신간 서적을 찾아보는 게 그에게는 가장 행복한 일상이었던 것 같습니다.

남편은 떠나면서 저에게 두툼한 스프링노트 하나를 남겨 놓았습니다. 병원 침대 옆에 두고 정신이 들 때면 교정을 보았던 그 낡은 스프링노트. 노트에는 남편이 수정한 흔적이 남아있지만 대부분 알아볼 수 없었습니다. 병이 진행되는 와중에 틈나는 대로 원고를 수정했지만 남편이 수정한 내용은 알아볼 수 없었고, 대신 거기서 저는 그의 학문에 대한 열정을 보았습니다. 살아서는 무관심했던 그의 학문세계에 관심을 갖게 되었고, 그는 떠났지만 그가 세상에 말하고 싶어 했던 것을 대신 전하고 싶었습니다.

그래서 생전에 함께 공부했던 분들과 상의해 유고집으로 출판하기로 했습니다. 2년 전의 일입니다. 그리고 이제 한 권의 책으로 김승수의 마지막 저술이 완성되었습니다. 김승수 교수는 생전에 단독 저서로만 10권의 책을 집필했습니다. 그런데 이 책은 이제까지 저술했던 책의 모든 내용과 생각들을 아우르는 완성본 같았습니다. 이 책에는 전 자본주의 시대의 커뮤니케이션부터 포스트커뮤니케이션에 이르기까지 커뮤니케이션 제도가 어떻게 발전해 왔고, 사람들과 사회에 어떤 영향을 미치고 있는지를 김 교수만의 독특한 시각으로

다루고 있습니다. 낡은 노트 한편에 끼적여 놓은 글귀에서 그가 이
책에서 말하고 싶은 것이 무엇인지를 짐작할 수 있었습니다.

> 필자는 이 책에서 미디어 자본주의를 청산하고, 우리가 가야 할 정
> 보 정의 사회를 상상해 보았다. 정보 정의 사회란 수용자대중이 참
> 여하고 지배하는 미디어, 미디어 규제기구가 사회적으로 중요한 정
> 보를 생산, 유통하며, 공익을 목표로 정보를 생산하는 구조를 말한
> 다. 수용자대중은 정보의 고객도 아니며, 선동이나 선전 또는 규제
> 의 대상도 아니다. 이들은 미디어와 정보의 주체이자 주인일 뿐 아
> 니라 이 사회의 주인이기도 하다. 그럼에도 재벌-미디어-권력복합
> 체에서 수용자대중은 지배복합체가 만들어 놓은 디지털 커뮤니케이
> 션 기술과 콘텐츠 구입에 많은 돈과 시간을 쓴다. 자본주의 정치,
> 산업, 입법 등의 영역은 미디어산업에 더 많이 의존한다. 미디어,
> 광고, 마케팅이 생산과 소비, 정치과정에 개입하고, 수용자 대중의
> 의식을 관여하는 사회가 미디어 자본주의다. 이 책은 바로 미디어
> 자본주의가 무엇인지 이야기하려 한다.

이 책이 세상에 나오기까지는 많은 분의 도움이 있었습니다. 특
히 정연우, 김수정, 최은경 교수님의 헌신적인 노력이 아니었다면
아마 이 책은 세상에 나오지 못했을 것 같습니다. 남편의 원고를 보
면서 이해되지 않는 부분들은 대부분 정연우 교수님께서 그 답을 주
셨습니다. 오랫동안 남편의 학문적 동지이자 바둑 친구였던 정연우
교수님은 남편의 학문세계를 가장 잘 이해하고 계신 분입니다. 김수

정 박사님은 주도적으로 모임을 이끌어주셨습니다. 또 원고에 빠진 참고문헌의 대부분을 꼼꼼히 찾아주셨습니다. 최은경 교수님은 1주기 언론정보학회 김승수 교수 추모 세션부터 발제를 맡아주셨고, 책 작업에도 많은 시사점을 던져주셨습니다. 지도교수이자 김승수 교수의 학문적 스승이었던 그레이엄 머독 교수님은 긴 추모의 글을 보내주셨습니다. 추모 글을 통해 30년을 함께 살면서도 몰랐던 영국 유학시절 남편의 모습을 그려볼 수 있었습니다. 그리고 무엇보다 이 책이 세상에 나오는 데는 나남 조상호 회장님의 도움이 컸습니다. 방학 때만 되면 남편은 파주로 바둑을 두러갔습니다. 남편에게 나남 조 회장님은 선배이자 바둑 친구였으며, 또 김 교수의 학문적 세계를 이해하고 비판해 주시는 동료이셨던 것 같습니다. 혼자라면 도저히 할 수 없었던 일을 함께 하니 가능했고, 저 역시도 남편 덕분에 많은 공부를 하게 되었습니다. 이분들께 김승수 교수를 대신해서 무한한 감사를 드립니다.

지나고 보니 김 교수는 자신의 생각을 논문을 통해, 그리고 책을 통해 많은 사람과 함께 공유하고 토론하기를 좋아했던 것 같습니다. 지금은 떠나고 없지만, 남겨놓은 그 사람의 생각을 많은 미디어 지식인들과 나누고 싶습니다. 이윤의 논리가 지배하는 미디어 생태계에서, 그리고 비판 커뮤니케이션의 입지가 작아지는 상황에서 이 논문이 미디어 지식인들에게 미디어의 새로운 가치를 생각해 볼 수 있는 기회가 되기를 바랍니다. 하늘나라에서 이 책의 출간을 지켜보며 환하게 웃고 있을 남편의 모습을 머릿속에 그려봅니다.

― 아내, **심미선** (순천향대 미디어커뮤니케이션학과 교수)

김승수 교수는 늘 지적 호기심을 주체하지 못하는 학자였습니다. 새로운 기술이나 연구 흐름을 누구보다도 먼저 포착하고 연구주제로 삼아 우리 학계에 화두를 던졌고, 그러면서 연구 영역과 지평을 확장하고 논의를 풍부하게 한 학자로 기억합니다. 이 책을 관통하고 있는 핵심 주제인, 이미 현실에 성큼 들어온 '인공지능시대'의 미디어 자본과 노동의 문제도 그가 우리에게 남긴 학문적 숙제입니다. 1980년대 중반 《현대자본주의와 매스미디어》란 책을 통해 소개한 미디어 정치경제학 연구는 비판적 연구에 목말라 있던 우리들에게 시원한 샘물이었습니다. 당시에는 언론의 정치경제학이 아니라 미디어 정치경제학은 너무 연구영역이 제한된 것 아니냐는 의견도 있었지만, 현재에는 오히려 미디어가 언론보다 훨씬 더 넓고 다양한 분야를 아우르는 개념이 되었으니 시대를 앞서간 것이기도 합니다.

연구회에서도 그는 언제나 새로운 주제를 제안하고 풍부한 자료들을 가져왔습니다. 특히 다른 사람들이 주목하지 않은 자료들이나 현상에서 미디어 연구와의 관련성을 발견하고 그 의미를 새롭게 해석해 냈고, 그러다 보니 섭렵하고 연구한 자료들은 방대하고 폭이 넓습니다. 이 책에서도 김승수 교수께서 미처 정리해 놓지 못한 참고문헌을 나름 찾느라고 노력했지만 확인을 못한 문헌이 제법 있는 것도 그의 지적 세계가 워낙 넓고 깊어 따라가지 못한 탓이라 생각합니다. 연구에는 엄격하고 치열하면서도 다른 관점과 견해에도 늘 겸허히 귀를 기울이시는 열린 연구자이자 인간적으로는 너무나 소탈한 김승수 교수님! 이 책 편집에 참여하면서 새로운 미디어 현상에 대해 눈이 넓어지는 행운을 누렸습니다. 고맙습니다.

— **정연우** (세명대 광고홍보학과 교수) 드림

김승수 교수께서 못 마친 원고가 있다는 이야기를 들었을 때 반갑고 또 울컥했습니다. 병상에 계신 줄 알면서 용기 내어 찾아뵙지 못했던 후회 때문이었을 겁니다. 교수님 원고를 잘 마무리하여 드릴 수 있다면 제 마음의 짐이 가벼워지겠다는 생각이 들었습니다. 말씀하시길 좋아하셨지만 후배의 말을 듣는 것도 좋아하셨던 교수님을 추억합니다. 교수님의 연구에 작은 보탬이 되었음에 감사합니다.

이 책의 상당수 원고는 연구회 발제문이기도 했습니다. 커뮤니케이션 정치경제연구회에서 발표하고 토론했던 내용이 많습니다. 새로운 커뮤니케이션 기술과 미디어 산업의 성장과 발전이 국가권력과 저널리즘의 횡포를 견제할 기회를 제공했지만 공공철학을 토대로 삼아야 할 커뮤니케이션 산업이 경제적 동기와 이윤 논리에 좌우되기 쉬운 위기를 마주했다고 지적합니다.

사실, 진실, 공정성, 정의와 같이 절대 포기할 수 없는 가치를 왜곡하거나 갉아먹고 언론의 자유, 미디어공공성이 위협받는 상황에서, 왜 미디어지식인이 침묵하거나 행동에 나서지 않느냐고 호통 치시는 것 같습니다. 자칫 비판과 비관에 갇혀 버리기 쉬운 동료, 후배들의 주저함을 이해하지 못할 것은 아니라며 멋쩍게 웃으실 것 같습니다. 그래도 사람의 도덕적 힘과 용기는 기대해 볼 만하다고 조용하게 함께 걸어주실 겁니다.

— **김수정** (중앙대 · 한양대 미디어커뮤니케이션학과 강사) 드림

2006년 여름 국제 세미나에서 처음으로 김승수 교수님과 그레이엄 머독 교수님을 만났습니다. 프레스센터 19층에서 내려다본 광화문 광장엔 한미 FTA를 반대하는 농민들로 가득 찼고, 그 틈에서도 바쁘게 지나가는 시민들을 내려다보고 계신 그레이엄 교수님은 김승수 교수님의 초대로 처음 한국을 찾으셨습니다. 김승수 교수님께선 그레이엄 교수님의 방송사와 신문사 인터뷰를 준비해 놓으셨고, 무겁지만 진지하게, 날카롭지만 인간적 고뇌가 느껴지는 아주 인상적인 토론도 보여 주셨습니다. 그해 가을 저는 그레이엄 교수님의 박사과정 지도학생으로 영국에서 조우했는데, 제겐 김승수 교수님의 부끄럽지 않은 후배가 되어야 한다는 마음의 부담이 컸습니다. 교육자와 학자뿐만 아니라 진정성 있는 말과 글로 성찰과 연구를 게을리하지 않으셨던 김승수 교수님은 많은 후배들의 롤 모델이었기 때문입니다. 저는 김승수 교수님께서 마지막으로 남기신 이번 원고를 보면서, 교수님께서 평소 보여 주셨던 진지하고 날카로우며 유연하면서도 강직하셨던 생전의 모습이 자꾸 떠올랐습니다.

김승수 교수님께서 국내 정치경제학의 지평을 넓혀주신 덕분에 후배 교육자이면서 연구자인 저는 쉽게 갚지 못할 큰 마음의 빚을 가지고 커뮤니케이션 정치경제학자의 길을 따라가고 있습니다. 하늘에 계신 김승수 교수님, 고맙습니다 그리고 존경합니다.

— **최은경** (한신대 평화교양대학 영상콘텐츠 전공 부교수) **드림**

김승수를 추모하며

그레이엄 머독*

김승수 교수를 처음 만났던 때가 기억납니다. 그는 아주 조심스럽게 제 연구실 문을 두드렸는데, 소리가 작아 지나칠 뻔했습니다. 난 들어오라고 말했는데, 김승수는 머뭇거렸습니다. 막 도착한 낯선 도시, 다른 학문 환경, 한 번도 만난 적 없는 논문 지도교수와의 관계 때문인지 그는 매우 긴장하고 있었습니다. 이제 와서 말하지만 김승수와의 첫 만남은 나에게도 긴장의 순간이었습니다.

   사회학 대학원 과정을 마칠 즈음 저는 현대 대중매체와 관련된 여러 사회현상에 관심이 있어 거의 즉흥적으로 이제 막 설립된 레스터대학(Leicester University)의 대중매체연구소 연구원에 지원했습니다. 부총장인 노블(Faster Noble)이 주도하던 연구소는 정부의 지원

* Graham Murdock, 러프버러대학 사회과학부 명예교수

을 받아 과제를 진행하는데, 당시 연구소의 주 관심사는 텔레비전이 어린이와 청소년들의 반사회적 행동에 미치는 영향에 관한 것이었습니다. 그는 연구팀의 책임자로 대학 성인교육 분야의 짐 할로란(Jim Halloran)을 임명했습니다.

과제를 끝내고 나서 대학은 매스커뮤니케이션 연구를 지속적으로 확대하기 위해 연구소에 재정 지원을 했습니다. 당시 영국에서는 대학이 미디어의 빠른 성장에 따라 야기된 광범위한 문제를 다루는 핵심적인 기관이었습니다. 리즈대학(Leeds University)의 제이 블럼러(Jay Blumler) 교수는 정치커뮤니케이션에 중점을 두었고, 리처드 호가트(Richard Hoggart)가 창립하고 스튜어트 홀(Stuart Hall)이 이끌던 버밍엄대학(Birmingham University)의 현대문화연구소는 미디어의 이데올로기 형성기능 및 대중에 미치는 영향에 주로 관심을 두었습니다.

레스터대학은 이러한 분야에도 관심이 있었지만, 버밍엄대학에서 관심을 두지 않았던 다른 두 가지 경향인 민속지학적 방법론을 사용한 문화적 노동과 생산물의 관계에 대한 질적 연구와, 바로 정치경제학 분석의 핵심인 기업과 국가권력이 미디어 제작과 수용의 조건 그리고 미디어에 대한 적절한 통제와 자원 배분에 어떻게 관여하는지가 그것입니다. 김승수가 제 연구실 문을 두드렸을 때 저는 피터 골딩(Peter Golding)과 함께 정치경제학 커뮤니케이션 연구의 틀을 짜고 있었습니다.

당시 영국에는 드물게 박사학위 과정에 다양한 국가의 학생들이

들어왔는데, 대학에서 월급을 받던 저는 논문지도에 비중 있게 참여할 수밖에 없었습니다. 꽤 많은 학생들이 아시아에서 왔는데, 이것이 저에게는 엄청난 행운이었습니다. 그들은 놀라울 정도로 뛰어났고 성실하였으며, 아카데미 안팎에서 자신의 연구를 수행하는 데 중요한 역할을 했습니다. 김승수 교수도 한국에서 이루어지는 커뮤니케이션 논의에 결정적으로 중요한 목소리를 냈습니다.

저의 학문적 토대는 서양의 생각과 경험에 한정되어 있었습니다. 당시 런던정치대학교를 중심으로 형성된 저의 학문적 경험이란 유럽 저명학자들의 연구를 토대로 영국 자본주의의 권력구조와 변화를 고찰하고, 모더니즘의 발흥과 같은 유럽 문화가 형성되는 역사적 순간에 맞춰져 있었습니다. 부끄럽지만 저는 아시아의 역사와 문화에 대해 잘 알지 못했고, 그래서 아시아에서 온 김승수를 처음 마주했을 때 저 역시도 김승수만큼 긴장하지 않을 수 없었습니다.

지도교수라면 문헌조사를 어떻게 해야 하는지, 특정한 문제 해결에 어떤 방법론을 사용해야 하고, 자신의 주장을 어떻게 설계해야 하는지에 대해 보다 생산적이고 일반적인 조언을 해야 합니다. 그러나 저는 학생들이 씨름하는 실질적인 문제에 대해 더 많이 알고 싶었고, 그래서 집중적인 독서 프로그램(program of reading)을 만들었습니다.

그리고 김승수의 박사학위 논문은 제가 새로운 분야에 관심을 갖게 하는 데 중요한 영향을 미쳤습니다. 그의 학위 논문인 "마오이즘과 시장 사이"(Between Maoism and the Market)에서는 마오쩌둥 사후 중국이 시행한 거대한 변화와 덩샤오핑의 시장주의 개혁의 도입을 다루었습니다. 이것은 특정한 역사적 정치적 형성과정에 뿌리를 둔 중국만의 특징적인 움직임이었습니다. 하지만 이것은 국가관리 경제의 후퇴와 국제표준에 맞추기 위한 사기업, 시장, 소비주의 발흥의 또 하나의 변종이었습니다.

이러한 시장화 과정은 대공황과 2차 세계대전 이후에 구축된 사회안전망을 해체하는 데 집중한, 영국의 마가렛 대처로 대표되는 선진 자본주의에 대한 제 분석의 핵심내용이기도 합니다. 공공자산은 개인 투자자에게 팔렸고, 보호되었던 시장들은 개방되었습니다. 기업을 통제하고 노동조합의 권리를 보호하기 위해 제정한 공공이익에 관한 규제들은 약화되거나 폐기되었습니다. 공공기관들도 사익을 추구하는 기업들처럼 행동하도록 강요받았고, 대중문화에 대한 국가보조금도 끊겼습니다.

김승수와 그의 동료들과의 활발한 토론을 통해 저는 시장화를 일부 지역의 문제가 아닌, 세계 경제시스템을 재구축하는 데 언제나 동원되는 중요한 요인으로 보게 되었습니다. 중국이 시장경제체제로 전환하면서 인도는 자급자족 경제시스템을 포기했고, 소련 공산주의는 붕괴했으며, 새로운 재벌 자본주의가 등장했습니다. 아시아 자본주의 발전에 중대한 영향을 미친 한국과 대만에서는 군부독재 혹은 일당독재 시스템, 그리고 상대적으로 후진적인 부분들이 첨단 자본주의와 경쟁적 민주주의로 바뀌었습니다.

자본과 국가, 상업 자본과 공적 자금, 상품 및 공공재 사이의 관계변화는 자본주의 커뮤니케이션 정치경제학적 분석의 핵심입니다. 아시아권에서 연쇄적으로 맞물려서 일어나는 이러한 변화들은 권력이 사회변화를 설명하는 데 얼마나 타당한지를 확인시켜 주는 동시에 새로운 연구과제를 던져주었습니다.

김승수의 논문을 지도하면서 그와 나눈 수많은 토론과 대화들은 정치경제학의 관점이 사회현상을 설명하는 데 얼마나 유용한지를 인식하는 데 상당한 영향을 주었습니다. 저는 그에게 영원히 갚을 수 없는 빛을 졌습니다. 그와 만난 이후 저의 작업은 그의 지적인 진지함과 헌신을 정당화하는 것이기도 합니다. 이 책을 비롯하여 그의 이후 연구들은 모든 단계에서의 커뮤니케이션 구조를 변화시키는 근본적인 과정에서 그의 통찰력이 필수불가결한 것이었음을 생생하게 보여줍니다. 그리고 현재 함께 살아가는 미래를 만들어 가는 데 중심적인 힘이 되고 있습니다.

고인은 학위논문 감사의 말 서두에 "한국과 중국에서 발생하는 사회적이고 문화적인 변화들이 이 작업에 끝없는 영감(impression)을 주었다"라고 적고 있습니다. 현재도 이러한 변화는 계속되고 있습니다. 디지털 매체의 상업적 통폐합으로 자본주의 기업의 공공커뮤니케이션이 축소되는 상황에서, 이 책은 이러한 변화를 추적하는 데 비판적 분석이 얼마나 가치 있는지를 잘 보여주고 있습니다. 시민문화, 사회성 및 유대성과 연대하여 대안을 찾고 투쟁하는 것이 얼마나 시급한 과제인지를 강조합니다.

김승수 교수는 확고한 신념을 가지고 커뮤니케이션 연구분야를 구축했고, 미디어를 학제 간 연구의 중심 영역에 놓았습니다. 그의 비전과 주장은 명확했고 힘이 있었습니다. 그는 헌신적이며 열정적으로 살아온 지식인의 삶을 그대로 보여 주었습니다. 저는 고인의 동료로서 함께 시간을 보낼 수 있었다는 것을 자랑스럽게 생각합니다. 그리고 애정과 존경의 마음으로 언제나 김승수 교수를 기억할 것입니다.

2021년 12월

Graham Murdoch

차 례

편집자 일러두기

이 책에서 이야기하는 미디어에 대한 기록은 2017년에서 끝납니다. 책의 전체적인 구성은 김승수 교수가 생전에 잡아 놓은 목차를 기준으로 했고, 전체 원고에서 각 장에 포함될 만한 내용을 옮겨 와 독립된 장으로 완성해 나갔습니다. 그럼에도 불구하고 7장과 8장의 내용은 많이 부족했습니다. 이 장을 별도의 장으로 살릴지 아니면 다른 장에 포함시킬지를 고민한 끝에 김승수 교수가 이전에 썼던 관련 논문들을 참조해서 완성했습니다. 저희 편집진은 원고를 각 장별로 정리하고, 내용의 정확한 전달을 위해 말을 다듬고, 독자의 이해를 돕기 위해 각주를 다는 정도의 역할을 했습니다. 저자 사후에 편집해 책으로 구성하다 보니 각 장의 내용이 완결되지 못한 부분도 있고, 몇몇 참고문헌은 원전을 찾지 못해 빈칸으로 남겨 두었습니다. 이 책을 읽는 독자 여러분은 이런 점을 이해해 주시면 감사하겠습니다.

1

커뮤니케이션 역사의 분화

정보, 지식, 여론, 문화, 광고, 피알(PR) 등 많은 정신적 생산물이 역사와 시장경제에 미친 영향력이 만만치 않다. 정신적 생산의 가운데 자리는 커뮤니케이션이 있었다. 커뮤니케이션은 시장경제가 발달하기 전에는 상부구조적 이데올로기였다. 전 자본주의가 지나가자 그 공백을 상품경제가 차지하였다. 이때부터 커뮤니케이션은 정신적 요소를 생산할 뿐 아니라 물질적 생산을 하는 이중적 성격을 보였다.

1. 커뮤니케이션의 진화

1) 개념의 역동성

커뮤니케이션은 시공간을 넘어 누구나 필요로 하는 필수품이다. 챈들러와 문데이(Chandler & Munday, 2011)는 커뮤니케이션 개념을 다섯 가지로 정리했다. ① 메시지나 신호를 통한 상호작용, ② 커뮤니케이션 과정에서 만들어진 제품, ③ 개인 사이의 상호작용, 개인 내의 커뮤니케이션을 포함하는 우산모형, ④ 효과와 효율성에 관심을 두는 전달자 중심의 커뮤니케이션으로 여기에는 광고 등이 포함된다. ⑤ 사람, 상품, 메시지를 실어 나르는 시스템이다. 이 책에서 필자는 커뮤니케이션이란 복잡한 개념을 고전적 커뮤니케이션과 포스트커뮤니케이션으로 구분하여 살펴보고자 한다.

국내외 언론학 교재에 있듯이, 커뮤니케이션이란 정보와 의미를 전달하고, 시장과 권력을 감시하며 민주주의를 구현하고, 다양한 문화를 공급하는 대중문화의 발전소를 뜻한다. 소통이니 상호작용이니 하면서 사람들은 저마다 더 나은 사회, 더 민주적인 제도를 말하면서 고전적 커뮤니케이션의 가치를 갈망해 왔다. 수용자 대중도 우리들이 역점을 두는 정보, 지식, 사상, 가치관을 나누어 가지려고 한다. 이들은 고전적 커뮤니케이션의 가치를 존중하지만, 자본의 논리와 권력의 욕구가 판치는 신자유주의 환경에서 고전적 커뮤니케이션의 가치는 묻혀 버렸다. 사적 소유, 지나친 상업주의, 이윤 극대화, 정치적 보수화에 눌려 고전적 커뮤니케이션이 완성되기도 전에 포스트커뮤니케이션으로 방향을 바꿔야 했다. 포스트커뮤니케이션은 고전적 커뮤니케이션 기능과 필수적 가치를 동반하지 않고 이윤과 성장에만 중점을 둔다.

《옥스포드 영어사전》에 따르면, 영국 사람들은 1920년대가 되어서야 '미디어'라는 용어를 입 밖에 내기 시작했고, 이로부터 한 세대가 지난 1950년대에 들어서면서부터 '커뮤니케이션 혁명'이라는 말을 쓰기 시작했다(Briggs, 2002: 1). 신자유주의가 지배이념이 되기 이전까지만 해도 커뮤니케이션은 투쟁적 개념에서 벗어나 정보전달, 소통, 균형, 공정, 약자 배려 등 이상적인 가치를 적극적으로 지지했다. 특히 20세기 끝 무렵부터 커뮤니케이션의 법제, 시장, 이념, 성격, 가치, 정책, 지구적 흐름 등 거의 모든 것이 완전히 바뀌고 있다. 기술의 발전, 성장력과 수익성 하락, 소비시장의 파편화, 중산층의 붕괴와 극단적인 양극화 등이 커뮤니케이션의 본질을 변화시키려 한다. 정보 및 의미 전달, 소통의 뜻을 가진 커뮤니케이션은 공공성, 공익성의 틀을 크게 넘지 않았다. 미디어 소유주나 이들에게 먹일 양식을 주는 광고주도 공공성의 테두리를 크게 벗어나지 않았다.

역사와 사회의 발전은 여러 가지 요소가 격렬하게 대립하고 때로는 기존 사회질서를 무너뜨리거나 흔들리는 변화를 겪은 결과이다. 그 가운데서도 생산력의 발달이나 소유형태의 변화가 결정적으로 작용한다. 이 과정에서 커뮤니케이션은 역사 및 사회 발전의 속도, 질량 등에 영향을 미친다(마린코, 1990: 70~71). 역사책 한 권만 읽어 보아도 생산력이 자본주의만큼 급속하게 성장하는 생산방식은 찾아보기 어렵다. 그만큼 자본주의의 생산력은 대단하다. 생생한 사례는 중국이다. 1980년대 중반 무렵부터 도입한 시장경제는 중국을 역사상 최고 최대의 수준에 올려놓았다. 그런데 문제는 자본주의 경제는 이윤의 논리를 받는데 자본의 유기적 구성이 높아 이윤율이 내리면 경제위기가 발생한다는 것이다.

경제학자들이 동의하듯이, '시장은 원래 계급을 분화시킨다'. 전통적인 시각에서 볼 때, 사회주의는 계급분화나 양극화가 심하지 않은 대신, 생산성은 떨어진다고 보았다. 이와 달리 자본주의는 높은 생산성이 장점이지만 노동 대 자본의 충돌, 생산의 과잉과 무정부성, 생산과 소비의 불균형이 심각하다는 문제를 제기했다. 그래서 정기적으로 발생하는 위기와 공황은 피할 길이 없어 보인다.

그런 가운데 갈 곳을 잊은 국제적 독점자본은 정보, 지식, 대중문화시장에 개입해 경쟁을 주도하고 있다. 이들 자본은 한국문화시장의 개방을 강력히 주장하며 관철했다. 하지만 정보와 지식 그리고 문화는 권력이나 자본과는 어느 정도 분리되어 사실성, 진실성, 창의성 따위가 꽃피게 만들었다.

그러나 누가 자본의 포위망에서 벗어날 수 있단 말인가. 자본주의는 미디어 구조 및 정보 내용까지도 자본주의적·사적 소유로 만든다. 여기서 정보 및 문화의 상품화까지 실현되면 국가와 자본만이 미디어를 운영하게 만들고, 수용자 대중은 정보생산을 주도하지 못하고 편파적이고 값비싼 정보, 대중문화에 마음을 빼앗긴다.

2) 모순의 격화

사람들은 세상사를 접하려면 직접 경험하거나 미디어라는 창을 통해 간접적으로 세상을 본다. 미디어는 사람들이 세상을 경험할 수 있는 중요한 창구이기 때문에 사실을 보도하고, 진실을 바탕으로 정의를 추구해야 시민들의 요구와 필요를 충족시킬 수 있다. 미디어가 과연 이런 역할을 하고 있을까? 2014년의 세월호 침몰사건, 2015년에 터진 메르스 사태, 2016년 사드배치 논란, 박근혜-최순실 게이트가 명백히 박근혜 전 대통령에게 책임이 있는데도 주류미디어는 피해자를 비판하는 보도를 많이 했다. 이는 사람의 생명에까지 영향을 미치는 중대한 사건을 보도하는 한국 저널리즘의 정보수준이 바닥에 있다는 것을 그대로 보여 주는 사례이다.

규모가 큰 미디어는 마치 정당처럼, 기업처럼, 권력자처럼 행세한다. 왜곡되고 틀린 정보가 주요 미디어에서 유통되는 사회는 사람들이 살아가기에 무척이나 불안하고, 미래를 기약할 수 없다. 정부의 정보 숨기기와 정보조작, 이를 그대로 베끼는 미디어로 인해 한국사회는 혼란과 위기를 겪고 있음을 오랫동안 보아 왔다.

어떤 기준으로 보아도, 검열, 심의를 비롯한 정보통제와 조작은 단지 반민주적 차원을 넘어선 불법이며, 반사회적이다. 미디어경제학의 창시자의 한 사람인 로버트 피커드(Picard, 2014: 92~94) 영국옥스퍼드대 교수는 미디어 풍경을 다섯 가지로 요약한다. ① 스크린이 사람과 미디어 콘텐츠 사이의 일차적 접점이다, ② 모바일이 미디어 소비의 지배적 양식으로 자리매김했다, ③ 소셜 네트워크가 발전하고 있다, ④ 미디어소비가 개인화되고 있다, ⑤ 미디어 플랫폼을 통해 제공되는 모든 정보는 인터넷을 기반으로 한다.

피커드의 분석에 따르면 미디어는 기술적, 경제적으로 많은 변화를 겪고 있는 진행형이다. 우리가 미디어 혁명에 민감한 것은 미디어가 독립적으로 존재하지 않고 정치, 경제, 이념, 문화 등과 긴밀히 연관되어 있기 때문이다.

미디어는 자본주의 체제의 일부가 되어 한국사회를 '미디어 자본주의'로 만들었다. 미디어 자본주의란 미디어가 언론권력이 되어 자본주의의 축적을 촉진하고, 불합리한 권력질서를 정당화하며, 수용자 대중을 정치적, 이념적, 문화적으로 제압하는 사회를 말한다. 미디어 자본주의는 재벌-미디어-권력복합체가 주도한다.

이런 구조에서 미디어 권력은 굉장하다. 박상기 연세대 법학전문대학원 교수가 설명했듯이, 신문사가 실시하는 대학평가의 기준에 따라 학사를 개편하고, 좀더 높은 점수를 얻고자 국문학도 영어로 가르치며, 한국 법전도 영어로 가르쳐야 하는 지경이 되었다(〈시사IN〉, 2015. 6. 6.). 즉, 미디어 권력이 사회 다양한 분야에 끼어들어 간섭하고 지배하려 든다.

미디어 자본주의는 언론과 표현의 자유, 정치적 자유, 예술의 자유마저 스스로 제약하는 전체주의적, 신자유주의적 사회이다.

시장은 인류의 삶과 역사 발전에 큰 기여를 했다. 신자유주의론자에게 시장은 소비자들이 바라는 상품을 가장 효율적으로 생산하고 거래하는 곳이다. 시장은 또, 국가의 힘을 어느 정도 제약하고, 개인의 자유를 보호하는 선한 존재라는 것이 신자유주의론자들의 민음이다. 시장에 이런 장점이 일부 있는 것은 사실이나 시장이 만능은 아니다.

미디어구조 및 정보생산방식에서 혁명적 변화가 있는 가운데 텔레비전, 인터넷, 스마트폰은 사람들의 삶에서 중요한 위상을 차지하는 생활필수품이 되었다. 예전에는 신문과 라디오가 생활필수품으로 인정을 받았다. 그러나 디지털 커뮤니케이션 혁명으로 하루아침에 많은 것들이 바뀌었다.

방송통신위원회가 조사한 자료인 〈2014 방송매체 이용행태 조사〉에 의하면, 수용자들이 생활필수품으로 여기는 미디어는 텔레비전이 44.3%로 으뜸을 차지했고, 스마트폰이 43.9%로 텔레비전 뒤를 바싹 쫓고 있다. 컴퓨터는 9.4%로 텔레비전이나 스마트폰에 한참 뒤떨어졌다. 신문은 0.9%, 라디오는 0.5%를 차지함으로써 근근이 명맥을 유지하고 있을 뿐이다.[1]

왜 이렇게 되었을까? 왜 텔레비전은 수용자 대중에게 생활필수품으로 남고, 또 왜 신문은 여기서 탈락한 것일까? 어떤 미디어든 허공에서 갑자기 만들어진 것이 아니라 정치경제적, 기술적, 이념적, 문화적 배경을 두고 생성, 발전한다. 그런 가운데 미디어가 일반 수

---

1   〔편집자 주〕2014년까지만 해도 사람들이 꼽은 생활필수 미디어 1위는 텔레비전이고, 2위는 스마트폰이었다. 물론 1위와 2위의 차이가 크지는 않았다. 그런데 2020년 방송매체 이용행태 조사결과를 보면, 생활필수 미디어로 스마트폰을 꼽은 사람이 67.2%로 텔레비전이라고 응답한 사람(29.5%) 보다 2배 이상 많았다. 특히 10대에서는 생활필수 미디어로 스마트폰을 꼽은 비율이 96.2%로 타 연령대 대비 매우 높은 수준을 보였다. 일상 속에서 미디어 대체가 일어나고 있는 것이다.

용자들의 삶에 절실한 역할을 하고, 당대의 계급구조와 생산방식을 반영하는 조건을 충족시키면 생활필수품 반열에 들어간다.

미디어의 기능에 관한 학설은 하늘의 별만큼이나 다양하고 많다. 강준만(2009: 34) 전북대 신문방송학과 교수는 여러 학설을 종합하여 미디어에는 환경감시기능, 사회 각 부문을 연결 짓는 상관조정기능, 사회유산의 전달기능, 오락기능, 동원기능이 있다고 말한다.

여기에 한 가지를 덧붙이면 '참여 및 공유기능'이 있다. 홀저(Holzer)나 크노케(Knoche) 같은 학자들은 미디어기능을 미디어산업의 자본축적, 다른 산업을 위한 광고, 홍보, 판촉 활동, 지배 및 이념 조작의 정당화, 노동력의 재생산, 개조로 보았다(Fuchs, 2014: 23).

미디어는 소유방식, 추구하는 이념, 재정조달 방식, 생산 및 유통방식, 국가와의 관계, 수용자 대중의 신뢰수준 등에 따라 다양한 모습을 보인다. 외국학자들은 미디어를 대개 자본 미디어, 공공서비스 미디어, 시민사회 미디어로 구분한다〔예를 들자면 (Fuchs, 2014: 68) 참조〕. 그럼 미디어 자본주의에서 미디어는 어떤 성격을 갖고 있는가?

푹스(Fuchs, 2009: 76)는 정보의 성격을 세 가지 차원에서 바라보았다. ① 정보는 전략적 경제자원이다. 네트워크는 정보를 전 지구적으로 생산하고 확산한다. 단일 소유자는 정보를 통제하기 어렵다. ② 정보는 무형적이다. 정보는 쉽게 복제되기 때문에 다중적 소유가 필연적이고, 이것 때문에 정보의 개인적 사적 재산을 파괴할 수 있다. ③ 네트워크의 본질은 사람들의 관계 맺기에 있다. 네트워크는 본질상 정보의 개인적 소유나 자본주의 원자론을 부정한다.

중국학자인 복언방(卜彦芳, 2008: 119)은 정보가 상품 속성, 선전 속성, 공공재적 속성을 갖고 있다고 말했다. 공공재적 속성이란 수용자가 정보상품을 소비할 때 비배타성,2 비경쟁성3이 있다는 것이다.

2. 역사 미디어

북송시대의 저명한 문인이자 지방관이었던 소식(蘇軾)이 자기네 나라 왕에게 상소를 올렸다. 그 내용은 고려 사람들에게 더 이상 정보나 지식을 주면 안 된다는 것이었다. 1029년에 소식은 다음 세 가지 이유를 들어 고려와 국교 단절을 주장하기도 했다(김상기, 1965: 223). ① 고려와의 국교 유지에 너무 많은 비용이 든다, ② 고려가 송나라의 적국인 요나라에 정보를 줄 위험이 있다, ③ 고려가 중국 서적을 많이 수입하는 바람에 중국에서 서적 가격이 너무 올랐다.

소식은 자기들이 힘들여 만든 지식을 고려 사람들이 슬쩍 빼 가니

---

2 비(非)배타성이란 재화와 서비스에 대해 대가를 치르지 않고 이를 소비하려고 하는 사람의 소비를 막을 수 없다는 것이다. 가령 내가 나무를 심어서 좋은 공기가 나온다고 할 때 다른 사람이 내 나무에서 나온 공기를 마시지 못하게 할 수는 없다는 것이다.
3 비(非)경쟁성이란 소비에 참여하는 사람의 수가 아무리 많아도 한 사람이 소비할 수 있는 양에는 변함이 없다는 것이다. 가령 일반 시장에서 거래되는 물건들은 경쟁성을 갖고 있어 누군가가 그 물건을 소비하면 다른 사람은 동일한 물건을 소비할 수 없지만, 미디어는 비경쟁성의 특성을 가지고 있어 한 사람이 이용하던 것을 100명의 사람이 이용한다고 해서 추가비용이 발생하지는 않는다는 것이다.

화가 날 만도 했다. 그는 고려 사신이 가지고 가는 정보가 적국에 알려지면 북송이 위험해진다고 주장했다. 소식은 한 걸음 더 나아가 고려 사신들이 중요한 서적을 대량으로 구입하는 까닭에 서적이 품절되어 정작 북송사람들은 서적을 접할 수 없고, 서적 가격이 올라 사기도 어렵다고 불평하면서 서적 유출을 중단해야 한다고 말했다. 아주 옛날에도 국제적으로 교환되는 정보, 지식, 문화가 사회에 큰 영향을 미쳤다는 것이다.

　역사는 일하고, 기록하며, 이를 평가하는 데 그치지 않고 변화를 시도한다. 역사적으로 정치, 경제, 기술, 인간관 등 여러 가지 요소에 따라 역사가 발전해 왔다. 역사는 우선적으로 미디어에 기록되었는데, 당시 조정에서 발행한 조보(朝報)가 있다. 당시 조보는 오로지 양반만이 접근할 수 있는 특권 미디어였다. 조보는 과거시험 날짜, 시험과목, 임금의 지시사항, 천재지변, 물가, 과거시험, 전쟁 정보 등 국가에 중요한 정보를 실었다. 미디어가 남긴 기록은 비공식 역사기록이 대부분이지만 조정, 정부가 직접 운영한 미디어는 공식기록에 버금가는 가치가 있다. 조선조정은 임진왜란, 정유재란이라는 양란을 당하면서도 조보 발행을 중단하지 않았다. 아마 조보의 여론형성 기능이 컸기 때문일 것이다. 그래서 조보에 나온 내용이 모두 정확하거나 공정하지는 않아도 당시의 흐름을 알 수 있는 방향타의 역할은 한다. 다만 조보나 책을 전면적으로 상업화하지 않아 그 효과가 반감된 것도 사실이다.

　백성들이 문자를 읽고 지식과 정보를 쉽게 접하는 것도 문명을 향한 진보이다. 시장경제나 민주주의 같은 것들이 좀더 빨리, 좀더 많이 생겨서 자본주의 시장경제의 바탕을 마련했을지 모른다. 상품경제가 낙후한 조선에서 신문광고가 조선 후기나 돼서야 나타난 것은 안타까운 일이다.

1950년 6·25 전쟁에서 정부와 미디어의 잘못된 정보로 인해 많은 사람이 죽었다. "북한이 쳐들어오면 즉시 반격을 하여 평양에서 점심을 먹고 저녁은 신의주에서 먹게 될 것"이라고 큰소리 쳤던 국방부는 북한의 공격을 막지 못하고 며칠 만에 서울을 인민군에게 내줬다. 이승만 대통령은 서울 시민들에게 보낸 메시지에서 서울을 떠나지 않아도 된다고 안심시켰지만, 정작 본인은 수백만 명의 서울 시민을 버리고 대전으로 도망갔다. **이것이 바로** 이승만 대통령이 중앙방송(KBS) 대전 지사에서 한 '6·27 특별담화'이며, 이 담화로 인해 수많은 양민이 피난을 가지 않아 죽음에 내몰리는 상황에 처하게 되었다. 특별 담화 내용은 이렇다.

> 동포 여러분, 우리 국군이 의정부를 탈환했고 유엔에서 우리를 도와 싸우기로 했으니 국민과 공무원은 정부 발표를 믿고 동요하지 말며, 대통령도 서울을 떠나지 않고 국민과 함께 서울을 지킬 것이니 서울 시민은 안심하라!

이 특별담화는 미리 녹음된 것으로 이승만 대통령이 서울에 있는 것처럼 국민을 속이고 나라를 농락했다. **4** 대통령이란 사람이 수도

---

4 이것은 역사적으로도 익숙한 장면이다. 임진왜란이 발생하여 왜군이 조선 전 강토

서울을 버리고 대전으로 도망가서 이런 거짓 방송을 했다는 것은 있을 수 없는 일인데, 불행하게도 이승만 대통령이 처벌을 받았다는 기록은 어디에도 없다. 이런 식으로 미디어는 권력자의 사적 이해관계를 우선적으로 보장해 주었다.

3. 시장 미디어

1) 시장의 중요성

시장은 원래 공공성과 상업성이 잘 혼합된 인류역사의 성과이다. 국가는 시장과 달리 공공성 이념을 바탕으로 산업과 상업을 발전시키는 일을 했다. 시장이 실패하는 영역은 공공성으로 보호하고, 국가의 실패가 분명한 영역은 규제를 완화하여 상업성과 공공성이 공존하도록 제도를 정비하기도 했다. 그러나 신자유주의 시장경제가 도입되면서부터 국가의 공적 기능은 크게 후퇴했다.

좀더 실질적인 문제는 현재 대한민국은 정통자본주의 국가가 아니라 '과격한 시장주의' 또는 '재벌사회주의'에 가깝다는 점이다. 한국 독점자본인 재벌기업과 이명박·박근혜 정권은 국가의 공공성·

를 휩쓸었을 때 보여 주었던 선조의 행태는 어쩌면 그렇게 이승만의 행태를 닮았을까 쓴웃음을 짓게 한다. 선조는 백성들에게 서울과 평양을 지키겠다고 호언장담했으나 몰래 서울을 탈출하여 자기 목숨만 부지했다. 이후 명나라로 도망가려다 신하들의 반대로 뜻을 이루지 못했다.

공익성 파괴에 국가재정을 쏟아 부었다. 이명박의 4대강 사업, 박근혜의 창조경제처럼 국가 주도의 정책은 성공하기 어렵듯이 제 4차 산업혁명을 국가가 주도한다면 정책의 실패는 자명하다.

2) 커뮤니케이션 시장의 특징

정보 시장, 소통 시장이 언제부터 생겼는지를 알려면 많은 연구가 필요하다. 시장이란 개념은 정치적 의도에서 왜곡된 것들이 많았다. 인류가 만든 제도 중에 시장만 한 것이 또 있을까? 그런데도 소비에트 혁명, 중국공산당 혁명 이후부터 시장은 자본주의의 전유물로 오해되고 왜곡되었다.

우리가 흔히 혼동하는 개념 가운데 하나가 시장경제와 자본주의이다. 학자들도 '자본주의 = 시장경제'라는 등식을 당연하게 받아들였고 자본주의를 시장경제를 포함하는 개념으로 보기도 했다. 이러한 주장에 반대한 브로델(Fernand Braudel)은 시장경제와 자본주의를 서로 다른 개념이라고 주장한다. 그에 따르면, 시장경제는 미래를 예측할 수 있고, 어느 정도 규칙적이며, 진정한 수요와 공급에 의해 자동으로 가격이 조정되고, 경쟁규제를 포함하는 보통 사람들의 영역을 말한다. 이에 반해 자본주의는 불규칙적이며, 투기의 영역이 많아 미래를 예측하기 어렵고, 약육강식, 힘과 정책에 의한 가격의 강제 조절, 규제와 경쟁을 배제하고, 헤게모니 강국에 의해 보장되는 영역(요시노리 히로이, 2017: 38에서 재인용)이라는 것이다. 한마디로 말하면 시장경제는 투명성을 특징으로 삼는 반면, 자본주의는 불투명성을 갖고 있다는 것이다.

자본과 기술을 갖고 산업자본주의를 주도하던 자본가들은 미디어를 앞세워 봉건계급을 공격하였다. 미디어는 이들과 투쟁하고, 그동안 탄압을 받았던 기업인, 상인들의 편에 섰었다. 미디어는 산업화, 소비문화, 대의제 민주주의를 촉진함으로써 역사적으로 커다란 발자취를 남겼다. 식민지 체제에서 미디어는 저항운동의 횃불 역할도 했다. 냉전 체제가 무너지고, 신자유주의가 대세가 되었고, 시장경제와 디지털기술이 사회전반에 퍼져 시민의 삶과 국가주권을 위협했다. 이런 상황은 커뮤니케이션이나 마케팅의 근본을 바꾸었다. 무엇보다 광고, 홍보, 마케팅, 소셜미디어 등을 포함한 커뮤니케이션 산업 내지 소통 산업의 성장은 재벌-미디어-권력복합체의 지원을 많이 받았다.

한때 저항운동의 횃불 역할을 했던 미디어가 재벌-미디어-권력복합체의 연결고리를 갖게 된 데에는 과학산업주의가 있다. 그동안 과학기술은 인류의 더 나은 미래를 위한다는 목적보다는 자본의 요구에 의해, 시장의 요구에 의해 발전했다. 그리고 시장중심의 과학기술은 커뮤니케이션을 지배하면서 그 근본까지도 바꿔 놓았다. 커뮤니케이션의 원래 목적은 사회적 가치를 추구하면서 공동체를 유지하는 것인데, 과학기술의 지배를 받으면서 커뮤니케이션은 원래의 목적을 잊어 버렸다. 왜 커뮤니케이션 혁명이 필요한지에 대한 이유가 바로 여기에 있다.

3) 저널리즘과 대중문화

미디어는 저널리즘과 대중문화라는 틀을 빌려 정보상품을 생산, 판매하여 이익을 내는 산업이다. 저널리즘만 해도 종류가 수없이 많다. 발표 저널리즘, 경마 저널리즘, 수표 저널리즘, 가차 저널리즘, 익명 저널리즘, 공공 저널리즘, 1인 저널리즘 등이 있다(강준만, 2009: 141~168).

신문, 방송, 인터넷을 비롯한 미디어는 무수한 정보와 대중문화를 만든다. 사회적으로 유통되는 정보나 대중문화의 대부분은 미디어산업이 만들거나 유통시킨 것이다. 그런데 아무리 미디어가 많고, 채널이 많다 해도 사회적으로 꼭 필요한 정보를 생산하는 것은 아니다. 다만 기대하는 바는 단 한 개 채널이라도 정론저널리즘을 추구했으면 하는 것이다. JTBC의 세월호 참사[5] 보도, KBS의 문창극 국무총리 후보자[6] 관련 보도는 충분하지는 않지만 수용자 대중의

---

[5] 세월호 참사는 2014년 4월 16일 인천에서 제주로 향하던 여객선 세월호가 진도 인근 해상에서 침몰하면서 승객 304명(전체 탑승자 476명)이 사망 실종된 사건이다. 세월호 침몰 당일인 4월 16일 오전 9시를 조금 넘긴 시간에 국민들은 언론 보도를 통해 세월호 침몰소식을 알게 되었다. 그리고 오전 11시경 언론들은 일제히 '세월호 탑승자 전원구조' 속보를 내보냈으나 결국 이는 오보로 드러났고, 언론역사상 최악의 오보로 기록되고 있다.

[6] KBS는 2014년 6월 11일 〈KBS뉴스 9〉에서 당시 국무총리로 내정된 문창극 후보자에 대한 검증 보도를 하였다. 당시 〈KBS뉴스 9〉이 단독 입수한 설교 영상에 의하면, 문창극 후보자는 "하나님은 왜 이 나라를 일본한테 식민지로 만들었습니까, 라고 우리가 항의할 수 있겠지, 속으로. 아까 말했지만 하나님의 뜻이 있는 거야. 너희들은 이조 500년 허송세월 보낸 민족이다. 너희들은 시련이 필요하다. … 또 (하나님이) 남북분단을 만들게 주셨어. 저는 지금 와서 보면 그것도 하나님의 뜻

갈증을 풀어주는 역할을 했다.

미디어산업은 이윤과 영향력을 얻기 위해 저널리즘이나 대중문화를 수단화한다. 신문이나 방송은 광고를 얻기 위해 광고주를 우선 만족시키려고 노력한다. 미국 비짓 코퍼레이션(Visit Corporation)의 크리포(N. Crepeau)에 따르면, 방송 프로그램은 광고를 방송할 수 있는 '자연적인 휴식시간'(natural breaks)을 얻기 위한 목적으로 만들어진다고 한다.[7] 그렇다면 신문 기사 역시도 광고지면을 팔기 위한 목적으로 만들어지는 것이다.

이윤추구가 목적인 언론은 정통 저널리즘에서 벗어나 유사언론, 사이비언론의 모습을 띤다. 〈미디어오늘〉은 일찍부터 사이비언론, 사이비기자를 경계하면서 이들의 특징을 다섯 가지로 정리했다. ① 권력과 금력에 결탁한 자, ② 언론을 돈벌이로 이용하는 자, ③ 촌지와 향응을 탐닉하는 자, ④ 편파·왜곡보도를 일삼는 자, ⑤ 진실·정의·양심에 위배된 기사를 작성하는 자가 사이비언론의 특징이라는 것이다(〈미디어오늘〉, 2001. 5. 24. 사설). 한국광고주협회와 기업이 생각하는 유사언론, 사이비언론을 다음과 같이 정리했다(〈미디어스〉, 2015. 8. 3.). ① 기업 경영층 사진의 인신공격성 노출, ② 기업 관련 왜곡된 부정기사(선정적 제목) 반복 게재, ③ 사실과 다른 부정이슈와 엮은 기업기사, ④ 경영관련 데이터 왜곡, ⑤ 광고형(특

이라고 생각합니다. 그 당시 우리 체질로 봤을 때 한국한테 온전한 독립을 주셨다면 우리는 공산화될 수밖에 없었습니다"라고 발언했다. KBS의 이 보도 이후 문창극 국무총리 후보자는 자진 사퇴했다.

7 http://www.businessesgrow.com/2013/06/12.

집) 기사 요구 등이다.

이처럼 언론을 진짜와 가짜로 구분할 수 있는가? 대중문화는 무수한 콘텐츠, 스타, 광고, 팬클럽, 수용자 시장의 집합체이다. 미디어산업은 프로그램, 음반, 인터넷 서비스를 통해 대중문화 시장을 만들어 수익구조를 확립한다. 방송사는 프로그램을 상품으로 팔아 수익을 올린다. 그런데 프로그램은 광고, 해외수출, 협찬, 간접광고, VOD, 케이블TV, OST, 리메이크 판권 등으로 팔려 나간다. VOD시장만 해도 연 4천억 원 규모로 급성장하였다. 국내 동영상광고는 연간 900억 원의 시장을 만들었다.

방송사를 비롯한 미디어산업이 파는 상품은 정보와 대중문화에서 수용자까지 모든 물질적, 정신적 요소를 상품으로 만들어 팔거나 유통시킴으로써 스스로 축적하고, 기업자본의 축적을 돕는다.

4) 수용자 시장

우리 주변을 보면 상품 아닌 것이 거의 없다. 신자도 산모도 상품이고, 노인도 상품이며, 질병, 치안까지도 상품이 되는 마당에 교도소까지 민영화하여 재소자까지 상품으로 거래한다고 해도 이상할 것이 없다(신영복, 2015: 356). 공공성이니 공론장이니 언론의 자유니 해봤자 상품사회에서는 사람 자체가 상품으로 사고팔린다. 수용자도 상품경제의 하나로 취급된다.

미디어산업은 미디어기업, 광고주, 정부가 수용자 대중을 놓고 거래하는 시장을 형성한다. 이곳에서 거래되는 상품은 정보 상품,

광고 상품이 있고 수용자 상품도 있다. 미디어 정치경제학자인 달라스 스마이드(Dallas Smythe)는 '수용자 상품론'을 주장했다.

그렇다면 수용자 상품은 무엇인가? 이에 대한 해석은 학자마다 다르다. 수용자 상품을 시청행위 또는 시청시간으로 보는 견해도 있고, 시청률 조사, 차액 지대, 수용자 규모・수용자 구성・미디어 이용패턴, 접근권으로 평가하는 학설도 있다(김동원, 2015: 206~208).

수용자 상품론8에 따르면, 방송시장에서 광고비는 프로그램을 시

---

8 스마이드(Smythe)가 제창한 수용자 상품론은 마르크스 언론학에 기념비적인 공헌을 했다. 그럼에도 수용자 상품론은 여전히 취약하다.

① 미디어산업에서 수용자 상품을 강조한 나머지 정보, 오락 등은 공짜서비스가 돼 버렸다. 시장경제에서 공짜가 있냐는 말은 금시초문이다.
② 수용자 대중의 노동이 미디어노동보다 더 중요한 가치를 생산하는 것처럼 오해되었다.
③ 수용자 상품론으로는 광고를 하지 않는 BBC와 같은 공공서비스를 설명하기에는 한계가 있다.
④ 미디어산업 종사자들이 벌이는 언론의 자유 투쟁 및 콘텐츠에서 재현되는 계급 투쟁에 대해 수용자 상품론만으로는 충분히 설명하기 어렵다.
⑤ 아무리 자본주의가 노동과 여가의 경계선을 없앤다고 해도 노동은 노동이고, 여가는 여가다. 미디어산업에서 임금을 받고 일하는 미디어노동자의 노동에 비교해 텔레비전을 시청하는 수용자들의 시청행위를 노동으로 보기에는 무리한 구석이 있다. 상품인 것처럼 또 노동인 것처럼 보이는 수용자의 여가활동은 어디까지나 여가이다.
⑥ 수용자의 상품화 개념이 논리적으로는 타당하며, 실제로 그런 속성이 없는 것은 아니지만 미디어 생산물을 선택하고, 이용하며, 비판과 참여를 요구하는 주체적인 인간으로서의 정체성이 훨씬 중요하다는 점이 간과되었다. 그런데도 수용자 상품론을 미디어와 자본주의를 연구하는 근본적 개념으로 여기는 것은 유물론의 과잉이다.

청하는 사람의 규모나 구매력 등에 따라 결정된다. 수용자가 상품 취급을 받는 것이다. 미디어자본이나 광고자본도 수용자 대중을 사람으로 취급하지 않고 교환을 위한 상품으로 취급하는 것이다. 수용자의 양적, 질적 자료는 계량화하여 교환가치를 정하는 기준이 된다. 일반적으로 말해 미디어기업과 광고주는 수용자의 규모 및 수용자의 계급성 그리고 미디어 영향력을 잣대로 삼아 광고를 거래한다. 다시 말해 수용자의 머리수를 기준으로 광고비를 정하고, 유료 독자, 시청자 규모, 유료 발행부수, 시청률, 클릭 수 따위로 산정된다.

광고주들은 시청률 또는 조회 수가 그냥 많은 것보다는 자신이 파는 상품을 필요로 하는 표적 소비자에게 접촉하게 하는 광고를 더 선호한다. 이렇게 함으로써 광고 효율성을 증대한다. 광고주들은 전국 시청률보다는 수도권 시청률을 더 선호하고, 수도권 시청률보다는 구매력이 있는 20~40대 시청률을 말하는 2049 시청률을 더 좋아한다(〈중앙일보〉, 2014. 7. 30.).

---

⑦ 미디어노동자, 특히 비정규직 노동자들이 미디어 자본에 착취당하면서 이윤을 뽑아내는데도 수용자 상품론에서는 이를 심각하게 생각하지 않는다. KBS 2TV에서 방송하는 〈슈퍼선데이, 1박 2일〉은 80명의 스태프가 일하는데, 이 중 정규직은 단 6명이다(〈한겨레〉, 2015. 6. 1.). 미디어산업의 비정규직 노동자는 적당히 쓰다가 버림을 받는 존재이다. 그럼에도 수용자 상품론이 나름대로 의미가 있는 이유는 이윤논리로 무장한 자본이 여가를 즐기는 시간까지도 철저히 계산하여 수용자를 착취한다는 모습을 보여 주었기 때문이다. 이밖에 수용자 상품론은 광고를 주 수입원으로 삼는 상업미디어이거나 수용자의 참여노동이 이루어지는 소셜미디어에 대해서는 유용한 설명력을 갖는다. 강준만(2009: 246~247)이 지적했듯이 수용자 상품론은 광고가 대중미디어와 사람들에 미치는 영향을 새롭게 인식시켜 주었다는 점에서 중요하다.

2014년 후반부를 뜨겁게 달군 드라마는 tvN이 만든 〈미생〉이었다. 50대 이상의 시청자가 주류인 지상파 방송의 드라마가 10%를 웃도는 시청률을 올렸어도 광고주들의 관심을 받지 못했다. 그러나 20~40대가 주 시청층이고, 온라인 시청자가 많았던 〈미생〉은 광고를 완판시켰다(〈미디어오늘〉, 2014. 12. 5.). 이걸 보면 미디어시장에서 수용자 대중은 광고주에 팔리는 상품에 불과하다는 것을 알수 있다. 이 때문에 우리사회는 "권력과 자본을 가진 소수 특권계급만이 표현의 자유를 누리는 국가"라는 지적이 나온 것이다(선대인, 2009: 241).

오죽했으면 수용자 상품론까지 나왔겠는가! 한편 미디어는 정치권력, 기업권력을 비판해야 하면서도 그들로부터 광고나 구독료 또는 협찬수입을 올려야 하기 때문에 '모순 비즈니스'라고도 한다(손재권, 2014: 58~64).

5) 정보유통

미디어 생산만으로는 이윤이 실현되지 않는다. 수용자 대중에 다가가는 유통은 생산영역 못지않게 산업적으로 중요하다. 우리의 문화산업은 87조 원의 시장을 형성하였다. 이 중 46%가 유통 및 배급부문이고, 창작 및 제작 부분은 44%에 이른다. 제작보다 유통이 더큰 시장이다. 인터넷, 케이블방송, IPTV, 위성방송 따위는 채널 배분, 프로그램 공급 기능을 하는 플랫폼이다. 이렇게 미디어는 제작과 유통이 양립하는 곳이다.

아날로그 시대에는 유통의 독과점을 바탕으로 신문과 방송이 정보 시장을 주도했다. 그러나 디지털 기술혁명은 무수한 미디어를 창출함으로써 유통혁명을 탄생시켰다. 예전에는 정보 및 대중문화의 생산과 유통을 거대 미디어 몇몇이 장악했었다. 이런 구조에서 수용자 대중은 수동적이고 비합리적인 집단으로 취급되었다. 아날로그 미디어 생산과 유통과정에 수용자 대중이 참여하고, 정보를 생산할 기회는 눈곱만치도 없었다.

이것을 뒤집은 것이 디지털 커뮤니케이션 기술혁명이다. 디지털 혁명 덕분에 정보생산과 유통은 수용자 대중에게 활짝 열렸다. 이제 많은 미디어들은 남들이 만들어 놓은 콘텐츠를 단순히 유통해서 돈을 벌기도 한다. 네이버, 다음카카오, 아마존, 페이스북, 트위터 등은 기본적으로 정보유통업자들이다. 유튜브의 경우 월평균 방문자가 10억 명에 이르며, 동영상을 올려 연간 1억 원 이상을 올리는 채널(크리에이터)이 수천 개나 된다(〈한겨레21〉, 2015. 5. 25.). 유튜브는 광고수입의 45%는 자신이 갖고, 나머지 55%는 채널(크리에이터)이 갖는다고 한다.

또한 미디어산업 가운데 케이블TV, 위성방송, IPTV 등은 직접 콘텐츠를 만들기도 하지만 대부분 다른 제작사가 만든 프로그램을 방송함으로써 돈을 번다. 종편채널도 프로그램의 대부분을 외주(外注)한 것이다. 콘텐츠를 자급자족하는 미디어는 신문뿐이다. 지상파TV만 해도 외주제작 의존도가 높다. 미디어가 유통에 치중할수록 기획사, 외주제작사의 입김은 커진다.

공익성과 상업주의가 충돌하는 영역 중의 하나는 방송사 외주다.

외주는 처음에 방송사의 제작 독점을 깨는 긍정적인 기능을 했다. **9**
하지만 외주 비중이 늘어나면서 긍정적 기능은 줄고, 부정적 기능이
나타나기 시작했다. 지상파 방송사의 총 제작비 1조 2천억 원 중
35%인 4,200억 원이 외주제작비다. 외주편성 비율도 40%를 넘어
섰다. 외주시장이 무분별하게 커지면서 부작용도 비례해서 늘어났
다. 무엇보다도 몇몇 거대 외주사가 외주제작시장을 지배한다는 것
이다. 방송시장의 독과점을 규제하기 위해 독점적 외주제작 시장을
만든 꼴이다. 고객인 방송사가 시청률에 사활을 걸기 때문에 외주사
는 상업주의, 선정주의에 집착한다.

미디어산업에서 제작자와 유통업자 사이의 갈등도 커졌다. 예를
들면 2015년 지상파 방송과 케이블SO가 재송신을 놓고 다툰 것도
저작권 싸움이다. 이것은 전형적인 제작과 유통의 대립이다. 미디
어제작자는 정보상품을 이용하여 최대의 저작권료를 받고 싶고, 미
디어 유통업자는 최소의 비용으로 정보 상품을 이용하려고 한다. 이
에 따른 다툼도 심각하다. 특히 인터넷 저작권 다툼은 날로 심각해
진다. 미국에서 〈온라인 저작권 침해금지법(SOPA)〉, 〈지식재산
권 보호법(PIPA)〉을 제정해서 인터넷 저작권이 침해당할 경우 웹사

---

9 1991년부터 도입된 외주(外注)는 나름대로 정당성과 시장에 미칠 긍정적인 기여
가 상존했다. ① 지상파 방송사가 막강한 힘을 갖고 제작을 독점했을 때 외주제는
지상파 방송의 제작 독점, 문화와 시장 지배력을 완화시킨다는 사회적 목적이 있
었다. ② 방송사가 경직 노동에서 벗어나 유연 노동으로 이루어짐으로써 새로운
생각, 새로운 동력을 가진 제작자나 외주사에 의해 새로운 형태의 방송문화를 선
보일 것이라 기대도 있었다. ③ 지상파 방송과는 별도의 프로그램 제작시장을 만
들어 독자적인 기반을 구축해서 고용을 창출하리란 기대도 있었다.

이트를 차단하려고 하나 구글, 야후 등 미디어 유통업체의 반발이
만만치 않다(〈경향신문〉, 2012. 1. 20.). 생산미디어가 시장을 지배
할 것인지 아니면 유통미디어가 시장을 지배할 것인지 아니면 둘 사
이에 균형이 이루어질 것인지는 정보 및 대중문화의 미래가 걸린 문
제다.

4. 계급 미디어

1) 특징

계급 미디어론을 확립한 사람은 마르크스이다. 그의 계급론에 따르
면 언론은 억압 받는 사람의 편에 서며, "기존 정세의 모든 기초를
뒤흔드는 것"이었다(서명준, 2017). 마르크스와 엥겔스는 계급투쟁
이 사회 전반에 걸친 혁명적 재구성을 초래하거나 투쟁하는 계급이
공멸(common ruin)한다고 경계하였다(Hassan, 2012: 287).

    놈 촘스키는 흥미로운 이야기를 꺼냈다. 근대경제학의 창시자인
애덤 스미스가 '누가 세상을 지배하는가'라는 질문을 던졌다는 것이
다. 애덤 스미스는 시대마다 '인류의 지배자'가 있고, 이들은 똑같이
'사악한 원칙'을 추종한다고 설명했는데, 여기서 사악한 원칙이란
인류의 지배자가 "모든 부를 독차지하고 타인에겐 아무것도 양보하
지 않는 것을 말한다(Chomsky, 2016: 1). 그 사악한 원칙이 커뮤니
케이션 혁명과 제 4차 산업혁명에서도 작동하는 것 같다. 우리는 이

윤과 지배권을 얻고자 사람을 희생시키려는 독점자본이나 권력을 경계하고, 헌법에 나온 대로 국민이 국가권력의 주인임을 확인하기 위해 논의를 시작하려고 한다.

미디어, 정보, 문화 등 정신적, 문화적 영역에서 계급투쟁은 어떤 동기에서 발생하고, 어떻게 전개되는지를 살피는 것은 미디어 정치경제학의 주요한 과제다.10 특히 경제위기나 민주주의 위기가 발생할 경우 수용자 대중은 대안 정보를 찾고 문화투쟁을 전개해 왔다. 그러나 미디어산업과 정부는 이를 묵살하거나 저지했다. 이 싸움은 정치경제적 재구성 및 미디어 개혁의 방향에 큰 영향을 미친다. 그래서 자본-미디어의 관계를 해명하는 것이 미디어 정치경제학의 반쪽이라면 미디어를 둘러싼 계급갈등을 규명하는 것은 나머

---

10 계급이 주요한 사회모순으로 있는 한 커뮤니케이션 수단은 계급투쟁의 무기가 된다. 이것은 레닌의 혁명적 미디어론에서도 잘 나타난다.

"레닌은 신문을 3가지 범주로 규정한다. 정치생활, 혁명사업, 경제건설 등이 그것이다. 정치생활과 관련하여 신문이 발행될 때 그것은 '군중교육의 도구가 된다'. 혁명사업과 관련될 때 신문은 '집체적 선전자, 집체적 선동자일 뿐만 아니라 집체적 조직자'가 된다. 경제건설과 관련해서는 '군중에 대한 경제 재교육'과 '노동조직의 새로운 방법을 설명하는 도구'가 된다. 중국 사회에서 신문은 일종의 상부구조의 표현형태로 보도수단을 통한 경제기초 하부구조의 반영으로 이해되나, 모든 생산수단의 사회화, 공유화의 수준에서 인민 또는 집단이 이를 소유하고 당의 방침과 정책과 노선을 관철하는 조직자, 선전선동자, 고무 격려 비판 추종자의 역능을 갖는 강력한 무기가 된다."(자오리리, 2009: 5)

레닌의 언론관은 혁명기의 전략에서 나왔다. 언론이 집단적 선전자, 선동자, 조직자 기능을 해야 한다는 언론사상은 사회주의 국가가 만들어진 후에도 금과옥조처럼 인용되었다. 그렇지만 언론은 막강한 권력을 독점한 공산당의 정보조작 전략으로 악용된 경우가 많았다. 어렵게 일군 사회주의체제를 몰락시킨 것 가운데 하나가 당의 언론독점과 정보조작에 있었다.

지 반쪽의 일이다.

그런데 여기서 곤혹스런 점이 있다. 미디어와 정보분야에서 계급투쟁의 주력이 누구인가? 일반 노동자인가, 아니면 미디어노동자인가. 그것도 아니면 시민 또는 수용자 대중인가? 커뮤니케이션 계급투쟁은 이 세 집단 모두와 연관된 것이 아닐까 추측해 본다. 여기서 중요한 것은 이런 점이다. 언론노조의 투쟁은 계급 투쟁적인가? 시민 개개인의 정보자유의 투쟁, 시민대중의 집단적 투쟁은 얼마나 효과가 있을까? 여야 정권교체가 거의 불가능할 정도로 민주주의 기반이 취약한 현실에서 누가 지배복합체의 정보조작에 대해 책임을 물을 수 있을까 하는 것도 계급 미디어를 유지시키는 배경이 된다.

지배복합체는 공공문제에 대해 타협적 시각을 무시하고 힘의 우위를 무기로 삼아 계급 투쟁적 시각을 고수한다. 이들은 계급 제압적 시각에서 미디어를 운영하고 정보를 관리한다. 미디어는 정치적, 경제적, 이념적 분리와 대립을 조장함으로써 전통적인 '분리와 통치' 전략을 따랐다. 미디어는 지배복합체의 전략을 앞장서서 실천해 왔다. 미디어는 권력이나 시장을 감시하는 기능 때문에 언론의 자유라는 특권이 주어졌는데, 이런 특권을 계급지배를 정당화하는 데 사용했다.

노동자나 시민으로 구성된 수용자 대중은 미디어, 정보, 문화의 계급적 지배에 저항한다. 재벌-미디어-권력복합체가 아무리 빈부격차를 합리화해도 대다수 수용자 대중은 가난은 불평등한 사회구조 때문이라고 생각한다. 부익부 빈익빈, 유전무죄 무전유죄는 시민들이 삶에서 터득한 진실이다.

수용자 대중은 기존 미디어에서 꼭 필요한 정보를 얻을 수 없으면 대안 미디어를 찾았다. 또 유언비어라는 무기에 의존하기도 했다. 민중들은 유언비어를 유포해서 현실 삶의 괴로움을 알리고 지배세력의 무능과 부정부패를 고발했다. 그리고 더 나은 미래를 꿈꾸는 정보를 공유하기도 했다. 이제 인터넷이, 소셜미디어가 이런 역할을 떠맡아야 하지 않겠는가.

한동안 약화하였던 계급투쟁이 전 지구적으로 확산된 까닭은 만성적인 경제위기, 무능하고 부패한 국가권력과 엘리트의 행태[11]에 반감을 가진 시민대중의 결단이 있었기 때문이다. 정부의 무능은 세월호 참사, 메르스 확산 등 위기국면에서 두드러졌다. 또 기업 순위 5위로 한국 경제에서 만만치 않은 비중을 차지한 롯데그룹이 경영권 다툼으로 시끄러워도 정부는 누가 지배주주인지 몰랐다. 이러한 정부가 어떻게 재벌경제를 규제할 수 있을까?

또 하나의 새로운 현상은 계급투쟁의 전선이 끝없이 확대된다는 점이다. 전에는 계급투쟁이 경제투쟁, 정치투쟁, 사상투쟁이라는 세 개의 전선에서 발생했다. 정보, 문화, 지식 분야는 정신적 영역으로 여겨 국가나 자본의 일방성을 허용하지 않았다. 허나 신자유주의는 이윤이라는 망치로 정신적 영역을 파괴해 버렸다. 예전처럼 정신적 영역에서 논쟁과 동의 등 민주주의 과정이 대폭 생략되었다.

사람들은 새로운 정보수단을 찾기 시작했다. 인터넷에서 소셜미

---

11 김영란 전 대법관은 한국을 인맥 중심의 '엘리트 카르텔형 부패' 국가라고 말했다 (〈미디어오늘〉, 2015. 4. 23.).

디어로, 다시 팟캐스팅으로 끝없는 방랑이 이어졌다. 일부 청년들은 대자보를 이용하기도 했다. 정보 및 문화에서까지 민주주의 투쟁이 적극적으로 전개되기 시작한 것이다. 정보나 문화와 같은 소통의 영역에서 계급투쟁이 발생한다는 것이 괴이한 현상은 아니다. 그만큼 정치경제적, 이념적 갈등과 대립이 심각하다는 뜻이다.

한국자본주의가 더욱 양극화되고, 사회갈등은 완충기제도 없이 깊어지면서 사회 전 분야가 심각한 계급투쟁의 양상을 보였다. 집권세력이 합리적인 사고를 한다면 계급투쟁의 원인이 빈부격차, 실업, 고용불안정, 민주주의 탄압 등에 있음을 인지하고 이를 해소할 사회정책을 도입했을 것이다. 미디어도 계급 타협적인 여론을 조성했어야 했다.

미디어 정치경제학은 계급을 중요한 분석 단위로 인정한다. 그러나 미디어와 정보를 둘러싼 계급적 갈등은 전형적인 노사관계에 국한되지 않는다, 수용자 대중, 미디어 종사자, 국가, 자본이 복잡하게 얽혀 있어 노사관계를 중심으로 다투면 정확히 평가하기 어렵다. 그래서 언론자유를 둘러싼 투쟁을 제대로 이해하려면 미디어자본, 미디어노동, 시민, 광고주, 정권의 역동적 관계를 종합적으로 분석해야 한다.

2) 계급의 역사적 전개

원나라, 청나라 시절에는 시도 때도 없이 조선인을 노비로 끌고 가 부려 먹기도 했으며, 일본은 임진왜란, 조선식민지 체제에서 조선인의 골수까지 빼먹었다. 외국침략군으로부터 백성을 보호하지는 못할망정 팔아먹기까지 했다. 일제는 조선인 전체를 노비로 삼았다. 우리의 역사에서도 같은 민족끼리 한쪽은 사대부네 귀족이네 하며 다른 한쪽을 노비로 삼아 착취하고 부려 먹었다. 이렇게 같은 민족을 노비로 삼아 착취하는 민족이 지구상에 또 있을까? 이런 몹쓸 유산이 한국사회에 고스란히 남아 있다.

국가가 시민을 어떻게 대우하는지, 기업이 종업원을 어떻게 대하는지를 보면 실상이 금방 드러난다. 하물며 노동자들끼리 정규직은 비정규직을 부리고 괴롭힌다. 이렇게 대다수 시민들은 평안한 삶을 즐길 수 있는 터전도 희망도 없이 떠돌이처럼 하루하루를 땜질하며 산다. 한국자본주의는 많은 부를 창출했지만 이 모두를 극소수 사람들이 독식한 반면 대다수 사람들은 무거운 빚과 불안정한 고용으로 고통을 받고 있다.

우리 민족은 민본사상, 홍익인간 사상을 신봉기도 했다. 나라도 이런 사상을 근본으로 해서 세워졌다. 우리 민족은 배고픈 사람에게는 먹을 것을, 아픈 사람에게는 약을 주어 사람을 살렸다. 지식이 필요한 사람에게는 책도 주고 교육도 시켰다. 이는 사람들이 '하늘'을 무서워해서 생긴 전통이다. 그런데 언제부터인가 사람들이 너나없이 돈과 권력을 탐하기 시작하고 이 때문에 반인륜적, 반민족적 행위도 서슴지 않았다. 조금 과장해서 말하면 돈의 노예가 되지 않은 사람이 없고, 권력에 굴종하지 않는 사람이 없다. 사람을 얕잡아보고, 괴롭히는 것이 고위층 사이에 퍼진 감성이다. 교육부 나향욱 정책기획관의 시민에 대한 인식은 이런 사회적 분위기를 대변하는

지도 모른다.

> 신분제를 공고화시켜야 한다고 생각한다. 민중은 개·돼지로 취급
> 하면 된다. 개·돼지로 보고 먹고살게만 해주면 된다고(〈경향신
> 문〉, 2016. 7. 9.).

고위공무원 그것도 도덕과 윤리의식을 관리하는 교육부 관리가
국민을 개·돼지로 취급한 발언은 국민에게 큰 충격을 주었다. 또
다른 막말을 보자. 아래는 김항곤 경북 성주군수의 막말이다.

> 우리 군민들이 완전히 안보 불감증에 걸려 버렸어. 위에 놈(북한)
> 은 미쳐서 날뛰는데 지금 밑에서는 이북 편드는 놈도 있고 희한한
> 나라가 돼 버렸어. 특히 여자들이 정신이 나갔어요. 군대를 안 갔다
> 와서 그런가. 전부 술집 하고 다방 하고 그런 것들인데 … (〈한겨
> 레〉, 2016. 9. 20.).

사드 배치문제로 신경이 극도로 예민해져서 김 군수가 실수했다
고 넘기도 싶어도 도무지 용서할 수 없는 까닭은 사람을 개·돼지와
같은 가축으로 취급한 고위 관리와 붕어빵처럼 닮아있기 때문이다.
그런데 사람을 개돼지로 취급하는 사람이[12] 고위 공직자만은 아

---

[12] 우리 역사를 보면 지배층은 '왜놈'을 개, 쥐라고 불렀다. 《세종실록》 1419년 6월 9
일 자 기록에 의하면 태종이 대마도 정벌에 나선다고 공표했다. 당시 왜놈들이 대

니다. 재벌기업, 대기업 회장도 그와 비슷한 가치관을 가졌다. 1997년 4월 국회는 한보그룹 비자금 사건에 관한 청문회를 열었다. 정태수 전 한보그룹 회장에게 청문위원이 묻기를 "그룹의 경영자들이 낸 자료에 틀린 부분이 많다"고 하니 정태수 회장은 이렇게 받아쳤다. "자금이라는 건 주인인 내가 알지 머슴이 어떻게 압니까?"

재벌회장이었다는 사람이 전문 경영인을 '머슴'이라고 부를 만큼 도덕적 수준이 형편없었다. 우리가 언제 이토록 강퍅한[13] 군상으로 변질되었는가? 여기서는 불평등한 계급질서가 소통민주주의를 훼방 놓는다. 문병효(2011) 강원대 법학전문대학원 교수는 "역사적으로 볼 때 언론은 지배계급이 자신들의 정치적 의도를 은폐하거나 선전하고, 계급이데올로기를 유포하고 확산함으로써 권력을 유지하는 중요한 수단으로 이용되기도 하였다"고 설명했다.

박근혜 대통령의 비선 실세였던 최순실 씨의 딸 정유라는 SNS에 부정입학 의혹에 관해 이런 글을 올렸다.

능력 없으면 너희 부모를 원망해. 있는 우리 부모 가지고 감 놔라 배 놔라 하지 말고. 돈도 실력이야. 불만이면 종목을 갈아타야지. 남의 욕하기 바쁘니 아무리 다른 것 한들 어디 성공하겠니?

마도에 근거를 두고 조선을 약탈하여 백성들의 원성이 높았다. 이에 태종은 왜놈들이 우리나라를 "개같이 도적질하고 쥐같이 훔치는 버릇"을 가졌다고 비판하였다 (설민석, 2016: 105에서 재인용).

13 '강퍅한'이란 '성격이 까다롭고 고집이 세다'라는 의미의 순 우리말이다.

말 타는 사람 중에 친한 사람 없어. 나 친한 사람 딱 네 명 있어. 너희들은 그냥 인사하는 애들 수준이야. 뭘 새삼스럽게 병이 도져서 난리들이야.

내가 만만하니? 난 개들한테 욕 못해서 안하는 줄 알아? … 놀아나 주는 모자란 애들 상대하기 더러워서 안하는 거야(〈경향신문〉, 2016. 10. 19. 에서 재인용).

부유층, 권력층의 자식까지도 이런 막장의 말을 쏟아내는 바탕에는 자신의 부와 권력이 어디서 왔는지 모르는 무지가 깔려 있다. 박근혜 대통령의 사적 친구인 최순실이 국가권력을 유린하는 등 문제를 일으키자 검찰은 그녀를 구속했다. 그러자 국민들 사이에 검찰을 불신하는 풍조가 일었다. 사람들은 최순실을 대신한 가짜가 검찰의 심문을 대신 받는 것이 아니냐고 의심했다. 그만큼 검찰의 신뢰는 바닥까지 떨어졌다. 다음과 같은 검찰의 발표는 치욕적이다. "항간에 떠도는 '최순실 대역설'과 관련해 지문대조를 통해 확인한 결과, 현재 구속돼 조사 중인 피의자는 최순실 본임이 확인됐다."

한국 사회는 경제적, 정치적 불평등에 그치지 않고 정보, 문화의 불평등도 심각하다. 이런 불평등은 한국사회의 정보소통체계를 크게 왜곡시키고, 이것은 다시 불평등을 둘러싼 사회적 합의를 어렵게 만든다. 불평등과 소통의 문제를 다루기 위해 미디어 정치경제학은 소유 불평등, 정치적 불평등, 정보 및 문화 불평등, 지역 불평등, 국제적 불평등의 원인 및 현상을 규명한다.

3) 중간층에서 계급양극화로

미디어는 한국사회를 중산층 중심의 사회라고 주장해 왔다. 각종 선거에서도 정당, 후보자를 막론하고 자신들이 중산층 중심의 성향을 갖고 있다고 입버릇처럼 선전했다. 이는 한국이 무계급사회이며 평등사회인 것처럼 왜곡하는 것이다. 미디어와 정부가 집착했던 중간층 사회론은 1997년까지는 어느 정도 합리성을 인정받았다. 그러나 1997년 경제위기 이후 전개된 극단적인 사회양극화는 중간층 사회론을 전복시켰다. 이제 미디어는 양극화의 합리화라는 새로운 구실을 부여 받았다.

미디어가 양극화를 합리화 하는 방법에는 여러 가지가 있다.

첫째, 재벌기업을 비롯한 부자들이 부자인 것은 그만한 이유가 있다는 주장이다. 경영능력, 투자 등에서 부자들이 독특한 능력이 있다고 과장한다. 둘째, 가난한 사람을 무능하거나 게으르다고 묘사함으로써 가난을 정당화한다. 셋째, 국가의 복지정책을 포퓰리즘이라고 비난하고, 시민들에게는 국가에 기대지 말고 독립적으로 살라고 요구한다. 미디어산업은 과잉복지를 자본주의 경제위기의 원인이라고 반복해서 보도한다.

4) 진영논리의 일방적 지지

한국사회는 진정한 보수와 진보가 존재하는 것 같지는 않다. 자신이 보수적이라는 정당이나 미디어를 관찰해 보면, 이승만-박정희 숭배, 재벌기업 중심, 학벌 지상주의, 미국 제일주의, 친일사상을 지지하는 기득권층 주류집단의 이념이다. 이들은 자유, 시장경쟁, 사회적 책임을 추종하는 원래 의미의 보수가 아니다.

진보도 진정한 가치를 제시하지 못한다. 재벌 개혁, 빈곤계층과 약자 수호 등에 역점을 두어야 하는데 진보집단이나 야당은 이런 과제를 별로 중시하지 않는다. 야당은 기득권층 비주류에 속하는 집단이다. 이리하여 기득권층은 재산, 권력, 정보를 독점하는 강자진영이고, 비(非) 기득권층은 야당, 노동조합, 시민단체를 중심으로 구성되지만 다수의 시민들을 끌어들일 만한 정책이나 활동을 하지 않는다. 그 결과 남는 것은 강자진영과 약자진영이며, 진영끼리 다투는 일이다.

최상훈 〈뉴욕타임스〉 한국 특파원은 한국사회, 한국 언론이 진영논리, 즉 정파논리에 따라 분열되었다고 꼬집었다. 그는 이렇게 말한다. "한국 사회에서 진보와 보수를 가르는 유일한 잣대는 북한이다. 한국 언론도 한국 사회처럼 갈라져 있고 갈라짐을 선동한 측면이 있다. 진영에 발을 붙이고 싸움을 부추기고 싸움을 이끌어 가는 것 같다."(〈기자협회보〉, 2014. 6. 20.)

결국 미디어는 보수, 기득권층, 부자, 권력자, 엘리트를 지지하는 것들이 대부분이다. 소수의 미디어만이 서민, 진보, 약자를 편견 없이 보도한다. 따지고 보면 계급이 미디어를 상하, 좌우로 분단시킨다.

5. 문화제국 미디어

20세기까지만 해도 강대국에 의한 정보 및 대중문화 지배는 영원할 듯 보였다. 그러나 SNS혁명, 중국의 국제적 부상, 세계 각국의 정보 자주화 움직임, 한류 문화의 확산 등은 21세기를 이전과 다르게 보이게 한다. 그럼에도 문화제국주의가 사라졌는지 물으면 누가 자신 있게 대답할 수 있을까?

1) 문화제국주의

20세기 내내 미국의 세계 지배는 문화제국주의라는 정신적 패권 또는 문화적 통솔력이 없었으면 불가능했을지 모른다. 영국이 세계를 지배할 때도 그랬듯이, 미국은 지구적으로 경제, 기술, 군사, 종교, 학문, 문화 등 모든 방면에서 주도권과 지배권을 확립했고, 많은 국가들이 이를 인정하였다. 미국이 주도하는 독점자본주의가 약소국을 상대로 문화, 정보, 오락, 지식, 교육 등 정신적 분야를 지배함으로써 상대방을 정신적으로 굴복시킨다는 개념이 문화제국주의이다. 문화제국주의는 경제적 이득도 따라온다. 이것은 미·소 냉전체제에서 정보, 문화, 지식, 오락 등에서 이념적 대결의 산물로 만들어졌다. 이런 세계적인 문화 지배체제는 미국 군산(軍産) 복합체가 문화적으로 확장된 결과다. 문화제국주의가 없었다면 20세기 미국도 없었을 것이다.

다시 말해 미디어, 정보 및 콘텐츠, 커뮤니케이션 기술 분야에서 미국이 우월한 힘을 이용하여 다른 나라의 미디어 시장을 교란하고, 이윤을 빼가며 궁극적으로는 문화적 정체성을 약화시키는 힘을 문화제국주의라 한다. 이것이 한국 미디어산업에 미치는 영향은 작지 않다. 미디어산업은 미국산 콘텐츠와 커뮤니케이션 기술을 수입함으로써 이익을 낼 수 있다.

그러나 장기적으로 볼 때 자본이나 콘텐츠 또는 기술을 미국에 의존할 경우 미디어산업은 수익성 하락으로 고전할 것이고, 문화 정체성도 취약해진다. 한때 문화제국주의가 세계를 휩쓴 적도 있었지만 이를 저지하기 위해 다양한 형태의 반대와 저항도 있었다. 냉전체제가 무너지고, 중국, 인도, 중남미, 중동이 부상한 다 미국과 유럽의 경제위기가 터지자 문화제국주의는 급속히 퇴조하기 시작했다. 스파크스는 문화제국주의론이 주변으로 밀려난 까닭을 문화제국주의론의 내적 모순, 문화제국주의론을 비판하는 커뮤니케이션과 미디어 연구의 진화, 미디어 구조의 변화, 이용자의 성격 변화에서 찾았다(Sparks, 2006: 112~122).

그런 한편 한국미디어산업은 게임, 음악, 드라마, 영화, 공연 등을 수출하여 짭짤한 재미를 보았다. 2013년을 기준으로 한국의 게임수출은 26억 3천만 달러, 음악이 2억 3천만 달러, 영화가 2,018만 달러에 이른다(〈게임산업백서〉, 2014). 게임수출액이 대한민국 콘텐츠 수출액의 대부분을 차지한다. 이렇게 많은 돈을 벌어오는 게임산업을 정부와 국회가 규제로 대응하는 행태는 좀 이상하다. 수출지상주의가 왜 게임산업에는 적용되지 않을까?

2) 문화제국주의 변동

경제위기, 기술발전, 문화의 디지털화 등 갖가지 변화가 들불처럼 일어났다. 특히 중국의 지구적 문화굴기는 미국의 일방적 문화통치 시대를 끝장내는 계기가 되었다. 한국의 한류문화산업의 성과도 전통적인 문화제국주의 정당성을 약화시켰다.

그럼에도 한국은 미국 문화제국주의, 중국 문화제국주의, 일본 문화제국주의에 포위된 모습이다. 미국이 경제위기를 당하고, 지구적 패권이 흔들리자 문화제국주의도 약해졌다. 이러한 현상을 두고 일부 연구자들은 '문화제국주의 종언'을 말하지만 그렇게 되려면 아직 멀었다고 생각한다. 부자는 망해도 3년은 간다고 하지 않았나! 그럼에도 전통적인 문화제국주의에 균열이 생기기 시작했다. 그 균열은 내적 균열, 외적 균열을 모두 포함하고 있어 미국 주도의 문화제국주의가 전환점에 들어선 것으로 보인다.

각국이 주권의 일부로 여겼던 정보, 문화 영역이 전면 개방되기에 이른 것이다. 문화제국주의의 첨병인 미국 대중문화에도 조그만 구멍이 뚫렸는데, 한류문화가 미국 대중문화의 경쟁자로 나선 것이다. 한국문화가 미국문화의 경쟁자 위치에 들어섰다는 것은 시사하는 바가 크다. 그동안 한국은 모든 것을 미국에 의지해 왔다. 대표적인 예가 바로 군사주권의 상징인 전시(戰時) 작전권이 미국의 손에 있다는 것이다. 때만 되면 군사충돌위기, 전쟁위기가 불거지는 나라에서 전시작전권을 미국의 손에 남겨 두고 국민의 생명과 영토를 제대로 지킬 수 있을지 모르겠다. 문재인 대통령의 2017년 광복

절 경축사는 힘차 보였지만, 우울한 우리의 자화상을 보여준다.

> 대한민국의 국익이 최우선이고 정의입니다. 한반도에서 또다시 전
> 쟁은 안 됩니다. 한반도에서의 군사행동은 대한민국만이 결정할 수
> 있고, 누구도 대한민국의 동의 없이 군사행동을 결정할 수 없습니
> 다. 정부는 모든 것을 걸고 전쟁만은 막을 것입니다.

우리가 여태까지 군사적 자주권을 갖지 못한 것은 국가로서 커다
란 구멍이 난 것과 같다. 가장 강한 군사권이 미국에 있고, 가장 부
드러운 권력이라 할 수 있는 대중문화도 미국, 일본을 본뜬 것이다.
한국 대중문화마저 미국 대중문화를 숙주로 삼고 있다. 또한 한국은
아직도 영어제국주의가 뿌리내린 몇 안 되는 국가 가운데 하나이다.
입시, 취업, 승진에 이르기까지 영어는 결정력을 발휘한다. 대학에
서 교수 임용 및 승진이 걸린 경우 거의 예외 없이 영어논문은 임용
을 결정짓는 중요한 요인으로 작용한다. 왜 미국 박사학위, 영어 구
사능력이 한국의 교수직을 좌우하는지 이해하기 어렵다.

경제적으로도 미국은 한국에 가장 투자를 많이 한 나라다. 한국
은행에 따르면, 2013년 기준으로 외국인 투자 총액은 9,910억 달러
에 이르는데, 이 중 27.7%인 2,744억 달러가 미국의 투자액이다.
유럽 연합이 2,705억 달러로 27.3%, 동남아 국가가 1,595억 달러
로 16.1%를 차지했다. 그리고 일본은 854억 달러인 8.6%에 그치
며, 중국은 339억 달러를 투자했다(〈연합뉴스〉, 2014. 4. 21.).

이런 틈바구니에서 생긴 것이 한류 문화다. 물론 한류 문화는 아

시아판 미국 대중문화의 아류이지만 해외시장에 진출하려는 대기업, 연예기획사와 걸음을 함께한다. 한류 문화와 미국 문화제국주의는 이윤 추구, 상업적, 선정적 가치 추구, 탈 정치성 및 탈 이념성을 공유한다. 미국 문화제국주의가 우리에게 미치는 가장 나쁜 효과는 미국에 조아리는 노예근성을 조장한 것이다. 하지만 한류 문화는 미국 문화제국주의와는 일정한 거리를 두고, 아시아적 감성과 오락을 전개한다는 특징이 있다. 한류 문화는 거시적 차원에서는 미국 대중문화의 아류이지만 미시적 차원에서는 상호 경쟁관계이다. 미국 문화제국주의에게 한류 문화는 호주머니 속의 송곳 같은 존재이다.

6. 디지털 미디어

커뮤니케이션 기술은 중요한 생산력의 하나로서 경제성장 및 역사 발전에 기여하는 바가 크다. 생산력의 발전과 잉여가치의 생산은 아주 밀접한 관계가 있다.

역사를 보면 대개 선진 기술과 경제적 토대를 바탕으로 생산력이 발전하면 이에 상응하는 생산관계가 조직된다. 생산관계를 대표하는 것이 경제관계다. 소유관계는 경제관계를 구성하는 것 중 가장 중요한 요소이다. 문제는 경제력이 불평등하게 분배되는 것이다. 생산수단의 집중, 부의 독점과 세습은 자본과 비자본 간의 불균형, 자본과 노동의 불평등, 서울과 지방의 불균형은 미디어 시장에 그대로 반영된다. 부와 권력의 독점에 따른 미디어의 경제적 불평등은 미디어기업의 조직 및 편집방향에도 영향을 미친다.

21세기 디지털 커뮤니케이션 미디어는 인터넷과 스마트폰 덕분에 대중적으로 확산될 수 있었다. 그런데 아날로그 기술을 이용한 신문이나 방송보다 디지털 기술을 이용한 미디어가 훨씬 많은 기능을 한다. 다음카카오를 보자. 이것은 콘텐츠 플랫폼기능, 마케팅 플랫폼기능, 소셜 플랫폼기능, 상거래 플랫폼기능을 한다(〈조선일보〉, 2014. 8. 30.). 전통미디어는 인터넷, SNS 등 뉴미디어에 의해 뒷방으로 밀려 나는 중이다. 독점, 불공정 경쟁, 언론권력으로 상징되는 전통미디어는 검색기능조차 없다. [14]

커뮤니케이션 기술은 본질상 다른 사람과 소통하고 싶은 욕구를 매개한다. 그런 커뮤니케이션이 자본주의적, 사적 지배를 받도록 하면 공적 가치는 소외되고, 오로지 이윤추구나 권력욕에 집착한다. 이것은 부자만이 정보를 얻고, 소통할 수 있지만 가난한 사람들은 이런 서비스를 못 받는다는 뜻이다.

---

[14] 논의를 하기에 앞서 우리가 관심을 둬야 할 문제는 전통 커뮤니케이션과 신흥 커뮤니케이션의 차이에 관한 것이다.

〈표 1-1〉 커뮤니케이션의 성격

	전통 커뮤니케이션	신흥 커뮤니케이션
소유관계	국영, 공영, 사영	사영, 1인 미디어
기술	종이, 아날로그	디지털
수용자	수용자 획일화	수용자의 다양화
시장상태	포화	기술표준 경제, 새로운 시장
재정충당	광고, 수신료	이용료
공공규제	엄격한 심의, 공익규제	규제 완화
노동시장개방	금지 또는 규제	개방

서스킨드(2016: 212)에 의하면, 눈부시게 발전하는 정보기술, 점점 똑똑해지는 기계, 한층 깊게 침투하는 기기, 더욱 촘촘히 연결되는 인간이 정보기술의 주요한 발전 추세다. 그럼에도 역사적으로 새로운 기술, 기계가 나타날 때마다 직업이나 계급에 어떤 영향을 미치는지, 사람들에게 무엇을 주고 무엇을 강요하는지 의문을 품는 이들이 많다. 경제학자인 리카르도(Ricardo)는 1821년 자신의 책에서 이런 현상을 두고 '기계문제'(machinery question)라는 개념을 제기했다(The Economist, 2016. 6. 25.). **15** 새로운 기계가 도입될 때마다 첫째, 그 기계가 각 계급에 미치는 영향이 무엇이며, 둘째, 기술 도입에 따라 종종 자신들의 이익에 치명상을 입는 노동계급의 입장은 무엇인가 라는 상투적인 질문이 나오는데, 리카르도는 이를 '기계문제'로 이름을 붙였다. **16** 다시 강조하면 어떤 기술이건 기계건 독자적으로 만들어지고 관리되는 것이 아니라, 당대의 지배적 생산양식, 이에 의해 규정되는 권력관계의 통제를 받는다는 것이다. 제1차 산업혁명부터 제3차 산업혁명에 이르기까지는 어느 정도 변화를 예측할 수 있었다. 그러나 제4차 산업혁명은 그 개념, 방법, 목적, 사후처리 등 거의 모든 것이 불투명하다.

세계경제포럼(WEF)의 혁신팀장 데이빗(David, 2016. 1. 18.)은 제4차 산업혁명이란 "새롭고, 예상치 못한 방식으로 디지털화의 영향을 구축하고, 확대하는 새로운 시대"이며, "사람과 기계의 완전히

---

15 기사 제목은 "The return of the machinery question"이다.
16 출처: IDEAS, "Machinery Question".

새로운 능력을 포함한 가상-물리 시스템"(Cyber-Physical System) 으로 개념 정의하였다. 2016년에 열린 다보스포럼에서 제 4차 산업혁명을 국제적 화두로 올렸는데, 다보스 포럼에 따르면, 제 4차 산업혁명이란 "인간과 기계의 잠재력을 획기적으로 향상시키는 가상-물리 시스템"이다(최계영, 2016).

바꿀 수 있는 것을 모두 바꿔 지구적 독점자본이 앞으로도 살아남을 수 있는 새로운 축적의 시장을 만들어준다는 맥락에서 본다면, 제 4차 산업혁명은 '지구적 독점자본의 21세기 식량'임에 틀림없다. 주형환 산업통상자원부장관은 4차 산업혁명을 다음과 같이 정의했다.

> 인공지능, 사물인터넷, 로봇 등 파괴적 기술의 등장으로 상품이나 서비스의 생산, 유통, 소비 등 전 과정에 걸쳐 모든 것이 지능화하면서 생활의 질이 획기적으로 향상되고 생산성이 극대화되는 사회·경제적 현상이다(〈신동아〉, 2017. 4.).

이 문장은 제 4차 산업혁명의 밝은 면만 부각시켜 편파적인 해석을 한 것이다. 박정일에 따르면, 제 4차 산업혁명의 핵심은 소프트웨어이며, 공장설비 센서에 지능을 더하는 사물인터넷과 융합하여 기계와 설비가 서로 소통, 협력, 진화하여 생산력을 증대하는 것이다(〈매일경제〉, 2016. 11. 2.). 김병수(2017. 1. 1. ~ 1. 4. : 29) 는 제 4차 산업혁명을 "세상 모든 사물이 인터넷으로 연결되고, 이를 통해 모든 데이터를 수집하고 축적·활용하는 인공지능 혁명"이라고 해석했다.

이런 논리를 종합하면, 제4차 산업혁명은 세상에 있는 모든 가치 있는 요소를 자동화, 지능화하면서 동시에 이들을 집중하고 연결시켜서 지구적 생산양식의 사회로 만들려는 전략이라고 할 수 있다. 분명한 사실은 커뮤니케이션 혁명과 제4차 산업혁명의 이념은 효율성의 극대화이며, 방법은 산업지능화·자동화이다. 이것은 무인자본주의로 가는 기반이 될 것이다. 이 과정에서 국가의 능동적인 역할, 사고나 문제가 발생하면 이를 해결하는 노동자의 능력을 절실히 요구하고 있다.

제4차 산업혁명을 이끄는 것 가운데 하나가 알고리즘(*algorithm*)이다. 특히 행위능력이 있는 알고리즘은 자동화, 계량화, 서열화, 색인화하고 자료를 분류하는 기능을 한다(오세욱, 2017: 63). 이것 때문에 알고리즘은 데이터와 더불어 인공지능 기술을 떠받치는 양대 축으로 여기는 연구자도 있다[예컨대 (남충현, 2016: 7)]. 전 지구적으로 생산, 유통, 소비, 국가, 삶에 커다란 영향을 미치는 제4차 산업혁명이 커뮤니케이션 산업과 콘텐츠에도 만만치 않은 영향을 줄 것이다.

제4차 산업혁명의 가운데에는 인공지능이 있으며, 컴퓨팅 파워, 데이터 축적이 인공지능을 형성하는 두 가지 요소라고 한다(류지민 외, 2017. 1. 1. ~ 1. 4. : 34). 인공지능 기술은 제4차 산업혁명뿐만 아니라 인류에 끼치는 영향력이 만만치 않게 크다. 세계의 많은 기업과 연구기관들이 '심화학습'(*Deep Learning*)이라는 기술을 개발하였다. 과학자들은 생물학적 신경을 복사하는 전통적 방식을 포기하고 사람의 지도를 받지 않고 데이터를 스스로 학습하는 인공신경망을 만드는 쪽으로 방향을 바꿔 사람의 뇌에 가까운 기계지능을 만드는 결정을 한 것이다(제프 호킨스, 2017. 1. 10.).

인공지능 기술에 정통한 러셀과 노어빅이 2009년에 함께 쓴 《인공지능》은 이 방면의 연구가 얼마나 진척되었는지를 뚜렷하게 보여준다. 그들에 따르면, 인공지능이란 ① 사람처럼 생각하는 시스템, ② 사람처럼 행동하는 시스템, ③ 합리적으로 생각하는 시스템이라고 말했다(NSTC, 2016: 6~7에서 재인용).

무인자본주의는[17] 이 연구에서 중요한 개념으로 상품 및 서비스의 생산, 유통, 소비 및 이용의 기계화, 자동화, 지능화, 네트워크화를 추진함으로써 이윤질서의 안정화, 지배구조의 강화를 추구하는 생산방식이다. 좀더 말하면 생산의 자동화·지능화를 구현함으로써 기업들이 최소한의 노동자만을 고용해서 이윤의 크기와 이윤율을 증대한다.

로봇저널리즘과 빅데이터도 커뮤니케이션 방식과 내용에 변화의 바람을 가져왔다. 로봇저널리즘이란 "컴퓨터 알고리즘을 활용해 자동으로 기사를 작성하는 방식"을 말한다(박대민 외, 2015: 61). "컴퓨팅 기술에 기초해 소프트웨어를 활용하는 기사 작성방식"을 로봇저널리즘[18]이라고도 한다(네이버 캐스트, '로봇저널리즘'). 오세욱

---

17 무인자본주의(*unmanned capitalism*, 無人資本主義)는 '고용 없는 자본주의'(*unemployed capitalism*)이며, '사람을 싫어하는 자본주의'(*hateful capitalism*)가 될 공산이 크다.

18 저널리즘과 기술을 결합한 테크저널리즘에는 로봇저널리즘, 챗봇저널리즘, 데이터저널리즘, 인터랙티브 뉴스, 가상-현실저널리즘, 드론저널리즘 따위가 있다(이

(2016: 58, 62)은 알고리즘의 논리는 계량화, 서열화, 자동화라고 말하고, 계량화에 의한 기계 읽기, 수집하는 데이터에 따른 서열화, 알고리즘을 통한 특정 행위의 자동화가 가능해진다. 로봇저널리즘과 뜻이 비슷한 알고리즘저널리즘은 컴퓨터에 의한 자동화에 초점을 맞춘 개념으로 뉴스의 취재, 기사 작성, 편집, 유통 등 저널리즘 과정에서 어떤 하나를 정해진 규칙에 따라 만들어진 알고리즘으로 대체하거나 보완하는 것을 말한다(오세욱, 2016: 57).

이로 미루어 보아 로봇저널리즘의 로봇은 사람을 닮은 휴머노이드를 가리키는 것이 아니라 데이터를 처리하고 분석하여 글을 자동으로 생성하도록 짜인 컴퓨터 소프트웨어를 뜻하는 것이다(박주현, 2017: 8).

인공지능의 기술적 발달에 따라 계산할 줄 아는 단순한 컴퓨터는 성찰하는 컴퓨터로 바뀌었다. 커뮤니케이션 산업자본이 인공지능에 투자하고 있어 기술적 발전 속도는 무척 빠르다. 구글계열의 딥마인드는 학습능력을 향상시킬 목적에서 기억의 공고화(memory consolidation) 기술을 개발하였다(Krumins, 2016. 11. 28.). MS는 인공지능 소프트웨어 코타나를 개발했다. 이것은 스마트폰을 통한 일정 안내, 음악 인식, 검색, 개인 취향과 위치 정보 등을 바탕으로 정보 제공, 8개국 언어버전 개발 등의 기능을 한다(〈중앙일보〉, 2016. 11. 30.). IBM 왓슨은 의료, 법률, 금융 분야에서 인공지능 서비스를 제공하여 2015년 한 해에 178억 달러의 수입을 올렸다(〈매일경

창민, 2016).

제〉, 2016. 11. 30.).

음악, 미술 분야도 인공지능의 세례를 받는다. 소니의 인공지능 음악인 '플로머신즈'(FlowMachines)는 1만 3천 곡을 분석한 끝에 〈Daddy's Car〉, 〈Mr. Shadow〉라는 제목의 노래를 작곡(〈허핑턴 포스트코리아〉, 2016. 9. 29.)하였고, 구글도 'AI 듀엣'(AI Duet)을 만들어 인공지능 음악경쟁에 나섰다. 미술 분야에도 인공지능 기술이 접목되고 있다. 진 로이키네(Jean Lojkine, 1986)는 일찍이 산업혁명이 컴퓨터 혁명으로 이동한다고 예측했는데, 이것이 맞았던 것이다. 그는 이것을 두고 "물적 생산방식과 인적 생산방식이 새롭게 결합한 첫 번째 신호라고 해석했다.

인공지능 번역기의 번역수준도 기술의 발달에 힘입어 정확성, 표현력, 신속성, 정교성이 놀랄 만큼 개선되었다. 저널리즘 분야에서는 날씨, 증권, 스포츠, 경제 관련 뉴스가 인공지능 로봇의 표적이 되다시피 하였다. 그럼에도 인공지능 번역기나 로봇저널리즘은 문학을 비롯한 창조적 작업에서는 아직 갈 길이 멀다. "언어에는 인간의 감성, 감정 등이 녹아 있고 뉘앙스가 바둑의 수보다 많아 인공지능(AI)이 아직 (언어를) 정복할 수 없다"는 곽중철 한국통번역사협회 회장의 견해는 아직까지는 유효하다(〈경향신문〉, 2017. 2. 23.). 그럼에도 인공지능기술, 이것의 바탕이 되는 뇌과학의 발전 속도나 성과를 보면 창의적, 창조적 작업도 안전지대는 아닌 것 같다.

김은정·서기만(2016: 21~27)은 인공지능과 일자리의 관계를 바라보는 세 가지 시각을 정리하였다. 첫째, 인간 직종과 기계 직종의 경계가 흐려진다는 것, 둘째, 인간 직종과 기계 직종이 구분된다는 것, 셋째, 인공지능은 단지 도구라는 관점이다. 여기다 하나 덧붙이면 인공지능은 자본에게는 새로운 시장을 제공하고, 국가에는 시민들을 감시하고 통제할 규제 공간을 조성하는 반면, 시민들의 재정, 시간 및 주목도를 인공지능을 관리하는 자본에게 넘기는 일을 한다.

현재 우리는 많은 선진, 고급 커뮤니케이션 기술이 있고, 커뮤니케이션 산업이 유지될 정도로 광고주와 수용자 대중은 나름대로 독자적인 경제적 기반이 있지만 아직은 독립성, 창의력 따위를 확보하지 못했다.

참고문헌

강준만(2009). 《대중매체 이론과 사상》. 서울: 개마고원.

〈경향신문〉(2012. 1. 20.). "신구 미디어 '문명 충돌': 영화・음악 구매체 대 구글・트위터 신매체, 저작권법 갈등".

_____ (2016. 10. 19.). "'최순실 비밀회사' 국내에도 있었다".

_____ (2016. 7. 9.). "교육부 고위관부 '민중은 개・돼지 … 신분제 공고화해야'".

_____ (2017. 2. 23.). "기계에서 문학은 아직 어려워요 … 인간・인공지능 '번역 대결'".

〈기자협회보〉(2014. 6. 20.). "외신, 왜 북한 뉴스에 주목하나: 건국대언론홍보대학원, 외신기자 초청 세미나".

김동원(2015). "이용자를 통한 미디어 자본의 가치 창출". 〈한국언론정보학보〉, 70: 165~188.

김병수・서은내(2017. 1. 1. ~ 2017. 1. 4.). "4차 산업혁명 충격 '시스템을 확 바꿔라'". 〈매경이코노미〉, 1889호.

김상기(1961/1965). 《고려시대사》. 서울: 동서문화사.

김은정・서기만(2016). "인공지능시대를 위해 시작해야 할 두 번째 고민". 〈LG
    Business Insight〉, 1402: 21~27.

남충현(2016). "오픈소스 AI: 인공지능 생태계와 오픈 이노베이션". 〈KISDI
    Premium Report〉, 16(10). 정보통신정책연구원.

류지민・서은내・나건웅(2017. 1. 1. ~ 2017. 1. 4.). "4차 산업혁명의 기반 ICBM
    │사물인터넷・클라우드・빅데이터・모바일 4개 부문 경쟁력 갖춰야 인
    공지능도 성공". 〈매경이코노미〉, 1889호.

류한석(2017. 3. 28.). "아마존 알렉사의 무한대 확장성". 〈주간경향〉, 51.

마린코, G. (1990). 《과학기술혁명이란 무엇인가》. 서울: 백산서당.

〈매일경제〉(2016. 11. 2.). "〔기고〕소프트웨어 산업 전환 서둘러야".

_____ (2016. 11. 30.). "샤프・도시바 등 日기업 8곳, AI 투자액 3천억 엔 달해".

_____ (2017. 6. 28.). "AI 특허 무상공개한 소니의 속내 '개방통한 기술 확산'".

문병효(2011). "언론기관의 독립성과 표현의 자유: 방송을 중심으로". 〈한국헌
    법학회〉, 18(4): 227~266.

〈미디어스〉(2015. 8. 3.). "조중동매・종편은 물론 메이저 신문・방송도 다 사
    이비언론?: 〔입수〕광고주협회 조사 '유사언론행위' 매체 '전체 명단'".

〈미디어오늘〉(2001. 5. 24.). "〔사설〕'언론자정' 깃발을 다시 들자".

_____ (2014. 12. 5.). "JTBC '온라인에선 우리가 지상파보다 시청률이 높은
    데…'".

_____ (2015. 4. 23.). "김영란 '한국은 인맥중심 '엘리트 카르텔형 부패' 국가'".

박대민・김선호・백영민(2015). 《뉴스 빅데이터 분석 시스템 연구》. 서울: 한
    국언론진흥재단.

박주현(2017). 《기자 없는 저널리즘》. 서울: 커뮤니케이션북스.

방송통신위원회(2014). 〈2014 방송매체 이용행태조사〉.

백승욱(2017). 《생각하는 마르크스: 무엇이 아니라 어떻게》. 서울: 북콤마.

베리, W. (2015). *Our Only World*. Counterpoint. 배미영 역(2017). 《오직
    하나뿐: 할아버지 농부 웬델 베리가 들려주는 10편의 에세이》. 서울:
    이후.

서명준(2015). 《독일의 미디어 이론가들》. 서울: 커뮤니케이션북스.

서스킨드, R. & 서스킨드, D. (2016). *The Future of the Professions*. Oxford
    University Press. 위대선 역(2016). 《4차 산업혁명 시대 전문직의 미
    래: 빅데이터, 인공지능, 기술혁신이 가져올 새로운 전문직 지형도》.

서울: 와이즈베리.

선대인(2009). 《위험한 경제학 1: 부동산의 비밀 편》. 서울: 더난출판사.

설민석(2016). 《설민석의 조선왕조실록: 대한민국이 선택한 역사 이야기》. 서울: 세계사.

손재권(2014). "디지털 전환은 사람이다". 〈관훈저널〉, 133: 58~64.

〈시사IN〉(2015. 6. 6.). "전근대적 대학의 살풍경".

〈신동아〉(2017). "코리아 루트를 찾아라: 밀려오는 4차 산업혁명 파도".

신영복(2015). 《담론: 신영복의 마지막 강의》. 파주: 돌베개.

〈연합뉴스〉(2014. 4. 21.). "지난해 한국시장 최대 투자자는 미국人".

오세욱(2016). "저널리즘과 알고리즘의 융합에 대한 탐색적 연구". 〈사이버커뮤니케이션학보〉, 33(3): 51~101.

오세욱·이소은·최순욱(2017). "기계와 인간은 커뮤니케이션할 수 있는가?: 기계학습을 통해 본 쟁점과 대안". 〈정보사회와 미디어〉, 19(3): 63~96.

요시노리 히로이(2017). 《포스트 자본주의: 과학·인간·사회의 미래》. 서울: 에이케이 커뮤니케이션즈.

이창민(2016). 《2020 미디어 트렌드: 소셜 퍼스트 모바일 온리 테크 저널리즘의 시대가 온다》. 서울: 한스미디어.

제프 호킨스(2017. 1. 10.). "인공지능 다음 기계지능…인류에 주어질 진짜 외뇌". 〈한겨레〉, 12면.

〈조선일보〉(2014. 8. 30.). "카카오톡, 무료 문자 전송으로 사용자 그룹 확보 … 사용자 늘자 앱 개발자·광고주 몰리며 '선순환'".

〈중앙일보〉(2014. 7. 30.). "모바일 시청자 힘 … 소비 이끄는 '2049' 눈길 잡아라".

_____ (2016. 11. 30.). "AI가 의사 대체해도 간호·복지사는 부족할 것".

_____ (2016. 5. 23.). "K게임, 현지화로 '철옹성' 일본 뚫었다".

채만수(2016). "인공지능? 그것은 자본주의의 저승사자다: 알파고·이세돌 바둑 대결을 계기로 지식인들이 토해낸 담론 비판". 〈정세와노동〉, 122: 58~90.

최계영(2016). "4차 산업혁명 시대의 변화상과 정책 시사점". 〈KISDI Premium Report〉, 16(4). 서울: 정보통신정책연구원.

〈한겨레〉(2015. 6. 1.). "스타는 웃지만 나는 슬픕니다 … 방송국은 '비정규직 백화점'".

_____ (2016. 9. 20.). "'사드 반대 여성은 술집·다방 하는 것들' 막말 성주군

수 사퇴 요구 확산".

_____ (2017. 1. 9.). "인공지능 다음 기계지능 … 인류에 주어질 진짜 외뇌".

〈한겨레21〉(2015. 5. 25.). "유튜브 킬 TV스타". 1062호.

한국콘텐츠진흥원(2014). 《2014 대한민국 게임백서》. 나주: 문화체육관광부 한국콘텐츠진흥원.

〈허핑턴포스트코리아〉(2016. 9. 29.). "소니의 인공지능이 작곡한 음악이 공개 됐다".

히로유키 나가누마(2016). 《2025 비즈니스 모델: 10년 후 생존을 위한 비즈니 스 트렌드》. 서울: 한스미디어.

Briggs, A. & Burke, P. (2002). *A Social History of the Media: From gutenberg to the internet.* Cambridge: Polity.

Chandler, D. & Munday, R. (2011). *A Dictionary of Media and Communication.* Online version.

Chomsky, N. (2016). *Who Rules the World?: American empire project.* New York: Metropolitan Books.

Fuchs, C. (2009). "Information and Communication Technologies and Society: A contribution to the critique of the political economy of the internet". *European Journal of Communication*, 24(1): 69~87.

_____ (2014). *Social Media: A critical introduction.* London: Sage.

Hassan, R. (2012). "Time, Neoliberal Power, and the Advent of Marx's 'Common Ruin' Thesis". *Alternatives: Global, Local, Political.* 37(4): 287~299.

Krumins, A. (2016. 11. 28.). "Google's Deepmind AI Gives Robots the Ability to Dream".

NSTC (2016). "Preparing for the Future of Artificial Intelligence". Executive Office of the President.

Picard, R. G. (2014). "The Future of the Political Economy of Press Freedom". *Communication Law and Policy*, 19(1): 97~107.

Russell, S. & Novig, P. (2016). *Artificial Intelligence: A modern approach.* NJ: Prentice Hall.

Sparks, C. (2006). "Contradictions in Capitalist Media Practices". In Artz,

　　L. et al. (eds.). *Marxism and Communication Studies*. NY: PETER
　　LANG.

The Economist (2016. 6. 25.). "The Return of the Machinery Question".

WEF (2016). "The Future of Jobs-Employment, Skills, and Workforce
　　Strategy for the Fourth Industrial Revolution".

卜彦芳(2008).《傳媒經濟學: 理論与案例》. 中國國際广播出版社.

2

전(前) 자본주의와 커뮤니케이션

우리 민족은 죽음보다도 더한 고행의 길을 걸었다. 이 긴 여정에서 가렴주구(苛斂誅求) 하는 지배층의 착취, 시도 때도 없이 침략하는 외세의 수탈로 극심한 괴로움을 당했다. 사학연구자 백지원은 우리 지배층의 못된 성격을 이렇게 비판했다.

> 역사적으로 어느 나라건 노비는 있었다. 그러나 그들은 대부분 전쟁 포로이거나 범죄자였고 타민족이었다. 동족을 단지 가난하다거나 출신 혹은 직업이 천하다는 이유로 짐승같이 취급해 사고팔고 상속 하는 나라는 조선 말고는 세계 어디에도 없었다(백지원, 2009: 9).

우리 민족은 지배층과 외세의 이중적 수탈을 당하면서도 쉬지 않고 이들과 싸웠다. 이들은 지배체제에 저항하는 한편 외세를 몰아내고자 죽음도 두려워하지 않는 항쟁을 전개했다. 이 과정에서 정보와 문화는 대단히 중요한 역할을 하였다. 정보는 민족적 소통을 촉진했고, 문화는 민족적 공동체의 형성에 이바지했다.

정보생산방식은 사회체제나 기술발전에 따라서 바뀌었다. 정보생산수단은 개인화-국가화-식민화-사유화-공유화라는 5가지 역사적 변천과정을 겪었다.[1] 이 싸움은 결국 사유화 세력과 공유화 세력의 다툼으로 끝나곤 했다. 여기서는 자본주의 이전의 미디어에 대해서 생각해 보고자 한다. 제도적, 기술적으로 정보생산과 유통에서 중요했던 것은 미디어, 광고, 통신이었다. 자본주의 이전에도 이런 것들은 꾸준히 성장해 왔다.

1. 고대 정보양식

1) 삼국시대 이전

생산력이 발전하지 않았던 고대에서 사람들은 생존 자체가 어려운 환경을 극복하고자 무진 애를 썼다. 이런 환경에서 살아남고자 사람들은 사력을 다해 소통을 했다. 말은 이때부터 생긴 것이다. 사람의 두뇌가 발전하고, 직립 보행을 하며, 도구를 사용하기 시작하면서 말이 생겨났다는 것이 정설이다(정주리 외, 2006: 14~15). 선사시대

---

[1] 우리가 굳이 서양의 역사발전 형태인 원시제-노예제-봉건제-자본제-공유제의 길을 따라서 분석의 틀로 삼을 이유가 없다.

의 사람들은 자작나무 껍질, 나뭇조각, 점토판, 암벽, 지면 따위를 이용해 그림을 남겼다(한국방송통신대 문화교양학과 편, 2007: 441). 이 당시 그림은 유력한 소통수단이었다. 생산력이 발전하고 점차 계급질서가 정착되면서 정보양식에 큰 변화가 생겼다. 사람들 사이에서 분업도 발생했다. 고대 사회에서는 정치, 종교, 생산, 놀이 같은 것이 분리되지 않은 경우가 많았다. 일종의 신정(神政) 일치사회였던 고대사회는 제사와 종교활동 그리고 가무는 서로 분리되지 않은 행위로 만들었다. 따라서 사람들은 제사, 종교, 가무, 통치를 뒤섞었다. 이로써 고대인들은 소통의 공동체를 이룰 수 있었다.

고대 조선은 자연적으로 풍요로워서 사람들은 시달릴 정도로 일을 하지 않아도 풍족히 먹고 살았다. 고대인들이 제사를 지내고 가무를 즐김으로써 소통의 한 마당을 열었듯이 그리스인들은 종교와 연극을 즐겼던 것도 이런 이유에서였다.

고대인들은 때로는 암각화나 벽화로 필요한 정보를 전달했다. 선사시대의 대표적인 암각화로는 울산 반구대 암각화를 들 수 있다.

반반하고 매끈거리는 병풍 같은 바위면에 고래·개·늑대·호랑이·사슴·멧돼지·곰·토끼·여우·거북·물고기·사람 등의 형상과 고래잡이 모습, 배와 어부의 모습, 사냥하는 광경 등을 표현하였다. 이곳에 표현된 동물들이 주로 사냥 대상 동물이고, 이 동물 가운데에는 교미의 자세를 취하고 있는 것과 배가 불룩하여 새끼를 가진 것으로 보이는 동물의 모습이 보인다. 이 암각화는 당시 사람들이, 동물들이 많이 번식하고 그로 인해 사냥거리가 많게 되기를 기원하면서 만든 것임을 알 수 있다. 뿐만 아니라 춤추는 남자의 모습에서 성기가 과장되게 표현된 것은 인간의 생식능력이 자연의 번식력과 깊은 관계를 가졌다고 생각했던 당시 사람들의 관념을 나타낸 것으로 생각된다(두산백과사전).

반구대 암각화는 생존에 필요한 정보나 지식을 암벽에 그려 놓은 것이다. 선사시대의 사람들도 생존본능에서 정보를 남겨 놓았다. 고대 사회의 고분벽화는 당대의 생활 풍속, 신앙, 종교, 사상을 담고 있어 역사적, 정보적 가치가 높다(김경수, 2012: 49). 마찬가지로 우리 민족이 나라를 이루기 시작하면서, 영토를 지키고 국가를 방어할 목적으로 다양한 커뮤니케이션 양식을 발전시켰다. 봉수(烽燧) 제도, 파발(擺撥) 제도, 우역(郵驛) 제도, 비둘기 통신은 대표적인 고대 커뮤니케이션 양식이다(김수종, 1997: 1).

봉수제도는 아주 오래 전부터 급보를 전달하기 위해 사용해 왔다. 하지만 봉수제는 단점이 많았다. 우선 멀리서 봉수대를 이용해 정보를 전달하는 것이 까다로웠다. 예를 들어 함경도 변경인 경흥에서 출발한 봉화가 서울에 도달하려면 120개 봉수대를 거쳐야 했으며, 비가 오거나 나무 때문에 봉화를 하기 어려운 점도 있었다. 또 봉화를 공급한 사람과 그 봉화를 해석하는 사람 사이에 소통이 왜곡되어 정작 필요한 때에 봉수대는 제 역할을 못한 경우가 많았다(오수창, 2008. 2. 5.). 한마디로 말해 봉수제는 긴급 정보를 얻기 위해 만든 것이었지만 경제성이나 효과성이 크지 않았던 것이다. 이런 단점을 극복하고자 말을 탄 사람이 정보를 신속히 전달할 목적으로 임진왜란이 끝날 무렵부터 파발제를 두었다.

우리는 오랜 역사에서 벽화, 비문, 금석문 등 자연을 이용한 커뮤니케이션 양식도 발전시켰다. 이것은 인위성을 배제하고 사람의 정성과 혼을 중시한 전통적 사상의 단면이었다. 고구려 벽화는 특히 지배층의 상태를 알 수 있는 정보를 담았다. 금석문도 우리가 사용했던 정보소통수단이다. 이 땅에 살던 사람들은 금속이나 돌에 그림, 글자 등을 써서 정보를 소통했다. 종이나 책이 발명되기 전에 금석문은 정보소통수단으로 널리 쓰였다.

또한 우리 민족은 일찍부터 고유한 문자를 사용했다. 부여, 삼한시대에도 문자를 썼다. 고구려, 신라, 백제시대부터 사람들은 신지글자, 한자, 이두를 썼다는 기록이 있다. 《삼국사기》에 따르면 고구려는 건국 초기부터 문자를 사용했다. 우리는 기원전 1세기에 붓을 사용했으며, 목간(木簡)과 종이를 이용한 글을 남겼다.

한편 북이나 연(鳶)도 정보전달에 요긴하게 쓰였다. 북을 치고, 연을 날리는 행위는 특정한 목적으로 소통을 하려는 것이었다. 지도를 이용한 정보전달도 활발했다. 《구당서》에 따르면, 고구려는 7세기 초에 전국을 표시한 지도가 있었다고 한다(이종호 외, 2006: 275).

2) 삼국시대

(1) 문자 정보생산

고구려는 석각(石刻) 천문도(天文圖)를 만드는 기술을 가졌다. 이 기술을 이용해서 찍은 것이 조선시대의 천상열차분야지도(天象列次

分野之圖)이다.

(2) 비(非)문자 정보생산

고구려와 신라는 각각 평양과 경주에 첨성대를 만들어 날씨를 관측했다. 첨성대는 고대 사람들이 날씨 정보를 얻기 위해 얼마나 애썼는지를 알 수 있게 해준다.

솔개는 주요한 통신 수단이었다. 삼국시대 사람들은 솔개를 띄워 근거리, 장거리 통신에 활용했다. 솔개 통신에 관한 사실은 《삼국유사》를 비롯한 문헌에 기록되어 있다.

3) 고려시대

고려가 건국되자 정통성을 높일 목적으로 신라 때 만들어진 서적, 문헌 등을 불태우거나 버리고 말았다. 이것은 역사 발전에 상당한 부담이 되고 말았다.

고려는 국가적 서적 발행, 교육 진흥정책으로 국정을 체계적으로 관리해 나가기 시작했다. 고려시대 이후에는 다양한 방식으로 지식과 정보를 관리하는 기구가 있었다. 이는 기록을 중시하는 민족적 특질에서 나온 것이다. 고려는 학사원, 한림원, 문한서, 예문춘추관이라는 이름으로 국가 기록을 전담하는 기구를 두었다(박홍갑 외, 2009: 317). 서적 간행을 전담하는 기구도 있었다. 문종은 서적을 관리하는 서적점을 두었고, 숙종은 인쇄출판을 담당하는 서적포를 만들었다. 공양왕 때 세워진 서적원은 주자를 관리하고, 서적을 간행했다. 그림도 고려시대의 중요한 소통양식이었다. 그림 대부분은 불교 이념을 반영한 것이었다. 통신 부문에서는 여러 가지 발전이 있었다. 솟대(立木), 용고(龍鼓), 봉수(烽燧), 우역(郵驛) 같은 것들이 정보전달의 수단이었다.

고려시대 사람들은 물질적인 것보다 정신적인 것을 소중히 여겼다. 몽골이 침략했을 때도 엄청난 물자와 인력을 소비하면서 대장경2을 만든 것도 그런 이유에서였다.

고려시대의 정보생산은 조정과 사찰이 독점했다. 이들은 주로 이념적 질서를 강화하는 데 효과적인 서적을 많이 발행했다. 하지만 일반 백성은 글도 몰랐고, 책에 접근조차 불가능한 시대였다. 자연히 백성들은 인적 소통방식에 의존하여 정보를 얻었다.

---

2 김경수(2011: 98~99)는 대장경 제작에 들어간 자원을 이렇게 추정했다.
통나무: 1만 5천 개 이상
운반인원: 연인원 8만~12만 명
필사본 제작인력: 한 사람이 하루에 1천 자를 쓴다면 연인원 5만 명 필요
필사용 한지: 50만 장
필사용 한지 제작인력: 약 1만 명
필사작업: 연인원 125만 명
경판 옻칠 작업: 연인원 1천 명
교정 및 구리 장식인력: 교정 및 구리 장식 만드는 일에도 많은 일손이 필요하고, 제작을 뒷바라지하던 사람까지 고려하면 그 수는 더욱 늘어난다.

2. 조선시대

계급관계가 형성되던 고대시기에 다양한 형태의 미디어가 나타났다. 이후 생산력의 발달과 강력한 국가체제의 성립은 독자적인 정보, 문화 양식을 확립했다.

1) 지배적 정보생산 양식

(1) 제도

우리는 정보를 소통하고 통제하는 제도를 갖고 있었다. 대간(臺諫)제, 경연(經筵) 제도가 조선시대 지배층이 소통하는 제도였다. 삼사(三司, 사헌부・사간원・홍문관)는 특히 중요한 소통 기구였다. 이외에도 상소제도, 신문고 등 여러 가지 방식의 소통수단이 있었다.

조선 조정은 서적 출판에 필요한 제도를 만들었다. 서적원, 주자소, 교서관, 간경도감 따위가 만들어져 활자를 만들고, 책을 인쇄했다. 태종은 1403년 주자소를 설치하여 수십만 자에 이르는 동활자를 주조했는데, 이것은 세계적인 규모의 금속활자 주조 기구였다(류수, 1966: 39). 그런 한편 지역의 정보소통은 향교, 서원, 유향소 등을 통해 이루어졌다.

한글 창제는 조선시대의 대중적 정보소통을 촉진한 획기적인 일이었다. 백성들은 어려운 한자로 쓰인 책이나 방(榜)을 전혀 읽을 수 없었다. 이에 세종은 언문청(정음청)을 두어 언문(한글) 제정과 서적 편찬 업무를 담당하게 함으로써 지식과 정보의 대중화를 실천했다. 석주연(2010)의 조사에 따르면 조선시대의 관판본 한글문헌은 두 가지 종류로 구분된다. 하나는 생산자 지향성, 즉 국가 지향성을 보이는 한글문헌들로 이념 서적, 왕실관련 서적, 행위준칙 서적, 붕당(朋黨)과 역모(逆謀) 기록 서적이 있다. 또 다른 하나는 수용자 지향성을 보이는 한글문헌이 있는데, 이것은 의학서적, 교육서적, 구휼서적 등 일반 백성의 효용에 목적을 둔 서적들이다. 이렇게 한글서적은 다양한 목적을 갖고 유포되었다.

(2) 책

책은 인류 문명의 총아이자 가장 보편적인 소통수단이었다. 그런데 책은 산업자본주의 훨씬 이전부터 나타나 지식과 문화 그리고 교양을 확산했고, 지배의 수단으로 이용되기도 하였다. 자본주의 생산방식이 도입되는 근대 이전 조선의 커뮤니케이션 양식은 필사본-방각본(판각본)-구활자본(딱지본, 납활자본)으로 발전하였다(천정환, 2003: 35). 이것을 가만히 들여다보면, 우리의 커뮤니케이션 양식이 다양하게 발전해 왔음을 알 수 있다.

서적은 조선시대 지식의 원천이었다. 자연히 국영 교서관이 서적 발행을 주도했다. 하지만 서적 문화의 혜택이 백성에게까지 이르지 못했다. 사대부조차 책을 구하기가 하늘의 별따기만큼이나 어려웠다. 나라가 가난하고, 지배구조가 획일적인 데다가 사상적, 정치적 통제가 극심했기 때문일 것이다.

사대부의 책 구하기 모습을 보자. 조선시대의 학자이자 문신인 유희춘은 개인 일지인 《미암일기》(1567~1577)를 남겼다. 이 일기

<표 2-1> 조선시대의 서적 출판과 유통

출판		유통		독자
• 국영출판사(교서관) • 영출판사(박도량 서사) • 문중출판(도산서원 등) • 사찰출판	→	• 서적 대여(세책가) • 서적 거간(서쾌) • 중국서적 수입	→	• 사대부(한문서적) • 아녀자(한글서적)

에서 유희춘이 책에 접근했던 방식은 다섯 가지였다(이재정, 2008: 289~293). ① 책을 선물로 받기, ② 빌려 보거나 바꿔 보기, ③ 중국으로 가는 사신에게 책 구입을 부탁하기, ④ 책 거간을 통해 구하기, ⑤ 관직을 이용해 책 구하기 등이다.

조선시대에 책은 귀하디귀한 재산이었다. 누구도 책 한 권 얻기가 쉽지 않았다. 조정은 교서관(전신 교서감)을 두어 책의 발행, 배포를 독점했다. 그러나 책은 오로지 왕과 사대부의 전유물이었다. 일반 백성은 책 근처에 얼씬도 못했다. 조선은 책을 보급하는 서점도 허가하지 않았다. 책을 발행하고, 배포하는 일 하나하나가 왕의 재가를 받아야 할 정도로 국가 대사였다. 조선이 학문을 숭상했다고 하나 빈말인 듯싶다. 학문을 숭상한 것이 아니라 학문 독점만 숭상하고, 학문 독점자들이 백성을 지배하는 정당성을 확립하는 데 악용된 측면이 많다.

책 발행은 전적으로 국가통치에 이로운 것들을 중심으로 이루어졌다. 예를 들어 4,705권이 인쇄된 《규장전운》도 있고, 중종 시대에는 2,940질의 《삼강행실도》가 발행되었다(옥영정, 2008: 55).

책은 여러 가지 방식으로 만들어졌다. 가장 일반적인 것은 책을 손으로 베끼는 필사본의 양식이다. 방각본 출판물도 많았다. 부길만(2003: 24)의 정의에 따르면 방각본은 "민간인이 영리를 목적으로 판각하여 출판한 서적"을 말한다. 이런 종류의 책은 목판에 새긴 판본으로 찍어낸 것이다. 조선시대의 인구 증가, 양반 인구의 증가, 농업생산력 증대, 상품화폐 경제의 발달, 신분제의 변화 따위가 영리적인 방각본 출판의 생성과 확산을 촉진했다(같은 책, 186~204). 그렇게 방각본 출판은 전국적으로 진행되었다. 대구에서 발행된 방각본은 달판 방각본이라고 하는데, 이것은 광문사, 재전당서포, 칠성당서포와 같은 방각소에서 발행되어 판매되었다고 한다(류준경, 2005: 70~71). 이런 영리 출판물은 발행장소와 발행자가 명기되어 있었다. 조선시대에 나타났던 영리 출판물은 천자문이나 《명심보감》처럼 대중적으로 널리 읽히는 것들이 많았다.

활자본은 조선시대에 널리 쓰였던 방식이다. 목판본 인쇄술도 상당히 발달했다. 조선 후반기에 쓰인 구활자본은 서양 인쇄기술을 이용한 납활자로 책을 만든 것이다(같은 책, 36). 납활자를 이용한 인쇄기술은 당시 세계 정상급이었다.

(3) 조보

조선 최초의 신문인 조보(朝報)는 중요한 정보소통수단이었다.[3] 왕

---

[3] 중국의 저명한 신문역사가인 방한기 교수는 당나라 시대에 나온 저보(邸報)는 정부기관지이자, 중국 최초의 신문이라고 평가했다(1981: 1). 방 교수는 저보의 주된 내용을 5가지로 분류했다(같은 책, 2).
  - 황제의 칙서, 칙령, 황제의 언행
  - 봉건왕조의 법령, 공보

명을 출납하는 승정원이 조보를 발행했고, 승정원 소속 기별서리들이 조보를 필사하면, 각급 관서에 소속된 기별 군사들에게 조보를 배포했다(박흥갑 외, 2009: 17~18). 조보의 기원을 신라시대로 보기도 하지만 조선 중종 때 조보가 발행되었다는 기록이 있다(같은 책, 321).

《조선왕조실록》의 태종 편에 처음으로 조보와 관련된 기록이 나온다. 태종 13년인 1413년에 대간이 의정부를 혁파하고 업무를 육조에 이관한다는 기사에서 '분발'(分發)이 늦게 나와 국정에 혼선이 있었음을 알렸다. 분발은 조보를 발행하는 데 있어 중요한 사항을 먼저 베껴서 관계되는 기관이나 관리에게 돌리던 정보양식이다(《조선왕조실록》, 주 2824). 요즘 개념으로 보자면 분발은 일종의 속보호외였다. 《계축일기》에 기록된 내용에 따르면, 1603년 선조의 비인 인목왕후가 공주를 낳았는데, 분발이 잘못돼서 왕자를 낳은 것으로 착각했다고 한다.

조보가 사람의 입에 자주 오르내린 것은 중종 때부터라고 추정된다. 중종 3년인 1508년에 영사 성희안이 "신이 지난번에 북경으로부터 요동에 도착하여 조보를 보니 논박을 받아 산관으로 된 사람이 많았습니다"라고 임금께 아뢰었다는 기록도 나온다. 중종 때 관리들이 조보를 상시적으로 읽었음을 추정할 수 있는 대목이다. 《효종

─────────

- 황실의 동태
- 봉건정부 관원의 승진, 임명, 상벌, 표창 등
- 각급 신하의 상소나 보고서

실록》에는 '조보를 보건대'라는 기사가 보이고, 《현종실록》에는 '날마다 양사가 논한 사실이 조보에 기재되어 있다'는 기록도 나온다(김경수, 2000: 31). 이렇게 조선시대의 조정은 조보라는 수단이 있어 역사를 기록하고, 정보를 소통하였다.

조보는 조선 근대까지 발행된 것으로 추정된다. 유길준은 1895년 쓴 《서유견문》에서 "이제 신문을 시작한 근원을 추구해 보면 조보같이 관리들에게 베껴서 돌리다가, 그 뒤에 일반인 가운데서도 부유한 자들은 세를 내고 받아 보았다"고 함으로써 조보의 존재를 명확히 했다(유길준, 1895/2004: 477~478). 조보는 발행 초기에는 조정 관리들에게만 한정된 관보 형태의 신문이었다. 이것이 변해 나중에는 일반인들도 돈을 내면 조보를 받아 볼 수 있다는 유길준의 말에 따르면, 조선에서도 부분적이나마 정보상품화가 진행되었다고 볼 수 있다.

북한에서 발행된 《조선문화사》는 조보, 저보(邸報), 기별(奇別)에 실린 기사내용을 이렇게 분류하였다(과학백과사전출판사, 1977: 108). ① 법령의 변동, ② 관리의 인사이동, ③ 농사 정형, ④ 기상천문, ⑤ 지리상의 변화, ⑥ 범죄자들에 대한 심문과 판결, ⑦ 과거(시험), ⑧ 국왕의 생활, ⑨ 정치적으로 특별한 의의가 있는 상소 등이 그것이다.

1577년 《조선왕조실록》은 선조가 조보의 대중적 유통을 금압했다고 기록했다.[4] 선조는 이렇게 다그쳤다.

---

[4] 1577년 목판인쇄로 발행된 〈조보〉가 2017년 4월 경북 영천 용화사에서 공개되었

"내가 우연히 조보(朝報)를 보건대 마치 고사(古史)처럼 인출(引出)하였으니 매우 놀랄 일이다. 당초 누가 주장하여 인출하였는가? 어째서 아뢰지 않고 마음대로 만들었는가?" 그는 관련자를 엄중히 처벌하라고 명했다.

"기별(奇別)은 일시 보기만 하면 되는 것인데 감히 인출하였으니 매우 놀라운 일이다. 끝까지 추문하여 죄를 다스려야 한다"고 하였다(《조선왕조실록》 영인본, 제21책: 347). 이에 사간원이 임금에게 이렇게 고했다.

> 조보(朝報)를 인출(印出)한 사람들은 중국 조정에서 인출하는 조보를 모방하여 만들었는데 그 본심을 헤아려 보면 이익을 꾀하여 생계를 도우려고 한 것에 지나지 않습니다. 지금 연루된 자가 30여 인이나 되는데 여러 차례 형신(刑訊)을 받아 운명(隕命)할 지경에 이르렀습니다. 급히 놓아주도록 명하소서(같은 책, 제21책: 349).

선조는 상업조보를 불가하다고 했지만 관리들은 생계형 상업 조보는 어쩔 수 없다고 반박했다. 조정 대신들은 상업 조보를 긍정적으로 보았다. 그들은 민간 조보가 불법적이기는 하나 중국에서도 그 전례가 있고, 판매자들이 생계를 위해 조보를 인쇄 발행했으니 정상

다. 경남대 김영주 교수는 1660년 발행된 독일의 〈라이프치거 차이퉁(Leipziger Zeitung)〉보다 앞선 세계 최초의 '활판인쇄 민간상업 일간신문'이라고 주장했다(〈오마이뉴스〉, 2017. 5. 27.).

을 참작해달라고 말했다. 관리의 선처 요구가 받아들여졌는지 30여 명에 이르는 민간 조보 발행자들은 처벌을 받았지만 죽지는 않았다.

이 사건은 아주 상징적이다. 당연히 사람들은 정보를 상품화하려면 목을 내놓아야 한다고 생각했을 것이다. 이후 어느 누구도 감히 정보상품화를 추구하지 못했다. 이것은 정보나 지식의 대중화를 막고, 기술이나 경제 그리고 민주주의의 발전을 치명적으로 해쳤다.

리용필(1985/1993: 30)은 민간 조보의 판매 사건을 이렇게 해석하였다. ① 일반 백성들은 오래전부터 신문과 같은 보도 선전수단을 갖고 싶어 했다. ② 조보에서 보듯이 일간 정기인쇄신문의 맹아적 형태가 15세기 후반기에 출현하였다. 이것은 세계 어느 나라보다 앞선 특이한 현상이다. ③ 봉건군주의 보도 관제가 매우 엄격해서 민간인들은 일체 보도선전 활동을 할 수 없었다. 민간인들의 소통 욕구, 판매 욕구는 좌절되었다.

종합적으로, 조보의 커뮤니케이션 의미는 이렇게 볼 수 있다.

① 승정원이라는 확실한 공급자가 있다. ② 정기적으로 필사되어 발행되었다. ③ 내용은 임금의 명령, 인사, 대외관계, 날씨 등에 이르기까지 주요 소식을 종합적으로 다루었다. 조보의 내용은 기사와 유사한 성격을 가진다. ④ 상업화는 금지되었지만, 조보의 중요성을 안 사람들이 돈을 주고 사는 행위가 있었다.

조보는 보도성이나 정기성 기능 등에 비추어 최초의 신문이라고 보아도 무리가 아니다. 그러나 여기까지였다. 봉건통치에 따른 이념적 경색, 상품경제의 미발달 등으로 인해 조보는 진화하지 못하고 서양 근대 미디어에 길을 내주었다, 일반 대중은 정보와 근대문화에서 소외된 채 정신적 황무지로 내몰렸다.

(4) 방

글자를 써서 정보를 전달하는 전통적 소통방식은 여러 가지가 있는데 그중 하나가 방문(榜文)5이다. 이는 보통 흰 종이에 붓글씨로 써서 벽에 붙이는 방법으로 정보를 전달하는 것이다. 방(榜)은 조정이 백성에게 중요한 사실을 알리거나 훈계하고 설득하기 위해 시장을 비롯해 사람이 많이 다니던 곳에 붙여 놓았던 전통적 소통수단이다. 방문은 조정이 주체가 되는 경우가 많았지만 익명으로 방문을 붙이는 경우가 많았다. 《고려사》에 따르면, 고려 조정은 시장에다 정몽주의 시체를 매달아 놓고, "사실이 아닌 일을 꾸며서 대간(臺諫)을 꾀고 대신을 해쳐 나라를 시끄럽게 어지럽혔다"는 내용의 방을 붙였다고 한다(박은숙, 2008: 57).

(5) 실록

실록은 왕과 조정의 일을 날짜별로 기록한 우리 고유의 지식과 정보 소통수단이다. 고려시대에도 실록을 만들었고, 조선시대에는 체계적으로 실록을 작성했다. 고려시대 실록은 왕이 죽은 후에 기록하는 것이지만, 《조선왕조실록》은 매일매일 조정의 일을 기록한 사초

---

5 〔편집자 주〕 과거시험 합격자 발표도 방으로 붙였다. 이름이 오르지 못하면 방에서 떨어져서 낙방(落榜)이 되는 것이다. 시험에 합격한 것을 붙었다라고 표현하는 것도 여기에서 유래된 것으로 추정된다.

(史草)를 바탕으로 역사를 기록한 것이다. 《조선왕조실록》을 책으로만 보는 것은 단편이다. 이것은 책인 동시에 시의성 있는 정보를 정기적으로 전달한다는 점에서 착안한다면 명백히 미디어라 할 수 있다. 실록은 왕의 지시사항, 인사이동, 대외관계 등 국정을 소상히 기록하여 보도했기 때문에 미디어기능을 잘 수행했다. 실록을 작성하는 사관들은 요즘의 기자와 공무원을 합친 신분인데, 이들보다 훨씬 도덕적이고 윤리적이었다는 데는 이견이 없다.

(6) 문집과 서찰

조선시대의 지식, 정보소통은 문집(文集)이라는 독특한 방식으로도 이루어졌다. 문집은 보통 1책 2권으로 만들어졌다. 서찰도 중요한 소통수단이었다. 임금과 신하의 소통은 서찰로 은밀히 이루어진 경우도 많았다.

(7) 상소

상소(上疏), 구언(求言), 격쟁(擊錚) 등은 사대부들이 의견을 표출하는 방식이었다. 조선 후기에 일부 사람들은 언문 상소를 쓰기도 했지만, 상소는 사대부가 임금을 견제하기 위한 비판적 미디어로 널리 쓰였다.

(8) 통신

우역, 봉수 제도는 꾸준히 개선되어 정보전달에 긴요하게 쓰였다. 조선시대에는 이전의 통신수단에서 보이던 단점을 보완한 파발(擺

撥)이나 신호연 같은 것들을 새로 개발했다. 파발은 봉수보다 경비가 많이 들고, 정보전달 속도가 늦지만 문서로 전달되기 때문에 보안이 유지되며, 정보전달내용도 자세하다는 장점이 있다(부산체신청, 1996: 61).

(9) 우전

조선시대는 전국에 걸쳐 우전(郵傳) 또는 역참(驛站)을 두어 조정의 명령사항을 전달하였다. 우전은 정치적, 군사적 소통을 촉진함으로써 국가 소통체제의 근간을 이루었다. 정도전은《조선경국전》에서 우전제도의 중요성에 대해 이렇게 강조했다.

> 우전을 두는 것은 명령의 전달을 위한 것이다. 긴급한 군사상의 기밀과 왕래하는 사람들은 우역이 없으면 어떻게 그 명령을 속히 전달하여 일의 기틀을 잃지 않게 할 수 있겠는가?(정도전, 1465/2012: 157)

(10) 기타

첫째는 그림이 있다. 그림을 그린다는 것은 모든 사람에게 있는 기본적 요구다. 그러나 아무나 그림을 그릴 수는 없었다. 재능도 있어야 하고, 비싼 그림도구도 갖고 있어야 한다. 따라서 그림은 대개가 지배층의 전유물이었다. 조선시대의 그림은 대부분 유교관을 반영한 것으로 자연을 그리는 것이 많았다. 그런 한편 왕이나 사대부를 그린 그림 가운데 일부는 시사적인 내용을 담고 있어 정보소통 기능을 했다. 〈모화관친림시재도(慕華館親臨試才圖)〉, 〈반차도(班次圖)〉, 〈화성능행도(華城陵行圖)〉 같은 그림은 당대의 정치상황을 담았다. 일하는 사람, 서민 생활을 묘사한 그림은 조선 후기부터 나오기 시작했다. 김홍도는 일반 백성들의 씨름이나 점심하는 모습을 그린 것으로 지배층 일변도에서 벗어나 백성을 그리기 시작했다는 역사적 의의가 크다.

둘째는 서사(敍事)다. 소설, 수필, 산문, 패관(稗官) 문학, 일기 등 다양한 방식의 서사 커뮤니케이션이 있었다.

이상으로 살펴본 전통적 정보양식은 극도로 제한된 범위에서 커뮤니케이션이 허용되었다. 거의 모든 커뮤니케이션은 국가, 사찰, 사대부가 독점했고, 상업화를 극력 회피했다. 신문고나 판소리와 같이 대중적 색깔이 있어 보이는 것들도 일반 백성들은 접하기가 거의 불가능했다. 이것도 대부분 양반들이 독점했던 것이다.

2) 민중적 정보양식

조선시대에 다양한 방식으로 민심을 수렴하는 제도를 두었다. 신문고, 상언(上言), 격쟁(擊錚)과 같은 소원(訴願) 제도를 둔 것도 민심이나 여론이 표출되게 하려는 의도가 있었다. 그러나 이것으로 민중의 불만과 비판을 잠재울 수는 없었다. 백성들은 다양한 방식의 민중적 정보소통수단을 마련했다. 이들은 지배적 정보양식은 지배층의 착취수단이라는 사실을 깨닫고 자주적인 정보수단을 개발했던 것이다. 그런데 이들은 많은 걸림돌을 넘어야 했다. 기술도 없고 돈도 없고 권력도 없는 상태에서 민중적 정보양식을 만드는 것은 대단히 어려웠다. 결국 대중들은 자신들이 유일하게 소유하고 있는 인적 요소에 의지해서 민중적 정보소통 양식을 창조해 나갔다.

권력이나 부를 갖지 못했지만 민중은 지배세력에 대응할 만한 나름의 정보수단을 갖고 있었다. 익명방(匿名榜), 통문(通文), 격문(檄文), 등장(等狀),6 가전상언(駕前上言),7 규혼(叫閽)8 등이 대표적인 민중 미디어다(김영주, 2007: 253). 이런 미디어는 사회적 모순이 격화될수록 많이 나타나 민중들에게 나침반 노릇을 하기도 했다. 이외에도 일반 민중이 의지했던 정보양식은 수없이 많았다.

(1) 말

우리 민족은 고구려, 백제, 신라 때 이미 공통적인 말을 사용했다. 고유한 언어를 사용하던 한국 민족은 다양한 형태의 정보양식을 개발했다. 설화, 가요, 민요, 민속극은 주로 말로써 소통하고, 의식을 형성한다.

---

6 〔편집자 주〕등장(等狀)이란 조선시대 사서(士庶)들이 생활하는 가운데 일어난 일로서 관부의 결정(판결)과 도움을 필요로 하는 모든 민원에 관한 내용으로 등장의 내용은 매우 다양하여 이를 통해 그 시대의 사회상을 살펴볼 수 있다(출처: 한국민족문화대백과사전).

7 〔편집자 주〕가전상언(駕前上言)이란 임금의 행차 앞에서 하는 상언을 말한다(출처: 네이버 한자사전).

8 〔편집자 주〕규혼(叫閽)이란 억울한 일을 대궐 문 앞에 나아가 하소연하는 것을 말한다(출처: 옛글산책, 한시소풍).

(2) 인적 네트워크

우리 민족이 오랫동안 지켜 왔던 정보나 문화 양식은 사람 중심이다. 이것은 사람이 몸과 마음으로 직접 의견을 표시하고, 손으로 직접 모든 것을 쓰고, 활자를 하나하나 파서 지식과 정보를 만들었던 것이다. 사람 커뮤니케이션은 몸, 마음, 무(침묵) 그리고 자연이라는 것들이 중심이었다. 이것은 기술과 상업 중심의 사적 서구커뮤니케이션 모형과는 다른 것이다.

사람은 정보다. 사람들은 이곳저곳에 옮겨 다니고 사람을 접촉하기 하면서 정보를 모으고 또 전파한다. 그리하여 사람은 어느덧 인적 정보망을 만들 수 있었다. 승려, 광대, 장돌뱅이, 전기수(傳奇叟, 고대소설 낭독가), 화가들은 그 자체가 정보망이었다. 이들은 전국적인 규모에서 정보를 모으고 또 퍼뜨렸다. 전국적으로 정보를 접하고 퍼뜨릴 수 있었던 장돌뱅이(장돌림)를 그리는 민요도 있다(유필조, 2005: 166).

> 짚신에 감발하고 패랭이 쓰고/ 꽁무니에 짚신차고 이고 지고
> 이 장 저 장 뛰어가서/ 장돌뱅이 동무를 만나 반기며
> 이 소식 저 소식 묻고 듣고/ 목소리 높이 고래고래 지르며
> 비가 오나 눈이 오나 외쳐가며/ 돌도부 장사하고 해질 무렵
> 손잡고 인사하고 돌아서네/ 다음 날 저 장에서 다시보세

조선시대 내내 책은 거의 다 한문이었다. 이것은 지배층과 일반 백성을 구분하기 위한 것이기도 했다. 지배층과 백성이 같은 하늘에

살면서 소통할 공간이 없으니 둘 사이의 갈등은 늘 폭발적이었다. 그렇다고 한글을 아는 사람도 많지 않았고, 한글로 된 책도 별로 없었다. 책이 워낙 귀한 물건이라서 극히 부유한 사대부를 제외하고는 접하기 어려웠다. 이런 지적 풍토에서도 지식이나 정보를 접하려는 대중적 갈망이 있었고, 이를 상업적 동기에서 이용하는 직업이 생겼다. 주로 한글 소설을 빌려주는 세책업(貰冊業)이다. 이것은 책을 빌려주고 돈을 받는 상업적 서점 기능을 했다. 임사(賃寫)라는 직업도 있었다. 이것은 의뢰자로부터 일정한 삯을 받고 필요로 하는 소설을 구해서 필사해주는 직업이다(이민희, 2008: 245).

그런 한편 조선시대에는 글을 읽을 줄 모르는 사람을 위해 소설을 읽어주는 전기수(傳奇叟)라는 직업도 있었다. 조수삼(2010: 19)에 따르면, 전기수란 언문으로 쓴 이야기책을 전문으로 읽어 주는 사람이며, 《숙향전》, 《심청전》, 《설인귀전》 따위의 전기소설(傳奇小說)을 읽어 주었기 때문에 전기수라는 이름이 생겼다고 한다. 조선시대 때는 글을 모르는 사람이 많았고, 책도 아주 희소해서 재미있는 이야기책을 읽어 주는 직업이 존재할 수 있었다. 전기수는 사람들이 많이 모이는 저잣거리, 담배 가게, 다리 밑 등에서 국문 소설을 읽어주었다(이민희, 2010: 353).

그러나 전기수의 수명은 길지 않았다. 일제 치하에서 책은 혼자 읽는 것이라는 풍조가 있었고, 자극적인 상업문화가 책을 읽어 주는 직업을 없애버린 것이다(안대회, 2010: 89~90).

조선시대에도 백성들은 책을 읽고 싶어 해서 다양한 방식으로 책에 접근하고자 노력했다. 그러나 조정은 끝내 책의 자유로운 유통을 막았다. 이런 억압으로 인해 우리는 자유와 민주주의, 학문, 과학기술, 경제 등 모든 면에서 낙후성을 면치 못했다.

(3) 시장

시장은 아주 오래 전부터 형성되었다. 고조선 시대에도 시장이 있어 물물이 거래되었다. 삼국시대에도 시장이 있었고, 고려나 조선시대에는 규모가 더욱 커진 시장이 있었다. 여기서는 물물교환만이 아니라 정보교환도 있었다. 노비도 시장에서 거래되었다. 놀이나 스포츠도 시장에서 벌어진 대중적 행사였다. 시장은 사람을 모으는 마력이 있다. 국가는 시장 중심부에 방(榜)을 붙여 대중과 소통하고, 때로는 대역 죄인을 시장에서 처단하기도 했다.

　조선지배층은 백성을 얕잡아 보고, 노동의 수단으로만 여겼다. 백성들에게 배울 기회도 전혀 주지 않았다. 정보나 지식의 상품화도 금압했다. 지식이 대중적으로 소통되면 왕과 사대부로 구성된 지배구조 균열이 생길까봐서 그랬다. 조선은 책을 파는 서사(書肆), 즉 서점도 허가하지 않았다. 아주 이따금씩 서점을 허가하라는 상소도 있었지만 전혀 효과가 없었다.

　조선 후기에 이르러서야 지식, 정보, 오락을 공급하는 시장도 성장했다. 아무리 조정이 지식을 통제해도 사람들의 소통 욕구를 모조리 탄압할 수가 없었다. 집집마다 찾아다니며 책을 파는 사람도 나타났다. 요샛말로 책장수, 서적 중계상, 서적 거래상이 생긴 것이다. 이를 두고 옛날에는 매서인(賣書人), 책거간(冊居間), 서쾌(書僧), 책쾌(冊僧), 쾌가(僧家)라고 했다. 이민희(2010: 341~343)는 서쾌라는 개념은 중국, 일본, 조선에서 공통적으로 쓰인 것이고, 책쾌는 조선 고유의 용어라고 설명하면서 이에 대한 최초의 기록으로 김흔(1448~1492)이 쓴 〈우연히 읊다〉라는 시를 들었다.

틈 사이로 저녁햇살 비스듬히 비쳐 떠도는 먼지를 희롱하는데/

정히 앉아 향을 태우며 이 몸을 돌아보네/

하루 종일 닫힌 문 왕래하는 이도 없건만/ 때때로 책장수가 찾아오네

조선 초기부터 책을 거래하는 전문직이 있었다. 김흔은 책장수를 '매서인'(賣書人)이라고 불렀다. 이들은 잠재적인 서적 구입자의 집에 들러 책을 팔았다. 한편 서점도 드문드문 생기기 시작했다. 이민희(2008: 55)에 따르면 17세기부터 박고서사, 약계책사, 박도량서사 등 민간 서점이 있었다. 서점은 주요 고객은 양반이었지만 서점 주인은 중인이었던 것으로 보인다.

그러나 조선지배층은 지식 독점욕과 백성 천대의식이 골수에 박힌 까닭에 지식의 대중화를 철저히 금지했다. 하물며 책을 사고파는 서점도 허가하지 않았다. 백성을 무지몽매한 상태로 묶어둔 채 노동력을 착취하던 조선이 무너진 것은 우연이 아니었다.

(4) 한글

말과 글은 사람을 중심으로 소통되는 가장 중요한 수단이다. 우리들이 공동으로 쓰는 말과 글이 생겼다는 것은 우리가 단순한 공동체사회를 넘어 독자적인 문명을 건설할 정도의 역량이 있다는 것을 입증

한다. 한글은 분명히 민중적, 자주적 정보의 촉매제 역할을 했었다. 이명선(2005: 186)이 쓴 《조선문학사》에 따르면, 고대 소설에서도 한글본과 한문본이 있으면, 한글본이 더 평민적, 민중적이고 한문본은 더 양반 관료적이었다고 한다. 그는 전형적인 예로 《춘향전》을 들었는데, "한문본에서는 변학도의 춘향에 대한 야욕을 풍류남아의 일시 장난에 불과한 것으로 우물우물 해버리는 데 대하여, 한글본에서는 폭정을 하는 탐관오리의 전형적인 인물로 그려 철저히 규탄하여 마지않는다"고 지적했다(같은 책, 186).

한문은 조선지배층의 소통수단이고, 한문판 《춘향전》은 지배층 독자가 대부분이었을 것이다. 자연히 변학도는 탐관오리도 아니고 성추문을 일으킨 자로 묘사하지 않았다. 반면에 한글본 《춘향전》에서 변학도는 나쁜 지배자로 강력한 비난을 받았다. 한글본을 읽은 대중적 독자들은 속이 후련했을 것임에 틀림없다.

한글은 우여곡절을 겪은 끝에 1894년 갑오개혁에서 국문(國文), 즉 나라의 글이 된 것이다. 백성의 글에서 나라의 글로 진화함으로써 우리는 소통혁명의 단초를 마련할 수 있었다. 일제가 우리말과 글을 탄압하고 왜곡시켰음에도 사라지기는커녕 날로 자주성을 더해갔다.

(5) 익명서

익명서는 이름을 밝히지 않고 의견이나 신념을 말하는 소통수단이다. 익명서는 오랜 역사적 뿌리가 있다. 《삼국사기》의 기록을 보면 신라 진성여왕 때인 888년 왕거인이라는 사람이 수도인 서라벌의

거리에 익명서를 부쳐 정부의 실정을 비판했다(박노자, 2010; 《삼국사기》11권: 277; 심재우, 2010: 36에서 재인용). 이것은 아주 오랜 옛날부터 집권층을 비판하는 익명서들이 나돌았다는 증거다.

리철화(1966: 51)는 《고려사절요》에 익명서(익명방)라는 말이 처음 나왔다고 말했다. 군인들이 붙인 익명서 내용은 시중 정중부의 가족들이 권력을 독점하고 횡포하자 남방에 봉기군들이 궐기했다는 것이다.

조선시대에도 익명방은 넘쳐났다. 1406년 태종 때의 일이다. 당시 좌의정 하륜은 왕에게 사직을 청원했다. 종로 일대를 비롯한 서울 시내 곳곳에 익명방이 붙었기 때문이다. 내용인즉 "이 가뭄은 하륜이 그 자리에 있어 행정을 하기 때문이다"는 것이었다(이호선, 2010: 61). 하륜에게 가뭄의 책임을 지고 물러가란 비판이다.

이렇게 사람들은 권력자를 비판하는 익명서(벽서, 괘서, 투서), 유언비어, 예언서에 귀를 쫑긋하기도 했다(심재우, 2010). 특히 이름을 알리지 않는 벽서 따위는 널리 이용되었다.

심재우는 익명서의 내용과 성격에 따라 네 가지로 구분했다. ① 개인의 사사로운 감정 때문에 무고하는 익명서, ② 관청이나 관리에 대한 원한, 불만을 표출하는 익명서, ③ 지배층 내부 정쟁과 관련하여 반대 세력을 비난하는 익명서, ④ 왕조체제와 집권세력에 불만을 품고 많은 사람들에게 변란을 선동하는 익명서(같은 글, 37~38).

북한 언론사학자인 리철화(1966: 51)도 심재우와 비슷한 평가를 했다. ① 봉건 지배층들의 부패무능과 그들의 학정을 반대하는 것, ② 인민들에 대한 가혹한 착취를 반대하여 투쟁을 호소하는 것, ③

외래침략자들에게 굴종 투항하면서 나라를 팔아먹으려는 봉건 지배층들의 투항주의와 매국 배족적 행위를 반대한 것, ④ 일본 침략자들의 침략을 반대하여 나라의 독립과 민족의 자주를 내용으로 한 것 등이다.

남북한 학자들은 익명서가 백성들이 분노를 표출하는 강력한 수단이었다는 데 동의한다. 언문 익명서는 가장 민중적이었던 소통수단이었다. 《조선왕조실록》은 세종대인 1449년에 최초로 언문익명서가 나왔다고 기록했다(정주리 외, 2011: 174).

괘서(掛書)는 유력한 민중적 정보소통 방식이었다. 이름 모를 사람이 붙이는 방문을 괘서라고 했다. 조선시대에 벌어진 괘서 사건을 유형별로 보면 대개 세 가지로 나뉜다. ① 일반 민중들이 개인적 감정이 있거나 관청·관원과의 관계에서 비롯된 사사로운 원한·불만을 갖기 위한 괘서, ② 지배층 내부의 정쟁과정에서 상대방을 비난, 공격하기 위한 괘서, ③ 사회체제를 반대하거나 집권자에게 불만을 품고 변란을 꾀하는 사람이 자신의 생각을 일반민 다수에게 알려 변란 등을 선동할 목적의 괘서 등으로 나눌 수 있다(출처: 네이버 백과사전).

이 중 주목할 점은 세 번째 유형의 괘서다. 괘서는 집권층의 신경을 건드리는 경우가 많았다. 어떤 것은 사소한 불평을 알리는 것이지만 어떤 괘서는 집권자, 집권층을 격렬히 공격하는 내용도 있었기 때문이다.

(6) 통문

사람들이 특정한 의견을 표시하고 이름을 밝히는 정보소통수단인 통문(通文)은 주로 양반들이 많이 썼던 소통수단이었으나 점차 백성들이 지방관을 탄핵하고 외침에 항거하는, 투쟁을 조직하는 수단으로 많이 이용됐다. 특히 일반 민중이 조정이나 지역 관청, 지주의 횡포를 저지하는 투쟁에서 정보를 알리고, 투쟁을 선동할 목적으로 쓰인 민간매체였다는 점에서 가치가 있다.

(7) 두레

지역 사회의 정보소통은 두레에서 많이 이루어졌다. 고대부터 우리 민족은 공동으로 일하고, 분배하는 공동체 사회를 만들었다. 두레는 오래전부터 내려오던 노동 공동체, 지역 공동체의 가치를 구현하는 기능을 한다. 두레는 지역민의 상호 소통을 보장하기도 했다.

3. 근대 정보양식과 파탄

우리는 고려, 조선을 거치면서 사회적, 민족적으로 크게 성장했다. 영토상으로는 변동이 많았지만 사회 전반에 걸쳐 많은 성과를 이뤘다. 그렇지만 상품경제는 성공적이지 못했다. 상업혁명을 경험하지 않아 시장경제가 제대로 뿌리를 내리지 못했다. 특히 17세기부터 생산력이나 계급관계 등에서 아주 퇴행적이었다. 집권세력은 주자학 유일사상으로 무장하면서 자신들의 생각과 조금이라도 다르면 '사문난적'(斯文亂賊)9이라고 비난하고 사람을 마구 죽이고 괴롭혔다.

　조선이 정치, 경제적으로 침체한 사이 유럽, 일본, 미국은 산업혁명이 성공하면서 세계를 주름잡는 제국주의 체제를 이뤘다. 위기를 벗어나지 못한 조선은 외세의 침략에 모든 것을 잃고 말았다. 그렇다고 조선이 손을 놓고 있는 것만은 아니었다. 근대 조선은 봉건체제의 모순이 첨예하고, 사회적 혼란이 심각해지자 나름대로 사회를 개혁하고, 외국문물을 도입하기 위해 갖은 노력을 다했다. 조선정부가 선진문물을 배우기 위해 많은 인재를 해외에 파견했고, 그에 따라 우편, 전신, 전화, 철도, 전차 등 커뮤니케이션 수단과 시설을 근대화하였다. 문제는 강대국들이 워낙 큰 자본과 기술 그리고 무력으로 조선을 식민지로 만들려고 했기 때문에 조선의 개혁과 개방정책은 실패할 운명이었다. 우리는 19세기 후반부터 극단적인 침체에 빠졌다가 결국 일본의 식민지로 전락하고 말았다. 정보, 문화, 지식, 오락, 종교, 교육 등 정신적 분야에서도 심각한 요동이 있었다.

1) 근대 국가신문

조선은 19세기 후반 무렵부터 청이나 일본을 통해 서양문물을 접했다. 그 속에서 대중신문의 존재는 조선지배층에게 놀라운 것이었다. 정부만이 독점하던 정보를 일반 대중들이 공유하기 때문이었을

9　유교, 특히 성리학에서 교리를 어지럽히고 그 사상에 어긋나는 말이나 행동을 하는 사람을 이르는 말

것이다. 조선지배층들은 일본에서 신문이 일반 대중에게까지 배포되어 국정을 알게 하는 등 계몽기능을 하는 것에 충격을 받았다. 조선 조정도 일본의 경험을 배경삼아 〈한성순보〉 발간을 결정했다. 인쇄출판물의 출현은 정치적, 문화적으로 중요한 의미가 있었다.

1883년은 한국 인쇄역사의 분기점이 된 해다. 개혁세력이 총집결하여 근대 신문을 발행했기 때문이다. 조선 정부는 1883년 통리아문의 한 부서였던 동문학(同文學)의 부속기구로 박문국(博文局)을 설치하였다. 학문에 널리 통하여 밝게 하는 기관이라는 뜻의 박문국은 1883년 8월에 설립되었다. 박문국은 10월 31일 최초의 근대 신문인 〈한성순보〉를 창간했다. **10** 1886년에 나온 〈한성주보〉도 박문국이 만든 것이다. 개혁과 개화를 통해 나라를 다시 세우자는 사람들은 개화파로 묶였다. 이들은 근대적인 커뮤니케이션 시스템 설립에 착수했다. 박문국은 신문, 잡지 출판을 담당했고, 1884년에 세워진 우정총국은 우편과 전신 업무를 맡았다.

박문국 설치와 〈한성순보〉 그리고 〈한성주보〉의 발행은 조정의 결단으로 발행되었고, 운영과 편집에서도 명백히 주체적이고 개화 지향적이었다. 그렇지만 몇 가지 문제가 엿보인다.

〈한성순보〉는 개혁파가 어떤 사상을 가졌는지 잘 보여 주었다. 이 신문은 외국의 문물을 적극적으로 받아들여 낙후된 조선을 발전

---

10 〈한성순보〉의 주필은 장박(본명 장석주)이었다. 그는 한일병탄 후 일본으로부터 남작 지위를 받았고, 중추원 참의가 되었다. 그래서 정운현(2011: 274)은 장박을 친일 언론인 1호라고 불렀다.

시키자는 기조를 깔고 있었다. 〈한성순보〉는 조정의 소식을 전하고, 외국 선진문물을 소개함으로써 개화를 통한 부국강병을 주창했다. 신문 발행을 주도한 사람들은 당시 최고 가문 출신이었다. 근대 부르주아 혁명가들인 김옥균, 박영효, 유길준 등이 신문 발행에 앞장섰다. 실무진으로는 김인식이 주사 직함으로 박문국을 이끌었고, 그 밑에서 장박 등 3인이 사사로서 실무를 담당했다.

그런데 놀랍게도 이노우에 가쿠고로(井上 角五郞)라는 일본사람이 〈한성순보〉의 편수(編修)를 맡았다. 편수 직은 신문의 편집과 수정 업무를 보는 직으로 신문제작의 중심이다. 11 이밖에 그는 신문 인쇄기와 활자를 일본에서 수입하는 데 도움을 주었을 것이다. 이 점은 높이 평가할 일이다. 그러나 이 사람은 〈한성순보〉의 발행에만 관여한 것이 아니라 갑신정변에도 참여하여 우리 내정에도 깊숙이 개입했던 것이 문제다.

갑신정변이 막바지에 이른 1884년 12월 6일 성난 백성들이 개화파의 상징이었던 박문국을 불태워 없애 버렸다. 그 이유에 대해서는 갖가지 해석을 할 수 있겠지만 박문국이 일본이나 서구의 침략 전위대일지도 모른다는 의혹이 있었기 때문일 것이다. 그래서 황현은 《매천야록》에서 "일본의 조선침략은 박문국에서 그 조짐이 보였다"

---

11 갑신정변의 실패로 우정국, 박문국 등 개화 조직은 산산조각 났다. 이후 이노우에 가쿠고로는 일본으로 돌아갔다가 1886년에 조선에 다시 돌아와 〈한성주보〉의 편집주사로 일했다. 후에 일본으로 귀국한 이노우에는 조선을 침략한 원흉인 이토 히로부미가 만든 입헌정우회에 가담했다. 그는 일본의 조선 침략이라는 길에서 선두에 섰던 셈이다.

고 비판했다. 이것은 그 당시 역사의 많은 것을 암시한다.

채백(2002: 308~309)은 박문국이 발행한 〈한성순보〉는 창간 과정이나 발행 모두에서 일본의 영향이 컸으며, 특히 1984년 12월 발생한 갑신정변이 개혁파와 일본의 합작으로 이루어진 것으로 인식한 민중들이 〈한성순보〉와 박문국을 파괴했다고 말했다.

개혁과 개방을 통해 부국강병과 근대화를 실천하려 했던 개화파에게 박문국과 신문은 유력한 정치적 무기였을지 모르나 대중적 신뢰가 없이 일본에 기대고 만 행태는 조선 민중의 반발을 일으키고 말았다. 개혁이든 개방이든 개화든 사회를 바꾸려면 외세에 기대서는 절대 성공할 수 없으며, 일반 대중과 동떨어져서도 안 된다는 역사적 교훈이 우리에게 남겨졌다.

박문국 사태는 신문이든 방송이든 미디어는 정치적 복선과 욕망에 따라 움직인다는 점을 보여 주었다. 미디어건 정치건 기업이건 존립에 필수적인 것은 시민들로부터 신뢰는 얻는 것이다. 이것이 깨지면 그것으로 끝이다. 이것이 미디어의 숙명이다. 박문국은 〈한성순보〉를 발행하여 근대 개화의 횃불을 높이 들었지만 당대의 백성과 연대하지 못했고, 신뢰도 얻지 못했다. 그리고 박문국을 이끈 개혁파들은 개화가 난국을 타개할 비상대책일 수도 있지만 일본을 비롯한 외세의 침략을 초래할지도 모를 위험이 큰 양날의 칼이라는 점을 간과한 것이다.

2) 상업신문의 등장

조선 박문국은 1883년에 〈한성순보〉를 발행했다. 이것은 최초의 근대신문으로 기록된다. 다음해인 1884년에는 우정총국이 설치되어 근대 우편업무를 시작했다. 1885년에는 한성 전보총국이 생겨 전신업무를 맡았다. 이 세 가지 근대 기구는 전통적인 정보 시스템을 근대적인 정보 시스템으로 바꿔 놓았다.

이후는 〈독립신문〉을 시작으로 상업지들이 나타나기 시작했다. 상업지 발행은 여러모로 의의가 큰 사건이었다.

첫째, 상업지 발행은 국가의 정보독점 체제가 끝났다는 증표다. 국가만이 정보를 생산, 유통시킬 수 있다는 낡은 생각은 더 이상 통용되지 않았다.

둘째, 상업지는 일정한 지불 능력, 글 읽기 능력 등을 가진 계층이 있어야 가능하다. 이것은 중산층의 형성이 없으면 불가능하다.

셋째, 상업, 거래, 무역을 전문으로 하는 상인, 기업이 근대 신문에 재정적 도움을 주었다. 신문에 실린 광고는 대부분 공산품을 선전하는 것이었기 때문에 국내 생산이든 수입했든 공산품이 확산되기 시작했다는 간접적인 증거로 볼 수 있다.

넷째, 상업지를 배포할 유통망이 갖춰졌다는 뜻이다.

상업지 가운데 〈독립신문〉은 논란거리가 있다. 이 신문은 우리 글로 발간된 최초의 상업지로 그 역사적 의의는 대단하다. 그렇지만 창간 배경, 자금, 운영, 내용, 기자들의 위상 등 많은 면에서 논의할 것들이 있다. 〈독립신문〉은 친일파가 주도한 갑오개혁의 부산물이다. 당시 조정은 청나라와 연대하는 세력이 강했다. 이에 친일파는 일본의 후원을 받고 친청파를 공격할 목적으로 〈독립신문〉 발행에 적극적이었다.

조정은 미국 국적인 필립 제이슨(서재필)에게 3천 원의 창간 비용을 대주고, 1,400원을 정착비로 줬다. 다만 정부가 상업지 발행에 직접 돈을 댔다는 것이 사실인지 좀더 정밀한 연구가 필요해 보인다. 정부 재정이 형편없던 당시 상황에서 무리할 정도의 큰돈을 들여 〈독립신문〉을 발행했다는 것은 이해하기 힘든 일이다. 더구나이 신문의 발행인 제이슨은 신문 전문가도 아닐뿐더러 국적도 미국이다. 그는 또 오래전에 조선을 떠났기 때문에 조선의 사정에 어두운 사람이다. 그런 이를 어떻게 믿고 많은 돈을 제공해서 상업지를 발행하도록 했을까? 무언가 해석상 잘못이 있지는 않았던가? 혹시 〈독립신문〉이 친기독교, 친미, 친서구 경향을 보였기 때문에 긍정 일변도의 역사적 평가를 한 것은 아닐까?

특히 비판을 받아야 할 점은 〈독립신문〉이 나라를 지키고자 일어선 의병(義兵)을 공격했다는 사실이다. 이 신문은 의병을 비도(匪徒), 의병장을 비도 수괴라고 비난하고, 조정에 대하여 의병을 토벌하라고 촉구했다. 또 매국노 이완용을 최고의 정치인이라고 칭송하고, 조선 침략의 원흉인 이토 히로부미를 동양 최고의 정치인이라고 찬양했다(〈오마이뉴스〉, 2008. 4. 6.). 이것만 보아도 〈독립신문〉이 최초의 민간지라는 긍정적 평가에만 매몰되어서는 안 될 일이다.

〈독립신문〉 이후 〈황성신문〉, 〈제국신문〉, 〈대한매일신보〉가 나와 사회 여론형성에 큰 역할을 하였다. 이들 상업지는 어려운 속에서도 자주 독립과 자본주의 기치를 들었으나 일제 침략으로 폐간되거나 성격이 변질되었다.

3) 일본의 정보침탈

《삼국사기》에 기원전 50년 왜인들이 신라를 침략했단 기록이 있듯이 일본의 조선침략은 참으로 오랜 세월 동안 이루어졌다. 임진왜란, 한일 강제합병을 거치며 일본은 우리 민족과 강토를 쑥대밭으로 만들었다. 여기서는 근대 이래 일본의 정보침략의 역사를 살피려 한다.

(1) 신문침략

일본과 서구 열강은 호시탐탐 동북아시아를 노렸다. 풍부한 자원과 군사적 요충이라는 매력이 이들의 구미를 당겼을 것이다. 일본은 조선 침략에 앞장섰다. 일본인들은 조·일 병자수호조약에 따라 부산항 등 주요 항만이 개항하자 대거 몰려왔고, 상인이나 기업인 등 다양한 사람들이 조선에 집단적으로 거주하기 시작하였다. 자연히 정보 소통수단의 필요성을 느낀 일본인들은 곳곳에 우편국, 전신국을 세웠다. 이들은 이런 기구를 이용해서 자국과 정보를 주고받으며 조선 침략의 주춧돌을 놓기도 했고, 조선 여론을 조작할 수도 있었다.

일본의 신문 침략에서 특이한 점은 일본이 지역여론 장악에 공을 들였다는 점이다. 일본은 1881년 부산을 시작으로 전국 곳곳에 지방 신문을 발행했다.

일본은 부산, 인천과 같이 장사하기 편하고, 일본을 자주 왕래할 수 있는 항만도시에서부터 조선 침략을 시작했다. 일본 상인이나 첩자들은 부산에 몰려 살면서 이권을 넓혀갔다. 이들은 '재 조선국 부산항 상업회의소'를 만들기도 했다. 이 집단은 1881년에 부산 〈조선신보〉를 창간했다. 신문 하나 없던 시절에 일개상인집단이 부산에서 신문을 발행했다는 사실은 전율로 다가온다.12

일본 외무성의 보조금을 받았던 〈조선신보〉는 침략자들끼리 소

<표 2-2> 일본신문의 조선침략 연표

조선에서 발행된 일본계 신문	연도	발행지
〈조선신보〉	1881	부산
〈부산상황〉 (〈조선시보〉로 변경)	1882	부산
〈조선주상보〉	1889	인천
〈인천경성격주상보〉	1890	인천
〈목포신문〉	1888	목포
〈한성신보〉	1894	서울
〈대동신보〉	1904	서울
〈대한일보〉	1904	인천
〈부산일보〉	1904	부산
〈전주상보〉 (〈전북일일신문〉으로 변경)	1905	전주
〈경성일보〉	1906	서울
〈마산신보〉 (〈남선일보〉로 변경)	1907	마산
〈민우신문〉 (〈함남신문〉으로 변경)	1908	함흥
〈대전신문〉	1909	대전
〈매일신보〉 (〈대한매일신보〉의 전신)	1910	서울

---

12 〈조선신보〉에 대한 내용은 전갑생(날짜 없음)의 글을 전적으로 참고했음.

통하는 수단이었다. 〈조선신보〉는 순 한문체 기사도 싣고, 한문과 일문을 혼용하기도 했다. 기사는 보도, 잡보란, 독자 투고란, 부산 상황, 수출입, 물가표 등을 실었다. 100년이 더 지난 지금도 신문 창간이 여간 어려운 일이 아닌데 당시 전국 도처에서 일본인들이 신문을 발행했다는 사실은 당시 조선이 이미 일본의 손에 들어갔다는 방증이기도 하다.

일본의 신문지배는 조선 침략을 겨냥한 정보와 여론조작을 목적으로 했다. 일본계 신문은 조선의 상황을 상세히 보도해서 일본 정부의 침략전술 수립에 크게 공헌했으며, 지역의 경제상황까지 보도하여 일본 상인과 기업의 경제수탈에 기여한 바가 컸다. 당시에는 일본계 지방지까지도 지방경제와 치안상황 등에 대해서 자세히 보도해서 일본인에게 안내자 역할을 했다.

마산에서 발행되던 〈남선일보〉는 곳곳에 지국을 세워 신문 판매를 확대했고, 사업을 확장했다. 일본어 신문이었던 〈남선일보〉는 여러 곳에 지국을 세웠는데 그중 통영지국은 1915년 일본어로 된 〈통영군 안내〉라는 지역 안내서를 발간하기도 했다. 이것은 일본인들이 통영지역을 잘 파악해서 사업하고 정착하는 데 필요한 안내서 역할을 했다.

일본은 조선 전 지역에서 신문을 발행했다. 일본은 1881년 부산에서 처음으로 〈조선신보〉를 발행한 이래 〈목포신보〉, 〈인천경성격주상보〉 등 지방지를 잇달아 발행했다.

1894년에 일본은 수도 서울에까지 올라가 〈한성신보〉를 발행했다. 사실상 조선 주재 일본공사관 기관지였던 〈한성신보〉의 발간

목적은 분명했다. 당시 서울과 인천에 거주하던 일본인은 2천 명에 불과했다. 따라서 〈한성신보〉가 이들을 대상으로 삼았던 것은 아니다. 조선 주재 일본공사가 자기네 나라 정부에 제출한 보고서에 따르면, 〈한성신보〉의 목표는 "한국인의 계도와 사회개량"이었다고 한다(최준, 1976: 290). 일본인이 만든 신문이 어떻게 한국인을 계도하겠다는 것인지 모르겠다. 그럼에도 조선에는 신문이 없어서 〈한성신보〉는 주요 뉴스를 긴급히 알리는 데 상당히 기동력이 있었고, 이 때문에 관청에서도 이 신문을 구독했다고 한다.

일본이 조선 근대 신문이 형성도 되기 전에 신문을 발행하여 주도권을 쥔 것은 우리의 순탄치 않은 앞길을 예고한 것이다. 뼈저린 역사의 단면이다. 조선인은 일본인에 비해 자금력, 기술력이 모두 떨어져 신문이나 잡지 발행에 손을 대지 못했다. 출판사 역시 규모가 큰 것은 대부분 일본인 소유였다. 이것이 나라가 망하던 무렵의 실상이다.

이렇게 일본인이 조선에서 신문, 잡지, 서적 출판 따위에 손을 댄 까닭은 조선 사회의 정보를 통제하고 여론을 장악하기 위한 것이 분명하다.

(2) 통신 장악

19세기 국력을 좌우했던 요인 가운데 하나는 유선통신망이었다. 통신망을 갖고 있는 나라는 강대국이고 그렇지 못한 나라는 약소국이었다. 우리의 통신은 청나라, 일본, 러시아가 각각 분점하고 있었다. 그러나 일본이 청나라와 러시아를 물리친 후 조선을 삼키면서

통신을 집어먹었다. 당시 조선에는 조선전보총국이 있어 통신망을 관리했다. 그 산하에 서로전신, 남로전신, 북로전신이 있었다. 그러나 1905년 4월 1일 일본은 한국과 전문 10조로 된 한·일 통신협정을 맺고 통신주권을 빼앗아 갔다. 이 협정에 따르면, 한국정부는 한국 내에 있는 우편·전신 및 전화사업 관리를 일본정부에 위탁하며 토지, 건물·기구·기계·기타 일체의 설비도 일본정부에 관리권이 귀속된다. 이로써 우리의 신경망이라 할 수 있는 통신주권을 잃었다. 이후 통신의 소유와 통제는 오로지 일본인만의 일이었다.

부산체신청이 발간한 자료에 따르면, "1905년부터 불어닥친 일본식 우편제도는 우리 국민의 편의보다는 전쟁 수행을 위하고 일본 거류민의 편의를 위해 교통수단의 개설과 함께 운송노선도 개설되고, 교통로 주변에 우편국이 세워져 나갔다"(부산체신청, 1996: 41~42). 이 자료가 적절히 지적했듯이 우리에게 이식된 일본식 우편, 교통제도는 일본이 우리나라를 군사적으로 점령하고 경제를 식민화하는 데 동원되었다. 이것이 우리의 근대화를 촉진한 것은 아니다.

4) 상업 광고의 출현

광고 유통은 많은 것을 암시한다. 무엇보다 광고를 필요로 할 만큼 상품경제와 상업이 발전하지 않으면 상업광고는 유통되지 않는다. 상품을 운반하는 데 편리한 교통의 발전, 상품과 광고를 접할 능력을 가진 대중의 출현도 필수적이다. 언론과 표현의 자유도 어느 정도 보장되어야 한다. 광고 행위도 언론이나 표현 활동에 속하는 것이어서 자유가 없으면 제약되기 쉽다. 이런 맥락에서 볼 때 상업 광고는 출현하기가 척박했다. 물론 단순한 광고는 오래전에 있었지만 미디어와 광고주가 있는 상업광고는 늦게서야 생겼다.

근대적 의미의 상업광고는 〈한성주보〉에서 그 싹이 보였다. 〈한성주보〉가 상업광고를 게재한 이래 여러 종류의 신문과 잡지가 창간되어 상업광고를 실었다. 〈독립신문〉은 잡화상점 광고, 서적 광고를 많이 실었지만, 대부분의 광고주가 외국 회사, 외국 상인이었기 때문에, 정치적 독립을 추구한다는 창간 선언도 휴지조각이 되 버렸다(허영란, 1998: 120). 〈독립신문〉은 유럽이나 미국의 자본주의를 홍보하는 선전장이기도 했다. 종교적으로는 기독교적 가치관이 이 신문을 지배했다.

근대적 미디어는 토착 상품, 상점과 같은 광고를 많이 실었다. 그러나 이들이 일본 등 외국 광고를 더 많이 실은 것은 이상한 일이 아니었다. 조선 시장에 진출한 외국의 상인, 상점, 기업이 조선의 미디어광고를 지배했다. 또한 광고된 상품은 당시의 최고급 소비품으로 일반 서민의 구매력을 넘어서는 것이었다.

약, 전기를 비롯한 생활필수품을 선전하는 외국 광고는 조선을 식민지 소비시장으로 전락시키는 데 상당한 역할을 했으리라 추정된다. 외국 광고는 조선이 경제적으로 성장할 싹을 자르는 역할을 했다. 외국 상품과 광고는 조선의 전통적 소비시장을 밑동부터 흔들었고, 주체적인 상품경제 발전에 치명적인 타격을 입혔다.

5) 개혁의 실패

조선은 안동 김씨의 세도정치와 부의 독점, 지배층의 무능과 부정부패, 경제와 기술의 낙후, 청국, 일본 등 외세의 개입으로 인해 사회는 분열되고 뒤떨어졌다. 이에 일부 선진집단이 일본을 본 떠 개혁을 추진했다. 사회개혁으로 문명국가를 만들려는 꿈은 개혁파나 수구파 모두에게 절실한 것이어서 여러모로 개혁이 진행되었다. 그러나 갑신정변의 실패로 모든 것이 물거품이 되었다.

미디어와 정보통신의 근대화 노력도 실패하고 말았다. 자본과 기술부족, 정정(政情) 불안이 겹쳤기 때문이다. 특히 갑신정변의 실패로 박문국을 비롯한 근대 기구는 모두 자취를 감추었다. 조선 정부는 우편업무의 경우 우정총국을 없애고 역참제를 부활시켰다.

한마디로 말해 민족적 역량이 부족한 가운데 실행한 개혁정책이 파산했고, 외세 침탈이 증대함에 따라 조선은 더 이상 버틸 힘이 없었다. '이웃의 불행은 나의 행복'인가! 일본은 이 틈을 타 우편, 전신, 신문, 출판, 철도 등 근대적 소통수단을 장악했다. 일본은 군사적, 경제적, 문화적 착취를 극대화하는 데 목적을 둔 '식민지배 커뮤니케이션'이란 양식을 만들었다. 이것은 일제가 조선과 조선인을 지배하기 위해 정신적 지배와 착취를 강제하고, 조선의 근대화를 지체시키는 최악의 장치다.

6) 민중적 대응방식

나라가 극도로 불안정해지고, 경제생활도 피폐해졌다. 집권세력은 막무가내로 민중을 수탈했다. 이들은 외세에 나라 이권을 송두리째 넘겨주었다. 이에 살 길이 없어진 민중들은 자구책을 찾아 나섰다. 뭉쳐서 저항하는 방향으로 민중은 대응했다. 한편으로는 집권세력에 대응하고, 다른 한편으로는 일본 침략자와 대응해야 했다. 조선의 집권세력과 일본이라는 대상을 두고 민중들은 어려운 싸움을 했다. 이들은 변변한 정보생산수단을 갖지 못한 채 사람에 의지한 정보전을 전개했다. 예를 들어 조선 후기에 민중들은 말로써 저항하는 와언(訛言), 괘서(掛書), 참요(讖謠) 등을 이용했으며, 시위나 항쟁을 동원한 항조(抗租)운동, 작계, 민란, 변란 등을 전개하여 저항 커뮤니케이션을 강력히 추구하였다(원숙경・윤영태, 2012: 107~109).

민중들은 자주성이 없는 미디어기구를 그냥 두지 않았다. 갑신정변의 소용돌이에서 민중들이 박문국을 불태워 없애 버린 사건은 일본에 의지하는 개혁세력에 대한 준엄한 경고였다. 이 사건을 통해서 볼 때, 누군가 좋은 뜻, 좋은 목적으로 사회를 위해 일한다 해도 우리를 침략했고, 또 침략할 것이 분명한 외세를 끌어들인 개화와 문명적 제도의 도입은 성공하기 어렵다는 것을 알 수 있다. 역사적 행위는 자주성이 필수적이라는 말이다. 채백(2002: 316)은 박문국이 일본인과 내통한다고 의심해서 민중들이 방화한 박문국 습격사건을 근대 최초의 수용자운동이라고 보았다. 이렇게 우리가 다른 나라와 비교해 경제력이나 군사력이 달려도 버틸 수 있었던 바탕에는 문화력, 정신력의 자주성이 있었다.

4. 일제 강점기 정보 수탈[13]

일제의 조선 식민통치는 공식적으로는 1905년 통감부 설치에서 시작하여 1945년 막을 내렸다. 그러나 실제적으로 1880년 무렵부터 조선을 침략하기 시작했기 때문에 반세기 이상 일본은 조선 민중의 고혈을 짜서 근대 일본을 일군 것이다. 따라서 일본의 조선 식민착취는 최대 50년, 최소 40년의 기간에 이루어진 것이다. 그럼에도 친일파와 일본은 일제의 조선 식민통치 기간을 짧게 하기 위해 1910년부터 1945년까지 36년만을 식민통치 기간으로 인정해 왔다.

반세기 동안 조선의 생명, 영토, 재산은 유린될 대로 유린되고 파괴될 대로 파괴되었다. 철도, 도로, 항만, 통신과 같은 산업 기반 시설도 오로지 일본 자본의 축적을 위해 만들어지고, 운영되었다. 근대 산업자본주의가 열리는 시기에 일본은 조선을 병탄하여 100년 간의 처절한 고통을 주었다.

식민지에서 존재하는 모든 제도, 기구, 시장은 식민지 지배국의 통치와 수탈도구였다. 이것은 엄연한 역사적 사실이다. 〈조선일보〉건, 〈동아일보〉건, 경성방송이건 예외 없이 일제의 조선 착취

---

13 일제 치하의 미디어 자료는 조사 방법, 조사 시점 등에 따라 많은 것이 다르다. 이 점을 감안해서 일제 자료를 이해해야 한다.

와 탄압의 흉기였다는 점을 부인할 이유가 없다.

1) 1910년 일본의 병탄 이전

일본의 조선 식민화는 정보분야에서 먼저 실행되었다. 조선 민중을 까막눈으로 만드는 작업이 때로는 은밀하게 또 때로는 노골적으로 진행되었다. 1882년은 조선에 중대한 변괴가 있었다. 임오군란이 터지고, 이를 진입한다는 명목으로 청군과 일본군이 조선에 주둔한 것이다. 일본은 임오군란 과정에서 피해를 입었다면서 조선 정부에 제물포조약을 강요했다. 이때부터 일본군이 조선에 주둔하기 시작했다. 이미 침략과 식민화의 길이 열린 것이다.

1894년은 조선과 동북아시아의 100년이 결정되는 중요한 해였다. 당시 일본은 청과 전쟁을 일으켜 승리한 후 조선지배권을 틀어쥐었다. 이 승리는 물론 일본만의 것은 아니었다. 영국, 미국 등이 일본을 앞세워 아시아를 흔들어 놓고 전쟁의 참화로 몰아넣었다. 이후 러일전쟁에서 승리한 일본은 급격히 조선반도를 유린했다. 한일의정서(1904), 을사조약(1905), 한일 신협약(1907), 한일 강제합병(1910)으로 조선은 일본의 식민지로 떨어졌다. 이렇게 볼 때 일본의 조선 침략과 착취는 36년이 절대 아니라 최소 50년은 넘는 긴 세월 동안 이루어졌다.

식민화 과정에서 일본이 역점을 둔 것은 조선인이 국제 정세, 일본의 동태를 모르게 하는 까막눈 전략이었다. 그래야 저항을 받지 않고 손쉽게 조선을 먹을 수 있었기 때문일 것이다. 그런 일본의 전략은 언론, 사상, 학문, 문화 탄압과 조작으로 구체화되었다. 채백 (2010)은 1904년 대한제국과 일본이 한일의정서를 맺어 경찰권과 군사권이 일본으로 넘어간 시점부터 1910년까지 일제의 언론탄압을 정리했다. 이에 따르면 일제는 무력적 압박(일본군, 일본경찰 주둔 및 훈련), 외교적 압박, 법적 압박(신문지법, 출판법 제정)으로 조선인의 자유와 권리를 말살했다.

(1) 정보 장악

1905년 일본은 조선에 통감부를 설치하고 외교권을 박탈했다. 사실상 국가주권을 강탈한 것이다. 1907년에는 군사권, 행정권을 박탈했다. 이로써 조선은 나라로서 끝장이 났다.

놀라운 점은 일본이 조선을 병탄하기 훨씬 전부터 정보, 지식 분야에 대거 진출해서 사실상 지배력을 갖고 있었다는 점이다. 1900년을 넘어서면서 일본은 신문사, 잡지사, 출판사, 인쇄소, 서점, 도서관, 전신 등 정보, 지식생산 수단을 점령했다.

일본인들이 앞다투어 지식이나 정보 등의 정보생산 수단의 소유에 집중한 것은 돈벌이 때문이기도 하지만, 이것을 이용해서 조선과 조선인을 열등한 존재로 비하하기 위한 목적이 강했다. 일본은 신문을 비롯한 다양한 정보수단을 통제함으로써 조선의 역사, 문화, 민족성에 비춰 보건대 조선인은 독립국가를 가질 능력이 없다는 것을 논리적, 실증적으로 보여 주려고 했다(서중석, 2010: 49). 그렇게 함으로써 '문명국'이자 '선진국'인 일본이 '야만국', '미개국' 조선을 식민통치하는 것을 정당한 일처럼 조작했다.

〈표 2-3〉 일본인이 발행한 지방신문 (1903년 기준)

인천	옥구	목포	부산	원산	성진
〈조선신보〉 〈대한일보〉 〈인천상보〉	〈군산신보〉	〈목포신보〉	〈조선신보〉	〈원산신보〉	〈북한시보〉

출처: 황현(2006: 301).

　일본 침략자들은 신문 침략에 특히 집중했다. 예를 들어 이토 히
로부미 조선 초대 통감은 〈대동일보〉를 매수한 후 〈한성신보〉와 합
병해서 〈경성일보〉를 만들기도 했다. 조선에서 신문을 발행하려면
큰돈이 필요했다. 당시 조선에 진출한 일본인들이 대기업이나 거상
이 아니었기 때문에 신문을 발행할 정도로 재정이 넉넉했을 것으로
보이지 않는다. 일본 정부가 조선에서 일본인의 영향력을 확보하기
위해 신문 발행에 자금을 제공했다고 보아야 한다. 일본계 신문은
친일여론을 조작하고, 조선 거주 일본인들의 소통과 단결을 촉진시
키는 목적도 강했다. 일본인 신문은 일본 정부로부터 발행비 등을
지원받았다. 일본인이 발행한 〈부산일보〉는 1905년 1월 창간호 1
면에 '본지의 특색'이라는 기사에서 "한국의 실정을 명확히 파악하여
한국에 거주하는 일본인들을 위해 일본 국력의 팽창에 노력"할 것을
주창했다.

　일본의 신문통제가 극심해지자 황현은 《매천야록》에서 이 문제
를 따졌다. 그는 일본이 신문을 발행하는 목적이 침략과 수탈에 있
다고 보았다.

　일본은 계획적으로 일본인의 밀집 거주지인 인천, 부산 등 해안지
방에서 신문을 발행하였다. 이것은 일본인들이 내왕하기 편하고, 상

업이 발전한 집단적인 곳에서 신문의 수요가 있었기 때문이다. 1903년 서울에서 발행한 신문은 〈황성신문〉과 〈제국신문〉 정도였고, 〈한성신보〉, 〈대동보〉, 〈기독교보〉는 일본인을 비롯해 외국인이 발행한 것들이었다. 이 당시 지역에서 발행된 신문은 거의 모두 다 일본인들이 경영했다. 일본인들은 1910년 무렵 전국 16곳에서 지방 일간지를 발행함으로써 전국적으로 고른 정보 시스템을 확보할 수 있었다.

결론적으로 일본계 신문은 조선 침략의 전위대였음이 틀림이 없었다. 그럼에도 조선에서 일본인들이 신문을 발행하고, 학교를 설립한 이유는 조선인의 우매함을 불쌍히 여겨 이들을 "자치문화로 인도"하려는 것이라고 뇌까리는 것은 터무니없는 일이다〔예를 들어 (큐스케, 2008: 192)〕.

조선인에게 문명개화를 위해 일본이 이것저것 했다는 것은 억지 논리다. 대표적인 예를 보자. 일본이 조선에서 발행한 신문은 거의 모두가 조선에 거류하던 일본인이 발행한 것이었다. 일본인이 부산에서 창간한 〈조선신보〉만 보아도 그렇다. 이 신문은 1939년 기준으로 총 4,039부를 발행했는데. 이 중 경상남도에서 보급된 부수를 보면 일본인이 2,377부를 구독했던 반면 조선인 구독부수는 719부에 불과한 것만 보아도 무엇이 진실인지 잘 알 수 있다(전갑생, 날짜 없음). 일제 때 신문은 거의 전적으로 일본 침략자들이 수탈을 목적으로 발행했고, 구독자나 광고주도 일본인이 대부분이었다는 것을 짐작할 수 있다. 조선인이 발생한 신문도 철저히 일제의 억압과 수탈 그리고 병탄화를 적극적으로 지지, 찬동했다는 점에서 일본계 신문과 다를 것이 없었다.

일본 신문기업은 조선에 상당수의 통신원, 특파원을 보냈다. 조선 사정을 염탐하기 위한 것이었다. 이들은 비교적 규모가 큰 지사를 차리고, 직접 신문을 판매하기도 하였다. 〈아사히신문〉을 보자. 이 신문사는 1907년 조선에서 이미 3천 부 가량의 신문을 발행하고 있었다. 당시의 현황을 보자.

··· 1882년 11월 경성(서울)에 통신원을 파견했다. 이후 1910년에 경성통신국을 개설, 1936년 경성지국으로 전환해 1945년 통신망이 소멸할 때까지 운영했다. ··· 1944년 9월 〈아사히신문〉 경성지국에는 지국장 이하 12명의 직원이 일했다. 현재 〈아사히신문〉은 서울에만 지국을 운영하고 있으며, 상근하는 기자는 지국장을 포함해 3명에 불과하다. 식민지 시절 통신망이 지금보다 규모가 컸다고 볼 수 있다.

조선에 거주하는 일본인이 늘면서 판매부수도 함께 증가했다. 1907년 7월 당시 조선에 거주하는 일본인은 약 9만 8천 명이었으며 발행부수는 2,780부, 판매점은 17곳이었다. 이후 1938년 일본인은 약 63만 3천 명으로 크게 늘었고 판매부수는 6만 6,298부, 판매점은 418곳으로 매우 큰 폭으로 증가했다. ··· 식민지 조선에서 〈아사히신문〉 기자들은 '지배자' 쪽에서 기사를 썼다. 예를 들어 〈오사카아사히신문〉은 1910년 8월 26일 "조선인이 일본인이 되는 것은 조선인을 위해 행복할 것이다. 틀림없이 한국에 있어서 일본의 행동은 문명을 의미하고 ⋯ "라는 내용의 사설을 게재했다. ⋯ 30년 후인 1940년 7월 3일 아사히 경성지국은 일본 조선통치 30주년을 기념한 사고를 통해 "과거 30년 동안 역대 총독의 헌신적인 노력으로 30년 전과 비교해서 놀라운 발전이 있었다"고 주장하기도 하였다. ⋯ 일본 의 패전으로 〈아사히신문〉이 조선 등 식민지 독자를 대상으로 인쇄 한 '외지판'은 소멸했다. 그러나 〈아사히신문〉이 경성지국을 중심 으로 조선에서 어떤 활동을 했고 무엇을 보도했는지는 역사에서 지 위지지 않는다(마야모토 슈이치로, 2007. 6. : 12~13). **14**

일본은 조선에 관한 뉴스를 수집하고, 또 조선에 있는 미디어에 뉴스를 판매할 목적으로 뉴스통신사를 설립했다. 1906년에는 일본 전보통신이, 1909년에는 조선통신이 그리고 1910년에는 경성통신 이 설립되었다. 이들은 일본이나 국제 관련 뉴스를 독점적으로 제공 했다.

(2) 언론과 표현의 자유 상실
일제는 조선통감부를 두고 조선을 사실상 식민지배하기 시작했다. 이들은 조선인들이 말하지 못하고, 알지 못하게 철저히 언론을 탄압 했고, 지식과 정보를 억압했다. 통감부는 1907년 악명 높은 신문지

---

14 〈아사히신문〉 2007년 4월 30일부터 5월 18일까지 태평양 전쟁에서 자신들이 저지 른 악행을 성찰하는 취지의 기사를 냈다. 여기서 당시 일본의 조선 신문지배 실상 을 알 수 있다.

법을 제정했고, 1909년에는 출판법을 만들었다. 출판법을 만든 일
제가 가장 먼저 한 일이 책을 압수하는 것이었다. 이제 우리 민족은
말할 수도 들을 수도 없는 완전한 식민지 나락으로 떨어졌다. 1910
년 일본의 병탄 이전부터 조선은 행정권, 경찰권, 외교권, 군사권
등 모든 주권을 잃었는데 거기에다 언론과 표현의 자유나 문화주권
도 일본의 무력에 의해 철저히 파괴되었다.

2) 1910년 일본의 병탄 이후

(1) 식민지 신문지배

조선에서 모든 정치적, 군사적, 경제적, 외교적 통제권을 장악한
일제는 1910년 불법적으로 '한일 합병조약'을 강제했고, 곧바로 225
종의 출판물을 발행 정지시켰다(소장성, 2003: 24). 조선을 무력으
로 강점한 일제 침략자들은 아주 가혹하고 철저하게 언론과 표현의
자유를 탄압했고, 민족문화를 말살했다. 데라우치(寺內正毅) 초대
조선총독은 극렬한 무단정치로 조선인을 괴롭혔다. 그는 조선에서
언론, 정보, 지식, 문화의 싹을 다 잘라 버렸다.

조선총독부의 언론탄압이 얼마나 극심했는지 조선총독부 관보인
〈조선〉 등을 발행하던 토키오(釋尾東邦) 기자는 "각종 취체법을
남발해서 극단으로 힘쓰게 하고 일반인민의 자유를 구속해서 마치
군대에 있는 것 같이 생각되게 함으로써 조선반도는 완전히 군영화
되었다"(山邊健太郎, 1971/2011: 28에서 재인용)고 말했다.

조선총독부는 일본계 신문만을 허가했다. 그 가운데 조선총독부

〈표 2-4〉 1910년 일제 치하에서 미디어 상황

일본인 경영	조선인 경영
〈경성일보〉, 〈경성신보〉, 〈매일신보〉,* 〈조선신문〉, 〈개성신보〉, 〈삼남신보〉, 〈전주신보〉, 〈군산일보〉, 〈광주신보〉, 〈목포신보〉, 〈대구신문〉, 〈부산일보〉, 〈조선시보〉, 〈마산신보〉, 〈평양일보〉, 〈평양신문〉, 〈전남포신문〉, 〈압강일보〉, 〈원산매일신문〉, 〈민우신보〉, 〈북한신보〉, 〈조선〉, 〈신반도〉, 〈대도〉, 〈북한지실업〉, 〈만한지실업〉, 〈서울프레스〉, 〈법정신문〉, 〈한국가정신문〉, 일본전보통신, 조선통신, 경성통신,	〈경남일보〉, 〈천도교회월보〉, 〈중외의약신보〉, 〈상공월보〉, 〈보중친목회회보〉, 〈교남교육회잡지〉, 〈소년〉, 〈법학협회잡지〉

* 〈매일신보〉는 1910년 조선총독부 기관지인 경성일보의 자매지였다.
출처: 통계청(2008.12.17.)의 자료를 약간 수정했음.

는 일본어 기관지인 〈경성일보〉를 발행했는데 이는 대만 총독부기관지인 〈대만일일신문(臺灣日日新聞)〉, 만철의 기관지인 〈만주일일신문(滿洲日日新聞)〉과 함께 3대 '식민지 신문'이다. 1910년 이후 일간지, 잡지, 서적은 대부분 일본인이 만든 것이었다. 통신사나 광고회사도 일본인만 경영할 수 있었다.

일본은 서울에서만 3개의 일간지를 발행했고, 3개의 통신사를 운영했다. 전국 주요 도시에서 지방신문까지 발행했으니 일본이 정보와 여론 조작에 얼마나 신경을 썼는지 알 수 있다. 일본의 주요 신문사나 뉴스통신사는 조선에 지국을 두거나 통신원, 특파원을 두어 정보를 수집하고 여론형성에 영향을 미쳤다.

〈오사카아사히신문〉 지국, 〈오사카마이니치신문〉 지국, 〈니혼신문〉 지국, 〈시사신보〉 지국, 〈만조보〉 지국, 〈도쿄일일신문〉 지국, 〈규슈신문〉 지국, 일본통신사 지국, 〈요미우리신문〉 지국, 〈후

쿠오카일일신문〉 지국 등이 조선에서 활동했다.

그와 정반대로 조선인의 신문 발행은 철저히 금지했다. 일본은 1919년까지 조선인의 신문이나 출판을 금압하였다. 겨우 〈매일신보〉, 〈천도교회 월보〉, 〈중외의약신보〉가 조선인에 의해 발행되었을 뿐이다. 일본인들은 26개의 신문과 잡지를 발행하여 정보시장을 장악했다. 더구나 나쁜 것은 일본계 신문이나 잡지, 서적에 대해서는 사전검열 등을 하지 않는 등 정상적인 대우를 한 반면 조선계 미디어에 대해서는 극심하게 탄압한 것이다(같은 글, 127). 문화적, 정보적 불평등으로 민족 차별을 감행했던 것이다.

1919년 3월 1일 독립투쟁이 일어날 때까지 식민지 조선은 언론의 암흑기였다. 그나마 저항운동이 다시 일어나지 않도록 할 목적에서 일제는 '문화통치'라는 미명 아래 조선인이 소유하는 상업지를 허가하였다. 그 결과 〈조선일보〉와 〈동아일보〉가 창간되었다. [15] 조선 민중이 죽음으로써 얻은 자유와 독립 투쟁의 성과를 상업지들이 가져간 것이다. 하지만 조선계 신문이라고 해서 야만적인 일제의 촉수에서 벗어날 수 없었다. 이들은 친일적인 보도를 주로 했다. 한만수 동국대 교수는 '신문 굴뚝설'에 기초해서 일제가 민간상업지 발행을 허가한 이유를 설명했다.

'신문 굴뚝설'이라는 게 있었다. 3·1 운동 직후에 소위 문화통치의

---

15 3대 민간지로 〈시사신문〉은 〈동아일보〉와 같은 날인 1920년 4월 1일 창간하여 노골적인 친일논조를 보였으나 1921년 2월 16일 발행인인 민원식이 도쿄에서 피살되자 폐간되었다.

일환으로 〈동아일보〉, 〈조선일보〉 등 조선어 민간신문을 허용하자 주변에서 걱정이 많았다. 그때 사이토 마코토(齊藤實) 총독의 답변이 그런 것이었다. 굴뚝에 어떤 연기가 나는가를 보면 아궁이에서 일어나는 일을 알 수 있다. 즉, 신문에 실린 기사를 보면서 조선인들이 어떻게 생각하고 있는지를 알아차릴 수도 있다는 것이다. 그뿐이랴, 신문사에는 불평분자들이 모이게 되므로 유사시에는 그곳만 덮치면 불만세력을 일망타진할 수 있다(〈프레시안〉, 2012. 6. 25.).

정보나 지식과 같은 공공의 영역이 흥해야 개인과 사회가 발전하고 공동체 의식이 싹트는데, 이를 우려한 약탈자 일본은 신문 발행이나 서적 출판을 감시와 탄압의 대상으로만 여겼다. 정보생산과 소비수준은 최악이었다. 최남선의 증언에 따르면 1910년대 중반 〈매일신보〉 발행부수는 무려 1만 부 내외였고, 잡지 〈청춘〉도 2천 부에 그쳤다고 한다(천정환, 2003: 31).

1939년 기준으로 총 35개 일간지가 발생했는데, 이 중에서 단 4개만이 조선인이 경영하는 신문이었다(조선총독부 경무국, 1939: 11~12; 국회도서관, 1967). 이것은 일제가 조선인에게 신문경영의 기회를 거의 주지 않았다는 증거다. 조선계 신문이나 잡지라고 해봤자 조선민족의 정체성을 주장한 것도 아니었다. 이들은 '식민지 근대화'를 찬성함으로써 일본의 조선지배를 정당화하는 데 앞장섰다.

조선인이 경영하는 신문보다는 조선총독부가 발행한 신문이나 일본인들이 경영한 신문이 훨씬 많이 팔렸다. 일본 신문들은 조선판을 발행해 하루에 12만 부씩 판매했고, 기자도 20명가량 파견했다(〈한겨레〉, 2007. 5. 1.). 일본 신문에게 조선은 큰 시장이었다.

중일전쟁 무렵부터 미디어 생산은 물자부족과 언론통제라는 일본의 국가적 시책에 따라 대폭 축소되었다. 특히 많은 신문이 폐간되었다. 1938년 기준으로 1,103개나 있던 신문이 1940년에는 522개, 1942년에는 42개로 대폭 줄었다(신인섭·김병희, 2007: 414). 식민지인 조선에도 신문폐간 정책은 그대로 적용되어 〈동아일보〉와 〈조선일보〉 같은 민간신문이 폐간되었다.

일제 치하의 미디어 행태를 보면 자주적 소통공간이 완전히 붕괴되었다는 점을 알 수 있다. 1913년 기준으로 조선에는 23개 신문이 있었는데, 이 중 21개가 일본인 소유였고, 2개가 조선인 소유였다. 또 일본과 세계 소식을 독점적으로 전해 주던 3대 통신사는 경성통신, 조선통신, 일본전보통신인데, 모두 일본인 소유였다. 또 잡지 분야는 2개가 일본인 경영이고 2개는 조선인 경영이었다. 또 일본인은 총 655종의 출판물을 낸 반면 조선인은 408종에 그쳤다(홍일해, 1982: 17).

국제 뉴스를 독점적으로 공급했던 통신사가 모두 일본인 소유였다는 점은 많은 것을 암시한다. 조선인과 세계가 접촉할 통로를 철저히 끊자는 일제의 심산이었다. 1906년 일본인은 동아전보통신을 열고 일본어의 뉴스를 공급한 후 여러 통신사들이 나왔으나 조선인이 경영하는 통신사는 없었다. 일본 소유의 뉴스 통신사는 케이블을 이용해 조선과 일본에 관련된 주요 뉴스를 공급할 수 있었다. 이런 뉴스는 일본의 조선 침략의 교두보 역할을 했다.

(2) 경성방송국: 새로운 수탈자

1929년에 일본은 조선에 라디오 수신기 시대를 열었다. 라디오 프로그램을 제공하는 경성방송국이 개국하여 신문 중심의 정보질서에서 신문과 방송이 공존하는 질서로 바뀌었다. 경성방송국은 일본-경성-대만-만주를 엮는 일본의 아시아 침략 네트워크였다. 경성방송국을 관장하는 조선방송협회는 지역에 라디오방송국을 세우기 시작했다. 최초의 지역방송국인 부산방송국이 1935년 개국하였고, 1938년에는 이리방송국16이 개국되었다. 부산방송국은 일본인이 많이 거주하고, 일본과의 교역 등 많은 정보를 제공하는 역할을 할수 있었다.

1937년 중일전쟁이 발발하자 경성방송국은 아예 전쟁독려 방송이 되었다. 이들은 일본의 침략전쟁을 정당화하고 조선인을 이 전쟁에 동원하기 위해 악질적인 방식으로 선동하고 압박하였다. 이렇게 경성방송국은 조선 거주 일본인에게 봉사하는 특권의 미디어였으며, 내용상으로도 조선을 약탈하는 기능을 하였다.

---

16 일제가 별로 크지 않은 이리(현재 익산)에 빨리 지역 방송을 설립한 이유에 대해 김성호(1999: 5~6)는 이렇게 설명했다.
　첫째, 이리에는 일본인 거주자들이 많아 이들에게 라디오 서비스를 공급하고자 하였다.
　둘째, 이리는 농산물의 집산이자 일본으로 농산물을 반출하는 최적의 지역이었다.
　셋째, 이리방송국은 중국에 전파를 보내 일본군이 전쟁을 수행하는 데 필요한 정보를 제공했다.
　넷째, 조선인, 일본인들이 전쟁에 적극 참여하도록 유도하고, 이에 필요한 정보를 이리방송국을 통해 방송했다.

이런 경성방송국은 KBS의 시조가 될 수는 없는 것이다. 그런데도 아무리 일제 치하지만 경성방송이 우리 땅에서 전파를 발사한 것은 틀림없는 사실이라고 주장하는 이도 있고, 또 어떤 사람들은 '식민지 근대성'이니 '식민지 공공성'이니 해서 한국방송의 뿌리를 경성방송에 둔다거나, 경성방송의 긍정적 기능을 인정한다. 이것은 마치 나치가 수없이 많은 유대인을 학살하면서 혹시 나중에 문제가 되면 면피할 목적으로 저명한 유태인 학자나 기업인을 빼돌려 살려 준 행위를 두고 나치가 괜찮은 일을 했다고 우기는 것과 같은 파렴치한 행위다.

일본 침략자들이 조선에서 더 많은 약탈을 하기 위한 수단으로 방송이 동원되고, 철저히 조선총독부의 감시와 통제 아래 움직였으며, 주요 프로그램은 일본어로 제작된 데다가 청취자들은 대다수가 조선 거류 일본인이었다는 사실은 다른 어떤 증거나 이유를 댄다고 해도 경성방송국이 민족 수탈과 착취의 도구였음을 부인할 수 없다. 경성방송국 직원도 총 50명인데 이 중 10%인 5명만이 조선인이었다. 이들은 별로 비중도 없는 일을 맡았다. 또 조선인 직원들은 "매일 아침 방송국 옥상의 일본인 사당에서 참배하고 일을 시작했다" (한국PD연합회, 2008: 79).

그런데도 KBS는 경성방송국을 마치 우리 방송의 효시요 역사인 듯이 기념하는 것은 문제가 있다.

① 지배구조
일본은 경성방송국을 만들어 조선 거류 일본인에게 서비스했다. 조

선총독부는 일본 기업에 방송장비 등을 주문해서 자본축적을 도왔다. 경성방송국은 식민통치의 전위대이자 일본 전자통신자본에게 조선이라는 새로운 시장을 여는 데 중요한 역할을 하였다. 1927년 조선총독부의 경성방송국 설립은 일제 치하 정보와 문화통제의 새로운 현상이었다. 조선방송협회가 설립한 경성방송국은 일본의 조선 병탄을 강화하는 수단이자 조선인의 일본화를 추진한 구심체였다. 〈표 2-5〉에서 보는 대로 경성방송국의 성격이나 구조는 완전히 일본의 것이었다.

경성방송국은 조선총독부가 대여해 준 자금을 중심으로 설립되었

〈표 2-5〉 경성방송국 성격과 구조

호출부호	JODK*
허가 및 통제 부서	일본방송협회의 승낙, 조선총독부 체신국의 허가
소유자	사단법인 경성방송국
자본금	40만 원(이 가운데 30만 원은 조선총독부의 융자금)
부채	30만 원
투자자	조선인 지분율 13%, 일본인 지분율 87%
최고 의사결정기관	16명으로 구성된 이사회(조선인 이사 5명, 일본인 이사 8명)
이사장 선임방식	이사회가 이사장 추천, 총독부 체신국장이 승인
직원 수	50명(이 중 10%인 5명이 조선인 출신)
재정	청취료
청취자	경성방송국과 청취계약을 맺은 사람 총 1,440명 (일본인 1,165명, 조선인 275명, 조선인 청취자 비중은 19%)
사용어	초기에는 일본어만 사용. 1933년부터 제1방송은 일본어, 제2방송은 한국어 체제로 이원화
편성 및 프로그램	일본 경제상황 보도, 조선의 물가동향 등 일본인 청취자에게 필요한 정보를 집중 편성

* [편집자 주] 일본방송협회산하 방송인 동경방송(JOAK), 오사카방송(JOBK), 나고야방송(JOCK)에 이어 알파벳 4번째 D.
출처: 박용규(2000: 103); 정진석(2008: 15, 37); 임동욱(1988); 한국방송공사 편(1977, 별책: 5); 한국방송협회(1997: 75).

다. 경성방송국 최고 의결기구인 이사회도 일본인이 장악했다. 최창봉과 강현두(2001: 19)가 말했듯이 "경성방송국은 조선총독부 주도로 만든 사단법인체로서 일본 정부의 법률적 통제를 받으며 일본인들의 손에 의해서 개국되었다".

경성방송국에 어떤 기준을 갖다 댄다고 해도 경성방송국은 기본적으로 조선, 조선인을 억압하고 수탈하는 정신적, 정치적 흉기였다는 역사적 사실을 부인할 수 없다.

경성방송국 지배구조에서도 일본의 힘이 그대로 드러난다. 경성방송 이사회는 16명으로 구성되고, 이 중 5명만이 조선인 출신이었다. '조선인 이사'라고 해봤자 돈 많고 지위 높은 조선인들이 자신의 재산과 지위를 지키기 위해서 일본인보다 더 일본인처럼 굴어야 했다. 조선인 이사 면면을 보면 서병조 총독부 중추원 참의, 김한규 한성은행 두취[17]가 있다. 김연수와 한상룡은 상임이사로, 조병상, 민대식, 김성수 등이 상임감사로 참여했다. 모윤숙 같은 유력인사는 편성이나 제작에 참여해서 조선인의 황민화, 내선일체[18]를 지원했다(방학진, 2008. 7. 27.). 경성방송국의 후신인 조선방송협회에 참여한 사람은 부총재[19]를 맡은 박영효 후작, 고문을 맡은 윤덕영 자작이 있다(정진석, 2008: 16). 〈표 2-5〉는 경성방송국이 일본인의,

---

17 〔편집자 주〕 지금의 은행장.

18 법도 달라 조선인은 엄한 법으로 일본인은 순한 법으로 다스렸다. 이른바 '내선일체'는 완전한 날조였다. 내선일체의 실상이란 좋은 것은 일본인이 독차지하고 나쁜 것, 하기 싫은 것 등은 조선인에게 떠맡기는 이념이었다.

19 당시에는 총재가 없어서 사실상 총재.

일본인에 의한, 일본인을 위한 라디오였음을 입증하고도 남는다.

경성방송국에 관련된 일본인들은 경성방송국을 아주 긍정하였다. 경성방송국 기술부에서 일했던 아카미나 오시마는 경성방송국을 '환상의 방송국'이라고 미화했다(시노하라 쇼조 외, 2005: 23). 당시 조선 인구는 총 2,500만 명이었고, 이 중 100만 명이 일본인이었다. 별로 많지도 않으면서도 조선 각처에 흩어져 살던 일본인들에게 '황국 소식'을 들려주고, 조선을 약탈하는 방법론을 시시각각 알려주는 역할을 하는 경성방송을 비난할 이유가 없다. 더구나 경성방송국은 일본인에게 좋은 일자리를 주었다. 1930년 무렵에는 서울을 비롯해 전국에 19개 경성방송국이 있었으며, 고용 인력은 총 1,034명이었으며, 이 중 27.1%인 281명이 일본사람이었다(같은 책).

어떤 기준, 어떤 가치를 잣대로 한다고 해도 경성방송은 일제가 식민지 조선을 병탄하고 착취하여 자기 배를 채운 전형적인 수탈 미디어였다. 일본인 전문가들도 이를 인정한다. "조선반도의 하늘을 뒤덮었던 경성방송국이 일제의 식민지 통치에 기여했고, 전쟁 중에는 일본군과 정부의 '어용기관'으로서 기능했다"는 방송작가인 쓰가와 이즈미(1999)의 평가는 정확한 것이다.

② 라디오 보유

경성방송국의 경우 청취자는 거의 전적으로 일본인이었다. 김규환(1978: 325)은 1939년 무렵 조선인의 라디오 보급률은 3.5%에 그쳤다고 말했다. 김영희(2002)의 조사결과도 이와 비슷하다. 그는 조선인의 라디오 보급률은 최고일 때가 3.7%에 불과한 반면 일본인은 71.8%였다고 말했다. 일제 치하에서 라디오, 신문과 같은 근대 문명의 도구는 조선을 침략한 일본인들의 독점물이었다.

③ 방송 내용

방송 내용은 완전히 일본 일색이었다. 개국 초기 경성방송국은 주로 일본어 프로그램, 일본 경제소식 등을 주로 내보냈다. 또한 1927년 경성방송국은 경부선 열차식당 칸에 여객용 라디오 서비스를 제공하였다(박우용 편저, 2001: 17). 대단한 사치이자 특혜다.

경성방송국은 일본 제국주의자들이 조선을 수탈하고, 조선인을 억압하며, 조선에 거주하는 일본인에게 자국의 상황을 알리는 도구로 이용되었다. 일본인들은 조선을 지배하면서도 마음은 늘 자국의 경제와 정치에 있었다. 조선에서 돈을 벌어서 일본의 기업이나 부동산에 투자했으니 자연히 일본의 물가, 증시, 부동산 동향이 궁금했을 것이다. 경성방송은 일본인 청취자의 이런 욕구를 충실히 반영했다. 개국 초기에 경성방송국은 하루 2차례만 뉴스를 방송했다. 그것도 일본동맹통신이 공급하는 기사를 읽는 것이 고작이었다(백미

〈표 2-6〉 식민지 조선에서 라디오 등록 대수와 보급률

연도	조선인		일본인	
	등록 대수	라디오 보급률(%)	등록 대수	라디오 보급률(%)
1929	1,537	0.05	8,558	6.72
1934	9,584	0.25	30,660	21.68
1939	75,909	1.84	90,425	56.23
1944	168,884	3.7	131,348	71.8

출처: 김영희(2002: 165).

숙, 2007: 314). 편성내용은 대부분 음악, 드라마와 같은 오락 프로그램이 많았다.

(3) 통신주권의 박탈

통신은 주권의 상징이다. 말하고 들을 수 있게 만드는 것이 통신의 기능인데, 이것이 다른 나라의 손에 있으면 국가주권, 민족주권은 완전히 상실되고 만다. 이렇게 중요한 통신을 일제가 그냥 두지 않았다. 전화, 전보, 해저 케이블 등 모든 통신 시설과 권리를 독점한 일본은 조선을 착취하고 억압하는 데 혈안이 되었다.

일제 치하에서 조선인은 거의 전화를 보유하지 못했다. 상대적으로 전화 보유자의 80%가량이 조선 거류 일본인이었다는 것만 보아도 통신주권의 상실이 뜻하는 바를 잘 알 수 있다.

254대, 6,114대. 이것은 1910년과 1941년 조선인의 전화 가입자 수다. 이와 비교해 일본인은 17,620대와 43,502대였다. 1910년 전체 가입자 속에서 조선인 비중은 단 1.4%였고, 1941년에는 12.2%였다. 1941년이 될 때까지 6,114명의 조선인만이 전화라는 문명의

〈표 2-7〉 일제 치하에서 전화 가입자 규모

단위: 명, 괄호는 합계 인원에 대한 비율

	1910년	1941년
조선인	254 (1.4)	6,114 (12.2)
일본인	17,620 (98.1)	43,502 (86.7)
기타 외국인	80 (0.5)	560 (1.1)
합계	17,954	50,176

출처: 통계청 보도자료 (2008.12.17.)

이기를 접할 수 있었다는 일본의 조선 수탈의 증거를 보는 듯하다. 이런 것을 식민지 근대로 치장하는 것은 보통의 문제가 아니다.

이상에서 살폈듯이 일본 치하에서 각종 미디어나 정보생산은 일본인을 위한 것이었고 조선을 착취하는 무기였다. 미디어나 정보의 소유, 경영, 내용 등 모든 면에서 철저히 일본인의 것이었다. 이런 형편에 일제 치하에서 정보나 미디어가 조선의 근대화나 문명화에 무슨 기여를 했다고 주장하는 것은 형편없는 역사 왜곡이다.

(4) 조선계 미디어

일제 지배층들은 조선인의 정보접근을 극력 막았다. 정보유통을 자유롭게 하면 비판의식이 싹트고 저항이 생길 것을 두려워한 것이다. 그렇기에 이들은 조선인에 의한 미디어 경영을 거의 금지시켰다.

신문이나 잡지 발행도 조선인과 일본인을 차별하였다. 일본인들은 쉽게 신문 발행을 허가받은 반면에 조선인들은 엄중한 규제를 받았다. 주요한(1932: 12)은 일제의 조선 언론 통제방식으로 사법처분, 조선과 일본이 서로 다른 행정처분, 식민지 조선에만 있는 특수한 법이라 할 수 있는 허가 및 원고 검열제도가 있었다고 지적했다.

총독부는 조선에서 발행한 신문도 일본인 신문과 조선인 신문을 차별해서 규제했다. 일본인 신문에 대해서는 비교적 가벼운 신문지 규칙으로 규제한 반면, 조선인 신문에 대해서는 엄중한 신문지법을 들이밀었다. 신문지법은 발행 허가제, 행정 처분제, 배포 금지제, 압수와 같은 탄압책을 명시했다. 이 가운데서 발행금지와 같은 규제는 일본에서는 없어진 것들이지만 유독 식민지 조선에서는 없어지지 않고 언론을 강력하고도 차별적으로 탄압했다(우치가와 요시미, 1967: 110). 이것은 일제가 얼마나 야만적이고 반근대적이었고, 인종 차별적이었는지를 말해 준다.

이외에도 일제는 일본 광고주를 통해 조선계 미디어의 내용을 통제했다. 그런 한편 인쇄기계나 인쇄용지 공급을 통제하는 방식으로도 미디어를 통제할 수 있었다. 예를 들어 한글판 잡지를 발행하면 일본어로 발행하라고 윽박지르고, 그렇지 않으면 종이공급을 중단하겠다고 위협하였다. 천인공노할 만행이었다. 일제는 우리말 잡지로 1939년에서 1941년까지 발행되었던 〈신세계〉에 종이 공급을 중단한다고 압박하면서 한글에서 일본어로 잡지 성격을 바꾸라고 강요하기도 하였다(〈동아일보〉, 2008. 8. 16. : 21).

조선을 집어삼킨 일제가 조선인에게 신문이나 잡지 발행을 허용할 까닭이 없었다. 말할 자유조차 빼앗겼다. 그래서 식민지 백성을 노예라 하지 않던가! 일본은 1910년 조선을 강점한 후 10년 동안 조선계 신문을 금지했다. 앞에서 언급했듯이 1919년 3·1 독립운동이 일어난 후에야 조선계 신문을 허가했다. 이것도 치밀한 계산 끝에 나온 것이다. 일본의 착취와 철권통치에 반대하는 민중적 저항운동을 완화하고자 '부드러운' 철권통치라는 전략적 의도를 갖고 신문 발행을 허가했다. 이른바 '문화정치'라는 것이다.

이것은 힘에 의한 저항이나 비판은 여전히 말살하되 일본의 식민지배를 인정하는 사람들에게는 문화적 공간을 허용하여 조선인을 분열시키겠다는 의도가 깔렸다. 조선계 신문을 허락함으로써 일제가 노린 궁극적 목표는 조선인들이 무슨 생각을 하는지 알아서 대처하겠다는 것이다. 다시는 '느닷없는' 3·1 독립투쟁 같은 것이 나오지 않도록 안전망을 만들겠다는 발상이다. 조선총독부 정무총감은 조선계 신문을 허가해서 "조선인의 기분을 알고, 조선인 사이에 어떠한 공기가 흐르고 있는가를 알기 위해 유익하다"고 말한 것은 핵심을 찌른 말이다(김규환, 1978: 208에서 재인용).

이른바 문화정치는 부유한 조선인에게도 투자의 기회를 주었다. 당시에는 일본인만이 할 수 있었던 기업이나 직업의 일부가 조선인에까지 허용되었기 때문이다. 그러나 실상 이것은 조선인을 착취해서 축적할 기회를 주는 것에 불과했다. 문화정치는 엄밀히 말해 '이이제이'(以夷制夷)이며, '분할통치'였다. 이런 상황에서 〈동아일보〉, 〈조선일보〉, 〈시사신문〉이 허가를 받았다.

〈동아일보〉 사주는 김성수였다. 그는 경성방직, 중앙고등보통학교, 보성전문학교를 소유한 거부였다. 1929년 기준으로 동아일보사의 지분구성을 보면 김성수는 18.3%를 가진 최대 주주였으며, 두 동생의 지분까지 합치면 30.9%에 이르렀다(장신, 2006: 261).

한편 방응모의 〈조선일보〉 인수는 우리 신문역사에 중대한 전환점이었다. 방응모는 〈동아일보〉 정주지국을 운영했지만 신문대금이 잘 안 걷히는 등 운영난으로 많은 빚을 지고 문을 닫았다. 그는 당시 조선을 휩쓸었던 금광 투기에 손을 댔고 교동금동에서 금맥을 발견하여 부자가 되었다. 방응모는 1932년 일본 정우회 장로이자 만주철도 총재를 역임했던 야마모토 조타로(山元)에게 교동금광을 135만 원에 팔았다(전봉관, 2005: 200~207). 우리의 자원을 일본 침략자에게 매각해서 치부의 밑천을 마련한 것이다. 큰돈을 손에 쥔 방응모는 경영난 때문에 휴간과 복간을 거듭했던 〈조선일보〉에 주목했다. 조선일보사 주주끼리 경영권 다툼까지 벌어져 〈조선일보〉가 두 곳에서 각각 달리 발행되고 있었다. 이때 방응모는 50만원을 들여 조선일보사를 샀다.

그는 탁월한 사업수단이 있어서 그런지 조선일보를 크게 키웠다. 하지만 조선일보는 더욱 친일색채를 분명히 하였다. 〈조선일보〉는 1936년 1월 1일 '신년사'에서 "우리는 대일본 제국의 신민으로서 천황폐하께 충성을 다하겠습니다"라고 다짐했다.

상업지들이 무단통치를 하는 일제 앞에서 살아남기 위해 이런 보도를 했다는 변명은 정당성이 없다. 당시 조선계 신문과 잡지는 완전히 일본의 주구(走狗)로써 충성을 다하려 했던 것이다. 그러니 일제는 조선계 신문의 보도를 두려워하지 않았다. 조선총독부 경무국은 조선계 상업지의 적극적인 협력에 대만족한다고 평가했다.

〈조선일보〉는 1937년 7월 19일에 이르러 '아군', '황군' 등의 문자를 사용하였고, 〈동아일보〉 또한 이를 따랐다. 또 7월 20일 〈조선일보〉에는 그 지상에 사변[20]을 해설함에 있어 "사변은 지나(중국) 측의 협정 무시에 의하여 양성되었다"고 첫머리에 썼다. 〈동아일보〉는 "오인은 여하한 사변에 당면해도 이를 정관 대응할 여유를 가지고 있다"고 논하였다. 〈조선일보〉는 "우리들은 최악의 경우에도 협력 일치하는 한길뿐이다"라고 논단하였는데, 사태는 이미 이러한 미온적 필치도 허용하지 않는 상황에까지 진전되어 언문[21]신문지의

---

20 〔편집자 주〕 일본의 침략으로 일어난 중일전쟁.

논조를 일층 강화 개선할 필요가 있었다.

〈동아일보〉는 마침내 7월 31일 지상에 "우리들은 사변의 완급과 진퇴를 우리들의 휴척(休戚)에 관계시킴으로써 적극적으로 나아갈 것이다"라고 논술하고, 〈조선일보〉 또한 8월 2일 지상에서 "국민 각 개인은 응분의 성의를 다하여 출정 장병을 위로 고무해야 한다"고 논하여 반도 대중에 호소하기에 이르러, 군국 비상시를 맞아 제국의 신문지로서 그 충성을 인정받기에 이르렀다. 그 후 새로이 상해에서 돌발한 사건을 계기로 사변은 전 중국으로 확대되었는데, 언문지는 사변의 해설 인식에 노력하고, 또 거국일치, 지나의 응징을 말하거나 혹은 전사자의 영령을 위로하고, 전승을 축복하는 등 종래 일찍이 볼 수 없었던 태도를 보여 일반 민중에 준 효과는 작지 않았다(조선총독무 경무국, 1939: 8~9).

친일 문제 전문가인 방학진은 이렇게 말했다.

방응모의 경우 〈조선일보〉 인수 직후인 1934년 이미 고사포를 기증했다는 기록이 있으니, 그의 친일활동은 자발적인 동시에 사업 확장의 필수적인 도구였음이 분명하다. 즉, 그는 사업확장에 도움이 된다고 판단했는지 수많은 친일단체에 적극적으로 가입한다. 1937년 5월 우가키 총독의 지시로 친일 가요와 시, 가곡 등의 보급을 목적으로 만들어진 조선문예회 회원을 시작으로, 1937년 8월 금비녀라도 뽑아 국방헌금을 내자는 친일 귀족 부인들이 주축이 된 애

---

21 〔편집자 주〕 한글을 속되게 이르는 말

국금차회의 발기인이 되었다.

또 중일전쟁 발발 직후인 1937년 9월 미나미(南次郎) 총독의 지시로 시국의 중요성과 동아시아에서의 일본의 지도적 지위를 대중들에게 선전할 목적으로 구성된 전선순회 시국강연반에 2차로 참석했으며, 중일전쟁 1주년을 맞아 그동안 경쟁적으로 진행되어 오던 각종 단체들의 친일활동을 일사불란하게 조직화할 필요를 느낀 총독부에 의해서 1938년 7월 7일 59개 단체 및 개인 56명이 참가해 결성된 '국민정신총동원조선연맹' 발기인이 되었다. 1939년 중국 천진에서 일본이 영국과 무력 충돌하자 6개 신문사가 모여 결성한 조선춘추회 주최의 '배영(영국을 배척하자 — 필자 주) 국민대회'에서 〈동아일보〉 사장 백관수는 "천황폐하 만세"를 부르고, 방응모는 "황군 만세"를 선창했다.

이어 방응모는 1940년 전쟁의 장기화로 후방에 대한 더욱 강력한 전시체제를 이룩하기 위해 한층 강화된 국민총력조선연맹의 참사, 1941년 친일파들에 의해서 자발적으로 만들어진 임전대책협의회 위원으로 종로 화신백화점 앞에서 김동환, 이광수, 모윤숙, 윤치호, 이숙종(성신여대 설립자) 등과 함께 전쟁채권을 사도록 독려하는 채권가두 유격대 활동을 벌였다.

방응모의 친일 활동은 여기에 그치지 않았다. 그는 윤치호를 중심으로 한 흥아보국단과 김동환을 중심으로 한 임전대책협의회를 통합하여 1941년에 결성된 조선임전보국단 이사가 되었다. 또 방응모는 '출전 학도 격려대회'에 참여하는 등 이미 일제의 침략전쟁을 선동하는 데 최선두급에 서 있었다(방학진, 2008. 7. 27.).

일제 밑에서 〈동아일보〉와 〈조선일보〉가 무엇을 보도했고, 어떤 활동을 했는지는 지우려야 지워지지 않는다. 그렇다고 이들 신문이 친일행위만 한 것은 물론 아니다. 이들은 노동자의 파업투쟁, 농민의 소작쟁의, 학생들의 동맹휴학, 민족주의자의 독립군 운동, 각종 사회운동 단체의 결과와 활동, 1925년 공산당 창건과 관계자들에 대한 일제의 검거와 공판 사건을 보도함으로써 당시 우리 민족의 반일 투쟁과 노동운동 그리고 초기 공산주의 운동에 대해 널리 알리기도 했다(리용필, 1993: 111). 이런 것들은 신문의 긍정적인 기능이다.

또한 조선계 상업지는 일본을 비판적으로 보도하기도 하였다. 일본의 조선 지배를 반대하거나 비판하는 것은 아닐지라도 주변적인 문제는 따끔하게 짚었다. 조선총독부도 이런 정도의 보도는 눈감아 주었다. 이것이 오히려 조선총독부의 조선 지배를 원활히 할 수 있다고 믿었을 것이다.

조선계 신문이 제아무리 일제에 충성을 다해 봤자 헛일이었다. 이들은 자국민은 물론 조선인까지 침략전쟁에 동원하는 일본 제국주의에게 장기의 졸(卒)에 불과한 존재였다. 모든 것이 전쟁을 위해 희생되었다. 결국 일본의 모든 미디어, 조선과 만주 그리고 대만 식민지에 있던 모든 미디어는 전시 동원체제로 인해 없어지거나 통폐합되었다.

전시 물자절약, 정보통제 등을 위해 본국, 식민지 모두에 일률적으로 실시한 언론통제 정책이 조선계 상업지의 문을 닫게 만들었다. 일본 제국주의에 충성을 다했지만 조선계 미디어는 완전히 파괴되고 말았다. 일본은 중국, 미국과 전쟁을 벌이면서 신문이나 잡지 발행에 따른 물자소비를 억제하고자 신문 발행을 대폭 금지시켰기 때문이다. 22 일본은 전쟁에 필수적인 정보조작을 위해 일본 국내는 물론 조선, 대만, 만주 지역의 신문과 잡지를 거의 다 없애버렸다. 조선에서 상업지가 폐간된 것은 비판적 보도를 했다거나 독립운동을 지지했기 때문이 아니다. 전시 물자절약과 정보통제를 위해 폐간된 것이다. 이것은 일본 정부가 자국에서 인구 10만 명 단위로 신문 발행을 허가한 정책과 맥을 같이한 것이지 유독 〈조선일보〉와 〈동아일보〉에만 강요한 폐간이 아니었다. 또 두 신문사는 폐간 시 조선총독부로부터 합당한 보상을 받았다. 〈조선일보〉는 80만 원의 보상금을 받았다. 큰 손해는 보지 않았다.

〈조선일보〉는 1940년 8월 11일 낸 폐간사에서 신문통제라는 일본의 국책과 조선총독부의 신문 통제방침에 따라 신문을 폐간한다고 공표했다. 중일전쟁이 터진 이래 〈조선일보〉는 보도를 통해 일본에 보은하는 사명과 임무에 충실하려고 노력했으며, 신동아 질서의 건설이라는 일본 제국주의 성스러운 과제를 이루는데 이른 아침부터 늦은 저녁까지 애썼다고 강조했다(〈조선일보〉 폐간사).

그런데도 일제 치하에서 〈동아일보〉와 〈조선일보〉의 성격이 어떤지 논란이 있다. 대개 나온 주장은 이 두 신문을 ① 민족지로 평가하는 것, ② 친일지로의 평가하는 것, ③ 타협과 민족주의의 양면성을

22 1937년 터진 중일전쟁 때부터 1945년 제 2차 세계대전이 끝날 때까지 일본 군사정권은 자기 나라에서 신문용지를 배급했다. 이들은 다수의 신문을 통폐합하는 방식으로 신문시장을 압박한 결과 1939년 848개였던 신문이 1942년에는 54개로 줄었다. 거의 신문이 폐간되다시피 한 것이다(김해창, 2005: 51).

보여 주었다고 평가하는 것 3가지로 구분된다(성주현, 2008. 9. : 172).

어떤 신문의 성격을 규정하려면 창간의 동기와 배경, 소유주의 성격, 당시 지배권력과의 관계, 대다수 사람들에게 중요한 문제에 대한 보도내용(일제 때의 경우 독립 요구와 일본 침략자에 대한 비판 여부), 재정상태 등을 면밀히 조사해야 한다. 이것을 기준으로 삼는다면 두 신문은 일제의 조선 지배를 원활히 하는 데 동원된 일본 제국주의의 도구로 볼 수 있다. 민족적 독립 운동에 당황한 일제는 민간 상업지의 창간으로 조선인의 여론을 점검하고, 언론의 자유를 보장한 것처럼 보이는 데 생색을 냈다. 다시 말해 창간허용 의도는 어디까지나 조선인의 반일투쟁을 무마하고, 일본의 조선지배 목적을 원활히 하는 데 있었다.

그렇다고 민간 상업지가 잘못된 일만 한 것은 아니다. 이들은 과학이나 기술발전, 위생, 농촌의 발전 등에 대해 긍정적으로 보도한 것도 많다. 그러나 일제의 조선 강점, 수탈 등에 대해서 본격적으로 문제 제기를 하지 않았다. 물론 상업지가 만약 열렬히 친일행위를 하지 않았다면 결코 살아남지 못했을 가능성은 있다. 그렇다고 상업지의 친일행위가 희석되는 것은 아니다. 그런데도 상업지가 마치 민족지나 되는 것처럼 왜곡되기도 했다.

이에 2009년 대통령 직속 '친일반민족행위 진상규명위원회'는 방응모 전 〈조선일보〉 사장을 일제 침략정책의 협력을 주장하고, 군수업체 조선항공공업주식회사 발기인이자 국민정신총동원조선연맹 발기인으로 참여했기 때문에 친일파가 분명하다고 평가했다. 그러자 방응모의 손자인 방우영 〈조선일보〉 명예회장이 이런 평가를 취소하라는 소송을 걸었다. 이 재판에서 서울행정법원은 방응모 전 사장이 친일행위를 했다고 판결했다.

2010년 12월 재판부는 방 전 사장이 "자신이 운영하던 잡지 〈조광(朝光)〉에 일제의 침략전쟁에 적극 동조하고 내선일체를 강조하는 문예물을 게재하는 등 일본 제국주의의 내선융화 또는 황민화 운동을 적극 주도해 일제 식민통치 및 침략전쟁에 적극 협력한 것으로 봄이 상당하다"고 말하고, "방 전 사장은 일제에 적극 협력했다고 볼 수 있다"고 판결했다(〈연합뉴스〉, 2010. 12. 22.). 재판부는 또 "1938년부터 1944년까지 지속적으로 국민정신총동원조선연맹 등에서 이름만 등재한 게 아니라 발기인, 평의원 및 참사 등으로 활동해 일제에 적극 협력한 것으로 볼 수 있다"고 밝혔다(〈한겨레〉, 2010. 12. 23. : 10).

항소심에서 서울고법은 "방 전 사장은 자신이 운영하던 잡지 〈조광〉에 일제의 침략전쟁에 동조하고 내선일체를 강조하는 글을 싣는 등의 행동을 했다"고 판단하고, "전쟁을 찬양하고 당시 주요 인사들과 함께 전시 채권을 판매한 것은 친일행위에 해당한다"고 보았다. 이 판결은 신문 역사상 중요한 결정으로 남을 것이다. 고법이 방응모 전 〈조선일보〉 사장이 "친일 반민족행위를 한 사실을 부정할 수 없다"고 판결함으로써 신문사 사주의 친일논쟁이 일단락되었기 때문이다.

(5) 오락의 식민통제

일제는 조선인의 놀고 즐기는 것도 그냥 두지 않았다. 이들은 전통적 오락을 일본의 오락으로 바꿔치기 했다. 일본은 기술, 시장과 결합한 오락상품 시장을 만들어 이득을 얻었다. 대표적인 것이 음악과 영화다. 축음기 시장은 일본계인 일본 축음기 상사, 미국계인 빅터, 영국계인 컬럼비아, 독일계의 폴리도르가 각축하였다(이창현, 1989: 205~209). 1907년 컬럼비아레코드가 조선에서 음반을 판매한 이래 빅터레코드, 폴리도르레코드, 태평레코드, 오케레코드가 시장을 지배했다. 이들은 거의 다 일본계, 미국계 자본이었다.

하물며 유행가나 영화내용까지 조작, 통제해서 조선이 미개하고, 더러운 곳이라는 부정적 인상을 불어넣었다. 일례로 일제는 우리 민족을 부모를 산 채로 매장하는 '고려장' 풍속을 가진 미개한 민족으로 조작하기도 했다. 오락이나 문화에서도 조선은 다른 나라에 의존하지 않으면 안 되는 타율성의 민족임을 수없이 세뇌시켰다. 여기에 식민지 역사학자들이 장단을 맞췄다.

(6) 민중적 대응방식

일제의 침략과 수탈에 신음하던 우리 민족은 전열을 가다듬고 이들과 맨손으로 싸웠다. 많은 애국지사들이 폭탄을 들고 전진에 들어가 불구대천(不俱戴天)의 원수 일본인들을 꺼꾸러트리기도 하고, 독립군을 조직하여 일본군과 맞섰다. 이 과정에서 다양한 대안 미디어, 대안 정보가 나왔다. 이것들은 대부분이 비합법적이고, 저항적이라는 공통점이 있었다. 1929년 11월 11일 광주학생운동 기간에는 반일투쟁을 촉구하는 유인물이 서울, 광주, 목포에서 뿌려졌다. 그 내용을 보자.

용감하게 싸우자 학생 대중이여! 우리들의 슬로건 아래에 궐기하자! 우리들의 승리는 오직 우리들의 단결과 희생적 투쟁이 있다(미야지마 히로시 외, 2011: 519에서 재인용).

조선 민중은 일제에 불리한 유언비어를 유포함으로써 일제의 학정에 저항했다. 변은진(2011: 53~78)은 일제 전시파시즘 체제 아래서 조선 민중은 개개인의 신세 한탄에서부터 조선의 독립과 건국에 대한 희망까지 다양한 유언비어를 퍼뜨렸다는 사실을 밝혔다. 일제는 저항적 유언비어 유포를 저지하고자 억압적인 법령으로 조선 민중을 가두는 등 표현의 자유를 탄압했다.

한편 제도 내적 투쟁도 활발했다. 일본군이 조선의 신문과 잡지를 사전검열하자 삭제된 기사는 공백으로 남겨 두지 않고 활자를 거꾸로 인쇄해서 저항의 몸짓을 보였는데 이런 기사를 '벽돌신문'이라고 불렀다(채백, 2010: 611). 1919년 3월 1일에는 거족적인 반일본 독립투쟁을 전개했다. 우리 민족은 스스로 정보를 전파하고 여론을 형성할 목적으로 〈조선독립신문〉을 비롯한 20개에 이르는 지하신문을 발행했다.

식민지 통치 아래서 조선인들은 사회주의나 민족주의를 대안으로 삼고 저항하였다. 이봉창, 윤봉길 의사의 반일 투쟁사는 세계사적 의미가 있었다. 미디어는 이 두 민족적 의거를 어떻게 보도했는지를 보자. 위대한 우리 민족의 선각자 이봉창은 우리를 노예로 만든 일본 국왕 히로히토에게 책임을 물어 폭탄을 던졌다. 이것은 명백히 독립투쟁이었다. 그럼에도 〈조선일보〉는 1932년 1월 10일 '범인은 조선 경성 출신인 이봉창'이라는 제목의 기사를 썼다. 이봉창 의사가 '범인'이란다!

윤봉길 의사도 목숨을 건 독립투쟁을 했지만 당시 조선의 신문은 그를 '비적'(匪賊)으로 취급했다. 윤 의사는 1932년 4월 29일 상해 훙커우(虹口) 공원에서 일본군을 공격하고 체포되었다. 이에 다른 나라의 많은 신문들이 윤 의사의 의거를 찬양했다. 상해에서 발행되던 영자신문인 〈상하이타임스〉는 1932년 4월 30일 자에서 이 사건을 이렇게 보도했다.

(폭탄이 터진 후) 회오리바람이 소용돌이치는 군중들 사이에 조선인 윤봉길이 있었다. 그는 군경들에 의해 구타당해 쓰러졌다. 주먹, 군화, 몽둥이가 그의 몸을 난타했다. 만일 한 사람이 죽게 된다면 바로 그 조선인이었을 것이다. 그는 회색 양복을 입고 있었다. 곧 그 회색 양복은 갈기갈기 찢겨져 땅에 떨어졌다.

잠시 후 그 한국인은 땅바닥에 쓰러졌는데 아무런 기척도 없었다. 그의 몸은 형태를 알아보기 어려울 정도였다. 총검을 가진 군경들이 그가 쓰러져 있는 곳에 비상 경계선을 치고 군중들로부터 그를 차단했다. 군경들이 비상경계선 안에서 그를 감시하였다. 곧 차 한 대가 나타났다. 그 조선인은 (일본군에 의해) 머리와 다리가 들려 짐짝처럼 통째로 차 뒷좌석에 구겨 넣어졌다. 그는 아직 숨을 쉬고 있었다(〈프레시안〉, 2007. 3. 5. 에서 재인용).

이렇게 외국신문도 윤 의사의 독립투쟁을 높이 평가했다. 여기에 윤봉길 의사를 범인으로 비난한 내용은 전혀 없다. 그러나 〈조선일보〉는 1932년 5월 1일 자 기사에서 "범인 윤봉길 현장에서 체포"라고 보도했다. 우리를 살린 위대한 선각자이자 독립운동가인 윤 의사가 '범인'이라니! 윤봉길 의사는 일제의 사형선고를 받고 우리 민족을 대신하여 형장의 이슬로 사라졌다. 참으로 거룩한 죽음이었다. 당시나 지금이나 독립운동가들이 일본의 침략을 물리치고자 생명을 초개같이 버렸다는 역사적 사실을 잊을 수 없다. 외국계 미디어도 이를 높이 샀다. 그러나 당시 조선계 신문은 윤봉길, 이봉창 의거를 불온시하고 범죄시했던 것이다.

독립투쟁이 활발한 가운데 신문이나 출판을 이용한 저항 커뮤니케이션이 들불처럼 번졌다. 〈조선중앙일보〉는 일제의 부당한 통치에 대항했다. 그러나 좀더 강력한 투쟁은 벽보, 지하 유인물에서 볼 수 있었다. 특히 1919년 3월 1일 독립투쟁 일에 발간된 〈조선독립신문〉이 역사적으로 기록된다. 이외에 〈대동신보〉, 〈혁신공보〉, 〈자유신종〉, 〈반도목탁〉과 같은 지하독립신문이 민족의 자주독립운동을 말했다(정진석, 2011).

3) 일제의 미디어 지배와 파급효과

일제 치하의 조선 미디어계를 종합해 보면, 엄중한 일제의 언론탄압으로 자유로운 언론이 불가능했다. 미디어의 경제적 기반이라 할 수 있는 경제적 환경은 엉망이었고, 기술적 기반도 형편이 없었다. 인쇄시설, 라디오 방송시설, 통신시설 어느 것 하나 제대로 된 것이 없었다. 일제가 남긴 미디어유산은 황무지였다. 식민지 시장경제는 어디까지나 식민지 모국인 일본의 축적을 위해 존재했다. 미디어와 광고 역시 일제가 조선에서 축적하고 통치하는 데 긍정적 역할을 하는 선에서 허가되었을 뿐이다.

(1) 자주성 말살

식민지는 강대국이 약소국의 민족과 영토를 초토화시켜 노예로 전락시킨다. 여기에는 더 좋은 식민지 더 나쁜 식민지가 따로 없다. 식민 수탈은 인류사적 범죄다.

자주적 소통공간의 말살. 이것은 일본이 조선을 침략한 이래 일관되게 관철했던 전략의 핵심이다. 조선인은 스스로 생각하지도 말고, 지식이나 정보도 갖지 말며, 민주주의도 누리지 말고 짐승처럼 살고, 부려 먹으려는 일본의 술책이었다. 일제가 특히 주력했던 것은 조선인들의 자주정신이나 집단정신, 공공사상의 철두철미한 금압이었다. 이들은 조선사회에서 공공성을 인정하지 않았다. 모든 미디어, 문화제도, 종교, 교육 등이 수탈과 황민화를 위한 수단에 불과했다. 이런 것을 두고 식민지 근대화니 식민지 공공성이니 해서 긍정적으로 평가하는 분위기가 있다. 이름, 생명, 땅, 문화, 주권을 비롯한 모든 것을 빼앗긴 식민지는 사람이나 문명이 말라비틀어지는 불모지다. 식민지 공공성과 같은 개념이 왜 발붙일 수 없는 것인지 찬찬히 살펴봐야 하겠다.

일본은 아예 고유한 우리말을 못 쓰게 함으로써 극악무도한 방법으로 민족정신과 문화를 탄압하였다. 사람들은 신문이나 라디오 또는 영화나 음악에 접근조차 할 수 없었다. 거의 모든 사람이 너무 가난해서 미디어상품을 소비할 수가 없었다. 1941년 조선총독부에서 근무하던 일본인 관리는 "나는 농촌사람 상대의 지방행정 일선에서 잠시 일한 적이 있는데 신문은 고사하고 라디오, 영화는 꿈같은 이야기"였다고 말했다고 한다(김태수, 2005: 209). 그만큼 일본은 식민지 조선 민중을 정보나 문화에서도 수탈하고 빈곤으로 내몰았다.

일제는 패망 무렵이 되자 조선인을 더 심하게 괴롭혔다. 이들은 청년과 여성을 전쟁터에 내몰았고, 군수품을 만드는 데 쓰기 위해 밥그릇까지 빼앗아 갔다. 일본 전쟁광들은 조선인의 정보 접근도 철저히 봉쇄했다. 조선총독부는 〈경성일보〉와 〈매일신보〉만 남겨 두고 대부분의 신문을 폐간시켰다. 경성방송국도 전쟁방송으로 기능을 바꿨다. 이것이 '식민지 문명', '식민지 근대화'의 몰골이었다.

이렇게 해서 일제는 식민지 백성을 무지하고, 무식하게 만들었다. 정여울(2007: 18~19)은 일본이 조선 식민통치에서 정보와 역사를 철저히 통제하는 '추상적 전쟁'을 치렀다고 설명했다.

일본이 식민화를 완성하기 위해 수행했던 두 가지 추상적 전쟁, 그것은 언론전쟁과 역사전쟁이었다. 언론을 통제함으로써 한국에 대한 일본의 대외정책의 합리적이고 시혜적인 이미지를 메이크업하는 것, 역사를 통제함으로서 한국의 과거사 자체가 일본의 전유물이었음을 주장하고 유포하는 것. 이 두 가지 추상적 전쟁이야말로 경제적 식민화와 정치적 식민화보다 어렵고 전면적인 전쟁이었다.

일제의 정보통제와 문화말살은 조선인의 혼까지 정벌해서 재기불능 상태로 만들려는 속셈이었다.

(2) 미개인 이미지 고착

일제는 수단 방법을 가리지 않고 조선, 조선인, 조선역사를 미개와 야만이라는 두 개의 이념으로 덧칠했다. 그래야 일본의 식민지정책이 정당성을 얻기 때문이다. 특히 일제는 미개와 문명이라는 터무니없는 기준으로 조선은 미개나라, 미개민족이고 일본은 문명국가, 문명민족임을 주장하고 조선의 식민지를 정당화 했다.

일제는 감히 조선 민족성을 운운하며 약점 내지 왜곡된 정보를 갖고 끝끝내 조선을 천시하였다. 1921년 다카하시 도루(1921/2010: 57~141)가 쓰고 조선총독부가 발행한 《조선인》에서 일제는 조선인의 미개함을 집요하게 주장하고, 조선인의 특성을 사상의 고착, 사상의 종속, 형식주의, 당파심, 문약, 심미 관념의 부족, 공사의 혼돈, 관용과 위엄, 순종, 낙천성이라고 주장했다. 몇 가지 조선 문헌의 필자인 도루의 경험을 바탕으로 조선인의 민족성을 이런 식으로 폄하했다.

민족을 무(無) 계급적, 몰(沒) 역사적 가치로 규정한 것은 일본인이 조선인을 노예로 부리기 위해 동원된 억지 논리다. 그런데 더 큰 문제가 생겼다. 광복을 찾은 후에도 이런 식으로 민족을 천시하는 시각이 많았다는 점이다.

(3) 경제파탄

일제는 조선에서 생명과 영토를 유린하고 끝없이 착취했다. 조선인
들은 죽을 때까지 일해도 먹을 것이 없었고, 전쟁에 나가서 죽어야
만 했다. 그런데 뉴라이트 집단은 일제 아래서 자본주의가 발전했다
고 억지 주장을 했다. 식민지배는 당했지만 경제가 발전했다는 것이
다. 그러나 국가 없는 시장경제, 주체성을 빼앗긴 자본주의는 오로
지 가혹한 수탈의 도구였을 뿐이다. 정태헌(2010: 113~114)은 이렇
게 말했다.

> 첫째, 식민지 자본주의 재생산과정은 식민 모국과의 종속적 연결로
> 완결되기 때문에, 조선사회 구성원의 이해관계에 따른 경제구조를
> 만들지 못했다.
> 둘째, 이런 재생산과정은 조선에서 일본으로의 부의 유출을 수반
> 하고 이를 일본 정부와 조선총독부가 결정한다.
> 셋째, 식민지 자본주의는 조선의 직접생산자에 대한 착취를 기반
> 으로 하지만, 직접생산자의 재생산을 보장하지 않는다. 조선총독
> 부는 재생산을 근본적으로 고려하지 않았다.

일제 치하의 미디어는 조선의 경제적 파탄을 촉진했다. 조선에서
일본의 이익을 극대화하고 그 이익을 일본으로 가져가는 것을 원활
히 하는 것이 일제의 총과 칼이고 자본이었다.

(4) 언론의 자유 탄압

일제는 조선 민중이 숨도 제대로 쉴 수 없을 만큼 언론과 표현의 자유를 억압했다. 이들은 경무총감부에 고등경찰과를 두어 신문, 잡지, 서적, 영화 등 검열할 수 있는 모든 것을 검열했다. 이후 경무국 고등경찰과가 미디어 검열을 맡다가 1926년부터는 경무국 도서과가 이를 맡았다(이민주, 2011: 174). 영화, 미술, 음반, 공연 등 모든 문화활동도 조선총독부는 이 잡듯이 감시하고 탄압했다. 검열은 기본이었다.

조선총독부는 우리가 만들던 신문까지 모조리 없애버려 '신문 박멸'의 식민지로 만들었다. 수천 년의 역사상 이렇게 야만적이고 강도적인 횡포는 찾아보기 어렵다. 오죽했으면 일본의 주요 신문조차 이런 탄압에 혀를 내둘렀다. 식민지 본거지인 동경에서 발행되던 〈동경일일신문〉은 일본의 조선 언론탄압이 얼마나 극심하고 치사했으면 1910년 10월 2일 자 '조선의 언론계'라는 논설에서 "조선에는 신문이 없을 뿐 아니라 언론이 없으며 신문 발간정지가 빈번하다. 오늘의 조선과 같은 예는 세계에서 찾아볼 수 없다"고 지적했다.

1910년 조선을 강점한 일본은 조선총독부를 차려 조선 착취에 나섰다. 이들이 가장 먼저 한 일은 조선인을 윽박질러서 조선인이 공포를 느껴 일본에 복종하도록 만드는 것이었다. 초대 조선총독인 데라우치는 "조선인은 일본 법률에 복종하든가 그렇지 않으면 죽어야 한다"는 야만적인 협박을 했다. 그는 수없이 많은 탄압법을 만들어 우리를 괴롭혔다. 그러나 탄압이 강해질수록 저항도 늘었다. 그에 따라 조선인 구속자가 엄청나게 늘었다. 1907년에 겨우 400명에 불과하던 구속자가 일제 치하인 1912년에 5만 2천 명으로 10배 이상 늘었고, 1918년에는 더 늘어 14만 1천 명이나 됐다(조성오, 1993: 195). 이것은 일제가 조선을 커다란 감옥, 병영(兵營)으로 만들어 조선인을 억압하고 착취했다는 직접적인 증거다.

야만적인 일본은 언론과 표현의 자유를 금압하기 위해 허가제, 검열제, 행정 및 사법 처분 등 온갖 억압 수단을 총동원했다(최정태, 2001: 128). 모든 인쇄출판물은 허가를 받아야 했다. 1907년 조선 통감부는 법률 제 1호를 신문지법으로 만들었다. 이른바 〈광무신문 지법〉을 만든 일제는 신문 발행을 허가제로 했고, '불온한' 기사를 사전검열해서 삭제하는 등 온갖 방법으로 언론을 억압했다. 그런데 기막힌 일이 벌어졌다. 일제는 1908년 느닷없이 신문지법을 고치고, '신문지규칙'을 새로 만들었다. 이것은 외국인이 조선에서 신문을 발행하거나 조선인이 외국에서 신문을 발행하는 조항을 첨가할 목적이었다. 일제는 통감부령 제 12호로 제정한 신문지규칙으로 조선인과 일본인의 신문 발행을 차별화했다. 신문지법에서는 조선인의 신문 발행은 허가를 받도록 했으나, 신문지규칙에서는 일본인들이 신문을 발행하려면 신고만 해도 허가했다(같은 책, 126). 가혹한 민족 차별, 언론 말살이 심화된 것이다.

일제는 여기에 그치지 않고 같은 해 통감부는 보안법을 제정했고, 1909년에는 출판법까지 만들었다. 통감부는 출판에서도 조선인과 일본인을 차별할 목적으로 출판규칙을 제정했는데, 이것은 조선인 출판은 엄혹한 통제와 탄압을 받게 한 반면, 일본인 출판은 자유롭게 허가한다는 내용이었다. 일본은 통감부를 설치한 때부터 보안법, 신문지법, 출판법으로 조선인의 언론과 출판의 자유를 억압하다가 1925년에는 치안유지법까지 적용해서 더욱 언론과 사상을 탄압했는데, 이와 달리 조선에서 신문이나 잡지를 발행하던 일본인들은 조선에서 실시한 법적 통제를 받지 않고 일본 법규의 적용을 받았다.

이것은 현저한 민족차별의 사례이며, 언론과 사상을 야수적으로 탄압한 본보기다. 이렇게 일제가 조선인과 일본인을 차별적으로 규제한 까닭은 조선에서 일본인들이 신문, 잡지, 서적 등의 발행 사업을 주도하도록 지원하여 시장을 지배하고, 조선인들을 일본인이 지배하는 신문 등에 끌어들임으로써 사상적, 정치적 통제를 쉽게 하기 위한 것으로 풀이할 수 있다.

일본 침략자들은 언론, 정보, 문화, 교육 등 정신적 분야에서 조선인의 단결이나 공공성을 적극적으로 파괴하였다. 자유로운 정보 유통을 철저히 금압했고, 지식에 대한 접근도 차단했다. 공공성의 억압은 전화(電話) 정책에서도 있었다.

〈표 2-8〉 자료는 많은 것을 생각하게 한다. 일본과 비교할 것도 없이 식민지 조선의 통신상황은 형편이 없었다. 1940년 조선에는

〈표 2-8〉 일제의 전화 공공성 억제

연도	공중전화기 대수	전국 전화기 대수	공중전화기 비율(%)
1910	30	6,774	0.44
1920	54	15,641	0.34
1930	70	40,531	0.17
1940	146	69,495	0.21

출처: "전기통신사자료". 윤상길, 2007: 145 수정보완.

전화기가 고작 7만 대 정도였다. 그것도 조선총독부를 비롯한 식민지 통제기구, 조선 주재 일본인 기업과 일본인, 부유한 친일 조선인이 전화기를 보유했을 뿐이다. 더 기가 막힌 것은 공공의 영역으로 공익적 가치를 제공하는 공중전화기는 거의 없었다는 점이다. 전체 전화 가운데 공중전화기가 차지한 비율은 0.5%도 안됐다. 이는 일제는 조선인이 상호 소통할 수 있는 공중전화를 극히 제한적으로만 허용했기 때문이다. 이런 실정에 조선인들이 무슨 문명적 혜택을 입었는지 의문이다. 이것만 보아도 식민지 근대성이나 식민지 공공성은 턱도 없는 소리다.

(5) '식민지 근대화'의 악랄성

어떤 이유, 어떤 명분, 어떤 논리로도 다른 나라, 다른 민족을 침략해서 식민지 노예로 만드는 것을 정당화할 수 없다. 자유인, 자주인이었던 민족을 노예로 만들어 혹독하게 수탈한 후, 철도도 놓았고 근대 교육도 시켰으니 일제가 조선 근대화의 초석이었다는 주장은 염치없는 짓이다. 여러 번 강조했듯이 일제는 우리의 생명과 재산을 약탈하고, 후에 국토 분단까지 초래했다.

그런데도 일제가 식민지 조선에서 무슨 기여나 한 듯이 근대화니, 식민지 근대성이니 식민지 공공성을 말하는 사람이 늘기 시작했다. 이것은 이른바 뉴라이트라는 집단이 권력을 잡으면서 삽시간에 퍼졌다. 식민지 근대화나 식민지 공공성을 주장하는 것까지 학문과 사상의 자유라고 치부할 수도 있겠지만 정치적, 이념적 목적에서 나온 이런 주장은 근거도 박약하고 논리도 엉성할 뿐이다.

일제가 조선을 강점해서 식민지 착취를 했을 때 내걸었던 명분이 조선을 '문명 개화국'으로 탈바꿈시키겠다는 것이었다. 이런 잠꼬대 같은 소리가 어디에 있겠는가? 자신들이 세운 문명이라는 기준을 강제하기 위해 조선을 노예로 만들었단다! 이런 논리를 일본 침략자들이 주장한다면 괴변이라고 치부하면 그만이지만, 우리가 일본의 조선 식민화를 긍정하는 논리로 문명 운운하는 언사를 쓰는 것은 어처구니가 없다.

문명은 그만두고 일제의 야만성은 1910년에서 1919년까지 10년의 식민통치 기간에 단 하나의 조선인 신문을 허용하지 않았던 데서 잘 나타난다. 그렇다고 서적이나 잡지 발행이 자유롭지도 못했다. 식민지 조선을 최악의 미개 상태로 만들어 놓은 일본이 스스로를 문명국가라고 주장했으니 어이가 없는 짓이다.

(6) 이이제이 전략

일제는 3·1 운동 후 조선인을 배척하던 전략을 일부 수정해 조선인을 앞세워 조선인을 통제하는 문화정치로 선회했다. 이것은 독립운동과 반일감정이 널리 퍼지면서 조선인을 통제하는 데 조선인을 동원한 이이제이(以夷制夷) 전략이었다. 이런 목적에 충실한 것이 조선계 미디어였다. 〈동아일보〉와 〈조선일보〉가 창간되었고, 몇 개의 국문 잡지가 발행되어 암흑세계에 실낱같은 햇빛이 될 수도 있었다. 하지만 민간 상업지는 일본의 '문화정치'라는 신종 탄압노선을 구현할 목적으로 허가된 것이다. 절대 조선인의 자유나 독립 또는 풍요로움을 위해 허가된 것이 아니라는 사실이다. 일본의 문화정치에 따라 나온 조선계 민간 신문은 '일본 천황'을 찬양하고, 조선총독부를 정당화 하는 것이 대부분이었다. 특히 〈조선일보〉는 1933년 방응모가 인수하면서 노골적인 친일보도로 일관하였다. '황국', 즉 '천황의 나라'인 일본을 위해 일간지 사주는 젊은이들에게 전쟁에 나가 목숨까지 바칠 것을 요구하였다. 이런 친일성향은 종사자에게서도 많이 나타났다. 1938년 서춘 〈조선일보〉 주필은 '우리(조선일보)는 친일로 나가야 한다'고 말한 데에서도 그런 성향을 엿볼 수 있다(〈한겨레〉, 2003. 8. 16.).

  조선인이 발행하는 상업지는 조선에서 일본 상품을 판매하기 위해 소비환경을 만드는 역할도 했다. 〈동아일보〉와 〈조선일보〉의 재정적 기반은 광고였고, 그 광고 수입의 대부분이 일본계 기업이 제공한 것이었다.

(7) 식민지 대중문화의 허구성

우리가 중국, 일본, 미국의 식민통치를 받으면서 사람들은 말로 할 수 없는 고통과 수탈을 당했다. 문화적 탄압도 극심했다. 그렇기에 일본이나 미국의 식민시대에 생긴 영화, 라디오, 음악 등 상업문화를 '대중문화' 현상으로 보는 것은 역사를 왜곡하는 것이다. 이것은 대중문화라는 용어를 잘못 쓴 것이며, 반(反) 역사적 함의가 있다. 식민시 시대에 생긴 것은 '식민지 상업문화'이지 대중문화가 결코 아니다. 대중문화는 민족국가 테두리에서 일어나는 현상으로 대중적 생산과 소비, 시장과 민주주의가 형성된 조건이 아니면 대중문화는 생길 수도 없고, 대중적으로 확산될 수도 없다. 일제 치하에서 상업

미디어가 추구했던 것은 식민지 조선에서 일본 제국지배를 원활히 하고, 일본 자본의 이윤을 구현하는 것이었다. 이것은 식민지 상업 문화로 나타났다. 식민지 상업문화는 식민 지배층과 극소수의 상층 조선인만이 접할 수 있었던 것이지 오늘날처럼 대중적으로 누릴 수 있는 대중문화가 결코 아니다.

이따금씩 풍자가 있긴 있었다. 조선 음반시장을 지배하던 5대 외국 음반회사가 만든 음반도 시대의 풍자와 해학을 담았다. 조선시대의 가치관이나 서구 가치관을 통렬히 풍자하고 조소하여 "근대 일상 생활에서 잠재하는 우리의 아픈 부분을 칼로 도려내어" 음반극으로 만든 당대의 문화 생산자들이 소중하다는 지적은 타당하지만 그뿐이다(엄현섭, 2007: 482). 가치관을 비꼬고, 조롱하는 정도의 유연성은 일본 지배층들에게 있었다. 그러나 이런 것들은 극소수였다. 대부분의 출판물이나 오락물에서는 일본 제국주의와 일본 국왕을 미화, 찬양했다.

5. 미군정시대의 정보양식: 친미 언론지형

1940년 8월 일제는 우리말 신문인 〈동아일보〉와 〈조선일보〉를 없애고, 일본어 신문인 〈경성일보〉와 한글신문인 〈매일신보〉만 남겨두었다. 이 두 가지 신문과 더불어 경성방송은 전시 정보조작에 앞장섰다. 악랄한 정보통제와 조작이라는 암흑시대가 일본의 패망으로 끝났다. 1945년 미국이 주축이 된 연합군은 일제와의 전쟁에서 이겼다. 덕분에 식민지 조선도 광복을 맞을 수 있었다. 그러나 한반도에 남겨진 것은 가난과 분단이었다. 우리는 금방 독립국가를 세울 것을 기대했지만 전혀 그렇지 못했다.

1945년 9월 8일 미군은 점령군(Occupation Army)으로 남한에 주둔했다. 남한은 일제의 식민지에서 미군정 식민지로 바뀌었다. 일본과 전쟁에서 이긴 미국이 한반도 남쪽의 주인으로 온 것이다. 우리 역사에서 미군정 시기가 중요했던 것은 남북 분단과 한국전쟁의 씨앗이 되었고, 미래 한국사회 구조를 형성했기 때문이다(김복수, 2006: 44). 미국은 소련과 중국의 봉쇄, 반공, 자본주의 전진기지 설치 등의 이유로 남한을 점령했다. 그렇지만 미군은 스스로를 해방군이라고 하지 않고, '점령군'이라고 분명히 밝혔다. 미군의 미디어 정책도 점령군의 이익을 보호하는 차원에서 실시되었다. 김복수는 미군정이 남한의 현실과 대다수 국민의 열망을 뒤로 한 채, 미국에서의 전시 검열제도를 근간으로 한 탄압과 검속 위주의 언론정책을 시행하였다고 말했다(같은 책). 이때부터 모든 것이 미국을 중심으로 돌아갔다.

1) 언론자유의 이중성

미군정은 남한 점령 초기에 언론의 자유를 허용했다. 이것은 일제 식민지 무단통치보다는 훨씬 유연한 것이었다. 1945년 9월 11일 미군정 장관인 하지 중장은 언론을 검열하지도 않을 것이고, 개입하지도 않을 것이라는 불개입 정책을 분명히 공표했다. 하지의 기자회견문을 보자.

> 미군이 진주해 온 후인 현재 조선에는 문자 그대로의 절대적 언론자
> 유가 있는 것이다. 미군은 조선인의 사상과 의사발표에 간섭도 안
> 하고 방해도 안 할 것이며 출판에 대하여 검열 같은 것을 하려 하지
> 도 않는다. 언론과 신문의 자유는 여러분들을 위하여서 대중의 논
> (論)을 제기하고 또한 여론을 소소하게 알리는 데 그 직능을 다해야
> 할 것이다(〈매일신보〉, 1945. 9. 12.).

이러한 미군정의 언론자유 정책은 큰 환영을 받았다. 다양한 신문
이 쏟아졌다. 김민환은 언론자유화 정책이라는 미군정 초기 정책이
실시될 때 소유와 경영방식에 따라 공산주의 미디어, 보수우익 미디
어, 진보적 민주주의 미디어로 구분했다. 공산주의 미디어는 공산당
이 소유하며 광고를 전혀 허용하지 않았다. 〈해방일보〉, 〈노력인
민〉, 〈전선〉 등이 공산당의 방침을 선전했다. 보수우익 미디어는 자
본가들이 소유하고 구독료와 광고수입으로 운영하는 것을 말한다.
이 범주에는 〈동아일보〉, 〈조선일보〉가 대표적이다. 진보적 민주
주의 미디어는 〈조선인민보〉, 〈자유신문〉, 〈중앙신문〉같이 진보적
지식인들이 운영한 신문이다(김민환, 2001: 236~237).

그러나 비판적 언론이 여론을 주도하게 되자 미군정은 자유정책
을 폐기하고 통제정책을 도입했다. 미군정은 남한 점령 초기에는 언
론의 자유를 약속했지만 통일과 자주국가를 염원하던 민족적 요구
를 억압하여 언론과 표현의 자유에 재갈을 물리기 시작했다. 비판적

인 언론이나 표현 행위는 탄압을 받았다. 미군정청 하지 중장은 1947년 9월 〈인민보〉, 〈중앙신문〉, 〈현대일보〉가 미군정을 반대하는 보도를 했다는 이유로 정간시켰다. 하지는 "군정을 반대하는 선동적 기사와 사실에 착오되는 보도 또는 공공연히 질서를 문란케하는 기사"를 이유로 신문을 정간시켰던 것이다.

미군정은 여기서 그치지 않고 〈인민보〉, 〈중앙신문〉의 간부와 일선기자 11명을 구속까지 했다(조선통신사, 1947: 361). 보도 내용을 이유로 언론인을 구속한 것은 미군정 아래서 언론의 자유와 정보 자주성이 인정되지 않았다는 증거다. 미군정청은 대부분의 좌익계 신문을 탄압함으로써 미군에 비판적인 미디어를 없애버렸던 것이다.

2) 친미 언론의 육성

1945년 조선의 광복은 우리 민족에게는 큰 기쁨과 희망을 주었다. 하지만 광복은 또 다른 시련의 시작이었다. 미국은 중국, 러시아, 일본과 함께 조선을 남북으로 갈라놓았다. 남한은 미국의 식민지 지배에 들어갔다. 당시 조선은 산업이고 제도고 아무것도 없었다. 사람들은 초근목피(草根木皮) 하는 거지였다. 일제는 변변한 생산기반을 마련하지 않았고, 이렇다 할 조선인 전문가들도 기르지 않았고, 오로지 일본인들만이 공장이나 각종 근대시설을 소유하고 운영하여 조선을 수탈하다가 귀국해 버렸다. 수탈자 일본은 오로지 군국주의와 산업축적에 필요한 자원과 노동력 그리고 생명을 약탈했다. 이런 만행을 원활히 할 목적으로 우리 땅에 도로나 철도를 만들었고, 공장을 지었다. 그나마 소유주는 대부분 일본인이었다.

일제에 의해 우리는 처참한 처지에 몰렸다. 영토와 자원은 파괴되고, 무엇 하나 변변한 것이 없었다. 일제로부터 해방된 즈음에는 변변한 신문조차 없었다. 신문이라야 조잡하게 인쇄된 2면이 고작이었다. 방송국도 제대로 운영할 수 없을 만큼 망가졌고, 제작이나 기술 전문가도 거의 없었다.

미국은 일제가 남긴 조선을 차지한 국제법상 점령군으로 이 땅에 들어왔다. 우리 민중은 우리 땅에 진주한 미군을 해방자로 생각했다. 이것은 반은 맞고 반을 틀린 생각이었다. 미국은 해방자인 동시에 점령군이었기 때문이다. 하루아침에 남한을 차지한 미국은 일제 지배시스템을 고스란히 이어받았다. 일본인 소유였던 땅, 시설, 공장 등을 접수했다. 미군정은 미디어시스템도 완전히 장악하였다. 미군정은 통신사 시설도 접수하였다. 1945년 해방 무렵에 일본에 본사들 둔 '동맹통신' 경성지사가 시설과 기자재를 갖고 있었다. 8월 17일 이것을 인수한 조선인들은 '해방통신'을 설립하였으나 9월에 기자재와 시설을 압수한 후 없애고 말았다(홍일해, 1982: 134).

미군정은 점령 초기에 일제보다는 언론의 자유를 더 많이 허용했다. 사람들은 조국 해방을 만끽할 수도 있었다. 이런 분위기에서 사회주의적, 좌파적 미디어가 우후죽순처럼 나왔다. 해방공간에서 나왔던 〈해방일보〉, 〈조선인민보〉 등은 진보적 대안을 제시했다. 문제는 경영이었다. 변변한 산업이 있을 턱이 없고, 또 광고할 만한 기업도 없었다. 조선 경제의 마비는 광고시장을 파괴했다. 조선인 출신 자본가나 기업 모두 일제와 한 몸이 되어 유착한 죄과(罪科) 때문에 광고를 한다거나 하는 공격경영을 할 여유가 없었다(김민환·김광수, 2001: 35).

　미군은 우리를 점령했던 초기에는 언론의 자유를 허용하는 척했다. 그러나 곧바로 통제와 탄압으로 돌아섰다. 우리는 미국의 점령에 대해서 의구심을 품기 시작했고, 이런 비판이 신문을 통해 민중에게 널리 알려지기 시작하자 미군정은 혹독한 언론탄압을 실시했다. 반면에 친미 미디어를 적극 육성하였다. 해방 되자 많은 신문과 잡지가 발간됐지만 1945년 말까지 〈동아일보〉와 〈조선일보〉는 친일행위에 대한 사회적 비판여론이 높아 복간은 엄두도 내지 못했다. 더구나 인쇄노동자도 복간을 거부했다. 그러자 미군정이 구세주로 나타났다. 이들은 두 신문에게 특혜를 주면서 복간할 수 있는 길을 터 주었다. 조선과 동아에 미군정은 은인이었다. 방응모 〈조선일보〉 사장은 복간사를 이렇게 썼다.

　　우리는 입을 가졌으나 생벙어리 행세를 하여야 하였으며 할 말은 많았으나 호소할 곳이 없었다. 우리는 죽으라면 말없이 죽는 시늉을 하지 않으면 안 될 환경에 놓여 있었다. 굵은 철쇄로 얽매이고 날카로운 총검 밑에 떨어 오직 노예적 굴종을 하지 않으면 안 되었다.

　방 사장은 분명한 논조로 일제 치하에서 〈조선일보〉가 일제의 하수인 노릇을 할 수밖에 없었음을 고백한다. 〈조선일보〉 사주가 어쩔 수 없이 일제 앞에서 '노예적 굴종'을 했다고 인정했는데 언제부터인지 〈조선일보〉가 민족지로 둔갑했다.

3) 새로운 지배자

한편 미국은 점령군으로서 모든 권력을 다 갖고 있었다. 남한 사람은 일본의 압제로부터 해방된 동시에 미국이라는 굴레에 들어간 셈이다. 미국은 정보, 언론, 문화 등 정신적 분야의 미국화를 추구했다. 이들은 일본이 남기고 간 미디어 자산을 개인이나 기업에게 주거나 이용할 수 있도록 함으로써 미디어계의 미국화도 추구했다. 조선은행의 조사에 따르면 미군정 체제인 1948년 일본으로부터 넘겨받은 미디어 관련 시설, 기관 가운데 가장 큰 미디어는 경성방송국이었다. 그 외에도 〈매일신문〉, 〈경성일보〉, 〈중앙일보〉, 〈부산일보〉, 〈전북신보〉, 〈중선일보〉, 5개 출판사, 78개 인쇄 및 제본소, 23개 극장과 영화사 등을 포함해 총 116개가 있었다. 미군정은 우리의 자치능력을 믿지 않고, 친미파나 친일파 가운데 미군정의 뜻에 맞는 사람들을 선별해서 미디어 관리권을 주거나 불하하였다(김민환, 1996: 337). 이 일은 물자가 부족했던 당시에 엄청난 특혜이자 일확천금의 노다지나 다를 바 없었다. 미디어계는 태생적으로 미국의 '은혜'를 입었던 것이다.

경성방송국도 관할권이 미군정으로 넘어갔다. 일제는 서울을 비롯해 전국에 15개 방송국을 거느렸는데, 남한에는 9개, 북한에는 6개 방송국을 두었다. 미군정은 남한에 있던 9개 방송국을 접수했다. 미군은 일본이 식민지 방송이었던 경성방송국을 자유롭게 풀어 주지 않고 접수한 후 군사방송으로 만들었다.

박용규(2006: 96)는 언론질서의 정립을 주도한 미군정의 행태와 그 파급효과를 이렇게 설명하였다.

> 미군정은 일제가 남긴 방송시설을 직접 인수해 관리하고, 신문사와
> 통신사 시설은 보수우익 세력에게만 관리를 위임하거나 불하했다.
> 또한 미군정은 법적·행정적 제재를 통해 자신들의 점령정책 수행
> 에 방해가 되는 신문이나 잡지를 없앴고, 1946년 5월에는 허가제를
> 규정한 법령 88호를 공포하여 아예 이런 신문과 잡지들의 창간조차
> 불가능하게 만들었다. 이런 조치들을 통해 미국의 전략적 이해에
> 부합되는 언론구조가 만들어지게 되었다.

이것은 미국이 한국에서 무슨 일을 했으며, 목적이 무엇이었는지
를 잘 설명한 것이다. 미국은 어디까지나 자국의 이익을 위해 한국
에 들어왔고, 또 자신의 목적을 관철하기 위해 언론구조를 비롯한
사회일체의 구조를 바꿨다. 이 과정에서 미군은 우선 신문, 라디오,
통신사를 대부분 흡수한 후 친일에서 재빨리 친미로 말을 바꿔 탄
사람들에게 인쇄시설이나 통신시설 등을 주는 등 막대한 이권과 특
혜를 주었다.

그러나 더 심각한 문제는 친일파들이 처벌받지 않고 각계에 대거
진출하여 권력의 중심에 진입한 것이다. 거의 모든 나라에서 반민족
행위를 저지른 정치인, 기업가, 교육자, 언론인에 대해 일벌백계로
다스려 역사의 교훈으로 삼았지만, 이와 대조적으로 한국에서는 친
일파가 처벌은커녕 사회의 지배세력으로 다시 올라섰다. 친일파가
해방 후 권력을 장악하자, 독립운동가나 민족주의자, 사회주의자는

이들의 억압으로 뒷전에 물러날 수밖에 없었다. 친일파 정치인이 독립운동가에게 훈장을 주는 코미디도 많았다.

친일파와 그 동조자들은 친일파 단죄의 어려움, 친일파 판정기준의 모호함, 친일파 처단의 정치적 동기 등을 들어 역사 윤리로 보면 지극히 당연한 친일 반민족 범죄행위가 단죄되지 못하도록 하였다 (이찬혁, 2003). 반민족 행위를 처벌하지도 못하고, 공개적으로 거론조차 제대로 못하는 상황에서 일제 때 발행된 상업일간지가 '민족지'라고 자처하는 우스꽝스런 현상이 지금까지 계속되고 있다.

총괄해 볼 때 미군정 시기는 일제 식민지가 끝난 것이 아니라 또 다른 식민지 시대였다. 좋건 싫건 미국은 한반도, 특히 남한에서는 주인과도 같은 존재였기 때문에 사람들은 이들과 공존하는 방법을 배워야 했다.

4) 민중적 대응방식

미군정이 점차 언론과 표현의 자유를 탄압하자 벽보나 삐라 돌리기 같은 대중운동으로 전환했다. 그중 삐라는 신문발행 역량이 없는 사람들에게 좋은 소통수단이었다. 정선태는 "해방 직후의 전단지, 불길한 아우성의 흔적들"이라는 글에서 삐라(전단지)를 이렇게 설명했다.

> 1945년 8월 15일이 초래한 진공상태에서 신문이나 잡지 못지않게 대중들을 동원하는 데 위력을 발휘한 '미디어'가 전단지, 곧 '삐라'였

다. 때로는 벽보 형태로, 때로는 팸플릿 형식으로, 때로는 광고지 모양으로 온갖 종류의 전단지들이 격한 목소리를 내뿜으며 곳곳에 뿌려졌다. 그리고 그 목소리들을 메아리로 거느린 채 '8·15'의 그늘은 짙어 가고 있었다(김현식·정선태, 2011).

이에 미군정은 벽보나 삐라를 만들어 유포하는 행위를 금지했다.

참고문헌

과학백과사전출판사(1977). 《조선문화사》. 평양: 과학백과사전출판사.

김경수(2000). 《언론이 조선왕조 500년을 일구었다: 조선시대의 언론·출판》. 서울: 가람기획.

_____(2012). 《주제별로 보는 우리 역사와 문화: 한국인이라면 꼭 알고 있어야 할 우리 역사 이야기》. 서울: 돋을새김.

김규환(1978). 《日帝의 對韓言論·宣傳政策》. 서울: 二友出版社.

김민환(1996). 《한국언론사》. 파주: 나남.

_____(2001). 《미군정기 신문의 사회사상》. 파주: 나남.

김민환·김광수·이상돈(2001). 《한국 방송광고의 역사와 문화》. 서울: 한국방송광고공사.

김복수(2006). 《광복과 한국현대 언론의 형성》. 과천: 국사편찬위원회.

김성호(1999). 《한국방송관계문헌색인: 1925-1997》. 서울: KBS문화사업단.

김수종(1997). 《한국의 봉수제도》. 서울: 국방군사연구소.

김영주(2007). "신문고 제도에 대한 몇 가지 쟁점: 기원과 운영, 제도의 변천을 중심으로". 〈한국언론정보학보〉, 39(3): 250~283.

김영희(2002). "일제시기 라디오의 출현과 청취자". 〈한국언론학보〉, 46(2): 150~183.

김태수(2005).《꽃가치 피어 매혹케 하라》. 서울: 황소자리.

김해창(2005).《일본을 움직이는 힘 일본신문》. 서울: 전망.

김현식·정선태(2011).《'삐라'로 듣는 해방 직후의 목소리》. 서울: 소명출판.

국회도서관(1967).《한국신문·잡지연표》. 서울: 大韓民國國會圖書館.

다카하시 도루(1921/2010).《식민지 조선인을 논하다: 다카하시 도루가 쓰고 조선총독부가 펴낸 책 〈조선인〉》. 구인모 역. 서울: 동국대 출판부.

〈동아일보〉(2008. 8. 16.). "일제 치하 한글 잡지 〈신세기〉 결호 2권 공개: 발행인 아들 곽창선 씨 '요긴한 곳에 기증할 것'".

류수(1966).

류준경(2005). "達板 坊刻本 연구".〈한국문화〉, 35: 57~87.

리용필(1985/1993).《조선신문 100년사》. 서울: 나남.

리철화(1996).《조선출판문화사: 고대-중세》. 평양: 한국과학출판사.

마야모토 슈이치로(2007. 6.).

〈매일신보〉(1945. 9. 12.). "하지, 기자회견에서 미군 施政方針을 발표".《자료대한민국사》, 제 1권. 국사편찬위원회.

미야지마 히로시 외(2011).《일본, 한국 병합을 말하다: 일본의 진보 역사학자들이 말하는 한국 강제 병합의 의미》. 최덕수 역. 열린책들.

박노자(2010).《거꾸로 보는 고대사: 민족과 국가의 경계 너머 한반도 고대사 이야기》. 서울: 한겨레출판사.

박용규(2000). "한국 초기 방송의 국영화 과정에 관한 연구".〈한국언론학보〉, 44(2): 93~123.

_____(2006). "일제하 지방신문의 현실과 역할".〈한국언론학보〉, 50(6): 35~58.

박우용 편(2001).〈세계방송연표〉. 서울: LG상남언론재단.

박은숙(2008).《시장의 역사: 교양으로 읽는 시장과 상인의 변천사》. 서울: 역사비평사.

박홍갑·이근호·최재복(2009).《승정원일기, 소통의 정치를 논하다》. 서울: 산처럼.

방학진(2008. 7. 27.). "방학진의 〈황국신민을 위하여〉: 다시 살펴보는 조선일보 방응모의 친일행적".〈사람일보〉.

백미숙(2007).〈라디오의 사회문화사〉. 유선영 외.《한국의 미디어 사회문화사》, 307~382. 서울: 한국언론재단.

백지원(2009). 《왕을 참하라!: 백성 편에서 본 조선통사 상·하》. 서울: 진명
출판사.

변은진(2011). "유언비어를 통해 본 일제말 조선 민중의 위기담론". 〈아시아문
화연구〉, 22: 53~79.

부길만(2003). 《조선시대 방각본 출판 연구: 한국 현대 출판의 뿌리를 찾아
서》. 서울: 서울출판미디어.

부산체신청(1996). 《부산체신청 90년사》. 부산: 부산체신청.

서중석(2010). 《지배자의 국가, 민중의 나라: 한국 근현대사 100년의 재조
명》. 파주: 돌베개.

석주연(2010). "조선시대 한글 문헌의 간행 경위와 배포 양상 연구: '소통'의 관
점을 중심으로". 〈한민족어문학〉, 57: 43~70.

성주현(2008). "일제강점기 민족종교의 비밀결사와 독립운동자금 모금운동".
〈한국민족운동사연구〉, 56: 147~188.

소장성(2003). 《末松子爵家所藏文書 全2卷》(말송자작가소장문서 전2권). 공
간명치천황어기 편수위원회사료.

슈미드, A. (2007). 《제국 그 사이의 한국 1895~1919》. 정여울 역. 서울: 휴
머니스트.

시노하라 쇼조 외(2005). 《JODK 조선방송협회 회상기》. 김재홍 역. 서울: 커
뮤니케이션북스.

신인섭·김병희(2007). 《한국 근대 광고 걸작선 100: 1876~1945》. 서울: 커
뮤니케이션북스.

심재우(2010). "영조대 정치범 처벌을 통해 본 법과 정치: 을해옥사를 중심으
로". 〈정신문화연구〉, 33(4). 성남: 한국정신문화연구원.

쓰가와 이즈미(1999). 《JODK 사라진 호출 부호》. 김재홍 역. 서울: 커뮤니케
이션북스.

안대회(2010). 《조선을 사로잡은 꾼들: 시대를 위로한 길거리 고수들 이야
기》. 서울: 한겨레출판사.

야마베 겐타로(1971/2011). 《일본의 식민지 조선통치 해부: 일본의 역사학자
야마베 겐타로가 진술한 일본 식민지 조선통치 보고서》. 최혜주 역. 서
울: 어문학사.

엄현섭(2007). "《라디오 연감》에 나타난 식민지기 위안방송과 그 성격". 〈비
교문학〉, 43: 207~233.

〈연합뉴스〉(2010. 12. 22.). "방응모 전사장 친일 부당결정 아니다".

〈오마이뉴스〉(2008. 4. 6.). "'친일' 독립신문 창간일이 신문의 날?: 일제와 그 앞잡이를 칭찬했던 〈독립신문〉".

_____(2017. 5. 27.). "1577년 〈민간인쇄조보〉, 세계 최초 '활판 상업일간신문'".

오수창(2008. 2. 5.), "이상주의의 빛과 그림자: 봉수제의 허실". 〈한국역사연구회 웹진〉, 2월호.

옥영정 외(2008). 《조선시대 책의 문화사: 삼강행실도를 통한 지식의 전파와 관습의 형성》. 서울: 휴머니스트.

우치가와 요시미(內川芳美 1967). 《新聞史話: 生態と興亡》. 東京: 社會思想社

원숙경·윤영태(2012). "대항 공론장의 사회적 가치에 관한 연구". 〈정치커뮤니케이션 연구〉, 24: 37~80.

유길준(1895/2004). 《서유견문》. 서울: 서해문집.

유필조(2005). 〈장돌뱅이의 애환〉. 한국역사연구회 편. 《조선시대 사람들은 어떻게 살았을까》, 157~168. 파주: 청년사.

윤상길(2007). 〈통신의 사회문화사〉. 유선영 외. 《한국의 미디어 사회문화사》, 99~170. 서울: 한국언론재단.

이명선(2005). 《조선문학사》. 파주: 범우사.

이민주(2011). "일제시기 검열관들의 조선어 미디어와 검열업무에 대한 인식". 〈한국언론학보〉, 55(1): 169~195.

이민희(2008). 《조선을 훔친 위험한 책들: 조선시대 책에 목숨을 건 13가지 이야기》. 파주: 문학동네.

_____(2010). 〈조선시대엔 왜 서점이 없었을까: 책 파는 사람, 책 읽어주는 사람〉. 규장각 한국학연구원 편. 《조선 전문가의 일생》, 340~357. 파주: 글항아리.

이승철(2010). 금속활자 공화국, 코리아. 〈월간문화재사랑〉, 6월호.

이재정(2008). 《조선출판주식회사: 조선은 왜 인력과 물력을 동원하여 출판을 독점했을까?》. 서울: 안티쿠스.

이종호·박택규(2006). 《한국의 과학기술 이야기 2》. 서울: 집사재.

이찬혁(2003).

이창현(1989). 자본주의와 언론의 정치경제학: 일제하 문화산업의 대중음악생산에 관한 정치경제학. 〈사회비평〉, 3: 199~227.

이호선(2010). 《왕에게 고하라: 상소문에 비친 조선의 자화상》. 서울: 평단문화사.

임동욱(1988).

장신(2006). "1924년 〈동아일보〉 개혁운동과 언론계의 재편". 〈역사비평〉, 75: 261.

전봉관(2005). 《황금광시대: 식민지 시대 한반도를 뒤흔든 투기와 욕망의 인간사》. 서울: 살림출판사.

정도전(1465/2012). 《조선경국전》. 서울: 올재 클래식스.

정운현(2011). 《친일파는 살아 있다: 자유·민주의 탈을 쓴 대한민국 보수의 친일 역정》. 서울: 책으로보는세상.

정주리·박영준·최경봉·시정곤(2006). 《역사가 새겨진 우리말 이야기》. 서울: 고즈윈.

정주리·시정곤(2011). 《조선언문실록: 실록으로 보는 조선시대 사람들의 한글 사용기》. 서울: 고즈윈.

정진석(2008). 《극비 조선총독부의 언론검열과 탄압: 일본의 침략과 열강세력의 언론통제》. 서울: 커뮤니케이션북스.

정진석 외(2011). 《제국의 황혼: 대한제국 최후의 1년》. 서울: 21세기북스.

정태헌(2010). "조선총독부의 慶尙合同銀行 경영권 장악과정과 일본인은행으로의 흡수". 〈한국사학보〉. 서울: 고려사학회.

조선총독부 경무국(1939). 《朝鮮出版警察槪要》(조선출판경찰개요).

조선통신사(1947). 《1948년판 조선년감》.

조성오(1993). 《우리 역사 이야기 1: 원시시대에서 임진왜란까지》. 서울: 돌베개.

조수삼·안대회(2010). 《추재기이: 타고난 이야기꾼, 추재 조수삼이 들려주는 조선 후기 마이너리티들의 인생 이야기》. 서울: 한겨레출판사.

주요한(1932).

채백(2002). "개화기의 언론 수용자운동". 〈한국언론정보학보〉, 18: 305~331.

_____(2010). "애국계몽운동기 일제의 언론통제와 한국언론의 대응: 노일전쟁부터 강제병합까지를 중심으로". 〈언론과학연구〉, 10(2): 604~632.

천정환(2003). 《근대의 책 읽기: 독자의 탄생과 한국 근대문학》. 서울: 푸른역사.

최정태(2001). "일제시대, 조선총독부의 지식정보정책과 간행물 분석". 〈한국민족문화〉, 17: 121~287.

최준(1976). 《韓國新聞史論攷》(한국신문사논고). 서울: 일조각.

최창봉·강현두(2001). 《우리 방송 100년》, 19. 서울: 현암사.

〈프레시안〉(2007. 3. 5.). "'윤봉길 의사 사진' 논란에 성형외과 전문의 '가짜': 강효백 교수 '언론 보도와 달라' … 사업회 '증거 없어'".

〈한겨레〉(2003. 8. 16.). "일제 강점기 신문 할 말 했다고?".

_____(2007. 5. 1.). "'황민정책 무비판적으로 썼다': '아사히' 식민보도 반성 눈길 - 40년대 서울 근무기자 회상".

_____(2010. 12. 23.). "법원, 방응모 전 조선일보사장 '친일' 인정".

한국방송공사(1977). 《한국방송사》.

한국방송통신대 문화교양학과 편(2007). 《한국문화와 유물유적》. 한국방송통신대 출판부.

한국방송협회 편(1997). 《한국방송 70년사》. 서울: 한국방송협회.

한국PD연합회(2008). 《한국PD연합회 20년사: 1987-2007》. 한국PD연합회.

허영란(1998). 〈신문광고에 비친 근대〉. 《우리는 지난 100년 동안 어떻게 살았을까》. 서울: 역사비평사.

혼마 규스케(2008). 《조선잡기: 일본인의 조선정탐록》. 최혜주 역. 서울: 김영사.

홍일해(1982). 《韓國通信社史》. 서울: 일지사.

황현·허경진(2006). 《매천야록: 지식인의 눈으로 바라본 개화와 망국의 역사》. 서울: 서해문집.

3

자본주의와 커뮤니케이션

자본주의와 커뮤니케이션의 관계를 명백히 하려면 사회과학적 담론이 필요하다. 그 뿌리에는 《자본론》이 있다. 김공회 경상대 경제학과 교수는 마르크스 사상을 이루는 《자본론》의 역할을 이런 방식으로 설명하였다(〈한겨레〉, 2017. 9. 9. : 15).

《자본론》이 경제의 장기적 발전을 생산력과 생산관계의 모순으로 파악한다는 점은 곱씹을 만하다. 당장 인공지능 같은 신기술들을 떠올려 보자. 이들이 인류의 생산력을 비약적으로 발전시키고 고된 노동을 줄이면서 우리 삶을 풍요롭게 해주리라는 장밋빛 전망이, 대규모 실업이나 대다수 자본의 경쟁력 상실에 대한 걱정과 공존하고 있는 현 상황을 어떻게 보아야 하는가? 혹시 그것은 생산수단의 사적 소유를 근거로 한 현재의 착취적 생산관계의 철폐 필요성을 가리키고 있는 것은 아닐까? 나아가 이미 우리의 일상에 막강한 영향력을 행사하는 구글이나 페이스북, 또는 포털서비스 같은 이른바 '플랫폼' 기업들이 공적인 통제 아래 두어졌을 때, 우리의 삶은 더욱 풍요로워지지 않을까? 이렇게 《자본론》은 출간된 지 150년이 지난 오늘의 미래를 설계할 때에도 유용한 빛을 던져 주는 것 같다.

물질적, 경제적 요소는 정신적, 문화적, 정치적 발달을 견인하는 원동력이다. 이 말이 무엇인지 살펴보자. 강신준에 따르면, 2016년 촛불시위와 시민저항은 한국사회에서 상부구조의 토대가 되는 '헬조선'에서 일어난 것으로 그 바탕에는 경제적 절망이 있다(〈한겨레〉, 2016. 12. 19. : 26). 빈곤과 불평등은 도시나 지방 모든 곳에서 심각하게 느낄 수 있다. 미디어를 비롯한 커뮤니케이션의 변화와 진보는 사회경제의 발전수준, 계급의 분화 및 분업의 심화 수준, 기술 및 문화의 발전수준, 유통 수준, 민주주의 확립 여부, 강대국과의 관계 등 많은 요소들이 대립하고 충돌하면서 전진한다.

미디어산업은 커뮤니케이션 영역에 그 뿌리를 두며, 다양한 형태로 존재했다. 우선 광고는 미디어산업을 운영하는 데 필요한 식량이다. 소비자들도 웬만하면 대중문화나 광고가 시키는 대로 생각하고 행동한다. 그만큼 광고와 미디어는 떼려야 뗄 수 없는 긴밀한 관계이다.

그러나 미디어는 광고 기능만 하지는 않는다. 사람들의 의식을 통제하고 조정하기도 하고, 지배계급의 이데올로기를 대변하기도 한다. 또 가끔은 민주적 여론형성 기능을 하기도 하고, 사람들의 일상을 지배하는 생활자본 미디어로서의 역할을 하기도 한다. 진실과

〈그림 3-1〉 사회구조에서 문화·커뮤니케이션의 위상

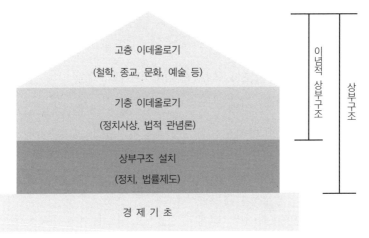

출처: 〈文化發展論壇〉(2006.7.26.). ʿ文化生産力ʾ.

정의를 추구하기도 하나 반대로 확인되지 않은 정보, 즉 풍문을 생산하고 확산하는 역할을 하기도 한다.

1. 상품으로서 미디어

정보는 상품이다. 미디어가 만드는 정보상품은 자본축적과 사회운영에 중요한 역할을 한다. 산업자본주의 시대 미디어는 광고주의 후원 아래 저널리즘, 대중문화, 광고를 생산·유통하여 기업들의 수익을 증대시켰다. 소비문화의 형성, 자본의 축적, 노동관리, 기술발전 등을 촉진하는 정보를 만든 것은 역사적 의의가 크다.

디지털 시대의 미디어노동은 성장과 수익을 최고 수준으로 확대하는 데 목표를 둔다. 디지털 저널리즘을 주도하는 미국의 〈뉴욕타임스〉 최상훈 기자는 감당하기 어려울 만큼 강도가 세진 디지털 기자 노동을 이렇게 표현했다. 마감시간이 사라짐, 스마트폰을 이용한 짧은 기사쓰기 빈도의 급증, CMS[1] 사용법의 숙달 압박, 1면 중심의 편집회의가 웹 사이트 중심의 편집회의로 바뀜, 기자 파워는 약화되고 데스크의 역할은 증대, 기사에 스토리텔링이 있어야 한다는 요구의 증가(〈미디어오늘〉, 2017. 9. 16.) 등이다.

문제는 정보나 대중문화의 생산, 공급을 정규직 종사자만 담당하는 것은 아니라는 것이다. 언제 해고될지도 모르는 비정규직 노동자도 대중문화의 생산 및 공급에 참여한다. 산업예비군이나 다름없는 언론고시생, 오락연예계 진출 희망자, 연습생, 스태프의 노동이 모여서 대중문화의 잉여를 만들어 내는데, 이들은 언제든 해고될 수 있는 고용 불안뿐만 아니라 열악한 노동환경에 놓여 있다. 아날로그 노동에 비해 디지털노동은 효율적이기는 하나 노동의 정체성은 사라지고 오로지 이윤의 논리만 남는다.

미디어산업은 물론이고 이보다 훨씬 넓은 개념인 커뮤니케이션산업은 광고를 주요 재원으로 삼는다. 문제는 광고비의 성격이다. 광고수입이 미디어노동 또는 정보노동을 통해 영향력을 가진 정보를 생산하여 이윤을 내고, 광고주의 이윤을 실현한다. 이것을 보면

---

1 〔편집자 주〕CMS(Contents Management System)는 콘텐츠 관리시스템을 말한다. 디지털 환경에서 콘텐츠 생산자가 수시로 내용을 수정할 수 있도록 만든 시스템이다.

미디어산업을 지탱하는 광고는 제조업과 같이 노동을 통한 이윤을 창출하기보다는 광고주의 판매촉진, 불리한 정보의 삭제 등 간접적인 방식으로 더 많은 이윤을 올리도록 보조하는 역할에 그친다.

미디어산업을 거시적으로 보면, 광고주들이 주는 광고비는 신문, 방송, 포털 등 대부분의 미디어를 죄는 압박수단이다. 강조해서 말하자면 광고에 의존하는 미디어산업에서 노동은 가치를 낳기도 하지만 광고주가 미디어의 영향력을 이용하기 위해 내는 일종의 지대 또는 보험이다. 이것은 미디어산업에서 노동가치설을 다소 약하게 한다.

2. 광고 · PR로서 미디어

1) 미디어로서 광고

광고는 자본주의 시대에만 존재한다는 오해가 있다. 그러나 옛날 옛적부터 상품이 있었고 시장도 있었으며 광고도 있었다. 고대에 이미 상품광고가 있었고, 더러는 정치광고도 있었다. 좀더 설명하자면 광고는 인류의 역사 발전과 함께하면서 생산과 유통에 지대한 영향을 미쳤다는 것이다.

광고는 특정한 상품과 서비스를 팔기 위해 소비자에게 관련 정보를 제공하는 수단이다. 특별히 주목받는 점은 소비자에게 별로 필요하지 않은 물건까지도 교묘한 광고기법으로 소비자의 잠재적 소비

욕구를 자극하여 광고된 물건을 사게 한다는 것이다. 정치경제학은
광고비가 순수유통비에 속한다고 보았다. 의견은 분분하지만 광고
와 같은 순수 유통비는 상품의 가치를 창출하는 것이 아니라 실현하
는 기능을 한다.

> 순수유통비는 유통과정, 즉 가치형태의 변화와 직접적으로 관련되
> 는 자본비용이다. 순수유통비는 주로 판매점원, 대리점, 광고, 상
> 업적 기능에서 초래되는 통신, 부기, 회계 등을 유지하기 위한 지출
> 들로 구성되어 있다. 순수유통비는 상품에 어떠한 가치도 부가하지
> 않는다. 그것은 임금노동자가 생산한 총 잉여가치로부터의 공제를
> 나타낸다. 현재, 순수유통비는 모든 유통비의 66% 이상을 차지하
> 고 있다. 유통영역에서 생산과정의 연속성에 관련된 유통비는 제품
> 의 운송과 보관, 그들의 부가적 과정, 그리고 포장 등에 부담되는
> 경비를 포함한다. 이런 종류의 비용은 경제적으로 자본주의적 생산
> 비용과 다르지 않다(〈노동자의 책〉, '정치경제학'). **2**

사람이 지구상에 나타난 이래 다른 사람과 소통하면서 위험을 같
이 견디고 찬란한 인류 문명의 금자탑을 쌓았다. 광고는 상품의 출
현과 무관하지 않으며, 시장의 형성과도 밀접하게 연관되어 있다.
어떤 기준으로 보아도 광고는 소비자의 필요와 욕구를 형성하는 역
할을 하는 한편 사람들의 사회화와 교육에서도 비판적 기능을 한다.

---

2 http://laborsbook. org/dic/view. php?dic_part=dic03&idx=353

그럼으로써 광고는 생산력을 증대시키는 데 도움을 준다.

광고의 역할은 광범위하고, 깊이가 있다. 광고주와 수용자 대중의 접점은 광고다. 저널리즘이나 대중문화는 소비자와 광고주를 이어주는 매개역할을 하는 한편 광고내용으로도 매개역할을 한다. 광고주가 특정 미디어를 이용해 광고하는 것은 소비문화의 대세를 만들려는 의도가 있다. 이것은 미디어별 광고점유율로 나타난다. 5대 미디어의 광고점유율은 지상파TV가 18.4%로 선두를 달리며, 종편채널을 포함한 케이블채널이 16.6%, PC가 16.0%, 신문이 14.0%, 모바일이 11.9%를 차지했다(〈제일기획사보〉, 2016. 3.: 48).[3]

정치적, 경제적, 문화적 과잉 욕망을 부추기는 것이 미디어이며 광고다. 언제부턴지 미디어는 수입 사치품을 '명품'이니 '브랜드'니 해서 엉뚱한 말로 사람들의 판단을 흐리게 하였다. 사치품은 일반 소비자들이 사기 어려운 고급제품을 말하며, 대부분 외국산이다. 사치는 어디서 만들어진 것일까? 미국의 저널리스트이자 사회운동가인 에런라이크(Barbara Ehrenreich, 2011: 11)는 이렇게 말한다.

상류층이 사치를 부리는 데 사용되는 돈은 어딘가에서, 더 정확히는 '누군가로부터' 나와야만 한다. … 지난 10년 동안 자본주의적인

---

3 〔편집자 주〕 지상파TV 중심의 광고시장은 급격하게 디지털 미디어 중심으로 재편되었다. 지상파TV의 광고시장 점유율은 2020년 9.5%로 2016년에 비해 절반으로 떨어졌고, PC, 모바일 등의 디지털 미디어의 광고시장 점유율은 47.6%로 2016년에 비해 20% 포인트 가량 상승했다. 특히 모바일 광고시장 점유율은 32.1%로 2016년 11.9%에 비하면 2배가 넘는 성장을 보였다(자료: 제일기획, 2021).

혁신이 가장 두드러진 분야는 여력이 거의 없는 사람들에게서 돈을 쥐어짜는 기술이었다.

기업이 돈 버는 기술을 자세히 보면 노동자의 연금과 혜택을 빼앗아 기업이익 부풀리기, 사기성이 농후한 대출상품 팔기, 주가 띄우기 등이 있다(에런라이크, 2011: 11).

2) 미디어로서 홍보

미디어로서 홍보는 주로 부와 권력질서를 옹호하는 역할을 한다. 재벌기업은 대부분 광고와는 별도로 홍보팀을 두어 비판적 여론으로부터 회사를 보호한다. 또 재벌총수와 관련된 부정적 이미지를 지우고, 재판을 받을 경우에는 호의적인 여론을 만드는 데 힘쓴다. 재벌기업의 홍보팀은 '기승전-우리 회장님'이라는 틀에서 일한다(《일요신문》, 2015. 9. 28.).

롯데그룹의 사례는 홍보미디어의 역할이 무엇인지를 잘 보여 준다. 2015년 롯데그룹은 경영권을 놓고 가족 간의 분규가 심각했다. 미디어도 연일 신격호 회장을 비롯한 가족들에 대한 비판적 기사를 쏟아냈다. 국회도 신동빈 롯데그룹회장을 상임위원회에 불러 청문회를 열었는데, 이때를 전후해서 롯데 관련 비판기사들이 봄눈 녹듯이 사라졌다. 국회는 롯데에 뼈아픈 질문을 하지 않았다. 어느 순간에 관련 기사가 신문에서 사라지고, 국회 청문회에서도 롯데에 유리한 질문이 나오는 것을 보면 롯데그룹 홍보가 기사에 어떤 식으로든 영향을 주었다고밖에 해석할 수 없다. 롯데그룹 홍보가 찬란한 빛을 발하던 순간이다. 이렇게 재벌기업이나 권력이 홍보수단을 지배하면 정보나 이미지 조작은 필연적으로 발생한다.

재벌기업으로부터 광고나 협찬을 받으려는 미디어 기업, 기자들의 행태를 〈미디어오늘〉에서는 다음과 같이 썼다(〈미디어오늘〉, 2015. 1. 21.). 이는 광고미디어, PR미디어가 시장에서 살아남기 위한 전략이다.

첫째, 기업을 비판하는 기사에서 사주, 총수, 회장의 이름을 사진과 함께 노출시킨다.

둘째, 기업과 관련하여 부정적 기사를 반복적으로 우려먹는다.

셋째, 털어서 먼지를 내거나 정권에 밉보이게 낙인을 찍는다.

넷째, 경영 관련 데이터를 왜곡해서 깎아 내린다.

다섯째, 광고형(특집) 기사를 싣는다.

3. 의식의 통제자로서 미디어

1) 사회의식의 조작과 통제

여기도 쉴 곳이 없네, 모든 곳이 싸움터라네. **4**

사람은 태어나기 전부터 소통한다. 이들은 태아 때부터 엄마와 소통하고, 태어나면서부터는 미디어와도 소통한다. 사람들은 자라면서 더 많은 미디어를 접하고 다양한 정보, 문화를 접한다. 청소년집단, 노동자계급은 권력, 광고주, 미디어가 특별히 주목하는 사람들이다. 이들은 입시, 취업, 결혼, 아이 갖기 등의 압박에 힘들어한다. 정부나 미디어는 노동자계급, 실업자, 청소년의 보수화와 소비욕망을 부추긴다. 미디어는 수용자들에게 돈과 권력 그리고 지배 이데올로기에 저항하지 말고 순종하라고 말한다.

일제 식민지, 군사독재, 민간독재라는 고단한 삶 속에서 사람들은 은연중에 부조리한 사회지배구조에 진저리를 냈다. 국민들은 권력과 자본에 억압당해도 일정한 시점이 되면 이를 물리치고자 결집했다. 1960년 4·19 민주혁명, 1980년 5·18 광주민주화운동, 1987년 6·10 항쟁, 2016년 시민 촛불혁명, 2017년 박근혜 대통령 탄핵과 같이 역사적으로 빛나는 민주주의 투쟁을 보여 주었다. 비판

---

4 랩 메탈 밴드 레이지 어게인스트 더 머신(Rage Against the Machine)이 부른 〈쉴 곳이 없네〉의 일부.

의식은 사람들의 생활 속에서 나오기도 하고, 미디어, 교육, 예술, 종교 등 다양한 곳에서 들불처럼 쏟아진다.

오락의 자유도 표현의 자유나 언론자유 못지않게 중요하다. 오락은 수용자들을 위한 심심풀이 기능도 하고, 비판의식을 제공하기도 한다. 이렇게 다양한 모습을 보이는 오락 콘텐츠 역시 지배복합체의 허가를 받아야 하니 표현의 자유가 얼마나 취약한지 알고도 남는다. 텔레비전의 코미디나 개그 프로그램에서 정치적 풍자나 비판적 이야기를 다루지 못하고 바보, 거지, 학생을 주제로 하는 것만 남았다(〈시사IN〉, 2016. 9. 10. : 68). 정치성, 이념성이 가장 옅은 코미디 프로그램도 자유와 비판을 억제하는 숨 막히는 현실에서 고전을 면치 못한다. 이런 억압 속에서 사회비판, 권력에 대한 풍자가 조금씩이나마 나오는 것이 다행스러울 뿐이다.

대중문화는 수용자 대중의 의식 및 행태에 지대한 영향을 준다. 드라마에서 나온 멋진 상품을 사고 싶은 것은 인간의 마음이다. 미디어 속 대중문화는 이런 사람의 마음을 조정한다. 이뿐만이 아니다. 미디어와 대중문화는 수용자 대중을 위로하고, 최소한이나마 복지정책을 도입하도록 여론을 형성하는 데도 기여했다. 그 결과 계급 불균형의 간극을 줄이고 계급의식을 약화시키는 데도 일정한 공헌을 했다. 정당, 지식인은 물론 시민과 노동자들이 벌인 자유와 민주주의 투쟁으로 이어져 최소한의 복지를 구현함으로써 계급투쟁의식을 완화시킨 것이다.

이렇게 미디어는 사람들의 의식을 조정하는 역할을 하면서 시장에서는 이윤만을 추구하는 고리대금업자로 바뀐다. 원래 시장은 사람들의 삶에 없어서는 안 되는 제도이다. 시장의 쓰임새도 한두 군데가 아니다. 물건이 유통되고 사람이 접촉하는 시장은 놀이마당이기도 하고 소통의 마당이기도 했다. 그런데 이윤의 논리가 들어오면서 시장은 사람 위에 군림하기 시작했다. 이것이 바로 사람의 가치보다는 돈의 가치를 더 귀하게 여기는 한국의 시장을 압축한 말이다. 시장에서는 공공성은 사라지고 이윤의 논리만 남았다. 이윤이니 효율성5이니 하는 것에 집착하는 기업은 노동과 시민권을 압박해서 결국 더 많은 이윤을 남기려는 이념적 장치에 불과하다. 특히 신자유주의 시장논리는 효율성을 신처럼 떠받치고, 이윤 극대화를 국가적 목표로 설정했다. 6 정보나 문화와 같은 정신생산이 시장논리에 묶이면 진실이나 중장기적 목표를 달성하지 못한다.

그래서 리영희는 신자유주의가 모든 인간의 목적이 오로지 돈밖에 모르도록 돈을 신격화하고, 인간의 존재가치를 말살한다고 개탄했다(〈경향신문〉, 2009. 7. 2.). 이런 시장지상주의는 국가정책에서만이 아니라 사람들의 마음속에도 굳게 자리를 잡았다.

---

5 〔편집자 주〕미디어산업에서 효율성은 무척 중요한 개념이다. 이른바 창구효과나 One-source Multi-use 같은 것도 자원을 재활용함으로써 비용을 절감하는 효율성 전략에서 나온 것이다.
6 〔편집자 주〕"일하기 좋은 나라"가 아니라 "기업하기 좋은 나라"라는 구호가 넘치는 사회다.

4. 국가권력과 이데올로기로서의 미디어

> 언론이 지배계급의 이데올로기를 대변하는 것은 당연한 것입니다.
> 이를 비판하는 언론학자들이 이상한 것입니다. 민주주의가 제대로
> 작동되지 않는 이유는 대다수의 민중이 무지하기 때문입니다. 대중
> 은 우매하고 선동, 조작되기 쉬우므로 엘리트들이 여론을 이끌어야
> 합니다. 7

미디어산업이 만드는 정보는 이데올로기다. 정보는 특정한 가치관
을 담고 있어 사회의식 형성에 일정한 영향을 미친다. 미디어산업은
이데올로기를 무기삼아 사회적 영향력을 누린다. 이들이 제공하는
이데올로기는 자본주의 생산력을 자랑하는 뒤편에서 불평등한 계급
관계를 옹호한다. 이들은 부자, 엘리트, 권력, 건강, 미(美), 학벌
등 수용자 대중들이 숭상하는 가치를 담은 정보상품을 만든다. 때로
미디어산업은 정보상품에 위협적 요소를 가미해 수용자 대중의 마
음을 통제하기도 한다. '북한 위협론'이나 복지망국론이 대표적인
위협적 선전 공세다. 이런 성격의 정보에 반복적으로 노출되면 수용
자는 판단력을 잃기도 한다. 그렇게 해서 탄생한 지배적 가치는 부
자 독식, 복지망국론, 안보상업주의와 같은 것들이다. 이런 가치나

---

7 이 문창극 후보의 발언은 "중앙일보 정치부장 및 주필 역임, 2014년 국무총리 후보
  자로 지명됨" 기사내용을 〈오마이뉴스〉(2014. 7. 1.) "외신도 우려한 '박근혜 리더
  십' … 수치스러운 이유로 … "에서 재인용한 것이다.

정보는 수용자 대중에게 부정적으로 작용하지만 이들은 그렇게 생각하는 것 같지 않다. 그래서 그런지 홍영두 충북대 철학과 강사의 말은 꽤 설득적이다.

> 여러분들은 대학을 마친 후 노동자로 변신하게 될 것이라고 말한다. 그러나 학생들은 그 말을 믿지 않는다. 여러분이 삼성에 취직하더라도 다른 중소기업에 취직한 사람과 마찬가지로 노동자에 지나지 않는다고 나는 목소리를 높인다. 그러나 그들의 귀에는 내 말이 들리지 않는다. 자신들은 미래의 자본가를 꿈꾸고 있다. 현실은 모든 사람을 자본가로 만들어 주지 않는다. 한국 자본주의가 고도화되면 될수록 비정규직 노동자는 늘어만 갈 것이다(〈미디어스〉, 2010. 4. 22.).

삼성전자나 현대자동차 등 재벌기업에 입사하는 사람은 소수에 불과하다. '그래봤자 노동자'일 뿐이라는 말이 이들의 귀에 들어올 리 만무하다. 자본주의 사회에서 극소수 자본가나 관료를 제외하면 대부분이 노동자들이다. 젊은 세대는 대부분 신분이 불안정한 노동자이거나 실업자들이다. 이들은 시도 때도 없이 해고되거나8 일평생 실업의 고통을 당하기도 한다. 젊은 세대는 심각한 불평등과 최악의 고용상태를 바꾸려고 노력하기보다는 대기업이나 공직에 들어

---

8 그나마 미디어기업은 바이아웃(buyout)을 도입하기도 하는데 이것은 미디어기업의 재정형편의 악화, 구조조정 등으로 인력감축이 불가피한 경우 퇴직위로금, 건강보험, 실업수당을 유연하게 받는 따위의 비교적 좋은 조건에서 기자 등 직원들이 자발적으로 퇴사하는 것을 말한다(홍예진, 2017: 98).

가는 데 모든 노력을 다한다. 이런 의식은 교육이나 미디어의 이념 조작의 결과이기도 하다. 미디어나 광고는 대부분의 시민이 노동자라는 사실을 잘 말해주지 않고, 어지간하면 중산층이 될 수 있다는 환상을 심어준다.

세금에 대한 오도된 여론도 미디어가 조작한 측면이 있다. 이준구 서울대 경제학부 교수는 자신의 홈피에 "하루가 멀다 하고 보수언론이 종합부동산세(綜合不動産稅)는 이래서 나쁘고 저래서 나쁘다는 기사로 도배하니 세뇌되지 않을 수 없다"고 꼬집고, "여간 심지가 굳은 사람이 아니라면 그런 일방적인 선전의 영향에서 자유로울 수 없다"라고 말한다. 수용자 대중을 조작과 세뇌의 대상으로 삼는 미디어산업이 자본과 권력 그리고 사회의식에 영향을 미치는 순간부터 불평등과 불공정은 교묘히 치장되거나 숨겨진다.

그렇다면 재벌-미디어-권력복합체에 속해 있는 미디어산업은 어떤 지배이데올로기를 생산하는가?

첫째, 마르크스가 《독일이데올로기》에서 썼듯이 어느 시대건 지배계급은 자신의 사적 이익을 공익 또는 사회 공통적인 것으로 둔갑시킨다.

둘째, 미디어는 불평등, 불공정한 경쟁을 문제 삼지 않고 오히려 이를 당연시한다. 재벌-미디어-권력복합체는 자본, 권력, 정보와 문화를 장악함으로써 사회를 양극화시켰는데, 미디어는 이를 정당화하는 데 앞장섬으로써 '미디어자본주의'를 실천한다.

셋째, 각종 정보소통수단을 총동원하여 상품 물신주의와 소비지상주의 가치관을 사회에 확산시켜 보편적인 가치로 둔갑시킨다. 상품판매가 저조하고, 소비경제가 활성화되지 않으면 미디어산업은 존립이 불가능하다. 이들이 먹고 사는 식량은 광고이기 때문이다.

넷째, 미디어는 저널리즘, 대중문화, 광고를 매개로 반공사상, 반북이념, 분단의 논리, 친미이념을 지배이데올로기로 만든다.

다섯째, 자본주의를 대체할만한 대안사회는 없다는 이데올로기를 퍼뜨린다. 미디어산업은 대안부재론을 지지하고, 사람들에게 '가만히 있으라'는 수동형 가치관을 요구한다.

재벌-미디어-권력복합체는 막대한 재산, 권력 등 기득권을 주체하지 못할 만큼 많이 가지고 있다. 이들은 기득권 유지나 증대에 조금이라도 장애가 된다고 판단하면 아주 가혹하게 처벌한다. 심지어 국가기관이 나서서 책이나 잡지를 '불온'하다고 판단하여 압수하거나 판금시키기도 했다. 이보다 더 지독한 문화탄압은 대중가요, 즉 노래가 불순하다고 판매 금지하거나 방송불가 판정을 내려 창작과 표현의 자유를 억압하고, 제작비를 그대로 휴지조각으로 만들어 출판사, 음반사에 경제적으로 타격을 주기도 한다.

수용자 대중에게 노래는 여가활동이자 정보 및 문화 그리고 정서의 공간인데, 이런 공간에서조차 자유롭지 못했다. 노래, 특히 대중가요는 대중문화의 꽃이다. 그러나 집권세력은 금지곡을 선정하여 방송을 금지시키는 등 국민들의 노래할 권리마저 빼앗아 갔다. 국가에 의해 시행된 대표적인 금지곡을 보면 주옥같은 노랫말이 넘치고도 남는다.

금지곡으로 판정을 내린 이유가 웃긴다. 정부가 대중문화를 억압

<표 3-1> 대중가요의 금지곡 역사

노래 제목	가수	금지곡 판정 이유
〈거짓말이야〉	김추자	불신감 조장
〈동백 아가씨〉	이미자	왜색
〈키다리 미스터 김〉	이금희	작은 키의 대통령을 고려했다는 추정(1년간 방송금지)
〈0시의 이별〉	배호	불건전
〈왜 불러〉	송창식	방송 부적격
〈이루어질 수 없는 사랑〉	양희은	내용이 비관적
〈바람〉	김정미	창법 저속
〈미인〉	신중현과 엽전들	퇴폐, 허무감 조장
〈그건 너〉	이장희	저속
〈아침 이슬〉	김민기 · 양희은	방송 부적격
〈늙은 군인의 노래〉	김민기	군인의 사기 저하
〈행복의 나라로〉	한대수	
〈물 좀 주소〉	한대수	물고문을 연상시킴
〈시대유감〉	서태지와 아이들	노랫말 수정 지시

출처: 배종철 블로그(달마는 사랑을 싣고), 문옥배, 2004: 133~161에서 재인용.

하려면 명분이 뚜렷해야 하는데, 한국 록 음악의 개척자 중 한 사람 인 신중현이 부른 〈미인〉은 퇴폐적이고 허무감을 조장한다는 '죄목' 을 달아 금지곡이라는 지옥에 가두었다. 그렇다면 〈미인〉의 노랫말 이 어떤지 보자.

　한 번 보고 두 번 보고 자꾸만 보고 싶네/ 아름다운 그 모습을 자꾸 만 보고 싶네/ 그 누구나 한 번 보면 자꾸만 보고 있네/ 그 누구의 애인인가 정말로 궁금하네/ 모두 사랑하네~ 나도 사랑하네~모두 사랑하네~ 나도 사랑하네~
　나도 몰래 그 여인을 자꾸만 보고 있네/ 그 누구도 넋을 잃고 자꾸만 보고 있네/ 그 누구나 한 번 보면 자꾸만 보고 있네/ 그 누구의 애인인가 정말로 궁금하네/ 모두 사랑하네~ 나도 사랑하네~모두 사랑하네~ 나도 사랑하네~

독자들에게 물어본다. 이 노래가 퇴폐와 허무감을 조장하는가? 계급이라는 힘을 존중하는 사람들은 미디어의 공공성 및 공익성을 무시하고 지배계급의 이익을 대변해야 한다고 주장한다. 이들에게 미디어는 불평등한 계급관계를 정당화하는 기능을 해야 하는 계급적 지배수단이다. 이들은 자본과 권력의 편에 서서 정보를 공급한다. 자본관계 및 권력관계의 불평등성을 가장 잘 합리화하는 미디어가 주류미디어가 된다. 미디어는 독립적으로 존재하지 않고 권력 및 재벌과 융합하여 재벌-미디어-권력복합체를 이룬다. 이들은 지배복합체가 되어 자본, 권력, 정보, 문화를 지배한다.

5. 소통민주주의로서 미디어

1) 민주적 여론형성 기능과 그 한계

민주주의의 원류인 그리스에서는 민주주의란 '인민(demos)의 힘(kratos)'을 뜻하며, '민중의 권력'을 지칭한다(카스토리아디스, 2015: 118). 결국 민주주의는 정치, 경제는 물론 미디어에 이르기까지 시민들이 사회적 지배력을 갖는 것이다.

SNS와 같은 개인미디어도 소통과 민주주의를 촉진한다. 위키피디아, 위키리크스, 카카오톡은 현금이나 상품거래를 하지 않아도 누구나 소통을 가능하게 한다. 이것은 디지털 기술에 의한 정보소통의 위대한 전진이다.[9] 특히 소셜미디어는 시민들이 정보를 생산, 유통, 이용할 수 있는 기능을 제공하면서부터 개인 언론의 기능까지 한다. 소셜미디어 연구자들은 "그동안 미디어 기업들의 고유한 영역에 속했던 정보의 생산과 유통, 분배가 사회구성원으로서의 개인에게로 상당부분 넘어왔다"고 해석한다(소셜미디어연구포럼, 2012: 27). 그럼에도 디지털기술 및 서비스를 마냥 감탄하며 받아들일 만한 일은 아니다. 아날로그 기술과 서비스의 역사적 기여는 민주주의나 사회발전에 도움을 주었다. 카카오가 세계인의 모바일 메신저로 자리잡았던 이유는 "무엇을 만들어 누구에게 팔 것인가가 아니라 커뮤니케이션 도구로서 누구를 참여시켜 어떻게 연결할까를 고민했기 때문"이라는 김범수 창업자의 설명은 설득력이 있다(〈중앙일보〉, 2015. 9. 22.). 이후에 김 의장은 경제 패러다임 전환의 중요성과 교육혁명의 필요성을 이렇게 강조했다.

4차 산업혁명의 움직임과 함께 인간과 기계가 경쟁하고 공존하는 시대가 됐지만 우리 교육은 여전히 산업화 시대의 지식노동자를 대량으로 길러내는 패러다임에 머물고 있다. 그런 지식은 이제 스마

---

9 아날로그시대의 소통(communications)은 "아이디어, 정보, 사고방식 같은 것들을 전송하고 수용하는 것"을 말한다(Williams, 1962: 9). 디지털 시대는 전파와 수용의 한계를 넘어서 참여와 공유를 소통의 기본으로 삼는다.

트폰에서 손쉽게 찾아볼 수 있다. 우리에게 진정 필요한 것은 세상의 문제를 정의하고, 그것을 해결할 능력을 키우는 것, 가르치는 자에 의한 일방적인 지식전달이 아니라 배우는 자가 스스로 배우고 성장하는 것"이다(〈동아일보〉, 2016. 10. 26.).

스스로 배우고, 스스로 실천하며, 곳곳에 있는 장애물을 넘을 줄 아는 사람이 되도록 안내하는 것이 좋다.

2) 소통의 계급성

이재유는 《계급》이라는 책에서 자본주의와 소통의 관계를 이런 식으로 설명했다.

> … 부자유란 의사소통의 제한으로 인간관계가 제한되는 것이다. 자본주의는 이러한 부자유를 기초로 한다. 왜냐하면 자본주의의 사적 소유, 사적 재산제는 자신이 만들어낸 생산물에 대한 배타적 독점을 바탕으로 하며, 배타적 독점은 의사소통의 부재를 뜻하기 때문이다. 의사소통의 부재와 제한에 따른 부자유는 곧바로 불평등으로 이어질 수 있다. 그러므로 자본주의 사회는 처음부터 부자유와 불평등, 그리고 불공평함을 기초로 한다(이재유, 2008: 19).

이 글에 따르면, 부자가 아닌 사람들은 부자유와 불평등을 당하기 때문에 소통은 제한된다. 적대적 계급끼리의 소통은 어렵지만 가치가 있다. 계급적 소통은 자본집단과 국가가 사회적 형평성과 복지에 기여하도록 분위기를 만들 수 있다. 하지만 계급사회, 경쟁사회에서는 소통이 형식적이 될 가능성이 크다. 지배적 위치에 있는 집단은 소통수단을 장악해서 자신들의 이권을 강화시키는 정보만 제공하려 한다. 수용자 대중은 지배층과 소통하고 싶어도 통로를 찾기가 쉽지 않다.

지배세력은 미디어를 이용하여 자신의 기득권을 지키기 위해 다양한 전술을 꾀한다. 특히 정치권력을 가진 정부여당 그리고 이들을 지지하는 미디어는 정권의 잘못에 대한 국민의 비판이 들끓기 시작하면 이를 덮을 수 있는 안건을 툭 던진다. 대개는 젊은 연예인을 비롯한 유명인물의 성폭행 혐의, 부정행위 등 대중적 호기심을 끌 만한 이슈로 국면을 전환시킨다. 이렇게 지배세력의 잘못이나 실패를 감추고 덮기 위해 미디어를 활용하는 전례를 선진사회에서는 거의 찾아볼 수 없다.

민주주의는 독재나 독점 또는 불평등을 비판하고 억제하는 작용을 한다. 민주주의 사회는 민주적 절차에 따라 국정을 수행하며, 공익을 최고의 가치로 삼는다. 이런 정부는 약자의 어려움을 최대한 대변하려고 노력한다. 시민들의 국가 비판을 당연한 기본권으로 받아들이는 것도 민주 정부다. 우리는 이런 정부를 가져본 적이 없는 것 같다.

그렇게 된 데에는 많은 요인이 있겠지만 시민대중에게도 일정한 책임이 있다. 이들은 평소 민주주의를 억압하고, 기득권 유지에 급급한 정당이나 정치인을 비판하지만 막상 투표는 이들에게 한다. 유

<표 3-2> 박근혜 대통령에 대한 시민들의 평가

계층	긍정평가(%)	부정평가(%)
상·중상층	52	43
중산층	44	43
중하층	51	39
하층	51	36

자료: 한국갤럽리포트 (http://www.gallup.co.kr/gallupdb/reportContent.)

권자들은 부자 정당이나 부자 정치인이 경제를 활성화시킬지도 모른다는 기대감, 부자나 권력자의 편에 서고 싶은 정서 등이 복합적으로 작용해 계급 배반적인 투표를 한다. 여론조사에서도 응답자들은 흔히 계급 배반적 선택을 하곤 한다. 박근혜 대통령에 대한 평가가 좋지 않았을 때인 2014년 11월에 한국갤럽이 전국 성인 1천 명에게 박 대통령을 평가하는 여론조사를 실시했는데, 조사결과가 흥미롭다.

경제가 나빠지고, 남북관계의 평화적 관리에 실패한 박근혜 정권을 지지했던 상층과 중산층 응답자들은 태도를 바꾸어 부정적 평가를 한 경우가 많았다. 반면에 가난한 사람들은 자신들에게 불리한 정책을 실행하는 박 대통령을 지지하는 역설적인 모습을 보였다.

3) 소통의 평등을 위하여

"고삐 풀린 세계화가 불평등을 심화시키면, 소외된 대중은 민주주의를 통해 세계화에 역습한다"(〈시사IN〉, 2016. 7. 2. : 25)는 천관율 기자의 분석은 돋보인다. 민주주의는 시민들이 함께 어려운 환경을 극복하는 과정에서 긍정적인 역할을 한다. 그럼에도 우리는 민주주의와 사회적 시장경제가 아직은 튼실하지 못해서 그런지 엄청나게 쏟아지는 미디어나 정보가 거의 전적으로 대형 광고주, 정부 등 강자의 편을 든다.

그러나 미디어가 늘 자본이나 권력의 편에만 서 있는 것은 아니다. 만약 미디어가 사주, 광고주, 정치권력의 눈치만 보고 수용자 대중의 이익을 무시한다면 미디어와 수용자 간의 신뢰관계가 깨져버리고 만다. 이렇게 되기 전에 미디어는 적당히 자본과 권력을 감시하면서 민심을 반영하려고 한다. 이렇게 미디어는 민주주의와 긴밀한 관계를 가지며 민주주의를 촉진하는 기능도 하지만, 반대로 민주주의를 억제하는 기능을 하기도 한다.

민중의 노래가 들리는가?/ 성난 민중의 노랫소리가/ 다신 노예로 살지 않겠다는 결의에 찬 함성/ 네 심장의 고동소리가 북을 울릴 때 / 내일이 오면 새로운 삶이 시작된다.

　우리의 성전(聖戰)에 참여할 텐가?/ 누가 굳세게 나와 같이 할 텐가?/ 바리케이드 너머에 네가 오랫동안 바라던 세상이 있는가?/ 그렇다면 너에게 자유권을 줄 싸움에 참여하라.

　　　　　　　　　　　— 영화 〈레미제라블〉 주제가 〈민중의 노래가 들리는가〉

정보나 미디어가 돈벌이 기능만 한다면 지금처럼 주목을 많이 받지는 않았을 것이다. 또 누군가 이것들을 가지고 이권이나 얻으려 한다면 사람들로부터 외면받을 것이 뻔하다. 미디어와 정보는 사회적으로나 개인적으로 긍정적인 구실을 함으로써 정당성을 인정받고 영향력을 가진다. 그래서 영국 BBC는 뉴스의 기능을 이렇게 규정했다.

> 뉴스의 기능은 사람들이 꼭 알아야 할 것을 알게 함으로써 모든 사람들이 상황을 정확히 파악하도록 하여 더 나은 시민이 되도록 하는 것이다(BBC, 2015: 2).

사회상황을 정확히 아는 시민(informed citizen)이 BBC가 꿈꾸는 뉴스이다. 그런 목적에 알맞은 것이 디지털 미디어이다. 신생 디지털 미디어가 오로지 돈을 기준으로 시장에 나왔다면 별로 큰 성공을 거두지 못했을 것이다. 그렇지만 전통미디어가 장악한 시장에서 살아남기 위해 디지털 미디어는 상대적으로 다른 개념, 다른 원리를 내세웠기 때문에 지금과 같은 지각변동이 일어난 것이다.

런던대학의 프리드만 교수가 주장했듯이 미디어는 "사회변동과 소통적 변동을 촉진하는 핵심적 대행자(vital agent)"임에 틀림없다 (Freedman, 2014). 경제적 기반이 약할수록, 민주주의가 위협을 받을수록 사람들은 사회변동을 촉진하는 미디어의 역할을 기대한다.

대중문화도 민주주의에 기여하는 바가 있다. 드라마의 대사 한마디, 개그 프로그램의 풍자 한 꼭지가 그 어떤 뉴스나 시사정보 못지않게 수용자의 민주의식, 비판적 사고를 자극한다. KBS가 2014년 방송한 역사드라마 〈정도전〉의 마지막 회에서 정도전이 말한 대사 한마디를 보자.

삼한의 백성들이여. 이제 다시 꿈을 꾸자. 민본의 이상을 실현하고 백성 모두가 군자가 되어 사는 대도(大道)의 세상을 만들자. 그대들에게 명하노라. 두려움을 떨쳐라. 냉소와 절망, 나태한 무기력을 혁파하고 저마다 가슴에 불가능한 꿈을 품어라. 그것이 바로 그대들의 대업, 진정한 대업이다.

TV 드라마가 봉건질서나 계급사회를 반대하고 민본주의 사회를 주창한 것은 자못 감동적이다. 때로는 뉴스나 시사프로그램에서보다 드라마와 같은 대중문화에서 수백 아니 수천만의 시청자들이 지켜보는 가운데 '백성 주인론'을 주장하는 것은 공동체 의식에 지대한 영향을 미친다. 뉴스 프로그램에서는 소설을 쓰는데, 드라마에서는 사회정의를 말한다. 진정 아이러니가 아닐 수 없다.

미디어가 제공하는 정보와 대중문화는 사회의식의 형성, 민주주의 기능, 문화적 기능 등 필요한 일을 한다. 이것들은 미디어가 대중적 힘을 갖게 된 원동력이다. 미디어나 정보는 갈등과 대립을 불러오기도 하지만 논쟁과 사회적 합의를 촉진하여 민주주의를 정립하는 기능도 한다. 당연히 후자의 기능이 바람직하다. 하지만 적대적인 사회에서는 적대 계급끼리 자신들의 운명과 이익을 놓고 사생결단의 싸움을 하는데, 여기서도 미디어는 중요한 역할을 한다.

6. 생활자본으로서 미디어

1) 생활자본의 개념

한때 종합일간지는 대부분의 가정에서 주요 정보원이자 대중문화의 역할을 했다. 국가권력은 최대한 신문을 통제했고, 기업들은 광고비를 제공하여 신문의 환심을 사려 했다. 독자들도 신문에 의지하여 의식을 쌓아갔다. 산업화 시대에 신문은 분명 시민들에게 생활필수품이었다. 텔레비전은 생활필수품으로서 수용자 대중을 묶어 놓았고, 스마트폰이 새로운 생활필수품으로 떠올랐다.

미디어가 수용자들의 의식과 행동에 영향을 주는 까닭은 가장 가까이서 엄청난 양의 정보와 대중문화를 제공해 주기 때문이다. 어떻게 보면 수용자의 삶이 동전의 앞면이라면 미디어 이용은 동전의 뒷면이다. 수용자와 미디어의 밀착관계를 설명하는 개념으로 '미디어의 생활자본화'가 있다. 이것은 미디어가 수용자 대중의 개인적, 사회적 삶과 밀접하게 연결되어 있다는 의미이다. 10 특히 수용자 대중의 미디어 이용시간 및 미디어 소비지출이 과다한 경향을 보이는 것은 미디어의 생활자본화가 불가항력의 상태에 있음을 함축하는 것이다.

---

10 〔편집자 주〕미디어 이용은 사회적 계급과 밀접한 관련이 있는 교육수준과 사회적 지위에 따른 이용능력, 이용에 대한 경제적 지불능력, 정보의 해석과 활용능력 등에 따른 격차가 있고, 이러한 격차는 계급의 재생산이나 삶의 수준을 만드는 자본이 된다는 의미로도 볼 수 있다.

미디어와 정보생산 그리고 소비에서 중요한 개념은 생활자본화이다. 사람들과 사회는 일찍부터 계급적, 지역적 불평등, 세대 차이, 분단과 같은 요인에 의해 압박을 받았다. 한국사회에서 두드러지게 나타나는 세대갈등은 정치적 이념적 차이를 보이는데, 이 역시도 경제적 요소에 의해 구조화된 것으로 보인다.

60대 이상의 보수세력은 상당한 가치의 재산을 소유한 반면 20~30대는 당장 먹고 살 돈도 없을뿐더러 직업도 불안정하다. 대기업이든 정규적이든 대부분의 노동자들은 10년 이상 근속하는 사례가 많지 않다. 1인 가구가 급증한 것도 함축적이다. 통계청 조사에 따르면, 2015년 기준으로 총 1,911만 가구가 있는데, 그중 22.2%가 1인 가구이다(〈중앙일보〉, 2016. 9. 8.). 이것은 신문, TV, 소셜미디어 등을 이용하는 방식에 상당한 영향을 끼칠 것이다.[11]

수용자 대중은 저널리즘, 상업정보, 대중문화, 광고를 생활필수품처럼 가까이 두고 이용하며, 이것들을 생활의 일부로 여긴다. 이들에게 콘텐츠를 만들어 공급하는 TV, 인터넷, 스마트폰과 같은 미디어는 생활자본화되었다.

미디어의 생활자본화는 두 가지 조건을 충족시켜야 한다. 첫째는 수용자 대중이 특정 미디어가 없으면 삶에 큰 불편을 느낄 정도로 비중이 커야 한다. 1960년대까지는 라디오나 일간지가 생활자본화

---

[11] 〔편집자 주〕 행정안전부가 2021년 4월 7일 발표한 통계에 의하면 우리나라의 1인 가구 비율은 39.5%로 40%에 육박하는 것으로 나타났다. 2016년만 해도 1인가구의 비율은 22.2%였는데 5년 만에 1인가구의 비율이 두 배 가까이 늘어났다(자료: 〈경향신문〉〔2021. 4. 7.〕. "1인 가구 비중 40% 눈앞에").

미디어였다. 이후 1980년대부터는 TV가 절대적인 생활자본화 미디어였다. 2000년대 이래 인터넷과 스마트폰이 TV와 함께 생활자본화의 지위를 획득하였다. 둘째는 수용자 대중이 돈, 시간을 가장 많이 소비하는 미디어여야 한다는 것이다.

TV, 인터넷, 스마트폰과 같은 미디어는 시민들의 삶에서 없어서는 안 될 중요한 위치에 올라섰다. 스위스 출신 작가인 알랭 드 보통 (2014: 11)은 사람들의 삶과 사회화 과정에서 뉴스가 차지하는 위상을 이렇게 설명했다.

> 철학자 헤겔이 주장하듯 삶을 인도하는 원천이자 권위의 시금석으로서의 종교를 대체할 때 사회는 근대화된다. 선진경제에서 뉴스는 최소한 예전에 신앙이 누리던 것과 동등한 권력의 지위를 차지한다.

미디어가 공급하는 뉴스나 저널리즘은 수용자 대중에게 단순한 상품이 아니라 권위이고 믿음이고 생활필수품이다. 따라서 어떤 미디어가 생활미디어인지, 그 미디어를 누가 지배하는지 규명하면 미디어의 권력지도와 시장구조가 규명된다.

2) 생활자본 미디어 이용

필요는 수요를 창출한다. 미디어도 마찬가지다. 수용자 대중이 가장 많은 시간을 보내는 미디어들이 생활자본화한다. TV와 스마트폰은 수용자들이 가장 많이 이용하는 미디어들이다.

우리나라 사람들은 하루 평균 3시간을 TV시청에 보낸다. 정보통신정책연구원이 2013년 수용자를 대상으로 일일 평균 미디어 이용시간을 조사한 결과 하루 평균 409분을 미디어 이용에 쓰고 그중 45.4%인 186분을 TV시청에 썼다. 미디어별 하루 평균 이용시간을 보면 TV가 186분, 전화기 85분, 컴퓨터 66분, 종이미디어 52분, 오디오기기에 14분을 썼다고 한다. 수용자 대중의 정보활동에서 TV의 절대성을 엿볼 수 있는 대목이다. 수용자들의 정보 및 문화활동 시간을 점령한 TV는 생활자본으로서의 위엄이 돋보인다.

　그렇지만 모바일 미디어는 TV가 누려왔던 절대적 지위를 위협한다. 수용자들의 모바일 이용시간에서도 이런 추세가 나타난다. 2015년 HS애드가 TV, PC, 모바일을 모두 사용하는 1,700명의 수용자들 대상으로 하루 평균 미디어 이용시간을 조사한 결과를 보면, TV가 3시간 6분, PC가 52분, 모바일이 3시간 49분으로 나왔다. TV와 모바일을 함께 사용하는 수용자의 경우에는 TV보다 모바일을 더 많이 이용하고 있었다. [12]

　수용자 대중의 미디어 선택과 정보 접촉은 관행적, 습관적으로 이루어지는 경우가 대부분이다. 아무리 채널이 많이 있어도 자주 접하는 채널은 4~5개에 불과하다. 인터넷도 너무 많아 선택하기 어려워 보이지만 실제 선택은 익숙한 몇몇 사이트로 한정된다. 수용자

---

12 〔편집자 주〕시간이 흘러 2021년 현재 이것은 현실이 되었다. 모바일미디어가 보편화되자 사람들은 급속하게 TV에서 모바일미디어로 옮겨갔다. 특히 젊은 층에서 이런 변화를 주도했다. 모바일미디어가 TV를 제치고 생활자본 미디어가 되었다.

대중의 선택과 의존도에 따라 미디어는 필수 미디어, 선택 미디어, 대안 미디어로 갈라진다. 필수 미디어는 TV와 스마트폰이다. 선택 미디어는 신문, 라디오, 잡지로 수용자의 대다수가 아닌 일부의 선택을 받는 미디어를 말한다. 이것은 일종의 보조, 보완기능을 하는 미디어다. 대안미디어는 소수자, 약자를 대상으로 하는 것들이 대부분이다. 수용자 대중 앞에는 헤아릴 수없이 많은 미디어, 수많은 커뮤니케이션 수단이 있지만 이용하는 미디어는 늘 제한적이고 습관적이다.

수용자의 미디어 선택이 습관적이라고 해서 아무 생각 없이 미디어를 선택한다는 것은 아니다. 수용자 대중의 정치적 성향은 미디어 선택에 영향을 미친다. 보수성향의 수용자는 보수색 짙은 매체인 TV조선이나 채널A를 주로 이용한다. 반대로 진보성향의 수용자는 〈한겨레〉나 〈시사IN〉 같은 진보미디어를 이용한다. 이렇게 수용자들의 정치이념적 성향은 대개 계급적 지위를 따르나 그렇지 않을 때도 있다. 간혹 부자가 〈한겨레〉나 〈오마이뉴스〉를 읽는다든가 가난한 사람이 〈조선일보〉의 열혈 독자가 되고 TV조선 등 종편채널의 고정시청자인 경우이다. 이렇게 정보 및 문화 분야에서 심심찮게 일어나는 전도(顚倒) 현상에 대해서는 세심한 연구가 필요하다.

한국 사회에서 돈으로 상징되는 경제력은 절대적이다. 돈은 사람보다 위에 있으며, 국가권력도 얼마든지 살 수 있다. "돈은 힘이요 권력이며 에너지"이고, 기회이며 경쟁력이고 추진력이라는 말이 허투루 들리지 않는다(임석민, 2010: 30). 이런 힘을 가진 돈은 수용자의 미디어 이용행태에도 깊은 영향을 미친다. 그래서 "문화생활은 신분의 척도"라는 주장이 나온 것이다(조준현, 2012: 293). 미디어 이용, 정보접촉, 문화활동을 포괄하는 문화생활은 수용자의 신분, 즉 경제력에 의해 크게 영향을 받고, 국가, 이념 등으로부터 규제를 받기도 한다. 수용자 대중은 애써 번 돈을 미디어 및 정보상품의 구매에 쓴다. 이것은 수용자 대중의 미디어 이용이 현실적인 삶의 깊이를 담고 있다고 해석할 수 있는 근거들이다. 특정한 미디어나 정보를 접하기 위해 비용을 부담하는 수용자 대중은 자신들이 얻은 정보를 바탕으로 가치관을 형성한다. 그래서 수용자 대중의 미디어 선택과 비용지출은 간단한 문제가 아니다. 수용자 대중의 생활자본 미디어를 살펴보는 것이 의미가 있는 이유이다.

7. 정의로서 미디어

미디어는 진실과 정의를 추구하는 공론(公論)의 장(場)이다. 오늘날 한국의 미디어 풍경은 진실도 없고 정의도 없는 혼돈 그 자체이다. 위안부 할머니들이 20년 넘게 투쟁해서 만든 일본의 반(反)인류성, 범죄성을 전 세계에 알렸지만, 박근혜 정권과 그를 따르는 미디어가 할머니들이 애써 만들어 놓은 역사적 성과를 무력화시키기도 했다.

몇몇 미디어운동가나 언론학자들이 지속적으로 관심을 둔 주제가 있는데, 바로 미디어 정의에 대한 것이다. 미디어운동가들은 무엇이 미디어 정의인지 숙고했다. 미국에 있는 '미디어 정의센터'(Center for Media Justice)의 사이릴(Cyril, 2009) 소장은 미디어 정의를 "우리의 민주주의처럼 우리의 미디어도 다양하고, 참여적인 공중과 함께 제작하고, 규제되며, 소유하도록 권력의 민주적인 재분배를 추구하는 것이 미디어 정의다"라고 규정했다.

위키피디아(Wikipedia)는 미디어 정의를 기층 민중운동으로 보았다. 이 사전에 따르면, "미디어 정의란 미디어와 문화생산, 권리, 정책이 사회정의에 기여하도록 하기 위해 권리를 박탈당한 주민들이 주도하는 지역적, 기층(基層) 민중운동"이다. 또 헤스몬달프(Hesmondhalgh, 2009: 253)에 의하면, 미디어 정치경제학은 사회이론과 실증적 분석을 근거로 불평등과 불의(injustice)를 반대하는 것이다. 이런 주장에 대해 미디어 정치경제학자마다 입장의 차이는 있지만 미디어 정치경제학이 사회정의를 연구목적으로 삼는다는 데에는 의견이 일치한다(Holt & Perren, 2009: 7).

미디어 정의에는 두 가지가 있다. 하나는 절대적 미디어 정의이고 다른 하나는 상대적 미디어 정의이다. 절대적 미디어 정의는 그 누구도 침범할 수 없는 가치다. 약자에 대한 배려, 진실, 평등, 주권, 평화13와 같은 가치는 미디어가 결코 포기해서는 안 되는 정의로운 가치이다. 절대적 미디어 정의론에서는 의식주, 땅, 보건, 교육 등 사람의 삶에 필수적인 영역에 대한 정보는 아무런 제한 없이 시민들에게 제공되어야 하며, 접근이 가능해야 한다고 본다. 또한

---

13 김당(2009)이 지적했듯이 평화(平和)라는 말뜻은 쌀[禾]을 고루 나누어[平] 먹는[口] 것이다. 강조하건대 평화는 함께 사는 방식을 말한다.

누구도 이를 독점하거나 통제하지 못하게 해야 한다고 한다. 이것이 바로 절대적 미디어 공공성 개념이다.

한편 상대적 미디어 정의를 주장하는 사람들은 미디어의 다양성, 공정성과 같은 개념을 유연하게 해석해야 한다고 말한다. 그러나 미디어 관점이나 해석이 다양하다고 해서 미디어의 편파나 왜곡 또는 불공정 보도를 용인한다는 의미는 아니다.

이런 견해를 종합하면 사회정의는 진실, 평등, 평화, 자주성을 기초로 가치, 권리, 자원 등을 공정하게 배분하고, 불의, 부조리, 불평등을 최대한 억제하려는 사회적 의지이며, 사회개혁의 틀이기도 하다. 사회정의의 한 분야인 미디어 정의는 사회정의를 목적으로 정보, 문화, 지식, 오락 등 정신적 분야에서 진실과 정의를 추구하는 이념이자 제도를 말한다. 이러한 정의가 이루어지려면 정보생산수단, 미디어 규제기구의 통제권이 시민대중에게 있어야 한다. 미디어 정의론은 돈만 추구하고 수용자 대중을 통제하는 가치나 제도를 비판하고 대안을 찾자는 것이다.

하지만 세상에 공짜는 없다. 집권층이 시민대중과 부를 나누려 하겠는가 아니면 권력을 배분하려고 하겠는가? 그것도 아니라면 정보라도 나누어 가지려 하겠는가? 지배층은 시민대중이 쟁취하고자 노력한 만큼의 것만 양보한다. 따라서 좋은 정보, 양질의 문화를 누리려면 합당한 수준의 시민행동이 있어야 한다. 많은 사람들이 불의를 타파하고, 약자를 배려하려는 마음이 조금만 있어도 삶이 즐겁고, 나라는 평안해진다. 이런 사회로 가려면 미디어 정의가 바로 서야 한다.

8. 문화로서 미디어

미디어가 하는 일 가운데 정보전달 기능만큼 중요한 것이 놀이 기능, 오락 기능이다. 수용자 대중은 미디어가 제공하는 대중문화를 접하고 삶의 시름을 잠시나마 잊는다. 사람들이 얼마나 놀이를 중시하는지는 요한 하위징아(Johan Huizinga)가 《호모 루덴스(Homo Ludens): 놀이하는 사람》이라는 책을 냈던 데서도 유추할 수 있다(《선샤인 논술사전》). 저널리즘도 상업적 대중주의에 바탕을 둔 것이어서 놀이의 일부분이 될 수도 있다. 그럼에도 드라마, 스포츠, 영화, 음악 등 대중문화는 근대 이래 최고의 놀이문화를 조성하였다.

미디어가 놀이기능을 수행하는 과정은 곧 자본주의의 증식을 촉진한다. 자본주의가 만든 것 중 명품에 속하는 것이 여러 개 있는데 대중문화도 여기에 속한다. 대중문화는 자본주의 축적에 용이한 소비경제를 촉진하는 기능이 있다.

연예오락을 비롯한 대중문화는 미디어를 중심으로 생산, 유통된다. 연예오락을 산업으로 융성하게 발전시킨 나라는 미국이다. 20세기 초반 무렵부터 미국은 정치, 교육, 공적 담론 등 사회적 중심 요소를 '쇼 비즈니스'로 만들었다(포스트먼, 1985/1997). 영상미디어의 대중화는 정치건 경제건 사회의 쇼 오락 비즈니스화를 촉진하였다.

대체로 대중문화는 탈정치성을 표방하는 정치적 색채를 보인다. 수용자들은 대중문화에 함몰되어 현실을 잊는 경우가 많다. 하지만 대중문화 스타들이 약자를 보호하는 행동을 하는 등 정의로운 모습으로 수용자 대중을 정치적으로 각성시키는 경우도 있었다. 또 어떤 때에는 뉴스나 시사프로그램보다 드라마, 개그 프로그램에서 비판적 메시지를 보내는 경우도 많다.

대중문화는 기성 문화, 기득권 문화에 도전하고 저항하는 요소가 있다. 다른 분야와 비교해 대중문화는 창의성, 다양성을 더 지향한다. 이 과정에서 문화적 역동성이 생성된다. 이야깃거리(story-telling)가 많아야 문화적 역동성이 크다. 한류 문화가 아시아권에서 독자적인 시장을 확보한 이면에는 풍부하고 즐거운 이야깃거리가 많았기 때문이다. 중국 출신의 마케팅 전문가 가오펑(高朋, 2016: 5~6)의 견해를 들어보자.

> 사람들의 눈을 사로잡고, 사람들에게 사랑받는 제품과 브랜드, 그리고 기업들이 가진 능력은 어디에 있는 걸까? 그것은 바로 이야기에 있다. … 기존에는 성공의 밑천이 기술과 금전에 있다고 여겼지만 이제는 바야흐로 이야기가 밑천인 시대, 즉 이야기 자본의 시대라고 부를 만하다.

단 몇 초짜리 웹툰이라도, 140자밖에 안 되는 트위터라 해도 이야깃거리가 있으면 사람들은 주목한다. 들을 만한 이야깃거리를 주는 기자, 국회의원, 노동자 등 사람이나 직업을 가리지 않고 사람들의 눈길을 모으는 힘이 바로 가오펑이 말한 '이야기 자본'이다.

9. 풍문으로서 미디어, 미디어로서 풍문

'발 없는 말이 천리를 간다'는 속담은 풍문의 확산 속도를 뜻하는 말이다. 2015년 5월 말 메르스가 삽시간에 퍼졌다. 정부와 삼성서울병원은 이 전염병에 대한 대처를 잘못해서 많은 환자가 죽었고, 고통을 겪었다. 이 소식은 삽시간에 SNS를 통해 확산되었다. 그러자 정부는 엉뚱하게도 SNS를 통해 유언비어(流言蜚語)가 난무하고 있다며 유포자를 명예훼손이나 영업방해로 처벌하겠다고 엄포를 놓았다. 무엇이 사실이고 무엇이 거짓말인가?

풍문, 소문, 유언비어 등은 사람들 사이에서 은밀한 형태로 이루어지는 소통방식의 하나다. 풍문과 뜻이 비슷한 유언비어에 대해 위키피디아(Wikipedia)는 "진실(veracity)이 금방 밝혀지지 않거나, 끝내 밝혀지지 않는 표현"으로 정의하고 있다. 미국의 저명한 사회심리학자인 올포트와 포스트만(Allport & Postman, 1948)은 유언비어를 "유언비어(rumor)의 강도 = 정보의 중요성 × 상황의 불확실성(ambiguity)"이라고 공식화했다.

이 공식에 의하면 정보의 중요성이 클수록, 상황이 불확실할수록 유언비어의 강도는 커진다는 것이다. 정확한 정보가 돌지 않고, 조작된 정보가 판을 칠수록 사람들은 풍문에 의지해 사회현실을 판단한다. 사람들이 은밀히 교환하는 풍문은 사회현실을 반영하고, 그 내용에는 사실성이 담겨 있다. 풍문은 미디어를 타기도 하지만 대개는 사람들 사이에서 유통되는 인간 커뮤니케이션의 한 형태이다.

풍문에는 비판성이 있다. 사람들은 권력을 공공연히 비판할 자유를 잃어버리면 은밀한 방식으로 권력을 비판하기 때문에 풍문은 생리적으로 권력 비판성을 갖는다. 이 때문에 보수적 집권세력은 풍문을 거짓이거나 명예훼손이라고 일축하지만 비판적인 풍문이 그렇게 쉽게 없어지지 않는다. 또 풍문은 변혁적 가치를 담기도 한다. 현존하는 제도나 가치에 염증을 내는 사람들은 세상을 바꾸고 싶은 욕망을 숨기지 않는다. 그래서 변혁적 풍문은 소리 없이 수용자 대중에게 다가간다.

정확한 정보가 충분히 공급되고, 정치경제적 구조가 균형을 이룬 사회에서는 풍문이 별로 많지 않다. 반면에 사회불평등, 민주주의가 빈곤한 사회에는 풍문이 들끓는다. 집권자에게는 불편한 것이 풍문이다. 박정희, 전두환의 군사독재는 양심적인 언론인을 대량 숙청하여 보도의 사실성, 비판성을 죽여 버렸는데, 그 틈을 비집고 들어온 것이 풍문이었다.

수용자도 정보가 부족할 때 불안감을 갖는다. 그래서 각자 많은 돈과 시간을 들여 필요한 정보, 정확한 정보를 얻으려고 노력한다. 그렇게 만들어진 이야기는 유언비어로 풍문으로 사람들 사이에서 회자되는데, 정치적으로 민감한 사안의 경우 이런 유언비어 풍문이 시간이 지나 사실로 드러난 사례가 많아지면서 뉴스보다 풍문에 관심을 갖고, 풍문을 믿는 대중의 심리가 나타나기도 했다.

정치적 사회적인 이유로 사회에서 공개되기 어려운 사실들이 유언비어, 풍문의 형태로 유통된 것이라면, 최근의 가짜뉴스는 이런 유언비어, 풍문과는 차이가 있다. 우선 풍문과 유언비어가 확산되는 데 따른 이익은 별로 없다. 그런데 처벌의 사례는 많다. 정보가 통제되는 상황에서 수용자 대중이 꼭 알아야 하는 정보가 유언비어, 풍문으로 전파되었다. 그러나 가짜뉴스는 국민이 꼭 알아야 할 정보도 아니고 대상도 폭넓다. 처벌은 미약하지만 가짜뉴스가 확산될수록 돌아오는 수익은 분명하다. 과거에는 정치적 이유 때문에 유언비어 풍문이 돌았다면 이제는 '돈' 때문에 가짜뉴스가 퍼진다.

수용자 대중은 그것이 유언비어든 풍문이든 가짜뉴스든 기존 매체에서 다루지 않는 정보에 대한 욕구가 크다. 이런 욕구를 실현할 수 있는 공간으로 소셜미디어가 발전한 것은 다행이다. 그러나 소셜미디어에서는 돈을 벌기 위한 목적으로 만들어진 가짜뉴스도 많이 유통된다.

참고문헌

가오평(2016). 《이야기 자본의 힘: 하버드 MBA 최고의 스토리텔링 강의》. 전왕록 역. 서울: 모노폴리언.

〈경향신문〉(2009. 7. 2.). "리영희 前교수 '李정부 1년 반, 인권 존재하지 않았다'". 노동자의 책. http://laborsbook.org/

〈동아일보〉(2016. 10. 26.). "김범수 카카오 의장 '지식노동자 양산 산업화시대 끝나 … 젊은이들 직업 찾는 방식 달라져야'".

문옥배(2004). 《한국 금지곡의 사회사》. 서울: 예솔출판사.

〈미디어스〉(2010. 4. 22.). "88만 원 세대여! 비판적 지성을 가져라!".

〈미디어오늘〉(2015. 1. 21.). "오너 관련 기사는 1억 주고라도 빼야".

_____(2017. 9. 16.). "디지털 혁신 속 뉴욕타임스 기자 '생활이 완전히 바뀌었다'".

보통, A.(2014). *The News: A user's manual*. 최민우 역. 《뉴스의 시대: 뉴스에 대해 우리가 알아야 할 모든 것》. 파주: 문학동네.

소셜미디어연구포럼(2012). 《소셜미디어의 이해》. 서울: 미래인.

〈시사IN〉(2016. 7. 2.). "트럼프와 브렉시트는 쌍둥이?". 459호.

_____ (2016. 9. 10.). "그때 그 코미디언들 왜 넘어지기만 했을까". 469호.

에런라이크, B. (2009). *Bright-Sided*. 전미영 역 (2011). 《긍정의 배신: 긍정적 사고는 어떻게 우리의 발등을 찍는가》. 서울: 부키.

〈오마이뉴스〉(2014. 7. 1.). "외신도 우려한 '박근혜 리더십' … '수치스러운 이 유로 …'".

이재유 (2008). 《계급》. 서울: 책세상.

〈일요신문〉(2015. 9. 28.). "대기업 홍보실 '회장님 구하기' 작전 백태: '막무가 내 짝사랑' … 때론 싸늘한 '역풍'으로".

임석민 (2010). 《경영학자가 쓴 돈의 철학》. 파주: 나남.

〈제일기획사보〉(2016). "〔미디어와이드뷰〕 2015년 대한민국 총광고비: 2014 년 대비 6.2% 성장, 2016년 1.8% 성장 전망". 2016년 3월호.

_____ (2021. 2. 9.). "제일기획, 대한민국 총 광고비 결산 및 전망 발표".

조준현 (2012). 《중산층이라는 착각》. 고양: 위즈덤하우스.

〈중앙일보〉(2015. 9. 22.). "〔중앙 미디어 콘퍼런스〕 김범수 다음카카오 의장 '모바일 분야 중국의 성장에 공포감 느낀다'".

_____ (2016. 9. 8.). "인구 첫 5천만 혼자 사는 가구 500만 명 넘었다".

카스토리아디스, C. (2015). *The Imaginary Institution of Society*. 양운덕 역 (1994). 《사회의 상상적 제도》. 서울: 문예출판사.

포스트먼, N. (1985). *Amusing Ourselves to Death: Public discourse in the age of show business*. 정탁영 외 역 (1997). 《죽도록 즐기기》. 서울: 참미디어.

〈한겨레〉(2016. 12. 19.). "문명이냐 야만이냐, 마르크스의 길".

_____ (2017. 9. 9.). "150살 '자본론'이 인공지능 시대를 만났을 때".

한국갤럽리포트 (2014). 〈데일리 오피니언〉, 234호.

홍예진 (2017). "NYT·타임사, 대규모 인력 해고 등 구조조정 추진". 〈신문과 방송〉, 561: 98~102.

Allport, G. W. & Postman, L. (1948). *The Psychology of Rumor*. New York: Henry Holt and Company.

BBC (2015). *BBC Annual Report and Accounts 2015/16*.

Cyril, M. (2009). "Media Justice: Out of the margins". *FAIR*.

Freedman, D. (2014). *The Contradictions of Media Power*. London: Bloomsbury

Publishing.

Hesmondhalgh, D. (2009). "Politics, Theory and Method in Media Industries Research". In Holt, J. & Perren, A. (eds). *Media Industries: History, theory, and method*, 245~255. MA: Wiley-Blackwell.

Holt, J. & Perren, A. (eds) (2009). *Media Industries: History, theory, and method*. MA: Wiley-Blackwell.

Williams, R. (1962). *Communications*. London: Penguin Press.

〈文化發展論壇〉(2006. 7. 26.). '文化生産力'.

4

포스트커뮤니케이션의 전개

디지털 커뮤니케이션 혁명을 거치면서 사람들은 언제 어디서나 정보를 접하고 전달할 수 있게 되었다. 이것은 디지털 기술, 미디어산업의 승리다. 국민은 자신의 권리를 찾고, 사회정의를 추구하는 데 있어 디지털 커뮤니케이션 기술과 미디어를 충분히 이용하고 있다. 그런데 놀라운 현상이 보인다. 최고 첨단기술과 서비스가 공급되고 있으나 사회부조리는 예나 지금이나 여전하다. 민주주의, 사회공공성은 전보다 약화된 것 같다. 민주주의를 가늠하는 언론과 표현의 자유, 양심과 사상의 자유는 아직도 실현되지 않고 있다.

한국 사회가 이런 식으로 취약점을 드러내는 이유는 무엇일까? 사회구조적 문제나 가치관은 왜 진화하지 못하는가? 한국 자본주의 그자체의 문제에서 답을 찾을 수 있다. 반드시 수호해야 할 고전적 커뮤니케이션 제도와 가치가 제대로 뿌리를 내리기도 전에 무너졌기 때문이다.

1. 커뮤니케이션의 변동

1) 고전적 커뮤니케이션의 질적 변동

세상에는 아름다운 말이 많은데 그중에서도 커뮤니케이션이란 말은 참으로 귀하고 아름답다. 우리말에도 '소통'이라는 단어가 있다. 카스텔스 사우스캘리포니아대학 교수는 "커뮤니케이션이란 정보의 교환을 통해 의미를 나누는 것"이라고 정의했다(Castells, 2009: 54). 커뮤니케이션의 정수는 적대적인 계급끼리 마음을 열고 문제해결의 실마리라도 찾으려는 노력이다. 대화하고, 협상하며 소통해서 문제를 해결하려는 일체의 생각, 의식, 행위 등을 총칭한다. 커뮤니케이션의 사회적 양식을 대변하는 것이 언론 또는 저널리즘이다. 이런 맥락에서 언론의 공공성이 구성되었고, 이는 "본질적으로 커뮤니케이션 자체가 공공적"이라는 뜻을 품는다(남궁협, 2015: 6).

하지만 미디어 기업에서 뉴스라는 상품을 만들어내는 과정을 보면 자본이나 광고주, 권력이나 이념에 의해 통제당한 경우를 자주 목격할 수 있다. 이명선[1] 전 채널A 기자의 언론관은 공공성-공익성을 구현하고자 했지만 현실에서 이를 실현하기는 어렵다는 것을 보여줬다. 이 기자는 미디어산업에서 일하는 기자 대부분이 독립성과 비판성을 누리지 못하는 원인을 과도한 상업주의라고 이야기한다. 이명선 기자의 말을 들어보자.

---

[1] https://www.neosherlock.com/archives/project/나는-왜-종편을-떠났나

감춰진 진실을 끝까지 추적해 밝히고, 자본과 권력을 감시하며, 사회적 약자를 대변하는 대리인이 바로 기자입니다. 그렇게 배웠고, 앞으로도 변하지 않을 것입니다.

이명선 기자는 취재방향을 두고 데스크와 언쟁을 벌이기도 했지만 어느새 분노의 날은 무뎌졌다고 썼다. "어차피 바뀌지 않을 거 싸워서 뭐 하나"라며 자기합리화를 시작했다고 기록하고 있다.

종편은 월급을 적지 않게 줬다. 매달 25일이면 웬만한 대기업 신입사원 연봉에 준하는 월급이 통장에 입금됐다. 나는 그 돈으로 좋은 옷을 사고 틈나면 바다 건너 해외로 떠났다. 나쁜 기사를 쓴 대가로 여유를 구매했다. 아무 생각 없이 시키는 대로 하면 참 편했다. 2

기자를 포함한 미디어노동자들은 독립성, 공정성, 비판성 등 사실과 진실 그리고 정의를 포기한 대가로 임금을 받고 임금의 크기는 영향력의 크기를 보여준다. 결국 미디어노동자는 자본과 권력을 위해 거짓 보도, 왜곡 보도를 서슴지 않는다. 이런 미디어노동은 제조업 노동과정과는 달리 노동가치론이 부분적으로만 작동한다. 이 틈을 보충하는 것이 '수용자 상품론'이다. 포스트커뮤니케이션 구조에서 매출액이나 이윤은 미디어노동, 미디어 브랜드, 사회정치적 영

---

2 이 내용은 '나는 왜 종편을 떠났나' 연재기사에서 "제 4화 왜 나는 음란 영상을 찾았나" 글의 일부임(출처: https://www.neosherlock.com/archives/743).

향력 등 다양한 요소가 작용한 결과이다.

그렇다면 커뮤니케이션이 산업을 이루고 상품을 생산하는 것에서는 노동가치론이 어느 정도로 관철될까? 마르크스가 주장한 노동가치설에 의하면 노동만이 가치를 창출하며, 이윤을 낳는 유일한 원천이라고 본다. 커뮤니케이션에 자본을 투자하고, 노동자를 고용하여 이윤을 추가하는 커뮤니케이션 산업에서 노동가치가 이윤을 창조하는지의 여부는 노동가치설의 성격에도 영향을 줄 수 있다.

필자가 그동안 마르크스의 노동가치설을 기초로 삼아 커뮤니케이션 산업의 노동과 이윤의 관계를 충분히 다루지 않았는데 거기에는 나름의 이유가 있었다. 단적으로 말해 광고, PR, 정부예산 등으로 운영되는 커뮤니케이션 기업에 고용된 기자 등의 노동이 과연 잉여가치를 창출하는지 확신하지 못했기 때문이다. 필자의 분석에서 광고를 주요 재원으로 삼는 커뮤니케이션 노동은 이윤을 창출하지만 일반 자본을 위해서는 이윤을 만들어내지 못한다. 그 대신 커뮤니케이션 노동은 일반 상품 및 서비스 판매를 촉진하는 소비문화와 뉴스를 제작함으로써 이윤을 실현시켜주는 기능을 한다. 광고를 비롯한 유통자본 또는 상업자본이 투입된 커뮤니케이션 산업은 이윤의 실현 기능을 하는 순수유통비, 상업자본의 성격을 가진다.

상업방송,3 홈쇼핑 채널, 네이버 등 광고, PR, 마케팅은 산업자본에게 상품 유통시간을 단축해서 이윤을 실현하도록 한다. 광고로 운영되는 상업방송, 포털, 홈쇼핑채널 따위의 상업커뮤니케이션 산

---

3 광고로 운영하는 방송을 의미.

업 자본은 판매시간을 단축시켜 줌으로써 이윤 실현을 앞당기며 효율적으로 운영된다. 광고주들이 미디어 광고에 지출하는 광고비는 비판 뉴스를 억제하고 홍보성 뉴스를 만드는 데 따른 비용을 대는 것이다. 자본가들은 광고, 홈쇼핑 채널 등을 이용하여 상품의 가치를 구현하려고 한다. 결국 광고나 상업미디어는 자본의 회전을 빠르게 하는 작용을 한다.

미디어산업은 자신들이 수익을 얻을 뿐만 아니라 상품이나 서비스를 널리 알리고, 소비문화를 형성하는 기능을 함으로써 독점자본을 비롯한 자본의 축적에 이바지한다. 공영미디어도 상업미디어보다는 떨어지지만 광고수입으로 운영된다면 이 역시 유통기능을 하는 상업자본의 성격이 짙다. 소비자에게 구매를 유도하는 기능을 하는 광고와 상업미디어는 기업들이 이윤을 실현하도록 도와주는 것이지 산하 노동자가 별도의 잉여가치를 창출하는 것은 아니다. 미디어 운영재원으로서 광고비는 산업자본이 거둔 잉여의 일부가 유통비로 이전된 것이다. 미디어노동이 자신을 포함한 자본주의적 축적과 계급질서를 옹호하는 데 따른 비용은 광고주가 충당한다. 이렇게 본다면 시청률, 발행부수, 영향력 따위를 기준으로 광고단가를 정하는 행위를 보면 광고비는 일종의 상품이자 지대(地代)인 것이다.

상업커뮤니케이션은 미디어노동자를 고용해서 정보상품을 만들지만 노동만이 가치를 낳는 것은 아니다. 때로는 복제와 저작권을 이용해, 때로는 미디어 영향력을 이용해 수익을 증대시킨다. 미디어는 영향력을 가졌다는 이유만으로 다른 미디어보다 더 많은 광고비를 받는 것이다. 이것은 수확량이 많은 땅을 가진 지주가 별다른 노동이나 노력 없이도 비싼 지대를 받는 것과 비슷하다.

상품성을 가진 커뮤니케이션이나 지대성을 지닌 커뮤니케이션 모두 이윤 또는 지대 수익을 올리고 복제도 하고 저작권 수입도 올리는 기묘한 상업커뮤니케이션 영역이다. 하지만 광고 미디어는 상품판매를 촉진함으로써 자본의 이윤실현을 도와주고 그 이윤을 일부를 나눠 갖는 것이지 가치를 창출하는 것은 아니라는 것이다. 광고는 수단방법을 가리지 않고 상품과 소비자를 연결시키려 한다. 그래서 광고제작자들은 흔히 감성적인 표현을 즐겨 쓴다. 광고는 사람들의 구매감정을 제품에서 느끼게 해야 하지만 그렇게 하지 않고 광고모델인 여배우들의 매혹적인 몸짓, 햇살로 가득 찬 창문너머의 풍경, 그리고 흘러나오는 광고음악으로 구매감정을 조작한다(송재도, 2017: 69).

고전적 커뮤니케이션에서는 사람 사이의 소통을 강조했다. 사람간의 관계가 비록 적대적일지라도 서로의 장애물을 거둬내고 뜻을 나누어야 한다는 것이다. 20세기 중반 무렵만 해도 커뮤니케이션은 정신적 소통, 문화적 교류 등 비물질적, 비경제적 차원에서 논의됐다. 커뮤니케이션은 누구라도 소통하고 협상하여 문제를 해결하겠다는 민주적 가치를 담았다.

오택섭 등 주류 언론학자들이 쓴 《뉴미디어와 정보사회》는 커뮤니케이션을 "인간의 가장 기본적인 활동으로 상징을 통해 정보나 의견을 주고받는 행위"라고 해석했다(오택섭 외, 2009: 13). 주경철 서울대 교수는 인간이 주체적인 삶은 살아가는 데 문자해독과 피임이 중요하다고 말했다(주경철, 2017: 294). 그가 문자해독에 주목한 것은 커뮤니케이션이 사회구성과 소통의 중요성을 충분히 인식했기 때문일 것이다. 빈센트 모스코(Vincent Mosco)는 비판적 정치경제학의 창시자 가운데 하나인 달라스 스마이드(Dallas Smythe) 교수의 정신을 이어받아 커뮤니케이션이란 "사회적 교환과정으로 이 교환의 내용은 사회적 상관관계의 징표 또는 구체적 표현"이라고 정리하였다(Mosco, 김지운 역, 1998: 86).

정신적 소통을 강조하던 커뮤니케이션이 물질적, 물리적 소통, 교통, 교환의 뜻을 더 중시한 것은 1997년 발생한 외환위기 때부터였다. 전파 발명에 이은 방송의 상업화, 물건이나 사람을 나르던 교통 등 물질적 이동과 거래는 물질적 커뮤니케이션 세계를 구축하는데 성공했다. 이때부터 커뮤니케이션에 이윤의 논리, 선전의 가치, 권력의 이해관계를 반영하기 시작했다. 커뮤니케이션은 당대의 지배이념을 반복하는 확성기 노릇에 몰두하였고, 커뮤니케이션의 귀퉁이에 불과하던 상업주의까지 기승을 부렸다. 그 중심에 광고와 대중미디어가 있다.

재벌-미디어-권력복합체는 커뮤니케이션 생산수단, 광고비와 홍보비, 자리 알선 등을 통해 무한대의 커뮤니케이션 권리를 누렸다. 부의 집중, 권력 독점, 민주주의 및 공공성 철학의 부재가 커뮤니케이션 제도와 산업, 이념적 가치를 배척하였다. 커뮤니케이션은 '나눔'이라는 라틴어에서 나왔다고 하지만 지난 10년 동안 집권한 우익 세력들은 자신들의 작은 이익을 위해 사회공공성·공익성을 파괴하였다. 커뮤니케이션이라는 공통적, 보편적 가치는 이윤과 권력 그리고 지배이념 앞에서 무력해졌다.

우리 사회가 '사회 커뮤니케이션'을 정립해서 민주적이고, 진취적인 정보와 지식 그리고 가치를 확산할 수 있도록 커뮤니케이션 제도, 시장, 이념, 감성을 전면적으로 개선하는 것이 역사적, 정치적으로 매우 절박한 과제였다. 그럼에도 재벌-미디어-권력복합체는 커뮤니케이션의 재정립이라는 숙제 보따리는 풀지도 않은 채 내버려두었다. 이들은 사회적 가치를 지닌 커뮤니케이션을 배척하고, 자본의 효율성, 생산성, 수익성을 최고의 가치라고 주장하면서 제 4차 산업혁명을 시작한다. 독점 세력은 이렇게 국민 대다수가 기대한 민주적, 사회적 가치를 구현하려는 고전 커뮤니케이션의 확립을 외면하였다. 지구적 독점자본4과 국제 권력의 이해관계를 대변하는 제국주의적 커뮤니케이션 시스템을 고수하였다. 한국 사회가 바라는 고전 커뮤니케이션의 실현을 멀리하고 커뮤니케이션을 지구적 독점자본의 이익을 실현할 목적에 집착하게 한다.

제 4차 산업혁명과 커뮤니케이션 혁명이 결합하는 것도 정당하지 않다. 이윤, 권력, 독점을 추구하는 지구적 독점자본과 이들의 정치적 후견인들은 자신들을 중심으로 세계 자본주의 산업과 시장을 근본적으로 바꾸려 한다. 공적 가치를 구현하고자 애쓴 고전 커뮤니케이션은 힘을 잃고 길을 잃었다.

---

4   미국이나 유럽이 제국주의 침략과 지배를 할 때 교통, 정보, 미디어 분야는 확실히 장악했는데 지금도 마찬가지다. 페이스북, 구글 같은 지구적 플랫폼이 전 세계 이용량의 85%를 점령하고 있다.

2) 포스트커뮤니케이션의 등장

고전적 커뮤니케이션의 영향력이 살아있을 때만 해도 신문과 방송의 교차소유니 간접광고니 하는 사유화·상업화는 공공성·공익성에 밀렸다. 하지만 1997년 IMF 경제위기를 극복하는 과정에서 언론의 독립성, 미디어의 공공성은 낡은 이념으로 치부되었고, 언론과 표현의 자유 그리고 민주주의는 권력과 자본에 의해 부정됐다. 자본의 강력한 산업재편과 상업주의의 추구는 부와 권력의 집중을 한층 더 심화시켰다. 빈곤한 국민에게 고장 난 커뮤니케이션 시스템, 경제독점과 위기, 정치적 불안정, 과격한 이념적 질서를 강요하는데 이 같은 커뮤니케이션을 '포스트커뮤니케이션'이라고 할 만하다. 포스트커뮤니케이션은 사실, 진실, 정의와는 동떨어진 시스템이다. 포스트커뮤니케이션 시스템은 경제적으로는 전 지구적 규모의 거대 미디어의 독점적, 제국주의적 지배를 지지한다.

한국 자본주의는 수용자 대중에게 공공성·공익성이라는 고전적인 커뮤니케이션의 가치에서 벗어나 경제적, 정치적으로 보아야 한다고 강요했다. 한국은 냉전시대에 국제적 반공세력의 최전선에 있어서 그런지 미국으로부터 경제적, 군사적, 기술적, 문화적 지원을 많이 받았다. 물론 한국군의 베트남전 참전 등 더 중요한 많은 것들을 부담했다. 20세기가 끝날 무렵에 한국 자본주의는 국내외적으로 전자, 통신, 미디어, 콘텐츠를 포함한 커다란 커뮤니케이션 산업을 만들어냈다. 이제는 '디지털 커뮤니케이션' 기술을 이용하여 국민 하나하나가 1인 미디어를 보유하게 되었다. 더구나 한류(韓流)라는 오락문화는 전 지구적 공간에서 그 위상을 확고히 하였다. 이렇게 하드웨어, 소프트웨어, 서비스 및 콘텐츠가 비약적으로 성장했는데 이것이야말로 커뮤니케이션 혁명의 본보기였다.

하룻밤 자고 일어나면 새로운 미디어, 놀랄 만한 기술, 다양한 서비스와 콘텐츠가 수용자들의 마음을 다잡았다. 수용자 대중은 정보검색, 이메일, 모바일에 매년 수십조 원을 썼다. 이제는 이른바 제4차 산업혁명5이다. 커뮤니케이션 산업은 미완으로 남겨둔 채 제4차 산업혁명을 진행하고 있다. 이 두 가지 혁명을 연구하려면 다음과 같은 점을 꼼꼼히 생각해 보아야 한다.

첫째, 한국은 물론 전 세계가 경제위기를 맞아 경제성장, 고용, 소비, 자본의 이윤율 등 대부분의 경제지표가 나쁘다. 미국이나 일본은 양적 완화를 통해 인위적으로 대응하고 있으나 그 후유증은 말할 수 없이 심각하다. 위기 국면에서 독점자본은 인수와 합병을 통해 지구적 커뮤니케이션 산업을 장악해 나갔다. 이들이 만들어 놓은 지구적 커뮤니케이션 산업은 세계를 대상으로 하는 방대한 시장을 구축할 수 있다.

둘째, 자본은 노동자에게 일을 시켜 이윤을 뽑아내던 전통적 축

---

5 제4차 산업혁명은 결국 효율성-생산성-수익성의 혁명이다. 이를 통해 미국 등 선진자본국은 중국과의 생산성 경쟁에서 승리하고자 한다. 중국은 인간노동을 배제하는 제4차 산업혁명이 마냥 좋은 것은 아니다. 만약 제4차 산업혁명의 결과 미국의 생산현장에서 노동자 수가 줄고, 노동가치가 떨어지면 중국에서 만든 제품과 효율성, 생산성 경쟁도 가능해진다. 그러나 이 혁명이 성공해도 가뜩이나 일자리가 없어 문제인데, 그나마 있는 일터까지 없애는 혁명이기 때문이다.

적방식에서 벗어나 생산의 자동화, 지능화를 통해, 다시 말해 컴퓨터와 기계노동, 인공지능 기술을 이용하여 축적하는 길을 선택한 것 같다. 기업들도 노동자가 없고, 노동도 없는 무인(無人)자본주의로 가는 꿈을 꾸는 것 같다. 이것은 노동과 자본의 관계를 자본의 일방적인 독주에 묶어 놓고 우리 삶을 송두리째 바꿀지도 모른다. 로봇, 무인자동차, 무인 드론 등은 사람을 고용할 이유를 없애주었다. 로봇저널리즘, 빅데이터, 가상현실, 증강현실은 새로운 저널리즘이나 대중문화로 성장하고 있다. 무인자본주의에서 노동가치론은 힘을 발휘하지 못한다.

셋째, 기술, 기계의 발전이 눈부시고 노동력도 고급화, 전문화되면서 자본주의 생산력은 크게 늘어났으나 잉여가치를 생산하는 노동, 노동자의 지위는 떨어졌다. 생산력과 생산관계가 정면으로 충돌하면서 생산관계가 교란되기 시작했다. 이 과정에서 정보 및 지식, 기술, 기계, 오락 등에서 저작권이나 특허권을 가진 집단은 지배계급에 올라설 수 있다.

넷째, 국민, 미디어, 자본, 권력이 상호교류하고 대립하는 가운데 미디어는 국민의 믿음을 바탕으로 권력과 자본을 감시하고 잘못을 비판한다는 고전적 커뮤니케이션은 역사에 묻히고, 대신에 자본과 권력이 미디어를 통제하고, 미디어는 국민의 생각이나 행태를 감시한다. 이것이 21세기의 포스트커뮤니케이션이다. 이렇게 포스트커뮤니케이션은 현상과 본질이 정면으로 충돌하는 위기에 몰린다.

다섯째, 미디어를 비롯한 사회적 커뮤니케이션 영역은 전통적으로나 이론적으로 의심할 바 없이 공공성·공익성이라는 가치를 중시했으나 다양한 상업 커뮤니케이션이 나타나 사회커뮤니케이션을 변방으로 몰아냈다. 새로운 미디어, 채널이 급증하고 광고경쟁이 치열해지면서 상업성과 수익성이 공적 가치를 왜소하게 만들었다. 또 정치권력의 하수인으로 전락한 경험 등은 공영방송의 사회적 위상을 떨어뜨리고 수용자 대중과 광고주의 외면으로 이어지면서 심각한 재정위기 상황으로 내몰린다.

여섯째, 자본주의 커뮤니케이션 생산방식은 대량생산-대중광고, 대중미디어-대중소비라는 포맷으로 성장하였다. 미디어는 시장의 존립요건인 성장, 수익성, 국민의 신뢰를 확보해야 한다. 디지털 기술의 확산, 생산과 소비의 세분화, 개인화가 전개됨에 따라 광고와 마케팅도 대량적, 대중적 차원에서 세분화, 개인화로 방향을 바꾸기 시작했다.

일곱째, 광고 커뮤니케이션은 시청률, 조회 수, 발행부수 따위를 기준으로 광고비를 결정한다. 광고가 없는 커뮤니케이션 체제는 콘텐츠나 서비스를 생산, 공급하여 이윤을 남긴다. 이들은 광고 커뮤니케이션과 달리 자본이 종사자들의 노동을 이용해서 이윤을 창출한다. 반면 광고 커뮤니케이션 기업은 뉴스나 프로그램을 광고주의 눈에 들도록 관리한다. 미디어 시장에서 광고주는 상왕(上王) 노릇을 할 정도로 영향력이 커졌다. 네이버 등 포털 권력도 언론권력 못지않은 영향력을 갖고 있다.

여덟째, 오로지 콘텐츠나 서비스를 만들어 파는 노동집약적, 지식집약적 커뮤니케이션 기업은 노동력을 착취하여 생산성을 높이려 한다. 게임, 책 등 광고 수입에 의존하지 않는 커뮤니케이션 기업은 종사자를 경제적, 정신적, 육체적으로 착취하여 이윤을 챙긴다. CJ E&M 소속의 이한빛 피디의 죽음은 미디어 및 오락산업의 이윤이 어디서 나오는지 정확히 알려준다.

이 피디는 '혼술남녀'의 신입 조연출로 일했다. 그런데 이 피디는 지나치게 높은 노동 강도, 근대식 조직 문화, 비정규직 해고 문제 등에 시달리다가 숨을 거뒀다(〈미디어오늘〉, 2017. 5. 22.). 광고 수입에 목을 매야 하는 미디어 문화 속에서 오락 콘텐츠 제작노동자는 21세기 노비(奴婢)인 것이다. 자본은 이들에게 자비는커녕 최저생활비도 주지 않는 경우가 많다. 미디어기업이 국내외 시장에서 많은 돈을 번다해도 이들 노동자에게는 그림의 떡이다. 광고수입이 거의 없는 미디어 창작은 제작 노동자들의 필요노동을 빨리 끝내고 잉여노동에 집중함으로써 투입된 자본에 많은 이익을 발생시켜야 투자를 중단하지 않는다.

아홉째, 과학기술혁명은 사회의 많은 부분을 바꾸었다. 여러 가지 기술 가운데 인공지능은 제4차 산업혁명만이 아니라 모든 나라에서 그 영향력이 대단하다. 지난 몇십 년 동안 기술적인 한계로 인해 인공지능에 대한 연구가 지지부진했다. 그러다가 머신러닝 및 딥러닝의 발명으로 인공지능 기술이 정체성을 벗어나 제4차 산업혁명을 이끄는 힘으로 성장하였다.

그런 한편 커뮤니케이션 양식의 변화가 워낙 깊고 넓어 이를 '커뮤니케이션 혁명'이라고 부를 만하다. 언론학 교육 역시 획기적인 변화가 불가피하다. 소프트웨어·서비스·콘텐츠 기획·제작·판매 능력, 디지털 커뮤니케이션 기술을 다루는 능력 등을 교육함으로써 커뮤니케이션 산업의 변화에 적응하는 인재를 키워야 할 의무가 있다.

열 번째, 포스트커뮤니케이션은 약자를 배려하려는 사회적 의지, 정의로운 가치를 실천하고자 하는 동기가 약하다. 예를 들어 지역 미디어 기반은 빈곤하다. 지역민들은 정보, 대중문화에서도 소외를 당하지만 지역신문, 지역방송에 대한 공적 지원은 몇백억 원의 생색내기에 그친다.

열한 번째, 국가의 섣부른 규제완화 및 사유화 정책은 커뮤니케이션 산업 발전에 역효과가 될 위험이 있다. 시장의 규모가 크고, 경쟁이 심해서 콘텐츠나 디지털 기술분야가 세계적으로 좋은 평가를 받았는데 국가가 나서서 잘못된 정책으로 규제를 하면 그 후유증이 매우 심각할 것이다. 정부와 국회, 학계, 의료계가 나서서 게임산업을 술, 담배, 도박, 마약과 같은 '죄악 산업', '잠재적 범죄자'로 낙인을 찍고 엄중히 규제하는 법을 제정했다. 강력한 규제 앞에서 게임산업은 크게 흔들렸다. 폭풍우를 임시나마 피할 목적으로 한국 게임산업은 중국시장으로 갔다. 프로게이머, 프로듀서, 게임 기업 등은 중국 자본에 팔려갔다. 이후에 한국 게임산업은 규모나 시장 점유율 등에서 선두권을 벗어났다. 한마디로 말해 전문성, 투명성이 부족한 정부의 미디어·오락산업 규제는 시장을 파탄 낸다.

열두 번째, 대의민주주의 제도는 나름대로 전체주의를 깨는 데 기여했지만 대체로 실패하고 말았다. 정당제도, 언론과 표현의 자유 보호 등 대의민주주의 제도와 가치는 허약하기 짝이 없다. 예컨대, 한국, 미국, 일본의 여당과 야당을 보면 국민 대표성도 별로 없고, 언론과 표현의 자유도 심각하게 위협받는 지경에 이르렀다.

3) 정의롭지 못한 사회의 그늘

고전적 커뮤니케이션이나 포스트커뮤니케이션을 비롯한 커뮤니케이션은 정의를 반드시 추구해야 한다는 공통의 가치가 있다.

한국에서 유통되는 대부분의 정보는 미디어 시장에서 제작, 유통되는 것들이다. 수용자 대중은 이런 정보에 의지하여 세상을 이해하는 방식을 배운다. 미디어가 제공하는 정보나 대중문화 또는 광고가 어떤 식으로든지 수용자 대중, 기업, 국가에 영향을 주기 때문에 사실, 정의, 약자 보호 등 준수해야 할 것들이 많다. 하지만 무능하고 무책임한 정부, 극심한 불평등과 대안 부재, 이념의 과잉, 권력의 집중, 수천 년 전에 있었던 씨족사회 수준의 정실 자본주의, 통제 불능의 빚(국가부채, 가계부채, 기업부채), 남북대립, 대안과 희망의 부재가 한국 사회를 억압한다.

이럴수록 미디어와 검찰이 제 역할을 해야 하지만, 현실은 그렇지 못하다. 수구권력, 건물주, 기업주, 광고주라는 4대 실력자가 주인 행세를 하는 한국 사회는 더욱 피폐해지는 것 같다. 위기는 날로 깊어 가는데 해법은 없다. 자본주의 질서 자체에 취약점이 드러나고 소통의 중심인 커뮤니케이션 체제가 흔들리는 모습이다.

국민들의 정의와 민주주의를 향한 집념으로 권력의 횡포와 싸워 민주주의를 간신히 정착시켰다. 그러나 이명박, 박근혜 정권의 10년은 민주주의, 경제, 남북관계, 한중관계, 한일관계를 포함하여 사회의 거의 모든 것을 망가뜨렸다. 국민들이 뼈를 깎는 괴로움 속에서 벌어놓은 사회적 재산은 오간 데 없이 몇몇 재벌기업만이 풍요로움을 즐긴다. 한국이 그늘진 자본주의에 안주하고 집착하는 이런 기괴한 현실은 정확하고 비판적인 뉴스를 비롯한 정보의 부재 때문이기도 하다.

미디어가 만드는 정보에는 그늘이 있다. 뉴스를 제작하고 공급하는 미디어산업이 소유자본, 광고주, 국가권력의 이해관계를 반영하다보니 사실, 진실, 공정성, 정의와 같이 절대 포기할 수 없는 가치를 손쉽게 포기한다. 미디어산업은 사실이나 진실이 왜곡된 정보 그늘을 만들고 민주주의를 갉아먹고 언론의 자유, 미디어의 공공성을 위협한다.

뉴스가 조작되고, 통제되는 사회에서 미디어가 산업적으로 성공할 경우 사회적 폐해는 값으로 따질 수 없을 만큼 크다. 미디어산업 때문에 공공성이나 민주주의에 실패가 생기면 한국 사회는 심하게 흔들리고, 미래를 기대할 수도 없다. 불평등한 자본주의는 그늘진 정보를 낳고, 그늘진 정보가 진실한 정보를 압도하는 사회에서 국민들의 의식은 정보장벽에 갇히게 된다.

미디어산업은 뉴스, 문화, 스포츠, 오락, 교양과 계몽 등 다양한 콘텐츠를 공급했음에도 수용자나 광고주는 뉴스의 진실성, 광고의 효력을 의심하곤 했다. 커뮤니케이션 체제에서는 극히 몇몇 미디어 기업이 정보를 독점하고, 광고수입도 독식한다. 미디어 기업의 영향력이 커지면서 언론권력이라는 상징권력을 휘두른다.

20세기 커뮤니케이션 양식은 자본이 미디어를 구조적으로 장악하고, 국가권력은 그 내용을 통제하는 이원적인 모습을 보였다. 이 과정에서 국가는 거의 모든 콘텐츠를 검열, 심의하였다. 이에 미디어 노동자들은 미디어의 독립성과 공공성 그리고 민주주의를 요구하는 투쟁을 계속했다. 이들은 권력을 비판하는 뉴스를 만들라고 요구하면서 파업도 불사하였다.

경제난으로 피폐해지고, 정치적 민주주의, 언론과 표현의 자유를 잃어버린지도 모르고 살았던 대다수의 국민들은 실력행사에 나섰다. 이들은 SNS를 이용해 촛불시위를 벌이고 비판적 여론을 형성하며 정국의 흐름을 바꿔버렸다. JTBC는 박근혜 정권의 국정 문란 및 부정부패를 폭로해 탄핵을 이끄는 데 기여했다.

4) 사람의 상품화

이윤 중심의 사회는 사람까지도 사고파는 상품으로 만든다. 이들의 몸, 노동력, 의식도 돈벌이의 대상이다. 인문학자인 권창규(2014: 17)는 사람이 상품이라는 논리를 이렇게 서술했다.

> 자본주의 사회에서 상품화할 수 있는 능력과 상품을 살 수 있는 능력은 인간을 정의하는 데 핵심적이다. 상품화할 수 있는 능력은 생산력이요, 상품을 살 수 있는 능력은 소비력이다. 자본주의 체제의 생산과 소비는 상품을 중심으로 돌아간다. 상품이 사람들의 일정을 채워 나가고 사람들 스스로가 상품이 된다.

한국은 1960년대 들어서면서부터 산업자본주의를 시작하였다. 중공업의 기초를 닦고, 소비재를 대량으로 만들어 자본을 축적하는 산업화가 본격적으로 진행되었다. 대량생산-대량유통-대중미디어, 대중광고-대량판매, 대량소비가 생산모형이었다. 이런 산업화 모형에서 절대 생략할 수 없는 것들이 있다. 커뮤니케이션 수단이다. 커뮤니케이션 산업에는 세 가지 형태가 있다. 제 1커뮤니케이션 산업에서는 사람, 물건 따위를 운반하는 물질적 교통수단이 필요하다. 제 2커뮤니케이션 산업모형은 우편, 전신, 전화 따위를 말하며, 이것들은 정보 내용을 직접 제작하지 않고 고객이 만든 것을 단순히 실어 나르는 일을 한다. 제 3커뮤니케이션 산업은 미디어 기업들이 뉴스, 오락프로그램 등을 만들거나 방송하는 것이다.

뉴스나 정보 또는 대중문화, 광고와 같은 정신적 교통이 있어야 생산자와 소비자가 연결된다. 뉴스, 드라마, 스포츠 등의 콘텐츠는 저널리즘과 대중문화를 낳았다. 그 배후에는 광고주와 전자산업이 있다. 국가는 커뮤니케이션 제도, 산업, 시장을 합리적으로 구축해 나갔다. 이들은 커뮤니케이션을 물질적, 물리적 교통으로 해석하여 이 분야를 적극적으로 가꾸었다. 사람과 물건을 실어 나르는 교통수단이 제대로 움직이려면 철도, 도로, 항만, 항공 등 기간시설이 튼튼해야 한다. 제국주의 국가는 식민지 침략과 착취를 통해 근대적인 물질적 커뮤니케이션 체제를 일부 완성했다. 이와는 성격이 다른 정신적 커뮤니케이션이라 할 수 있는 우편, 전신, 전화가 나타났다. 전파의 발견은 커뮤니케이션 세계를 변형하였다.

디지털 커뮤니케이션이 급성장하여 기술6과 서비스가 날로 정교화, 자동화하면서 로봇저널리즘과 데이터와 같은 자료도 상품으로 거래된다. 근대적 커뮤니케이션이 자본축적과 국가권력의 확립과정에서 중요한 역할을 하였다. 수용자 대중, 정치, 광고, 소비문화에 영향을 미치고, 돈벌이를 하거나 미디어의 영향력을 매개로 정치적 이득을 얻는 데 미디어만 한 것이 없다.

포스트커뮤니케이션의 체계는 고전적 커뮤니케이션의 장점을 살리지 못했다. 포스트커뮤니케이션 체제의 가장 큰 특징은 사람과 노동이 필요 없게 된다는 것이다. 생산 및 판매 현장은 대부분 자동화되고 지능화되었다. 그 결과 소수의 노동자만이 고용된다. 인간의 노동력이 첨단기술로 대체되는 순간이다. 그런데 모든 과정이 생산 자동화, 지능화되면서 수익성은 높아졌다. 자본가와 기업들이 디지털 커뮤니케이션 시장을 떠나지 못하는 이유이다. 이런 변화는 인터넷 혁명, 모바일 혁명, 4차 산업혁명의 핵심이다.

그래서 포스트커뮤니케이션은 이전의 커뮤니케이션보다 더 불평등하고 불공정한 커뮤니케이션 시스템을 낳았고, 공익적 가치를 무력화시켰다. 오로지 자본의 이익, 권력구조의 유지에만 집착하는 특징을 보인다. 문제는 제4차 산업혁명이라는 기치 아래 정보, 문화, 오락, 광고, 커뮤니케이션 등 거의 모든 정신적 생산이 포스트커뮤니케이션 체제로 변화하고 있다는 것이다.

이것은 커뮤니케이션의 과격한 사유화, 상업화를 촉진시키고, 인

---

6 기술이 영어로는 *Technology*인데 이것은 원래 그리스어에서 나왔다. 그 뜻은 '공예 과학'이다.

공지능, 로봇, 빅데이터는 효율성, 생산성을 무기로 커뮤니케이션의 근간을 뒤흔든다. 커뮤니케이션 산업을 비롯한 거의 모든 생산 및 유통 영역에서 사람이 사라지면서, 노동가치도 떨어진다. 제작 자동화, 지능화로 인해 소수의 사람들만이 일터에 있고, 다수의 사람들은 실직하거나 생존에 급급한 상태에서 벗어나지 못한다.

2. 커뮤니케이션 체제

자본주의 사회에서 거의 모든 미디어와 정보생산은 자본을 가진 사람들에게 집중된다. 미디어 기업, 광고회사는 주식을 상장하지 않은 곳이 많아 소유와 경영구조가 폐쇄적이다. 국가권력은 미디어 내용을 통제함으로써 수용자 대중을 무지하게 만들고, 잘못된 정치적 선택을 강요한다. 주요 미디어는 모두 자본가나 국가기관의 규제를 받는데, 이런 성격의 미디어가 권력과 시장을 감시해야 한다는 논리는 터무니없다. 불평등과 미디어는 동전의 앞뒷면과 같은 관계이다. 불평등이 심각할수록 미디어의 사실은폐 기능은 확대된다. 미디어가 불평등을 합리화하는 것만 보아도 잘 알 수 있다. 그럼에도 반전은 얼마든지 많다. 민주주의가 살아 있고, 노동계급의 시민들이 정보 불평등을 비롯한 사회적 불평등을 철폐하자고 나서면 누가 이를 대적할 것인가! 지배세력은 타협책을 내놓으면서 노동계급 시민의 불만을 없애려고 한다.

커뮤니케이션 산업이 제공하는 상품은 다른 상품과 비교해 복잡한 성격과 기능을 갖고 있다. 전통적인 대중미디어와는 기술, 시장, 운영방식 등 모든 것에서 다른 1인 미디어, 포털, 온라인 쇼핑몰, 모바일 등 뉴미디어가 대세를 이끈다. 커뮤니케이션 산업이 제공하는 상품이나 서비스는 다양하지만 광고에 의지한다는 한계가 있다. 온라인 쇼핑몰, 오프라인 쇼핑몰에 투입된 자본은 본질상 상업자본이며, 그런 기업이 얻는 이윤은 다른 산업에서 생산되는 잉여가치가 상업이윤으로 재분배된 것이다(김창근, 2009: 291).

김창근은 정보재를 단일 상품으로 여기지 않고 윈도를 비롯한 소프트웨어 그리고 네이버 닷컴과 같이 정보제공의 기능을 하는 포털 사이트로 나누어 고찰한 끝에 포털 사이트가 얻는 초과이윤은 신문이나 방송이 얻는 초과이윤처럼 산업자본이 제공하는 광고수입에 불과하다고 주장했다(채만수, 2004; 김창근, 2008).

광고는 커뮤니케이션 체제와 이념이 기업을 중심에 두고, 권력 질서에 밀착시키는 힘이 있다. 대중미디어가 과잉생산, 과잉소비를 연결시켜 자본의 증식을 촉진하는 역할을 하도록 힘을 실어준 것이 광고이다. 이렇게 본다면 광고는 자본주의 생산과 소비를 관리하려는 자본에게는 비장의 무기인 셈이다. 저널리즘, 대중문화, 스포츠도 광고가 만든 근대적 산물이다. 광고주, 미디어 기업, 대중문화예술인은 광고를 매개로 협조적인 관계를 가진다.

디지털 기술이 발전하고, 시장경제가 활발히 움직인다고 해서 미디어의 광고의존성이 없어지지는 않는다. 오히려 새로운 커뮤니케이션 미디어도 전통미디어 못지않게 광고에 예속되어 있다. 네이버나 카카오 같은 막강한 포털업체도 광고주 앞에서는 한없이 공손해진다. 이들의 주된 수입원이 광고이기 때문이다.

전통미디어나 신흥미디어 모두 광고를 넘어서지 못했다. 2015년 기준으로 SBS, MBC, KBS는 총수입 중 광고비중이 각각 66.3%, 63.4%, 32.5%였다. 그런데 네이버를 비롯한 신흥미디어의 광고의 존도 상당히 높다. 네이버는 사업수입의 71.4%인 2조 3,224억 원을 광고에서 벌었고, 단지 26.2%만이 콘텐츠 수입으로 번 것이다. 카카오는 62.6%인 5,838억 원을 광고에서, 24.9%는 게임 사업으로 번 돈이다(한국비즈니스정보, 2017: 304). 디지털 커뮤니케이션 시대에도 광고주는 여전히 '갑'의 지위를 갖고 있음을 보여준다.

광고가 미디어산업과 소비문화의 형성에 기여한 바도 상당하다. 그러나 때때로 과잉소비를 부추기고, 미디어의 상업화, 보수화를 촉진하기도 한다. 광고는 자본주의를 정치적, 경제적, 문화적으로 합리화하는 이데올로기 역할을 한다. 그래서 광고를 비판하고, 반대하는 사람이 많다. 광고 비판은 자본주의 비판이기도 하고, 성차별, 인종차별, 나이차별, 지역차별 등도 반대한다는 의미가 있다 (Offensive Libertaire et Sociale, 2016: 94). 따라서 광고를 전면적으로 폐지하는 것은 무리인 만큼 과잉광고, 거짓광고, 과대광고에 대해서는 규제할 필요가 있다.

산업자본주의의 산물인 커뮤니케이션 체제는 대의제 민주주의와 짝을 이룬다. 정치는 정당으로, 정보 및 대중문화는 미디어에서, 소비시장에서는 광고주를 통해야 국민들은 자신의 이익을 요구할 수 있었다. 정당, 정보, 대중문화, 광고 모두 국민들이 부담하는 돈으로 움직이면서도 간접적으로만 국민이 통제한다. 미디어는 대의 제 민주주의가 뿌리를 내리는 데 많은 역할을 하였다. 신문과 지상파 방송을 비롯한 중심적인 미디어는 소유구조상 사적 또는 국가적 기업이고, 광고비는 대기업이 대부분 제공한다. 그리고 이런 광고 의존으로 정부 중심에서 광고주 중심으로 미디어를 바꾸는 데 성공한 것이다.

3. 포스트커뮤니케이션의 속성

인류가 21세기에 접어들자 기술, 경제, 정치, 문화예술 등 많은 것이 바뀌었고, 지금도 변화는 멈추지 않는다. 커뮤니케이션은 사회 구조적, 이념적, 정치적 변화에 따라 다양하게 발전하였다. 기술 발달이나 양극화 등 환경변화에 민감한 영역이 교육과 커뮤니케이션이다. 이 영역에서는 하루가 멀다 하고 새로운 현상, 놀라운 기술이 나타난다. 커뮤니케이션 혁명, 제4차 산업혁명, 미·중 갈등, 한반도의 긴장, 양극화가 지난 10년 그리고 앞으로 10년 사이에 위기의 중심에 있을 것이다.

자본은 자본주의 생산에서 인간적 요소를 최소한으로 묶어놓고 노동자와 노동의 가치를 최소화하는 무인(無人) 자본주의라는 사막으로 내쫓고 있다. 일하는 사람을 줄이고 자동화, 기계화를 완성시켜 독점자본의 효율성을 극대화한다는 것이다.

1) 이윤 유일신

기업과 국가는 함께 인공지능을 앞세워 21세기 지구적 먹거리를 만들겠다고 다짐하는 중이다. 이들은 성장, 수익성, 소비자 신뢰라는 시장의 생존원리를 터득한 탓인지 이 중 한 가지라도 미진하면 어떻게 하든 잘못된 점을 시정한다. 무인자본주의는 이 3가지 생존 원리에 비교적 적합한 생산방식이다. 무인자본주의에서 디지털 커뮤니케이션 기술과 서비스는 치밀한 자본의 관리를 받으며 새로운 이윤 창구로 이용되고 있다.

일단 이윤의 논리가 작용하면 커뮤니케이션은 쉽게 망가진다. 인간 커뮤니케이션, 미디어 커뮤니케이션 따위는 오로지 자신만을 위한 도구로 변질된다. 박지원(2012: 29)은 커뮤니케이션이 쌍방향이나 공동체적인 가치가 아니라 자기중심적 가치를 고집하기 때문에 커뮤니케이션 오류가 발생한다고 말한다.[7]

미디어산업도 공공성·공익성이라는 공동체의 가치를 버리고 이윤이라는 유일신을 믿는다. 이들에게 중요한 것은 성장과 이윤이다. 이것만 관철된다면 진실도 정의도 얼마든지 버릴 수 있다. 가만히 생각해 보면 미디어산업도 자기중심적 성향이 강하다. 이들은 시장의 요구에 부응하는 정보나 문화를 제공하고 광고수입을 올리는

---

7 박지원은 다음과 같이 말했다. "서로의 생각을 공유하는 것이 아니라 커뮤니케이션의 기준을 '나'에 두고 내 생각을 전달하거나 내 기준으로 판단한다는 점이다. 이를 심리학에서는 '자기중심성'이란 용어로 설명하고 있다."(박지원, 2012: 30)

것이지 거악을 폭로하고 시장을 감시하는 기능은 점점 더 약해지고 있다.

신자유주의는 커뮤니케이션 산업의 기본 틀과 이념을 송두리째 뒤엎었다. '커뮤니케이션 신자유주의'는 정보통신 기업, 금융자본, 미디어와 오락산업이 각박한 이윤의 논리를 수용하도록 압박했다. 이윤추구에 눈이 먼 커뮤니케이션 산업은 선거까지 개입하여 자신들의 이익을 충분히 반영하는 정권과 유착해 왔다. 거기에다 커뮤니케이션 세계에 커다란 영향을 미치는 제4차 산업혁명이 진행되고 있다. 미디어를 비롯한 커뮤니케이션 분야가 어떻게 변할지 누구도 장담하지 못한다. 예를 들어 이민화 교수는 지금 막 퍼지기 시작한 제4차 산업혁명으로 미디어 세상은 천지개벽할 것이라고 예측했다 (김지혜, 2016).

미디어, 정보, 문화 영역에서 맹위를 떨쳤던 공공성, 공익성 이념과 제도는 아주 옛적부터 지금까지 인류가 수만 년 동안 지켜왔던 소중한 가치다. 그런데도 많은 이윤을 바라는 사적 자본과 정보를 조작해서라도 권력을 놓치지 않으려는 국가에 의해 거의 무너져 버렸다. 종편채널, 미디어 렙, 간접광고, 가상광고 등 상업주의적 요소가 공공영역을 깨고 나갔다. 자본의 독선은 여기서 그치지 않는다. 커뮤니케이션 혁명이 끝나기도 전에 '제4차 산업혁명'8이 일어

---

8 제4차 산업혁명론에 따르면 인류의 산업혁명 시대는 증기시대(1760~1840), 전기시대(1840~1950), 정보시대(1950~)로 발전하였다. 제4차 산업혁명이 뚫고 나가는 기세나 파급효과로 보아 인공지능시대라 할 수 있다. 김상윤(2016. 10. 13. : 4)에 의하면, 3차 산업혁명은 사람들이 기계와 컴퓨터에 개입하여 생산

난다고 말한다. 인간의 노동을 기계노동이나 인공지능노동으로 대체하고, 이를 바탕으로 제조업을 비롯한 생산, 유통영역에서 노동자를 없애거나 아주 최소한으로 줄이려 한다.

'오로지 이윤'은 포스트커뮤니케이션 체제가 추구하는 가장 중요한 가치이다. 이윤의 논리는 기술, 기계, 인공지식 등 모든 것에 앞서 길을 만든다. 이 과정에서 새 기술이 옛 기술을 대체할 확률은 매우 높고, 필요노동이 잉여노동에 의해 가치를 잃게 된다. 생산현장에서 자동화, 지능화가 노동자를 몰아낸다. 전통적인 노동과 자본의 관계가 변하여 무인자본주의라는 새로운 생산관계가 정립될 수도 있다. 이때부터 사람노동의 가치는 폭락하기 마련이다. 이런 치명적인 단점을 예상한 노동자들은 제4차 산업혁명에 대해서도 민감하게 반응하는 모습이다.

미국 케이블산업은 한때 지상파 방송과 경쟁해도 이길 수 있을 만큼 누구도 범접하기 어려운 미디어로 자리매김했다. 케이블산업의 경쟁력은 '최대이익 모형'에서 나왔다(The Economist, 2017: 10). 최대이익 모형이란 케이블방송사가 가입자에게 더 많은 채널을 공급하여 더 비싼 시청료를 징수하는 방식이다. 이런 수익모형은 얼마가지 못하고 IPTV에 자리를 내어 주었다.

교육은 보통 과거와 현재에 중점을 두고 가르친다. 이제부터라도 미래를 배우는 자세가 필요하다. 새로운 지식, 변동하는 국내외 현

의 자동화를 이뤄낸 것이라면, 제4차 산업혁명은 사람의 개입 없이 인공지능에 의해 컴퓨터와 기계가 독자적으로 상호 소통함으로써 스마트화를 실현하는 것이다.

실을 반영하고, 기술적 발달에 대해서도 충분한 지식을 제공해야 한다. 교육 전문가들은 21세기 교육의 방향, 학습 방식을 4C라는 말로 대응하였다. 비판적 사고(*critical thinking*), 커뮤니케이션(*communication*), 협업(*collaboration*), 창조성(*creativity*)이 21세기 교육과 배움의 기초라는 것이다. **9**

2) 독립성의 상실

미디어 독립성이란 소유 및 투자의 독자성, 내용의 독립성을 보장하는 개념이다. 이런 공적 가치는 시민, 시장, 국가가 수호하려고 노력해도 될까 말까 한데 그간 신자유주의 태풍이 몰아쳐 많이 상처 나고 괴로움을 당했다. 공공성·공익성은 파괴되고, 사회적 커뮤니케이션은 사유화, 개인화, 고착화로 성장하였다. 공적 커뮤니케이션의 사유화가 진행됨으로써 한국 사회는 '커뮤니케이션 폐쇄'로 소통과 대안의 불모지가 되고 말았다(박승권, 1993).

커뮤니케이션 체제는 권력, 자본, 지배이념으로부터 벗어나지 못한 채 독립성을 잃어버렸다. 20세기까지 영향력을 갖고 있던 커뮤니케이션은 인공지식노동, 사물인터넷, 로봇 등 대안적 기술 및 서비스의 공세, 광고경쟁 등의 시장경쟁, 수용자시장의 세분에 적응하지 못하고 포스트커뮤니케이션에 자리를 내놓았다. 이것은 극단적인 자본주의 이윤 공세인 신자유주의가 휩쓸고 간 흔적이다.

---

9 Wikipedia. 'The Four Cs of 21st Century Learning'.

포스트커뮤니케이션 체제는 대규모 자본 아니면 1인 미디어가 생존하기에 유리하다. 거대 미디어 자본은 주식시장이나 투자사와 같은 외부자금을 받아들이고, 이익배당금을 챙기기 위해 수용자, 국가에 의지하거나 광고에 모든 것을 걸다시피 한다. 이런 식으로 운영되는 미디어는 이전과 비교해 독립성을 더 많이 잃고 만다.

3) 언론권력의 분산

20세기 후반까지 커뮤니케이션은 정보, 대중문화, 광고에 의해 좌우되었다. 기술적 한계 때문에 아날로그 커뮤니케이션은 대기업, 국가권력의 손아귀에서 벗어나지 못했다. 미디어는 자본과 권력에 유착한 대가로 언론권력을 얻었다. 커뮤니케이션 시대는 미디어, 광고, 기술, 콘텐트 모두에 집중한다. 이들의 표적은 대중소비 시장이다.

뉴스, 정보, 대중문화, 여론시장에서 주도권을 갖고 흐름을 좌우하는 미디어가 대중적 지지를 바탕으로 재벌-미디어-권력복합체의 이익을 수호하려는 반면, 적대자나 반대파를 공격하고 비난하여 정치적, 이념적으로 고립시킨다. 언론권력은 저널리즘의 비판적 기능에 힘입어 선거를 거치지 않았는데도 정치적 영향력이 크다.

지난 30년 가까운 세월에 가장 영향력이 컸던 군부독재가 물러가면서 남긴 권력의 공백을 채운 것이 신문이었다. 이들은 사회여론을 형성하는 힘을 가진 언론권력을 누리기 시작하였다. 이들이 재벌-미디어-권력복합체를 만들어 국가, 시장을 좌지우지한 결과 시장이나 권력을 감시하는 데 실패하고 말았다. 신문에 대한 정치적 불신은 심각한 수준이었다. 국민, 미디어종사자들은 언론노조운동, 시민언론운동을 통해 언론권력과 맞섰다.

그러자 꿈쩍도 하지 않던 언론권력에 균열이 생기기 시작했다. 인터넷이라는 미디어가 수용자 대중의 손에 쥐어졌기 때문이다. 디지털 커뮤니케이션 산업은 일간지, 3대 지상파 방송을 무력하게 만들었다. 새로운 자본과 기술이 속속 시장으로 들어오면서 자연히 언론권력도 약화되었다.

언론권력은 신구 권력으로 나누어 볼 수 있다. 구 언론권력은 조선·중앙·동아일보, 3대 방송이었다. 디지털 시대인 지금은 네이버, KT, SKT, 삼성, 3대 광고회사, SM엔터테인먼트 등 뉴스, 여론, 대중문화를 바탕으로 사회적, 정치적, 기술적, 재정적, 문화예술적 영향력을 발휘하는 미디어나 기업이 언론권력을 갖는다.

새로운 기술인 인공지능 기술은 새로운 자본, 새로운 논리를 가진 새 언론권력을 만들어 갈 것이며, 기자들의 정치적, 경제적 토대도 불안정해지며, 이들의 영역을 인공지능 기술이 파고들 것이다.

4) 기술의존성 증대와 시장 확장

미디어 기업은 디지털 커뮤니케이션 기술을 적극적으로 수용했다. 인터넷은 하늘이 내린 디지털 커뮤니케이션 기술로 수많은 미디어와 채널을 공급할 수 있었다. 인공지능은 현재 진행 중인 제 4차 산업혁명을 이끄는 첨단 뇌과학 기술로 인공지능 없이는 로봇에서 사

물인터넷까지 모든 것들은 작동시킬 수 없다. 시장조사업체인 IDC
에 의하면, 세계 인공지능 시장은 2016년 80억 달러에서 2020년
470억 달러로 급증한다고 한다(〈조선일보〉, 2017. 2. 21. : B1).

5) 공공철학의 파탄

제 4차 산업혁명의 영향은 자본, 권력에 한정된 것이 아니라 인류
생존에 직간접적으로 영향을 준다. 인간의 두뇌를 복사하고, 사람
들을 감시·통제하는 능력과 욕망은 무한대이다. 포스트커뮤니케
이션 체제에서 공공성, 공익성, 민주주의는 별 볼일 없는 가치가 되
었다. 제 4차 산업혁명에 참여하고 상품을 팔기까지에 들어가는 자
본의 규모는 어마어마하다.

공공철학이 거부되는 마당에 공공서비스라고 해서 편할 리가 없
다. 극심한 경쟁시장, 수신료의 정당성, 정부와 국회의 수신료 비
판, 공영방송의 상업적 이익의 욕구 등으로 예정된 추락을 거듭했
다. 공영방송은 공공서비스에서 점차 '자본 + 기업 + 국가 + 선전'이
라는 전혀 엉뚱한 모형으로 옮겨갔다. 영국 BBC는 한때 세계 최고
라는 명예를 얻었지만 지금은 '기업형 국영방송'으로 몰락했다는 비
판을 많이 받는다(Lewis, 2016).

6) 국가의 무능과 무책임

중국의 《尚書》(상서)에는 "오직 백성만이 나라의 근본이니, 근본이 튼튼해야 나라가 편안하다"는 말이 있다. 동서고금에 위정자치고 이런 말을 하지 않은 사람이 없을 만큼 나라를 다스리는 데 있어 중요한 개념이다. 현대사회에서 민본주의는 공공성, 공익성, 민주주의로 연결되었다. 그러나 시장의 논리가 사회를 지배하는 유일신으로 올라서자 국가의 민본주의 사상은 급격히 퇴조하고, 자본이 대세를 잡았다.

굳이 고전을 인용하지 않아도 국가는 무조건적으로 국민에게 충성을 다해야 하고, 이를 위해서 민본주의, 민주주의, 공공성 및 공익성, 복지와 같은 가치를 섬기는 국가만이 살아남을 수 있다.

국가는 사적 자본의 이익을 위해 공공영역 등의 규제완화, 사유화를 핵심이념으로 삼는 신자유주의 정책을 도입하였다. 진보세력은 이를 막고자 하였으나 폭력까지 동원한 보수기득권 세력에 의해 뜻을 이루지 못했다. 규제를 풀어서 새로운 시장을 만들어 경쟁을 촉진한다고 장담했지만 결과는 정반대로 시간이 지날수록 자본의 독점력을 증대시켰다(Wise, 2000: 117).

여기에 덧붙여 한국에서는 최근 10년 동안 과학기술 정책의 합리성을 유지하지 않고 정파성 및 하향식 정책결정 구조로 인해 독립성, 전문성을 잃었고, 성과도 미미하다고 한다. 그 가운데서도 소프트웨어 정책은 0점일 정도로 엉망이다. 정부 주도에 재벌기업의 부담으로 만들어진 '창조경제'는 처음부터 실현불가능한 것이었다.

국가는 대량 해고, 대량 실업, 악화하는 비정규직 노동에 대해 방관하거나 소극적인 정책을 내놓는 걸로 역할을 다했다.

7) 미디어산업의 변동

이윤 지상주의, 경제성장, 광범위한 기술혁명, 사회 양극화, 시장개방과 지구화는 커뮤니케이션의 개념부터 산업구조에 이르기까지 남김없이 변하고 또 자취를 감춘 것도 많다. 커뮤니케이션 혁명은 자본 및 기술, 권력, 시민대중의 이익과 요구를 반영하여 디지털화-모바일화-지능화 체제를 탄생시켰다. 상전벽해(桑田碧海)라 할 만큼 기존 시스템을 변화시켰다.

미디어 자본은 생산성 및 성장성 증대, 이윤율 증대를 목적으로 헤아리기조차 어려운 규모의 아날로그 미디어노동자들을 일터에서 쫓아냈다. 거기에다 제4차 산업혁명까지 일어나 미디어 현장에서 아예 노동을 없애거나 아니면 대폭 줄여서 효율성을 달성하고, 노사갈등을 원천적으로 없애려 하고 있다.

4. 포스트커뮤니케이션의 어두움

1) 역사적 전개

구텐베르크가 만든 인쇄기가 근대문명의 문을 연 이래 정보, 지식, 오락, 문화가 사람의 삶과 정치경제적 과정의 중심부에서 벗어난 적이 없다. 시장경제의 융성, 기술발전, 단단한 중산층의 형성, 교통의 발달, 법제 및 이념의 근대화는 커뮤니케이션을 저널리즘, 대중문화, 광고 등 다양한 상품과 서비스를 가능케 하였다. 근대 정치도 커뮤니케이션을 가까이에 두었다. 커뮤니케이션은 급속히 산업화, 권력화 함으로써 언론권력을 낳았다. 커뮤니케이션은 사회적 과정 및 사람들의 삶에 깊숙이 개입하여 영향을 미쳤다. 커뮤니케이션 산업은 상당한 정도로 정치적 독립성을 가졌다.

그래서 지난 20세기를 '커뮤니케이션 시대'라 한다면 앞으로 100년은 공공성, 공익성, 국민주권으로 인정을 받았던 커뮤니케이션 시대를 거쳐 독점자본, 국내외 권력, 기술에 의존하는 포스트커뮤니케이션 시대로 들어가게 된다. 포스트커뮤니케이션 시대에 미디어는 자신의 독립적 위상을 지킬 수 없고, 자신의 모든 것을 독점자본에 내주게 된다. 이쯤 되면 포스트커뮤니케이션은 '오로지 이윤'(*Profit Only*)만을 외칠지도 모른다.

커뮤니케이션과 포스트커뮤니케이션의 또 다른 차이는 커뮤니케이션 체제 아래서 일간지-방송의 독점체제는 광고시장, 콘텐츠시장 그리고 여론시장을 주도하며 언론권력이라는 선출되지 않은 권력을 행사한다. 그러나 포스트커뮤니케이션 체제하에서는 전 지구적 경쟁, 이용료 등 광고 이외의 수입원을 확보해야 한다. 그러나 광고 이외에 적합한 재원을 찾기 어렵다는 것이 현실이다. 예컨대 중국의 시청자들이 실시간 동영상을 통해 한국 드라마를 시청한다 해도 한국 방송사나 기획사가 돈을 버는 구조가 아니다. 저작권 제도의 부실 때문이다. 저널리즘, 대중문화 등이 광고나 대중이 없이도 살아가야 하는 것이 포스트커뮤니케이션 시대의 생존법이다.

인터넷 혁명으로 촉발된 커뮤니케이션 혁명은 인류에게 많은 변화를 주었다. 그런데 혁명이 끝나기도 전에 제4차 산업혁명이 불어닥쳤다. 모바일, 스마트폰 등 꿈조차 꾸기 어렵던 디지털 커뮤니케이션이 화려한 빛을 내는 순간에 인간을 모방한 인공지능, 로봇 따위가 커뮤니케이션 혁명의 빛을 훔쳤다.

디지털 기술이 커뮤니케이션 노동의 질적인 변화를 일으킨다면, 인공지능과 로봇은 생산, 노동, 소통 및 소비에 혁명적 변화를 일으킬 것으로 보인다. 인공지능 로봇이 기사를 쓸 수 있을 정도가 되었다는 것은 앞으로 노동의 질량이 변화하고 있음을 말해준다. 로봇저널리즘은 알고리즘과 자동화를 축으로 삼아 단순하고 반복적인 일을 떠맡을 수 있으며, 방대한 자료를 효율적으로 관리하는 데 적합하다(김익현 외, 2016: 7~8). 좀더 간단히 말해 로봇저널리즘은 "컴퓨터 알고리즘을 활용해 자동으로 기사를 작성하는 방식"을 뜻한다(박대민 외, 2015: 61).

우리는 커뮤니케이션 혁명으로 전자, 통신, 미디어, 콘텐츠 등의 영역에서 많은 것을 이뤘다. 거의 모든 사람이 모바일폰을 갖고 1인 미디어 시대를 연 것도 대단한 성과다. 전자, 통신, 미디어산업은 삶의 모든 부분을 모바일로 처리하는 '오로지 모바일'(mobile only)을 부르짖는다(〈전자신문〉, 2016. 12. 28.). 인터넷, 휴대폰, 구글, 페이스북 등 다양한 커뮤니케이션 수단은 몸의 일부나 되는 듯 거의 모든 사람에게 편리함을 준다. 그뿐이 아니라 경제적으로도 공장, 기업, 유통, 판매에서 새로운 일자리를 만들었다. 이리하여 한국은 현실공간과 가상공간에서 나름대로 탄탄한 기초를 닦을 수 있었다. 제 4차 산업혁명은 이를 기초로 커뮤니케이션 기술, 시장, 법제, 이념을 사적 소유 및 이윤의 논리에 더 깊이 복속하였다. 제 4차 산업혁명의 핵심자리를 차지한 인공지능 로봇이 시장을 주도하는 한편 미디어산업은 독점자본, 광고, 커뮤니케이션 기술, 권력으로부터 자유 내지는 독립성을 확보하는 데 실패하였다.

공공성, 공익성 그리고 민주주의를 향해 나아가려 했던 커뮤니케이션 시대는 안타깝게도 저물고 있다. 공공철학의 토대라고 할 수 있는 공기업, 미디어, 노동조합 등이 바닥을 드러냈다. 신자유주의와 제 4차 산업혁명으로 기술, 기업, 산업이 융합하고 통합하는 중이다. 포스트커뮤니케이션도 사유화 및 최대 이윤의 논리에 묶여 있다. 인공지능, 로봇, 빅데이터 등은 사유화와 이윤 극대화라는 포스트커뮤니케이션 체제를 확립하는 데 이용된다.

2) 다툼 그리고 심각한 문제들

포스트커뮤니케이션은 한 치 앞을 내다볼 수 없는 불안정한 시국에 태어났다. 현재 자본주의가 그렇듯이 커뮤니케이션 산업에서 투자 및 생산의 과잉-소득 및 소비의 과소 구조를 특징으로 하며, 여러 가지 위기에 쉽게 노출된다.

포스트커뮤니케이션이 극복해야 할 갈등은 사람노동과 인공지능 노동의 다툼, 사람노동과 자본의 대결, 사람노동과 권력의 갈등, 사람 의견과 기계 의견의 갈등, 사회적 신뢰와 불신의 갈등이다.

미디어 이용자와 미디어산업은 긴장관계에 몰리기도 한다. 푹스 웨스트민스터대학 교수는 소셜미디어가 안고 있는 세 가지 대립관계를 다음과 같이 지적했다(Fuchs, 2014: 89).

① 경제적 대립: 이용자 데이터와 소셜미디어 기업의 이윤추구의 대립, ② 정치적 대립: 이용자의 프라이버시와 감시-산업 복합체의 대립, 권력의 책무성을 원하는 시민과 비밀을 원하는 권력의 대립, ③ 시민사회의 대립: 소셜미디어를 공론장으로 만들려는 시민사회와 지배를 추구하는 기업, 국가의 대립이 그것이다.

여기에 덧붙여 미디어산업은 자신의 영역에서는 기술혁신을 꺼리면서도 뉴스나 논조에서는 수용자와 광고주의 눈치를 본다. 하벤즈와 로츠(Havens & Lotz, 2017)는 이렇게 안팎이 다른 입장을 갖는 것을 보고 '미디어산업의 모순'(ironies of media industry)이라고 불렀다.

더욱 심각한 문제는 저널리즘, 데이터, 대중문화가 커뮤니케이션 혁명과 제4차 산업혁명으로 인해 뿌리째 흔들리고 있다는 것이다. 사람이 아닌 컴퓨터, 로봇이 인간의 활동과 생각의 일부를 대신해 줌으로 효율성, 생산성이 높아진다는 단순 논리가 먹히는 것이 현실이다. 그렇지 않아도 괴로운 삶이 사람들을 어렵게 하는데, 인공지능으로 인간은 일터를 잃고, 로봇세로 기본소득에 생존을 맡겨야 하는 상황이 도래할 것이다. 물론 커뮤니케이션 혁명과 제4차 산업혁명에 성공하고 그 과실을 사회적으로 고루 나눈다 해도 컴퓨터와 로봇 그리고 세금에 인생을 맡기는 것이 조금도 부럽지 않다. 일하는 만큼 번다는 말이 있듯이 노동하고 그에 걸맞은 대우를 받는 것이 사회적 시장이라면 그곳이 바로 유토피아가 아닐까 한다.

3) 포스트커뮤니케이션 시대의 작은 희망

커뮤니케이션은 역사적, 기술적 발달에 따라 고전적 커뮤니케이션 시대와 포스트커뮤니케이션 시대로 대별된다. 커뮤니케이션의 양식이 기술적 요소에 의해서만 이행되는 것이 아니라 경제적, 정치적, 이념적, 문화적 요소가 고루 작용한 결과이다. 이런 다양한 요소 가운데 경제적 동기, 다시 말해 성장, 이윤, 독점의 논리가 결정적으로 작용한다고 볼 수 있다.

고전적 커뮤니케이션은 공동체 유지에 역점을 두었다. 자연히 공공성·공익성이 커뮤니케이션의 흐름을 좌우하였다. 일간지, 방송은 고전적 커뮤니케이션 시대를 풍미하였다. 이들 미디어는 웬만한 자본으로는 꿈도 꿀 수 없었다. 재벌기업이나 국가자본, 그리고 외국자본이 미디어를 경영할 능력이 있었다. 신문과 방송은 뉴스, 여론, 대중문화, 스포츠를 상품으로 팔아 부를 축적했다.

디지털 커뮤니케이션 혁명은 전통적 언론권력과 미디어 독점구조를 상당히 약화시켰다. 수용자 대중은 인터넷과 스마트폰을 무기삼아 정치 등 사회과정, 국정, 시장에 참여함으로써 공공의 이익을 수호할 기회를 가진다. 2016년 총선에서 여소야대가 되면서부터 국가권력을 조금이나마 견제할 수 있었다. 이 과정에서 사람들은 SNS를 이용하여 비판, 참여, 연대, 조직, 대안이라는 SNS 소통모형을 만들었다. 2016년 이화여대 학생들이 철저히 비폭력적 행동으로 최순실의 딸인 정유라의 이화여대 부정입학을 규탄하는 집회를 가졌다. 이화여대 안팎에서 많은 사람들이 보는 가운데 SNS식의 커뮤니케이션 모형이 빛을 발휘한 예이다.

새로운 커뮤니케이션 기술과 미디어산업의 성장과 발전은 그 자체로도 소중한 성과다. 그렇다고 커뮤니케이션을 경제적 이해관계에 묶어둬서는 곤란하다. 공공성·공익성이란 고전적 커뮤니케이션의 가치가 신자유주의 세력에 의해 아무리 심각하게 훼손되었다 해도 포기할 수 없는 가치이기 때문이다.

커뮤니케이션은 그 어느 때보다 사유화, 양극화, 상업주의, 정치적 보수화, 이념의 과잉으로 얼룩졌다. 어려운 문제 앞에서 고전적 커뮤니케이션이 후퇴하고 말았다. 제4차 산업혁명까지 일어나 정부, 기업, 학계 할 것 없이 인공지능이 펼치게 될 마술과도 같은 미래를 조망하고 있다.

참고문헌

권창규(2014). 《상품의 시대: 출세·교양·건강·섹스·애국 5가지 키워드로 본 한국 소비사회의 기원》. 서울: 민음사.

김익현·남유원(2016). 〈플랫폼은 저널리즘의 친구일까 적일까: GEN Summit 2016 참가기〉. 《2016 해외 미디어 동향》. 서울: 한국언론진흥재단.

김지혜(2016. 10. 28.). "4차 산업혁명, 미디어는 천지개벽". 〈사이언스타임즈〉.

김창근(2008). "정보재 가치논쟁에 대한 비판적 평가". 〈마르크스주의 연구〉, 5(1): 253~299.

_____(2009). "정보재 가치논쟁과 마르크스주의 경제학". 〈마르크스주의 연구〉, 6(1): 273~294.

남궁협(2015). "미디어소유의 공적 책무와 사적 권리". 한국지역언론학회 학술 세미나 발제문.

〈미디어오늘〉(2017. 5. 22.). "CJ E&M '이한빛 PD 죽음 진심으로 사죄, 환경 개선할 것'".

박대민·최민재(2015). 《(쉽게 풀어쓴) IT 용어사전 365》. 서울: 한국언론진흥재단.

박승관(1993). "한국사회의 사회적 커뮤니케이션 세계의 붕괴". 〈언론정보연구〉, 30: 87~122.

박지원(2012. 6. 6.). "커뮤니케이션의 걸림돌, 자기중심성". 〈LG Business Insight 1200〉, 29~35.

송재도(2017). 《마케팅 지배사회: 소진, 파괴 그리고 불평등》. 파주: 들녘.

오택섭·강현두·최정호·안재현(2009). 《뉴미디어와 정보사회》. 파주: 나남.

이명선(2018. 2. 25.). '나는 왜 종편을 떠났나'. https://www.neosherlock.com/archives/project/나는-왜-종편을-떠났나

〈전자신문〉(2016. 12. 28.). "2020년 세계 최초 5G 상용 서비스 … VR 등 융합 시장 확대".

〈조선일보〉(2017. 2. 21.). "인공지능에 몸달았다, 한국 기업들 '두뇌 쟁탈전'".

주경철(2017). 《그해, 역사가 바뀌다: 세계사에 새겨진 인류의 결정적 변곡 점》. 파주: 21세기북스.

채만수(2004). "정보재의 가치와 관련한 몇 가지 쟁점에 대하여". 〈현장에서 미래를〉, 104: 83~105.

한국비즈니스정보(2017). 《2017 업계지도: 한발 앞서 시장을 내다보는 눈》. 서울: 어바웃어북.

Castells, M. (2009). *Communication Power.* New York: Oxford University Press.

Fuchs, C. (2014). *Social Media.* New York: Routledge.

Havens, T. & Lotz, A. (2017). *Understanding Media Industries.* New York: Oxford University Press.

Lewis, G. (2016). "The Broken BBC: From public service to corporate power". *Monthly Review, 67*(11): 20~36.

Mosco, V. (1988). *The Political Economy of Communication.* 김지운 역. 《커뮤니케이션 정치경제학》. 파주: 나남.

Offensive Libertaire et Sociale(2016). *Divertir pour Dominer: La culture de masse contre les peuples.* 양영란 역. 《재미가 지배하는 사회: 대중문화는 어떻게 지배자의 논리가 되었나》. 서울: 갈라파고스.

The Economist(2017. 2. 11.). "The Modern Entertainment Industry Is a Nirvana for Consumers: For America's bloated pay-TV providers, not so much".

Wise, R. (2000). *Multimedia: A critical introduction.* London: Routledge.

5

4차 산업혁명과 무인자본주의

1. 대세의 변화

1) 변화의 본질

2017년 1월 12일은 로봇 역사에 기록될 만한 기념비적인 날이다. 유럽연합의회가 인공지능 로봇에게 '전자인간'(*electronic personhood*)이라는 법적 지위를 주는 결의안을 통과시켰기 때문이다(〈동아사이언스〉, 2017. 2. 25. : 20). 이 결의안은 로봇이 사람을 해치지 못하도록 언제든지 로봇의 활동을 중단시키거나 파괴할 수 있는 '킬 스위치'(Kill Switch)[1]를 마련해야 한다고 명시했다. 이런 장치가 없는 로

---

[1] 로봇과 같은 정보기기를 잃어버린 경우 원격으로 조작해 개인 데이터를 삭제하고 사용을 막는 일종의 자폭 기능.

봇은 유럽으로 들어올 수 없도록 했다.

한편 미국도 로봇 산업에 사활을 걸었다. 제4차 산업혁명을 추진해서 미국 경제를 인터넷 경제에서 로봇 경제로 이행하겠다는 방안을 갖고 있다. 이것은 헨리 크리스텐센(Christensen, 2016) 캘리포니아대학 교수가 150명가량의 전문가들과 함께 작성한 〈미국 로봇 공학의 로드맵〉(U. S. Robotic Roadmap) 2에 나온 내용이다. 이것을 보면 미국이 생산과 유통의 기계-자동화-지능화를 통해 경제위기를 벗어나려는 집념을 엿볼 수 있다. 제4차 산업혁명은 노동가치를 최소화하고, 자본생산성을 극대화하려는 지구적 독점자본의 전략이다.

제4차 산업혁명을 상징하는 단 하나의 개념을 들자면 인공지능이고, 이것의 본질은 효율성과 이윤극대화이다. 효율성의 논리를 따라서 기업들은 노동자의 규모, 임금을 최소한 줄이려 한다. 그럼으로써 노동가치는 추락하고, 노동가치론이 폐기처분될 처지에 있다. 인공지능(Artificial Intelligence)을 이용한 로봇, 빅데이터, 사물인터넷 따위를 상품화하고, 사람노동을 기계노동으로 대체하는 것도 이런 목적에 충실한 가치관이다.

여기서 분명히 짚어야 할 점이 있다. 제4차 산업혁명은 인간 대 기계의 대결로 보는 견해가 일반적이다. 그러나 이는 현상만 보고 본질을 이해하지 못한 생각이다. 아무리 인공지능 시대라 해도 자본은 생산력의 도구로 인간이나 기계와 관계를 맺는다. 따라서 이 싸

---

2 필자는 한국로봇산업진흥원이 번역한 글을 참고했다(〈로봇 뉴스 & 인포〉, 2017-3).

움도 역시 거대 독점자본 대 인간, 또는 자본 대 노동으로 전개될 가능성이 높다.

생산 및 소통의 효율화, 자동화, 지능화를 추구하는 지구적 독점자본의 이해관계가 제4차 산업혁명으로 구체화되었다.[3] 이들은 노동자와 노동조합이 없는 공장을 만들려고 한다. 이런 자본의 행태는 양극화, 빈곤화를 더 심하게 만들 것이다. 이들은 축적위기를 벗어나고자 커뮤니케이션 기술혁명, 금융혁명을 실행하는 등 백방으로 뛰었다. 그러나 자본 축적의 기회가 좀처럼 오지 않았다. 그런 사이에 중국사회주의 시장경제가 일본, 독일을 눌렀다. 이대로 가면 모든 것을 다 중국에 먹힐 수 있다.

이에 지구적 독점자본은 아예 판 전체를 갈아보고자 계획한 것이 제4차 산업혁명이며, 그 중심에 '무인생산'이 있다. 한마디로 말해, 자본의 성장과 이윤을 위해 생산, 유통, 판매의 자동화-기계화-지능화를 꾀하면서 일하는 사람을 몰아내는 것이 '무인혁명'이다. 이런 목표 설정이 가능했던 이유 중의 하나는 인공지능[4] 기술의 비약

3　현재까지 독일, 미국, 일본은 인공지능, 사물인터넷, 로봇을 이용하여 산업체제를 자국 중심적으로 바꾸려 한다. 독일은 제조업의 전산화를 통해 스마트공장을 만들어 지구적 산업, 지구적 금융, 지구적 정보를 21세기를 주도하는 지배시스템으로 만들고 있다. 독일이 '산업 4.0'으로 스마트 공장을 건설하고 있으며, 미국은 빅데이터, 일본은 로봇 산업에 집중하고 있다. 중국은 독일의 '산업 4.0'을 많이 참조하여 스마트공장을 만들고 드론 시장에서 우위를 확보하려고 한다 (정다운 외, 2017. 1. 1. ~1. 4. : 38).

4　시장조사기관인 IDC에 의하면, 세계 인공지능 시스템 시장의 규모는 2016년 기준으로 80억 달러로 추정된다. 이것이 5년 후인 2020년에는 470억 달러의 규모로 성장할 것이다. 인공지능 시스템시장이 연평균 55.1% 성장한 셈이다 (김봉기,

적인 발전에서 찾을 수 있다. 5 지구적 독점자본은 인공지능기술을 비롯한 모든 자원, 기술, 지식을 동원하여 최대 이윤을 내고 신성장의 기반을 쌓으려 한다. 생산 및 유통 현장에서 노동자를 몰아내고 자동화·지능화하면 노동의 가치는 땅에 떨어진다. 이것이 무인자본주의이다.

인공지능 및 로봇은 인류에게 긍정적인 힘을 줄 수도 있다. 그와 동시에 기계 및 기술의 부정적인 측면을 간과할 수 없다. 인공지능형 로봇의 파괴력, 폭력성이 문제를 일으킬지도 모른다. 또 고급의 인공지능 로봇이 상품으로 출시되는 순간부터 지금까지 존중해 왔던 사람과 문명의 가치는 산산조각난다. 아무리 이윤이 아쉬워도 지구적 독점자본이 인간복제까지는 허용하지 않을 것 같지만 이윤에 굶주리면 마다할 것 같지도 않다. 자본을 축적만 할 수만 있다면 전쟁도 주저하지 않는 것이 자본의 본성이다.

미래학자인 벤델(Bendell, 2016. 6. 22.)은 제 4차 산업혁명의 딜레마를 " … 자본주의와 마르크스주의 사이에 존재하는 사상들의 타가수분(Cross-Pollination) 6에 관해서 진지하게 담론할 가치가 있다. 대

2017. 1. 18. : B6).

5 기술지상주의자들은 기술, 기계가 합리적으로 이용된다고 주장한다. 미래학자 케빈 캘리는 신기술이 자율교정을 하는 능력이 있어 크게 걱정할 필요가 없다고 주장한다(〈뉴스위크〉, 2016. 11. 30.). 그러나 기술, 기계는 자본 또는 권력의 지배를 받고 있어서 자율적이지도 독립적이지도 못하다.

6 수술에서 꽃가루가 나와서 암술머리에 도착하는 현상을 수분(受粉)이라고 한다. 이러한 수분은 크게 자가수분과 타가수분으로 나눌 수 있다. 타가수분은 서로 다른 유전자를 가진 두 식물 사이에 수분이 일어나는 현상을 말한다.

규모 실업, 심한 불평등, 불안정이 특징인 미래가 타가수분을 요구한다"고 표현했다.

어느 모로 보나 정치경제적 요소가 시대의 성질이나 구조를 결정하는 것이기 때문이다.

2) 4차 산업혁명 의심하기

> 내가 언젠가 로봇의 애완동물이 되지는 않을까 걱정스럽다.
> (애플 공동창업자 중 한 명인 스티브 워즈니악의 말)[7]

제 4차 산업혁명은 모든 것이 불투명하지만 다음 4가지 점에서 특히 그렇다. ① 혁명의 기획, 논리, 증거, 정체성이 너무 모호하다, ② 자본 대 노동의 불평등이 어느 정도나 악화될지 불투명하다, ③ 제 4차 산업혁명이 제공하는 물건이나 서비스 또는 기계 따위가 인류 전체의 삶을 송두리째 바꿔야 할 만큼 급박성이나 필요성이 있느냐의 여부다. 이세돌과 알파고의 바둑 이벤트 하나로 제 4차 산업혁명의 정당성을 선동적, 정치적으로 확산시켰다.

제 4차 산업혁명이란 개념 자체도 아주 약하다. 1차, 2차 산업혁명은 증기와 전기 동력을 제공함으로써 인류 발전에 절대적인 공헌을 하였다. 제 2차 산업혁명은 전기를 기반으로 하는 철도, 자동차, 선박 등 물질적 커뮤니케이션과 신문, 잡지, 책, 오락과 같은 정신

---

[7] 〈연합뉴스〉(2017. 3. 25.). "므누신 '로봇 실업 걱정할 것 없어' 발언, 美언론 뭇매".

적 커뮤니케이션이 거대한 커뮤니케이션 산업의 기반을 쌓았다(*The Independent*, 2016. 11. 27.). 제3차 산업혁명은 1, 2차보다는 무게가 덜하지만 인류에게 거의 무한대로 소통하는 능력을 주었다는 점에서 가치가 있다.

이와 비교하면 로봇공학, 인공지능기술, 나노기술, 바이오기술, 사물인터넷, 3D프린팅, 무인자동차를 중심으로 이루어지는 것이 제4차 산업혁명이다(위키피디아). 위에 열거한 기술이나 지식의 많은 것들이 이미 시장에서 거래되는 것들이다. 인공지능의 고급화가 이루어져 산업구조 및 생산과정을 자동화·지능화로 바꿔 효율성을 극대화하겠다는 것이 제4차 산업혁명이다. 이런 산업혁명은 잘해야 3+, 박하게 한다면 3-가 제 점수이다.

그런데도 정부, 기업, 저널리즘, 외국 전문가들이 앞장서 제4차 산업혁명을 마치 국가적 과제나 되는 것처럼 과장하고 있다. 이를 보고 이준웅(2017. 5. 8. : 28)은 제4차 산업혁명이란 개념은 상징적 기호일 뿐인데도 경제개혁을 선도하는 구호로 왜곡하지 말 것을 경고했다. 제4차 산업혁명이 일터를 없애고 실업을 폭발적으로 증가시키는데도 이를 전 인류에게 강요하는 것은 반인류적, 반노동적 폭력이다. 김창훈 〈한국일보〉 기자는 불평등한 사회구조는 더욱 불평등하고 불안정한 변화를 촉발할 뿐 아니라, 많은 사람들의 생계와 직결된 일자리, 사회복지에 부정적 영향을 준다고 강조하였다(〈한국일보〉, 2017. 1. 6. : 8).

커뮤니케이션 양식 그리고 산업도 제4차 산업혁명의 영향을 받는다. 인공지능을 중심으로 펼쳐지는 로봇저널리즘, 빅데이터, 사물인터넷 등은 정보, 대중문화, 광고, 교육과 같은 정신적 생산에 미치는 영향력이 이만저만 크지 않다. 이미 저널리즘, 대중문화 등 커뮤니케이션 분야에서는 제4차 산업혁명이 꿈틀거린다.

3) 미디어 정치경제학으로 생각하기

21세기 자본주의는 인공지능 로봇, 무인 차량 등을 앞세워 사람의 노동을 파괴하려고 한다. 컴퓨터를 비롯한 지능형 기술 및 기계가 효율성과 수익성을 창출하고 독점자본의 이윤을 실현할 수 있다고 자신하는 것이 지구적 독점자본이다. 산업자본주의는 토지, 노동, 자본으로 구성된 생산의 3요소가 중심이 되었다면, 정보자본주의는 컴퓨터와 인터넷을 중심으로 발전했다. 제4차 산업혁명의 견인차는 인공지능, 로봇, 빅데이터, 사물인터넷 등이 있고, 이 중 인공지능의 파급효과가 제일 크다. 이런 것들은 4차 산업혁명 시대에 상품이자 노동이다. 지구적 독점자본이 변동하는 자본주의 시장을 이해하려면 빅데이터를 활용해야 한다. 이때 필요한 것이 사물인터넷과 인공지능이다. IBM, 아마존 등 지구적 독점기업이 집중해서 투자한 이유이다(김학준 외, 2016: 11).

좀더 구체적으로 말해 미디어 정치경제학은 물질적 생산 및 소통이 정신적 생산 및 소통에 어떻게 서로 적응하는지 살피는 유물론적 이론이다. 그리고 물질적 생산이 일정한 수준에 오르면 정신적 생산의 상태가 사회발전에 주요 모순이 된다는 점도 해명한다.8 문제는 자본이 기술을 장악하는 자본주의적 요소와 사회주의적 요소가 어떻게 반응하는지 주목하는 것이다.

폴 메이슨(Mason, 2017: 15)은 지난 25년 동안 자본축적을 주도한 정보기술의 속성을 이렇게 풀이했다. 첫째, 정보기술은 노동의 필요성을 감소시키고, 노동과 자유시간의 경계를 허물고, 노동과 임금의 연결고리를 느슨하게 만들었다. 둘째, 정보는 무한하기 때문에 정보재(情報財)는 시장의 가격결정 능력을 약화시킨다. 셋째, 사람들은 시장의 명령과 관리자의 권위를 따르지 않고 동시다발적으로 협동적 생산을 실시한다.

자본과 노동의 대립을 전제로 성립한 자본주의에서 기술은 노동을 좀더 편하게 하면서 위험을 감소시키는 작용을 한다. 여기까지가 기술의 한계다. 그러나 자본의 힘과 이윤의 논리는 기술과 노동의 건강한 관계를 좀처럼 허용하지 않는다. 마르크스는 착취를 기반으로 한 놀라운 생산성의 증대를 뒷받침하는 기술적 발전들이 노동에 대립되는 자본으로 흡수된다고 설명하였다(정종환, 2000: 130에서 재인용). 생산력의 발전은 기술, 기계를 독립변수로 놓고 생각하는 것이 아니다. 자본과 권력관계에 의해 만들어지는 생산관계는 착취관계, 생산수단의 소유관계를 포괄하는 개념이다(Choonara, 2017: 14~15). 자본이 생산력의 발전에 따른 성과물을 독점하며, 사유화함으로써 문제가 시작된다(박영균, 2009: 140).

마르크스에 의하면, 생산력 발전이 자본의 유기적 구성을 고도화

---

8 물질적 생산과 정신적 생산에 관해서는 마르크스와 엥겔스(Marx & Engels, 2015)를 참조.

한다. 결국 이런 추세로 인해 자본 이윤율은 감소하고 자본 효율성을 떨어뜨려 결국 자본주의는 공황을 맞게 된다(김창근, 2009). 이런 논리를 고찰해 보면 기계화·자동화·지능화는 노동 유용성을 떨어뜨리며, 궁극적으로는 노동가치설을 무기력하게 만들 것이다.

변증법적 방법은 미디어 정치경제학의 철학이자 연구방법이다. 마르크스와 엥겔스가 제시한 변증법적 방법이란 역사적 관점, 운동과 변화의 관점, 상호작용의 관점, 모순의 관점을 말한다(손철성, 2007: 24~31). 최상철(2016)이 잘 표현했듯이 "인간이 컴퓨터에 의해 자원으로 간주될 날이 멀지 않았다며 호들갑"을 떨고 있지만, 자본주의 사회에서 이미 인간은 인적 자원으로 소모되고 있는 현실을 애써 외면해서는 곤란하다.

자본은 이윤욕구가, 권력은 지배욕망이 충족되는 경계선을 넘어야 기술이 생산 및 유통과정에 진입한다. 기술은 그야말로 자본과 권력의 문지기 노릇을 할 때가 많다. 미디어 정치경제학은 커뮤니케이션 기술을 생산력의 하나로 보고 이윤과 자본축적의 메커니즘을 비판적으로 살핀다. 이해하려면 왜, 어떻게 변화가 일어났는지를 해명하고 비판하며 미래의 대안을 찾는 것이다.

2. 새 상품, 새 노동의 변증법

1) 인공지능

(1) 인공지능의 이윤 원리

제4차 산업혁명은 세계 커뮤니케이션 시장에 막대한 영향을 미친다. 〈내러티브 사이언스〉가 조사한 자료에 따르면, 미국기업이 많이 사용하는 인공지능 기술은 음성인식이 32%로 1위였으며, 머신러닝 24%, 가상비서 15%, 의사결정지원 8%, 의사소통에 관련된 기능이 5%로 나왔다(이용성, 2017. 3. 8. : 17).

손덕호(2017. 3. 8. : 11)에 의하면, 인공지능이란 인간의 두뇌처럼 생각하고 판단하고 추정하는 초고성능 컴퓨터 시스템을 말한다. 인공지능은 사람들의 신경망을 비롯한 수많은 기술, 부품, 소프트웨어 등을 결합한 것이다. 인터넷 및 1인 미디어의 확산, 인공지능 및 로봇 기술의 대중화, 전통적인 인간노동의 몰락은 사람의 삶을 크게 바꾼다. 생산의 자유화로 인해 어려운 노동은 감소한 반면, 자유시간이나 생산수단의 사유화는 증가하였다(Garnham & Fuchs, 2014: 124). 기계와 인공지능이 결합하여 생산력을 향상시키면 사람들에게 여가시간과 소비의 사회화를 가져다 줄 수도 있다(〈한겨레〉, 2016. 8. 1. : 26).

인공지능 기술은 인류에게 삶을 연장하거나 편안한 삶을 누리도록 작용할 수도 있다. 인공지능은 의료, 교육, 공장, 교통, 문화와 커뮤니케이션 등의 분야에서 사람의 삶을 향상시키고 정치 민주주의를 실행하는 데도 기여할 점이 많다. 예컨대 인공지능을 도입한 구글의 번역 서비스인 '구글 번역기'는 예전과는 비교가 안 될 정도로 품질이 좋아졌다. 아마존은 일찍부터 음성비서인 알렉사(Alexa)를 개발하여 2~3년 안에 매출액이 110억 달러에 이를 것이라 한다. 장화진 한국 IBM 사장은 "지금 IBM에서 가장 잘 나가는 직원은 왓슨이다"(〈조선일보〉, 2017. 4. 26.)라고 말했다.

인공지능이 인간의 자유, 해방에 도움을 줄 수 있을지 명확하지는 않지만 감시, 지배, 억압의 도구로 쓰인 것만은 엄연한 사실이다(최희원, 2017. 1. 26. : 29). 인공지능을 가진 어떤 것도 인간의 도덕이 아닌 이윤의 논리를 추종한다. 이윤의 논리를 수호하는 가치는 효율성이다. 이것은 자본주의 시장경제를 좌우하는 중요한 기준이다. 이 때문에 기업들은 효율성을 극대화하고자 생산의 자동화 및 지능화를 실현하려고 한다.

생산현장에 투입된 인공지능 기술은 분명히 생산력을 끌어올리는 작용을 할 것이다. 그런 반면 인공지능이 부착된 기계는 사람, 특히 노동자를 감시하고 관리해서 잉여노동 시간을 늘리고, 노동 강도를 증대하는 데 기여한다. 아직은 인공지능 기술이 발전 중에 있기 때문에 효율성이나 수익성 수준을 장담하기는 어렵다. 그럼에도 인공지능 노동도 이윤의 논리에 따른다는 점이다. 자본가들은 어떤 기술, 어떤 기계가 됐건 더 효율적이고 더 경쟁적인 쪽을 선택한다.

생산과 유통의 자동화·지능화는 산업현장에서 노동자 대신 인공지능 로봇이 그 공백을 채운다. 기계화, 자동화, 지능화를 매개로 생산력이 발전하고, 생산관계에 큰 변화가 오는 것 같다.

(2) 인공지능의 한계

인공지능의 진화수준에 따라서 지구적 경제위기를 극복하는 데 필요한 새 상품, 새 일터가 만들어지도록 한다면 인류에게 남다른 공헌을 하는 것이다. 인공지능이 강퍅한 사회적 삶을 풍요롭게 할 수도 있다. 반면에 인공지능의 파괴력은 인공지능을 지배하는 자본의 욕구에 비례하여 커질 수도 있다. 지금처럼 사람의 노동이 주체가 되고, 인공지능 기계나 기술을 보완하는 시스템에서는 인공지능이 긍정적인 역할을 할 수 있다. 그런데 사람 노동과 인공지능 노동이 균형을 이루거나 인공지능 노동이 사람 노동을 앞서면 이 둘 사이에는 적대적 불균형 구조가 공고화된다. 오죽했으면 채만수(2016: 58~90)는 인공지능이란 자본주의를 잡아먹는 '저승사자'라고 불렀다. 그럼으로 인공지능을 이용한 산업의 재구성 및 노동 가치의 재규정은 최대한 신중히 다뤄야 할 문제다.

새 상품, 새 시장을 개척한다고 주장하는 지구적 독점자본은 인공지능, 로봇, 무인 자동차, 사물인터넷 따위를 앞세워 생산현장에서 사람의 그림자도 얼씬 못하게 하는 것 같다. 이렇게 되면 노동자보다는 기계, 기술, 인공지능이 더 많은 이익을 낼 수 있으며, 노사 갈등은 걱정하지 않아도 된다. 지구적 대기업은 인건비 최소화, 노조 와해, 노동가치의 격감 등으로 무인(無人) 자본주의를 꿈꾼다. 머지않은 날에 생산의 자동화·기계화·지능화를 통해 많은 노동자를 일터에서 쫓아내고 그 자리를 로봇으로 채울 것이다. 무인자본주의는 이렇게 노동자, 해고자, 실업자 등 무수한 사람이 흘린 피를 먹고 자란다. 이런 생산방식은 자본의 효율 극대화를 달성하려고 기계나 인공지능 노동에 의지하다 보니 생산현장에는 사람이 없다.

　미국 아마존의 실험은 시사하는 바가 크다. 아마존이 운영하는 물류창고는 12만의 종업원이 일하고 있다. 이 중 3만이 로봇이라고 한다(주형환, 2017. 4. 11.). 이것이 성공하면 아마존은 무인기업으로 전환할 계획이다. 이 한 가지 사례만 보아도 인공지능 로봇의 반노동적인 성향은 명확히 드러난다. 무인자본주의 체제에서는 대량해고, 대량실업9이 일상적인 일이 된다.

　아직은 누구도 인공지능이 얼마나 효과적인 기술이 될지, 또 어떻게 자본주의 축적에 기여할지 답을 제시하지 못하고 있다. 거기에다 민주주의를 촉진할 것인지 아니면 훼방을 놓을지도 잘 모른다. 인공지능 로봇에게 자율적 의사결정권을 준다면 얼마나 줄 것인지 (진석용, 2016: 8~11), 인공지능이 인간과 대립하면 어떻게 할 것인지 합의가 이루어져야 한다. 그렇지만 사람지능과 인공지능은 어떤 일에 대하여 평가하고 생각하는 기준이 다르다. 그래서 인간과 인공지능은 상황 판단, 결심, 행동이라는 각각의 차원에서 서로 다른 결정을 할 개연성이 있다(같은 글, 6).

　이런 여러 가지 문제점을 종합해 보면 지구적 독점자본과 강대국은 로봇과 인공지능 기술의 상업화에 신중해야 한다. 테슬라의 최고경영자인 일론 머스크는 인공지능의 위험성을 이렇게 지적하였다.

9　미국의 정보기술연구 및 자문회사인 가트너(Gartner)에 의하면, 2025년 무렵이면 소프트웨어와 로봇산업이 일자리의 1/3을 차지하며, 2030년경에는 90%가 되리란 전망이다(포스코경영연구소, 2016. 4. 11. : 3에서 재인용).

"인류의 현존하는 가장 큰 위협은 인공지능이다. 인공지능은 핵무기보다 더 위험할 수 있다. 인간이 디지털 초지능을 위한 생물학적 장치로 전락할 가능성이 커지고 있다"(최희원, 2017: 29에서 재인용). 닉 보스트롬 옥스퍼드대 인류미래연구소장은 인간을 초월하는 초지능이 곧 출현할 것이므로 스스로 발전하는 인공지능 시스템이 엄격한 통제절차를 따라야 한다고 촉구했다(박건형 외, 2017: 13). 가까운 미래에 초인공지능이 만들어져 인간의 지능에 버금가는 수준이 되면 통제 불능의 상태에 빠질지도 모른다.

전문가들의 견해를 종합하면 이렇다. 인류가 인공지능에 밀리면 "밥만 축내는 존재로 전락하거나 멸종할 위기에 몰린다"(〈시사저널〉, 2016.3.29.: 17). 우리가 커뮤니케이션 혁명, 제4차 산업혁명 따위를 열심히 공부하는 까닭은 이것들이 개인, 사회, 세계에 미치는 영향 때문이다. 조금만 주위를 돌아보면 수많은 로봇산업이 새로운 시장을 만들고 있다. 언론학자들이 특히 주목할 문제는 제4차 산업혁명이 정보, 문화, 소통에 어떤 변화를 초래하는지에 대한 것이다. 인터넷으로 상징되는 커뮤니케이션 혁명이 최소한이나마 공공성, 공익성을 지키려 했다면 제4차 산업혁명은 소비자, 수용자에게 불요불급한 상품을 억지로 떠넘기려는 길을 선택하였다. 제4차 산업혁명에서는 자본의 논리만이 허용되기 때문에 시민과 노동자들은 막대한 비용을 부담해야 한다.10 결과적으로 공공적 가치는

---

10 비싼 통신비가 대표적인 사례이다. 2016년 가구당 월 평균 통신비는 14만 4천 원으로 소득 대비 통신비 비중이 OECD 회원 국가 중 1위를 차지했다.

전면적으로 파괴된다.

다른 기술, 기계와 달리 인공지능은 사람의 생명을 위태롭게 한다는 점에서 특히 주의를 기울여야 한다. 오죽했으면 머스크(Elon Musk) 테슬라 스페이스엑스(Tesla SpaceX) 최고경영자는 이런 말을 했을까.

> 여러분들이 인공지능의 안정성에 관심을 두지 않았다면 지금이라도 관심을 가져야만 한다. 인공지능은 북한보다 훨씬 더 위험한 것이다. 누구도 규제를 싫어하지만 자동차, 비행기, 음식, 약 등과 같이 공중을 위험에 빠뜨릴 수 있는 것들을 규제하듯이 인공지능도 규제를 해야 한다(RT America, 2017. 8. 12.).

머스크만이 아니라 많은 연구자들이 인공지능을 철저히 감시하고 규제할 것을 주장했다. 인공지능이 전쟁에 투입되면 안 된다는 목소리도 들린다. 그러나 인공지능이 자본축적의 절호의 기회가 될지 모른다고 잔뜩 기대하고 있는 자본가들에게 비판의 목소리는 잘 들리지 않는다.

2) 로봇

"기계가 사람처럼 생각하는 방법을 배울 수 있을까?" 이것은 지난 20세기 내내 수학자, 물리학자, 정보통신공학자 등이 공통적으로 던진 의문이었다(Gleick, 2017: 281). 이런 의문이 인공지능 기술을 낳았고, 로봇공학을 발전시키는 작용을 하였다. 로봇 산업은 소리 소문 없이 성장하고, 사회 깊숙이 침투하였다. 이제 인공지능 로봇은 만화나 SF에서만이 아니라 시장에서도 얼마든지 살 수 있는 상품이 되었다.

스위스는 기술, 기계의 발전 수준이 최고급이다. 일본도 오래 전부터 로봇공학과 로봇산업을 중시해 왔다. 일본의 로봇은 서비스, 오락, 노인, 의료용으로 많이 쓰인다.

놀랍게도 산업용 로봇분야에서는 스위스가 독주한다. 중국의 로봇산업은 아직 후진적이다. 인력이 풍부해서 굳이 사람의 노동을 대신할 로봇이 필요 없는지도 모르겠다. 그래서 그런지 외국계인 4대 로봇회사 ABB, KUKA, Fanuc, YASKAWA가 중국 산업용 로봇 시장의 75%를 차지한다(이동재, 2017. 2. 11.). [11]

로봇을 비롯한 첨단기술이 폭력, 감시, 전쟁 따위에 동원되면 평화와 인권 또는 민주주의에 상처를 낼 수 있다는 비관론도 있다. 미국은 군용 로봇, 군용 드론을 군사적 목적에 따라 이용하고 있기 때문이다. 미국은 특히 2030년까지 미군 전투병의 25%를 로봇과 드론으로 대체할 것이라 한다(구본권, 2015: 238). 로봇의 폭력성을 두려워하는 전문가들이 인공지능 기술을 군사적 용도로 사용하지 말자는 움직임이 있었으나 성사되지는 않았다. 이재현(2016: 21~22)이 잘 파악하고 있듯이 "이제까지 인류가 개발한 모든 중요한 기

---

[11] 중국은 2015년 기준으로 총 68,459대의 산업용 로봇을 갖고 있다. 이 중 25%가 용접용, 24%가 운반용, 13%는 조립용이다(진석용·남효정, 2017. 1. 9. : 1).

술은 예외 없이 군사적 용도로 사용되었으며, 또한 인터넷이 그러하듯이, 심지어 많은 기술은 군사적 목적에서 개발되었다".

또 하나의 두통거리는 인공지능 로봇이 사람이나 조직을 감싸거나 통제하는 능력을 가질 때 생기는 문제다. 공장이건 사무실이건 공공기관이건 감시용 로봇을 배치하면 노동의 자율성도 인권도 훼손되기 마련이다. 제이슨 폰틴 *MIT Technology Review* 편집장 역시 "슈퍼 인공지능이 자의식을 갖고 스스로 목표를 정해 일을 수행하면서 인류를 위협하는 일을 하는 것 아니냐"는 예리한 질문을 던졌다 (〈매일경제〉, 2016. 10. 11.).

3) 빅데이터

20세기 아날로그 시대에 세계에서 가장 가치 있는 자원이 석유였다면, 21세기 디지털 시대에는 데이터가 석유의 1등 자리를 빼앗았다 (*The Economist*, 2017. 5. 6.). 이만큼 데이터가, 자료가 중요해졌다는 것이다. 그럼에도 데이터지상주의에 빠지지 않도록 조심해야 한다. 누적된 데이터가 사실이나 진실이 아닌 내용을 담고 있는데도 이런 자료를 빅데이터로 여겨 이를 분석해 또 다른 왜곡된 자료를 만들 가능성이 있다. 그런데도 빅데이터 만능론이 그럴듯하게 퍼지고 있다. 이에 데이비스(Davis, 2017. 2. 18.) 뉴욕대학 교수는 다음과 같이 반박했다.

① 데이터가 늘어난다고 해서 고품위 데이터가 저절로 생기는 것은 아니다. ② 소셜미디어에는 수많은 정치적 의견이 올라오지만 이

것들이 꼭 유권자의 의견을 반영하는 것은 아니다. ③ 트위터나 페이스북의 게시글 가운데 상당수는 사람이 아니라 컴퓨터가 생성한 것이다. ④ 빅데이터는 자료를 조작할 위험도 있다. ⑤ 개인정보가 많아 사생활을 침해할 가능성도 있다. ⑥ 빅데이터는 책임소재가 불분명하다.

돈도 많이 들고, 배우기도 수월치 않고, 정확성 및 공정성까지 의심받는 빅데이터가 모든 분야에서 필수품처럼 여겨지는 것은 분명 과잉된 자료물신화이다. 빅데이터의 원리는 ① 데이터의 크기가 일정한 수준을 넘으면 오류가 발생하지 않으며, ② 데이터는 가치중립적이고, ③ 데이터는 인식 이전에 존재한다는 것이다(이재현, 2013: 137). 이런 세 가지 주장은 컴퓨터 연산과학에서 나왔다. 그런데 컴퓨터 연산과학은 자료에 대한 개입이 필연적이어서 가치중립적이지도, 객관적이지도 않다(같은 글, 156). 로봇저널리즘은 빅데이터를 중심으로 자료를 모아서 뉴스를 만들겠지만, 빅데이터 그 자체가 편견과 편파의 속성이 있다(〈미디어오늘〉, 2016. 6. 1.). 그런데도 빅데이터는 언론, 정보, 광고, 기업, 공공기관 등 거의 모든 분야에서 필수품으로 인정받는 분위기이다. 빅데이터가 영리 목적에 쓰이려면 개인정보를 무한대로 사용할 수 있어야 하는데 이는 관련된 사람의 명예를 훼손할 위험이 있다. 이 때문에 수집한 개인정보를 누가, 어떤 목적에서, 얼마나 이용할 수 있는지 법적인 개념 수립이 필요하다.

3. 지구적 독점자본의 정치경제학

1) 독점자본의 일방적 지배와 양극화의 심화

제4차 산업혁명은 지구적 규모를 가진 미국의 ICT 대기업이 주도한다. 그리고 그 배후에는 금융자본이 있다. 아래는 제4차 산업혁명의 분야별 주도기업이다.

새로운 산업혁명에서 미국의 IBM, MS, 구글, 애플, 독일의 지멘스, 중국의 바이두, 텐센트, 영국의 로이터 등이 두각을 나타낸다. 국제적 제조업체인 삼성전자, 제너럴일렉트릭, 지멘스 등이 참여하고, 다국적 금융그룹의 투자도 제4차 산업혁명에 무게를 더한다.

전자산업, ICT 등 커뮤니케이션 산업이 가장 관심을 두는 영역은 인공지능이다. 인공지능은 제4차 산업혁명의 성패를 좌우할 것이며, 누가 인공지능 시장을 주도하는지에 따라 세계 시장경제의 구조 및 흐름, 소프트파워의 질서가 바뀔 수 있다.

〈표 5-1〉 제4차 산업혁명의 선도기업

분야	선도기업
인공지능	구글(알파벳), 아마존, MS, GE, 애플, 트위터, 삼성전자
가상현실	페이스북
사물인터넷	삼성전자, MS, 시스코
클라우드 · 빅데이터	시스코
자동주행	앤비디아, 인텔, 퀄컴
로보틱스	ABB

출처: 안준용(2017.4.7.). 〈블룸버그〉. C1에서 재인용; 기타 인터넷 자료.

산업혁명이 고도화, 전문화되면서 기술, 기계, 서비스가 복잡해진다. 이것은 산업혁명의 비용부담이 크다는 신호다. 핵심기술을 보유하지 못한 중소규모의 기업들은 자본과 기술경쟁에서 탈락하고 만다. 예를 들어보자. 로봇 산업은 인공지능을 바탕으로 한 지능+모터와 센서, 그리고 감속기와 같은 아날로그 부품 기술+반도체와 디스플레이, 카메라 등의 전기전자 부품 기술+통신기술 등 종합적인 지능체계, 기계·기술이 있어야 한다(진성혜 외, 2016. 4. 4.). 또 인공지능 분야에서는 컴퓨팅, 데이터, 알고리즘과 같은 핵심기술을 보유한 구글, 페이스북, 아마존, IBM, GE는 인공지능 플랫폼의 주도권을 놓고 치열하게 경쟁한다.

독일은 인공지능, 일본은 로봇을 앞세워 시장경쟁에 나섰다. 한국은 반도체, 전기전자 부품의 경쟁력은 뛰어나지만 제4차 산업혁명과 관련해서는 전반적으로 수준이 뒤처져 있다고 한다(같은 글). 그나마 네이버가 인공지능 서비스를 제3의 성장동력으로 결정하고 이를 다루는 '자비스'(Jarvis)를 신설했다(오찬종, 2017. 1. 3. : A16). 인공지능 시장은 머지않아 문전성시를 이룰 것이다. 인공지능은 사회 전 분야를 구조적으로 변화시키는 동력이다. 그렇지만 이 분야에 진출할 수 있는 기회는 지구적 독점자본에게만 열린다.

인공지능 기술이 발전함에 따라 생산력은 현존하는 자본주의 생산관계의 변화를 가져온다(최상철, 2016: 161). 자본주의 생산력의 급속한 확장 및 인공지능의 발달로 인해 고용은 산술적으로 증가하는 반면, 실업은 기하급수적으로 늘 것이다. 산업혁명이 진행되면서부터 핵심적 기술요소를 가진 자본은 더 큰 이익을, 노동은 더 큰 손실을 입는다. 기술 및 인공지능의 상품화로 인해 기술자본가 일부는 '기술귀족계급'(tech aristocracy)이 되어 특권층에 오른다(The Economist, 2016. 9. 17. : 5).

제4차 산업혁명론을 제기한 슈밥(Schwab, 2016: 31)과 같은 사람조차 노동자와 자본가의 양극화를 심화시켜 불평등이 확장되리라 걱정하고 있다. 신기술, 첨단기계 등이 공장에 도입됨에 따라 생산이 자동화되고, 고용규모는 대폭 줄어들면 기업에서 노동자 지위 및 노동가치는 지금과 비교할 수 없을 만큼 떨어진다. 〈더 가디언〉은 이 문제를 심각하게 보도하였다. "자동화와 디지털화가 고용을 파괴하고, 불평등을 증가시키고 있으니 기존의 정치체계는 새로운 환경에 빨리 적응할 필요가 있다"(The Guardian, 2017. 1. 11.).[12]

기계 그 자체가 문제이기도 하지만 기계를 어떤 목적으로 쓸 것이며, 어떤 방향과 속도로 쓸 것인지가 더 문제다(〈한겨레〉, 2017. 1. 23.).

지구적 독점자본은 경제적, 기술적 자원을 바탕으로 물리적, 정신적 생산수단 통합적으로 통제함으로써 자본축적, 미국 중심의 세계권력 유지에 필요한 정보를 생산, 유통하려 들 것이다. 제4차 산업혁명이 추구하는 미래는 상업적, 권력지향적 정보의 범람으로 진실과 정의를 실천하는 커뮤니케이션은 몰락하고, 정보의 불평등은 더 심화될 것이다. 이것은 커뮤니케이션의 공공성, 공익성 그리고

---

12 이 기사의 제목은 "민주주의는 제4차 산업혁명을 견뎌낼 수 있을까? 과연 그럴까?"이다.

정보민주주의를 훼손할 것이다.

2) 생명의 상품화

마르크스(2015상: 437)가 적절히 표현했듯이 자본가의 유일한 관심사는 "상품에 들어 있는, 그리고 판매에 의해 실현되는 잉여가치뿐이다". 잉여가치 또는 이윤이 생기지 않으면 자본가만 도산하는 것이 아니다. 노동자도 해고되는 등의 어려움을 겪는다.

지금 진행되는 산업혁명에 참여하는 나라나 기업들의 목적은 이윤 극대화에 있다. 제4차 산업혁명은 생산, 유통, 판매까지 기계화-자동화-지능화해서 노동, 노동자를 아예 없애거나 최소한으로 줄여 인건비 부담을 극소화하겠다는 과격한 행태를 보인다. 제1차, 제2차 산업혁명에서는 공장에 기계, 기술을 끌어들여 필요노동시간과 잉여노동시간을 줄여서 노동생산성을 높여 상대적 잉여가치를 늘리려 하였다(같은 책, 431). "기계는 잉여가치를 생산하기 위한 수단"이라는 평가는 타당하다(마르크스, 2015하: 503~504). 이처럼 기계는 가치의 양과 그것을 표현하는 생산물량을 증가시키지 잉여가치를 생산하지 않는다(쿠신, 1990: 62).

제4차 산업혁명은 효율성의 혁명이라 할 만하다. 이 혁명은 노동자, 지식인을 일터에서 몰아내고 생산자동화·지능화를 추진하고 있어 노동가치는 땅에 떨어질 일만 남았다. 이런 것을 기초로 미국은 국제경쟁력을 가진 정보기술, 금융, 군수, 연예오락, 의료 및 제약, 항공, 식량 따위를 앞세워 세계 경제구조를 바꾸려고 한다. 또한 중국[13]의 높은 생산력, 여기에 급속도로 팽창하는 중국의 지구적 권력을 저지하려는 미국의 전략적 의지가 숨어 있다. 거기에 한국, 독일, 일본, 스위스 등이 적극적으로 반응하며, 중국도 속내를 드러내지 않고 제4차 산업혁명에 관심과 투자를 늘려 나가고 있다.

여기까지는 이해가 된다. 문제는 제4차 산업혁명이 생산자동화를 통해 노동현장에서 노동자를 대거 몰아내고, 소비시장에서는 가난한 소비자를 배제하는 산업구조 모형이라는 것이다. 사람의 노동은 최소화하고, 자동화-지능화는 최대한으로 하는 지구적 생산-유통 네트워크가 머지않아 모습을 드러낼 것이고, 지구적 독점자본의 영구지배 체제가 확립될 것이다.

이 과정에는 무수한 희생이 뒤따를 것이다. 이윤을 위해서 또는 지구적 패권장악을 위해서라면 얼마든지 인간을 복제하고, 전쟁·전투 로봇을 만드는 것도 마다하지 않는 것이 자본이다. 〈연합뉴스〉는 2016년 7월 2일 자 기사에서는 제4차 산업혁명의 문제점을 다음과 같이 짚었다.

극한의 자동화 때문에 숙련노동과 '굴뚝형' 제조업의 가치는 곤두박질할 것으로 예측된다. 대다수 사물과 산업이 인터넷으로 묶이면서 전산망과 고급 소프트웨어(SW)를 통제하는 소수가 경제적 수익을

---

13 중국은 '기술, 지식, 지능으로 중국산 제품을 만들자'(中國制造·中國智造)는 슬로건이 유행한다. 이것이 제4차 산업혁명을 맞는 중국의 반응이다. 또한 제1차 산업혁명의 특징을 종합하여 '완전히 새로운 기술혁명'으로 묘사되기도 한다. 《百度百科》. '第4次 工業革命'.

독차지할 공산이 커진다. 반면 기술적 기반이 없는 많은 시민과 소상공인은 저급 노동이나 헐값 하도급의 늪에 빠지게 돼 소득 불평등 문제가 극심해진다. 세계적으로도 AI 등 첨단기술을 보유한 선진국과 그렇지 못한 나라 사이의 격차가 '하늘과 땅' 수준으로 벌어질 전망이다.

제4차 산업혁명은 근본적으로 불평등 혁명이다. 거대한 지구적 독점자본이 최신의 기술, 정교한 마케팅, 거대한 자본이 제4차 산업혁명을 주도하는 반면, 중소기업, 빈곤국가, 가난한 시민은 자신들의 정체성을 잃어버리기 쉽다. 산업혁명은 지구적 독점자본의 안정적 시장지배 및 이윤 극대화에 동원되곤 하였다. 그래서 시장 불균형이 한층 심화된다.

제4차 산업혁명은 생산 및 유통의 기계화, 자동화, 지능화를 실현한다. 그럼으로써 노동의 가치가 형편없이 떨어지고 자본 대 노동의 적대관계가 한층 고양되는 무인자본주의 시대를 연다. 이런 혁명과 연결된 자본, 권력, 이데올로기, 정책 등은 사람의 목숨이나 삶에 연관된 것들이 많다. 인공지능, 군용로봇, 무인자동차 따위가 그렇다. 이런 요소는 사람의 뇌, 몸, 건강, 생명을 위협하기도 한다. 인공지능 전문가인 닉 보스트롬(Nick Bostrom)에 따르면, 슈퍼지능 시스템이 도입되면 "인간은 지구의 지배적인 생명체 지위를 잃고 잠재적으로 멸종될 것"인데, "기계가 최초로 인간의 능력을 뛰어넘을 때 동력차단이 불가능"하게 되는 점이 가장 우려스럽다(〈뉴스위크〉 한국판, 2016. 10. 24. : 35).

276

이런 걱정에 대해서 사오우엔 혼 마이크로소프트 부사장은 "많은 이들이 인공지능이 인간의 지능을 앞설까 걱정하지만 그런 걱정은 필요 없다"고 말하고, 인공지능 자체는 프로그래밍 할 수 없고 인간의 도움을 필요로 한다고 주장하였다(〈연합뉴스〉, 2016. 11. 3.). 혼 부사장의 주장이 지금은 맞는 말일지 모르나 미래에는 다른 결과 나올 수도 있다. 투자비를 건지기 위해서라도 자본은 슈퍼 인공지능 만들기를 포함하여 온갖 시도를 다할 것이다.

인공지능에 의한 자동화 무기의 개발 및 사유화는 특히 위험하다. 예를 들어 러시아는 정부와 기업의 합작으로 인공지능 로봇인 '페도르'(FEDOR)를 만들었다. 페도르는 총 쏘기, 운전, 구조활동, 우주 탐험 따위를 할 수 있고, 러시아 지상군 훈련을 대신할 가능성도 있다(〈중앙일보〉, 2017. 4. 20.). 인공지능 로봇과 드론은 필연적으로 총을 비롯한 무기를 제작하고, 생사가 걸린 전투에도 참여할 가능성이 크다. 그러니 시민과 전문연구자들이 지구적 독점자본의 기술 사유화, 상업화, 전쟁무기화가 얼마나 위험한지 인식하고 적절히 반응해야 한다.

영국 레딩대학 연구팀은 인공지능 로봇이 학습능력과 자의식 모두를 갖추기 시작했다고 보고하고, 강한 신체를 갖고 있으면서도 상황을 오판하여 자해하거나 폭력을 쓰는 등 사람에게 큰 해를 입힐 수 있다고 경고했다(유성민, 2017. 5. 1. : 84). 로봇에 탑재하는 인공 신경망은 우리가 감정을 부여하는 것이 아니라 인공 신경망의 논리에 따라 감정이 생길 수 있다(이명현, 2016: 97).

3) 국가공공성의 후퇴

시장은 원래 공공성과 상업성이 잘 혼합된 역사적 유물이며 지금도 이런 원리는 변하지 않았다. 국가는 시장과 달리 공공성 이념을 바탕으로 산업과 상업을 발전시키는 일을 한다. 시장이 실패하는 영역은 공공성으로 보호하고, 국가의 실패가 분명한 영역은 규제를 완화하여 상업성과 공공성이 공존하도록 제도를 정비하기도 했다. 그러나 신자유주의 시장경제가 도입되면서부터 국가의 공적 기능은 크게 후퇴하였다.

지금은 제4차 산업혁명이 논의되기 시작한 중대한 시점이다. 논의가 중요한 이유는 제4차 산업혁명이 별다른 논리도 실체도 없고, 추구하는 가치도 반(反)인류적 요소가 많지만 국내외적으로 지배적 담론이 되었기 때문이다. 이명박의 4대강 사업, 박근혜의 창조경제처럼 국가주도인 정책은 성공하기 어렵듯이 제4차 산업혁명을 국가가 주도한다면 그 결과가 어떨지는 물으나 마나다. 국가정책의 실패가 필연적이다.

제4차 산업혁명은 국가의 공공성이 사라지는 무인자본주의 체제를 지향하는 것 같다. 무인자본주의 국가는 자본과 노동의 균형을 추구하지 않고 노동을 생산과 유통 그리고 소비로 구성된 시장을 재벌기업, 국제적 독점자본과 같은 지구적 독점자본의 독무대로 만든다. 주요한 생산수단과 시장을 독식하는 지구적 독점자본은 고용, 세금을 무기로 삼아 국가공공성이라는 보편적 가치를 무기력하게 만들었다. 이미 국가는 자본의 품속에 들어갔다.

무인자본주의 국가는 정치, 경제에서 기술, 문화에 이르기까지 공공성을 배척하고 지구적 독점자본의 사적 이익을 수호한다. 요약하자면 국가공공성은 제4차 산업혁명으로 더욱 위축되고, 시민, 노동자들은 무인 자본주의에서 일거리도 잃고 노동의 가치도 인정받지 못한다. 그런데 누구도 이런 암울한 상황이 문제가 있다고 지적하지 않는다. 대중미디어는 오히려 제4차 산업혁명을 불가피한 혁명이라고 선전한다.

인공지능 로봇이 생산 현장에 배치되어 주인이 일을 시키면 할 것이고 노동자를 감시하라는 명령이 떨어지면 두말없이 실행할 것이다. '로봇노동'은 인간노동과 달리 24시간 일할 수 있어 기업들이 할 수밖에 없다.

제4차 산업혁명으로 인해 특정 직업은 없어지거나 비정규직화되는 반면, 신규 고용은 매우 한정될 것이다. 정부, 기업, 학계는 나름대로 조사하고 연구해서 바람직한 노동배치 모형을 찾아야 한다(송진식, 2017. 3. 7. : 26~27). 특히 인공지능이 사람을 착취하거나, 로봇이 폭력적, 공격적인 괴물이 되거나, 사람을 감시하는 일을 못하도록 국가공공성의 회복이 절실하다.

4) 파괴되는 노동과 민주주의

생산력의 발전은 역사적 변동을 가져올 정도로 충격적이다. 커뮤니케이션 영역을 주로 바꿔놓았던 생산력은 자본과 노동의 관계, 국가와 시민의 관계, 지구적 독점자본과 한국자본과의 관계 등 무수한 영역이 전통적인 생산관계를 노후하게 만들었다.

새로운 기술의 개발은 생산력 발전에 긍정적 작용을 많이 한다. 이런 것이 인류의 삶을 개선한 사례는 얼마든지 있다. 지구적 독점 자본은 디지털 기술을 적극적으로 개발하여 커뮤니케이션 혁명을 일구었다. 디지털 기술은 인공지능을 향상시키는데 중요한 역할을 했다. 인공지능 로봇은 의료나 노인 돌보기 등 사람을 위해서 하는 일이 많다. 문제는 인공지능을 이용한 신기술이 기존의 기술을 낡은 것으로 만들고 나서 새로운 시장을 열기 때문에 막대한 낭비가 발생한다는 것이다(송재도, 2017: 137).

우리가 이미 수없이 경험했듯이 기업들은 새 기술을 개발하여 유용한 곳에 쓰기도 하지만 효율성 향상을 목적으로 인간의 자리까지 빼앗는 약탈행위를 한 것이 어제 오늘의 일은 아니다.

높은 생산력은 인류의 노동권, 문화권, 민주주의를 휴지조각으로 만들었다. 특히 주목할 점은 제4차 산업혁명으로 인해 노동의 가치가 바닥에 떨어졌으며, 마르크스의 노동가치론이 사방팔방에서 도전을 받는다는 것이다. 노동가치가 제대로 평가를 받아서 노동자 스스로 자신을 수호할 수 있을 때 민주주의는 비로소 꽃을 피운다. 그런 민주주의가 말라 죽기 직전까지 왔다. 영국의 진보적 일간지 〈더 가디언〉은 '민주주의는 제4차 산업혁명을 견뎌낼 수 있을까? 과연 그럴까?'라는 제목의 기사에서 "자동화와 디지털화가 고용을 약화시키고 불평등을 심화시키고 있어 기존의 정치제도는 이에 빨리 적응할 필요가 있을 것이다"고 보도했다(*The Guardian*, 2017. 1. 11.).

새로운 기술과 기계, 신규 자본과 경영진이 기업이나 산업에 들어올 때 노동도 민주주의도 두려워했다. 선진적인 기술 및 기계가 산업현장에 들어올 때마다 노동자들의 혹평과 저항이 반복되었는데, 전혀 이상하지 않다.

여러 조사결과를 보면, 전체 일자리 가운데 30~70%가량이 로봇으로 대체 가능하다. 이것은 일하는 삶에 익숙한 인류에겐 일종의 재앙이다. 2013년 옥스퍼드대학의 프레이(Frey)와 오스본(Osboren)은 자동화로 인해 미국에서 전체 직업의 47%가 없어질 것이라고 예측했다. 일본학자들도 같은 방법으로 조사해 보니 직업 중 49%가 사라질지 모른다고 예상했다. 옥스퍼드대학의 연구결과와 비슷하다. 2015년 11월 영국은행(Bank of England)도 미래의 일터를 조사해 보니 머지않아 영국에서만 로봇이 1,500만 개 일자리를 빼앗아 갈 것이라고 경고하였다(Frase, 2016: 13). 만약 이런 일이 생긴다면 어떤 나라건 지탱하기 어려울 것 같다. 한국고용정보원이 발표한 〈기술변화에 따른 일자리 연구〉에 의하면 2025년 무렵에 기술대체 효과 때문에 노동자 가운데 대략 70%인 1,800만의 노동자가 실직할 위협이 있다고 추산했다(〈한겨레〉, 2017. 1. 3. : 4에서 재인용). 한국직업능력개발원(2017. 5. 15.)의 조사에 따르면 앞으로 10년 후에 일자리의 52%가 컴퓨터에 자리를 내줄 것이다.

전문직 일자리도 제4차 산업혁명 앞에서는 속수무책이다. 이윤의 논리가 전문직종에 침투하면서 효율성, 수익성과 같은 가치가 주목을 받는다. 전통적인 전문직 노동이 인공지능 로봇으로 대체될 것이다. 유엔이 발간한 〈유엔 미래보고서 2045〉는 30년 후 인공지능이 대신할 직업군으로 의사, 변호사, 기자, 통·번역가, 세무사,

감사, 재무 설계사, 금융컨설턴트 따위를 꼽았다(〈매일경제〉, 2016. 3. 23.). 이윤이라는 칼날은 앞서 말했듯이 전문지식이나 기술, 기법을 가진 사람들에게도 향해 있다. 마르크스는 산업자본주의 혁명이 한창이던 유럽에서 독자적인 영역을 구축했던 전문가들이 임금노동자로 추락하는 현실을 안타깝게 바라보았다(서스킨드, 2016: 53). 이윤의 논리가 전문직을 포위하고 있는 한 이들의 자율

〈표 5-2〉 자동화-지능화에 따른 직업체제의 변동

연구 · 조사기관	연도	연구결과
옥스퍼드대학	2013	700가지 직종 중 50%가 완전 자동화 가능
BBC · 옥스퍼드대학	2015	기자가 로봇으로 대체될 가능성은 8%에 불과
맥킨지 보고서	2015	지금 기술만으로도 일자리의 45%를 자동화로 대체
포레스터 리서치	2015	미국은 자동화에 따라 2025년까지 910만 개 일자리가 사라짐. 자동화 · 로봇노동에 의해 일자리 10개 없어지면 1개가 생김
한국고용정보원	2016	전체 노동자의 70%인 1,800만 명의 노동자가 실직할 것
오바마 행정부	2016	10~20년 사이 일자리의 9~47%가 영향을 받음
잉글랜드은행	2016	영국에서만 로봇이 1,500만 개의 일자리를 빼앗아감
세계경제포럼	2016	앞으로 5년간 인공지능에 의해 500만 개 일자리가 사라짐
PwC	2017	미국 일자리의 38%가 로봇으로 대체
전미경제연구소	2017	1천 명의 노동자당 1개 로봇이 있으면 62개 일자리가 감소
NBER		임금은 0.7% 감소, 산업용 로봇이 생산직 노동자 일자리 67만 건 잠식(1990~2007)
〈니혼게이자이〉 신문	2017	로봇이 사람을 대신할 수 있는 일자리는 34%를 차지
〈파인낸셜타임스〉		총 2,069종의 업무(820종의 직업) 중 34%를 차지
맥킨지	2017	총 880여 종의 직업 중 5%는 완전 자동화 대상
매경 · 딜로이트컨설팅	2017	2025년까지 최대 68만 개 일터를 만듦
한국직업능력개발원	2017	10년 후 일자리의 52%는 로봇 · 인공지능으로 대체

출처: 〈지디넷코리아〉(2017.3.29.), "로봇 탓에 일자리 · 임금 감소 실증".
　　　〈연합뉴스〉(2017.3.25.), "므누신, '로봇 실업 걱정할 것 없어' 발언, 미언론 뭇매".
　　　〈한겨레〉(2017.4.24.), "인간 업무 셋 중 하나를 로봇이 대체 가능".
　　　황준원(2016.10.15.), "인공지능과 경쟁하라?"; Frase(2016: 13); 〈한겨레〉(2017.1.3.: 4).
　　　McKinsey & Company(2017.1.: 5); 〈매일경제〉(2017.4.27.); 한국직업능력개발원(2017.5.15.).
　　　BBC. "Will a Robot Take Your Job?"

성은 물 건너갔다.

전문직은 대거 퇴출되어 노동자가 되는데 《직업의 사회학》의 저자인 맥도널드는 이들 두고 '전문직의 프롤레타리아트화'라고 하였다. 아직까지는 전체 일자리가 줄어든다는 '일터 축소론'과 새로운 커뮤니케이션 기술 등의 발달로 새 상품, 새 시장, 새 일터가 만들어지기 때문에 제4차 산업혁명은 전체 일자리를 줄이지 않는다는 '일터유지론'이 팽팽히 맞서 있기는 하다(안상희 외, 2016).

제4차 산업혁명으로 인해 전 세계에 강력한 충격을 준 것은 역시 인공지능 로봇이 사람의 노동을 대체할 가능성이 높아졌기 때문이다. 사람들은 자신의 일자리가 사라질 위험을 느끼면서 인공지능 로봇과 경쟁해야 되는 상황에 분노하고 있다. 〈표 5-2〉에서 보듯 그간 조사한 자료만 보아도 AI로 인한 실업은 보통 문제가 아니다. 로봇노동이 인간노동을 강하게 몰아내리라는 것은 거의 모든 연구에서 내린 보편적 결론이다.

제4차 산업혁명의 최대 쟁점은 일터에서 노동자를 몰아내지만 새로운 일터는 노동시장을 만족시키기에 턱없이 부족해서 결국 노동자를 희생해서 자본의 이익을 도모한다는 문제가 있다. 일터를 만들기 위해 일터를 없애겠다는 발상이 과연 현실에서 어떻게 실현될지 의문이다.

인공지능은 교육, 오락, 제조업에 이르기까지 광범위하게 침투해 있다. 병원은 이미 로봇을 이용한 수술을 많이 하고 있다. 금융시장에서는 인공지능을 가진 '로봇 자산관리 시스템'(Robo-Advisor)이 고객의 투자를 관리하는 기능을 한다(〈조선일보〉, 2017. 4. 27. : B7).

채팅로봇(챗봇)은 오락적인 기능도 하고, 상담서비스 기능도 한다. 이렇게 사람을 대신한 기계, 기술이 자본의 투자와 국가의 지원을 받으면서 한층 정교해지고 실용성 있게 만들어져 궁극적으로 사람의 노동을 대체하게 될 것이다. 머지않아 '해고와 실업의 시대'에 로봇은 이들에게 갈 길을 마련하는 역할을 해주었으면 좋겠다.

마윈 중국 알리바바그룹 회장은 기술, 기계의 힘을 남용하여 사람을 해치면 안 된다면서 이런 말을 했다. "기계는 인간이 할 수 없는 것만을 해야 한다. 이러한 방식을 통해 우리는 기계를 인간의 대체품이 아닌 파트너로 유지할 수 있다"(〈뉴시스〉, 2017. 4. 24. 에서 재인용).

4. 제4차 산업혁명과 커뮤니케이션 산업의 방향성

1) 로봇저널리즘의 정체성 문제

산업자본주의는 미디어산업을 만들고, 광고로 운영되는 저널리즘을 만들었다. 이것을 기반으로 삼은 정보자본주의는 디지털 기술과 정보를 상업화, 자동화함으로써 SNS저널리즘, 로봇저널리즘, 빅데이터 저널리즘 따위를 만들고 뉴스를 공급한다. 같은 맥락에서 수용자 대중은 아날로그 대중문화를 넘어서 디지털 대중문화를 즐긴다. 이런 영역에서 일하는 기자, 변호사, 공인회계사, 교수, 조사전문가, 연예인, 예술인 등은 기업이나 사회에서 존중을 받았다.

그런데 전문직이 인공지능을 담은 로봇 노동 등으로 대체가 가능해졌다. 로봇저널리즘, 데이터 저널리즘, 가상현실 및 증강현실 저널리즘은 대번에 효율성과 시장성을 인정받았다. AP통신은 로봇을 이용하여 기업의 분기실적을 발표하거나 마이너리그 야구경기를 중계하기 시작했다(〈베타뉴스〉, 2016. 7. 11.). LA타임스, 로이터통신 등은 벌써 로봇을 제작현장에 배치하여 긍정적 성과를 거두었다.

로소(Roso, 2016. 3. 4.)는 로봇이 가는 곳마다 사람의 주목을 받아왔다고 말하고, 로봇저널리즘의 기능을 세 가지로 분류하였다. ① 로봇저널리즘은 사람들에게 지루한 표준작업량을 줄여준다. ② 효율성을 향상시키고, 실수를 줄인다. ③ 사람들이 못 할 것 같은 일을 해낸다(Roso, 2016).

그렇지만 구본권(2016. 7. 4.)은 두 가지 점에서 로봇저널리즘에 비판적이다. ① 알고리즘 자체가 중립적이거나 공정하지 않다. ② 컴퓨터 스스로 데이터를 통해 학습하는 머신러닝은 주어진 데이터의 한계를 좀처럼 벗어나지 못한다. 인공지능이 좀더 정교해지면 미디어는 뉴스의 공정성, 균형성을 확보하는 기술도 찾아낼 능력이 있다. 여기에 덧붙여 로봇이나 인공지능을 포함한 어떤 기술도 중립적이지 않다. 이런 체제에서 작성된 기사는 사람의 견해가 아니라 로봇이나 빅데이터의 견해이다. 따라서 시민이나 노동자 등 사람의 견해를 담지 못하고, 기계의 견해를 담은 커뮤니케이션은 사회여론이 될 수 없어 로봇저널리즘에 특별한 가치를 두기 어렵다.

저널리즘 공급자들은 사실보도를 하지 않고 이윤과 권력 그리고 광고주의 사적 이익을 수호하는 데 힘썼다. 이런 것들이 쌓여 저널리즘을 불신의 대상으로 만들었다. 제4차 산업혁명 아래서 저널리즘과 기자의 생존 여부를 두고 이견이 분분한 가운데 전문성을 가진 저널리즘은 살아남을 것이라는 조건부 생존설이 지배적이다(Wagner, 2011: 32). 김영주 외(2015: 35) 등의 연구에 의하면 로봇저널리즘은 알고리즘에 의존하고 있어 정확성과 신뢰를 얻지 못할 수도 있다. 로봇저널리즘은 컴퓨터 알고리즘에 토대를 두고 있어 개인화한 정보를 전달할 수 있다는 장점은 있으나 정확성, 안정성, 공정성, 정체성이 문제로 부각된다.

로봇저널리즘을 만드는 기업들은 다음 두 가지 기준을 따르는 소프트웨어를 개발하려고 한다. 이 소프트웨어 분야에서 기자는 이미 사람기자(human journalists)와 로봇기자(robot journalists 또는 robot reporters)로 구분한다. 아직은 로봇기자가 고급 과학잡지인 New Scientist의 2천 단어짜리 기획기사를 쓸 능력은 안 되지만, 로봇기자가 쓴 스포츠기사는 사람기자가 쓴 것과 별 차이가 없다고 한다(Rutkin, 2014. 3. 21.).

로봇저널리즘은 컴퓨터 알고리즘을 바탕에 깔고 있어 빠르고 정확히 정보를 전달할 수 있고, 개인화한 정보를 전달하며, 단순한 일을 효율적으로 대체하여 사람들이 좀더 생산적인 업무를 할 수 있게 만든다(이준환 외, 2015: 30). 그런 반면 로봇저널리즘은 가치문제, 알고리즘의 편향성 및 신뢰성이 의심스러우며, 정체성 문제 등이 해답을 기다린다(이준환 외, 2015: 30).

2) 미디어산업의 변동

하원규(2016. 11. 14.) ETRI 초연결통신연구소 초빙연구원은 현실 세계의 디지털화, 디지털 세계의 지능화, 지능화 시스템의 사회적 탑재와 적용을 제4차 산업혁명의 본질이라고 말한다. 소수의 독점 자본은 네트워크효과, 사물인터넷을 매개로 삼아 시장을 확대함으로써 정보를 지배할 수 있다. 정보나 기술로 축적에 성공했던 전자 산업, 정보산업, 미디어산업을 포함한 지구적 커뮤니케이션 산업은 제4차 산업혁명을 경제위기의 탈출구로 삼았다. 시장경제의 구조, 운영논리, 효율성 및 수익성에 관한 대세를 누가 지느냐에 따라서 지구적 독점자본의 판도가 바뀔 것이다.

지구적 독점자본이 제4차 산업혁명을 실행하는 동기 가운데 하나는 자본의 지나친 노동의존도 및 이윤율의 하락을 멈추거나 늦추려 하는 것이다. 또 다른 동기 가운데 생산-유통-소비 또는 이용 분야가 전 세계적으로 단일 조직처럼 연결되어 24시간 지구적 커뮤니케이션 소통체제를 만들려고 한다. 아마존이 제작한 알렉사의 외부 기능을 하는 알렉사 스킬스(Alexa Skills)만 해도 비즈니스, 재무, 커뮤니케이션, 뉴스, 영화, 텔레비전, 게임 등 거의 모든 영역에서 서비스를 한다(류한석, 2017. 3. 28. : 51). 이로 보아 알렉사는 인공지능 플랫폼 기능을 한다. 텔레비전, 인터넷 중심의 대중문화가 로봇, 가상현실 등 기계화·자동화가 신 대중문화로 이행하고 있다.

막대한 투자비, 불확실한 시장전망, 기술비용, 경쟁, 품질, 기술 따위는 미디어산업을 압박한다. 원천기술을 가진 기업, 시장성이 있는 콘텐츠를 생산, 유통할 능력을 가진 기업들이 제 4차 산업혁명을 주도한다. 이 역시 지구적 독점자본의 영역이다. 이에 따라서 시장은 지구적 독점기업과 기타 기업으로 양극화한다.

미디어 시장에서는 그 어느 때보다 격렬한 경쟁이 벌어진다. 결과는 독점자본이 시장을 지배하고, 비독점 미디어는 이들의 힘에 밀리는 경우가 많다. 불평등성 및 불공정이 날이 갈수록 심해질 것 같다. 커뮤니케이션의 양극화를 초래하는 것이 제 4차 산업혁명이다.

제 3차 산업혁명은 반도체, 인터넷, 모바일이 대세였다면 제 4차 산업혁명의 대세는 인공지능기술이며, 이것의 기반은 소프트웨어에 있다. 기계학습(machine learning)과 알고리즘의 하나인 심층학습(deep learning)[14]이 기술적으로 침체된 산업의 돌파구를 열었다. 인공지능 로봇의 정교한 기술적 진보에 따라 1년 전만 해도 인공지능기술로는 따라가기 어렵다는 미디어 창작분야에서도 문이 열리고 있다(오세욱, 2017: 7). 텍스트뉴스, 영상뉴스, 철학책, 소설, 내러티브, 클래식음악, 현대음악, 웹기사, 영화대본, 영화예고편, 그림, 게임 등 많은 영역이 인공지능 기술에 의해 그 문이 열리는 중이다(오세욱, 2017: 7~8). 창의성, 창조성도 더 이상 인간만의 전유물이 아니다.

---

14 딥러닝은 사물이나 데이터를 군집화하거나 분류하는 데 사용하는 기술과 기계학습 알고리즘의 하나다. 딥러닝 기술을 이용한 인공지능은 빅데이터와 연결하여 스스로 반복해서 학습함으로써 문제를 풀기도 하고, 방향을 안내하기도 한다(박건형 외, 2017. 3. 25. : C1). 딥러닝의 핵심은 자료의 분류를 통한 예측이다(박대민 외, 2015: 58).

〈뉴스위크〉 기자이자 디지털 미래학자인 웹(Webb)은 앞으로 10~20년 사이에 없어질 직업 여덟 가지를 들었다. ① 통행료 징수원/계산원, ② 영업사원, ③ 고객서비스 종사자, ④ 공장노동자, ⑤ 금융계 중견간부, ⑥ 기자, ⑦ 법조인, ⑧ 전화 설치공이었다(Matt, 2015. 5. 14.에서 재인용).

알고리즘 기술이 발달하여 뉴스공급사들은 자동적으로 기사를 쓸 수 있으며, 다른 사람과 상호작용을 하지 않아도 웹사이트에 잘 배치된다. 그래서 기자라는 직업은 소멸될 가능성이 있다고 본다(같은 기사). 2016년 세계경제포럼에 따르면, 2020년 무렵 710만 개의 일자리가 사라지는데 곧 없어질 직업으로 화이트칼라 사무직이 67%를 차지했다(김효정, 2017: 28). 제조업은 22.4%, 건설/채광이 7%이다. 미술/디자인/스포츠/엔터테인먼트/미디어 분야의 비중은 2.1%로 나타났고, 법률은 1.5%를 차지하였다.

미디어, 오락, 스포츠 등 정보와 대중문화는 재능이나 인기가 있어야 하기 때문에 로봇이나 인공지능으로 대체할 만한 영역이 별로 없다는 주장과, 다른 분야보다는 약하지만 여전히 로봇 등으로 대체할 것이 있다는 주장으로 나뉜다. 영국 BBC가 조사한 자료는 인공지능 로봇기자가 기자직을 대신할 가능성은 8%에 그친다고 한다(김효정, 2017).

3) 대중문화의 변혁

거대자본은 소비자의 움직임을 살피고, 이들의 욕구를 파악하기 위해 자신들이 구축해온 광고 및 PR 네트워크를 효과적으로 운영한다. 광고주들도 대중문화와 1인 미디어를 지원함으로써 소비문화의 확산을 통해 소비자, 고객들의 소비습관을 독점자본의 것으로 만들려고 한다. 15

20세기 대중문화는 대량생산-대량소비를 실현하려는 산업자본주의에 힘을 실어주었다. 광고는 광고주와 소비자를 연결시키는 징검다리였다. 16 경제위기, 디지털 기술혁명, 일반 시장의 세분화, 수용자 대중 또는 소비자대중의 분산화, 외국시장에서 직구 등 많은 변화가 있었고, 대중문화산업도 구조적인 변화를 겪고 있다. 그 변화는 지금도 지속되고 있는데 아날로그 대중문화생산에 비해 디지털 대중문화생산은 디지털 기술비용, 제작비용이 엄청 비싸다.

중소자본, 영세자본은 거대한 대중문화가 아닌 1인 문화시장을 개척하여 나름대로 성공하였다. 홈쇼핑채널의 상업적 성공은 대중문화와는 또 다른 소비문화, 단독문화를 형성하기 시작하였다.

---

15 대표적인 예가 중국의 알리바바이다. 이 회사는 전자상거래를 하면서 만든 빅데이터를 이용하고, 상해 제일재경미디어집단에 30%의 지분을 갖고 있으며, 홍콩의 영자지 〈사우스차이나 모닝포스트〉를 인수하였다.
16 광고산업은 광고주들이 생산하는 각종 소비제품이 빨리 또 많이 팔려 나가도록 기존 상품을 진부화한다. 상품의 기술적 진부화, 심리적 진부화는 옛 상품을 진부한 것으로 이미지를 조작함으로써 새 상품을 긍정적으로 그린다. 그러므로 진부화 전술은 성장에 필요한 마케팅 전략의 일부이다(송재도, 2017: 129~130).

제 4차 산업혁명은 대중문화산업의 구조적 변화를 다그쳤다. ICT 기업, 지구적 독점기업, 미디어 기업, 대중연예인 집단 등이 대중문화산업의 사유화, 복합화, 상업화, 자동화, 지능화, 데이터화를 실행함으로써 생산-유통-이용(소비)을 최소한 간편하게 만들려고 한다. 대중문화산업은 가상현실, 증강현실 등 아직 개발 중인 기술까지도 마케팅에 이용한다. 대중문화의 디지털화, 자동화, 기계화로 인해 연예오락 연기자, 스태프에서부터 대중음악가, 프로듀서 등에 이르는 광범위한 규모에서 재능을 가진 극히 소수의 대중문화예술인들만 남고 퇴출된다.

지속적으로 자본을 지원받는 대중문화시장은 새로운 기술 및 서비스의 등장으로 생산, 유통, 이용방식이 많이 바뀐다. 예를 들자면 개인 맞춤형 대중문화도 널리 퍼지는 중인데, 개인 맞춤형 미디어가 확산되면 일자리가 만들어 질 것이라는 예측이 있다(김지혜, 2016. 10. 28.).

로봇만이 아니라 가상현실과 증강현실도 커뮤니케이션이나 대중문화와 밀접한 새로운 기술이다. **17** 이 두 가지 서비스는 몰입감이나 현장감을 극대화한 게임, 공연관람 등으로 오락산업에 체험형 콘텐츠를 제공한다(전해영, 2017: 2). 이렇게 대중문화도 기계화, 자동

---

17 정동훈(2016: 6)은 이 두 가지 개념을 잘 설명했다. 가상현실(*Virtual Reality*)은 "특정한 환경이나 상황을 컴퓨터로 만들어서 그것을 사용하는 사람이 마치 실제 주변상황과 상호작용을 하는 것처럼 만들어 주는 인간-컴퓨터 사이의 인터페이스"를 말한다. 증강현실(*Augmented Reality*)은 "사용자가 눈으로 보는 현실세계에 가상-물체를 겹쳐 하나의 영상으로 보여 주는 기술"이다.

화, 지능화하여 전통적인 대중문화와는 구별되는 로봇대중문화가 만들어져 기존의 노동력을 밀어낼 것이다.

대중문화의 식량공급업자인 광고산업도 인공지능의 격랑에 흔들리고 있다. 광고회사는 인공지능을 이용하여 광고를 기획, 제작하고 효과를 측정한다. 미국의 기술벤처기업인 '퍼사도'(Persado)[18]를 보면, 기계학습(*machine learning*)이라는 자연언어처리 기술을 이용한다. 그래서 소비자의 구매행동을 유발시키는 인지적 콘텐츠 플랫폼에서 알고리즘에 따라 광고메시지를 제작한다고 한다. 퍼사도가 제공하는 광고서비스는 값은 싸지만 효과도 상당하며, 특히 광고카피가 매력적이다. 여행사 광고 카피를 한번 보자.

일반 여행사 카피 : "기간 한정, 저렴한 항공편 지금 예약하세요!"
퍼사도의 여행사 카피 : "나 자신에게 일생에 남을 여행을 선물해 보세요, 지금 출발할까요!"

위의 두 광고를 비교해 보아도 인공지능의 퍼사도의 광고카피가 더 인간적이며 매력적인 것 같다. 이렇게 퍼사도는 경쟁력과 잠재력을 인정받아 2016년에는 골드만삭스로부터 3천 달러의 투자를 받기도 했다.

---

18 퍼사도에 대한 내용은 모두 산업분석팀(2016). "인공지능을 이용한 광고카피 작성 시스템 '퍼사도'". 〈주간기술동향〉, 1760호 : 32~38에서 나온 것임.

4) 커뮤니케이션 종속의 회귀

커뮤니케이션 혁명은 한국의 기업, 정부, 시민들에게 돈을 벌 기회를 주었고, 국제시장에서 가치 있는 상품을 내놓을 수 있게 했다. 한국의 주요 기업들은 세계시장을 상대로 소비품을 팔아 축적했다. 한류 문화는 한국의 기업과 상품에 가치를 더했다. 어느덧 한류 문화산업은 '작은 문화제국주의'가 되었다. 그럼에도 디지털 혁명이나 제 4차 산업혁명의 주도자는 여전히 미국이다. 지구적 독점자본, 기술 및 기계, 소프트웨어, 콘텐츠 등은 대부분이 미국의 것이다. 정보통신시장에서는 아마존, 애플, 구글, 페이스북, MS, 트위터 등 미국계 기업이 두각을 나타낸다. 미디어와 콘텐츠 시장에서도 디즈니, 타임워너가 지구적 규모로 생산하고 유통함으로써 세계시장을 지배한다.

미국이 옛날보다는 못하지만 세계 커뮤니케이션 산업을 주도하고, 덧붙여 기초과학, 응용 과학기술, 의학방면에서도 선두에 있다. 인공지능 시장만 해도 구글[19]의 어시스턴트, 애플의 시리가 경쟁 중이다. 뉴스, 광고, 오락, 대중문화, 스포츠, 디지털 기술, 소프트웨어 등 커뮤니케이션 산업의 전 분야가 미국의 사정권에 있다.

광고시장도 미국의 영향권에 있다. 2015년 기준으로 구글, 페이스북, 바이두, 야후, MS는 세계 광고시장의 19%를 차지한다

---

[19] 한국과 중국을 제외한 대부분의 나라는 구글에 포털서비스권을 넘겼다. 우리나라에서는 네이버와 다음이 포털서비스를 독점한다.

(O'Reilly, 2016).

중국은 많은 면에서 경쟁력을 갖고 미국을 추격하고 있다. 미국의 4대 커뮤니케이션 기술 기업들인 FANG(페이스북, 아마존, 넷플릭스, 구글)과 중국의 3대 커뮤니케이션 기술 기업들인 BAT(바이두, 알리바바, 텐센트)가 사사건건 다투는 것만 보아도 그렇다. [20] 중국은 드론, 스마트폰, 전기자동차, 로봇 분야에서 생산대국이자 소비대국이다(〈매경 이코노미〉, 2016. 9. 7. ~ 9. 20. : 84).

하지만 자동화는 중국의 딜레마다. 인공지능, 로봇, 드론, 무인자동차 따위의 영역에서 진행되는 혁명은 자동화를 통해 노동자를 일터에서 몰아낸다. 사람의 노동력을 줄이고, 그 공백을 자동화 기술로 대체하자는 결정이 한국이나 중국처럼 일자리를 얻지 못하는 사람들이 많은 나라에 마땅한 것인가?

5. 제 4차 산업혁명의 운명

제 4차 산업혁명은 성공해도 문제, 실패해도 문제이다. 만약 제 4차 산업혁명이 성공하면 전 세계적으로 수천만 명에서 수억 명의 노동자, 전문가들이 직장을 잃기 때문이다. 그렇다고 실패를 기대할 수도 없다. 제 4차 산업혁명이 성공하지 못하면 투자했던 엄청난 자본이 휴지조각이 되고, 경제적, 정치적 불안정이 심해져 자본주의가

---

[20] 이경주(2016: 176~194)의 책 참조.

파국에 직면할 것이다. 지난 30년간의 커뮤니케이션 혁명이 효율성, 성장, 이윤, 지배, 공공성-공익성, 민주주의 등 다양한 가치를 품고 있는 것에 비해 제 4차 산업혁명은 사실상 효율성 혁명이다. 그런 한편 제 4차 산업혁명을 융복합, 공진화하는 기술혁신, 제조업 공정의 디지털화, 제품의 서비스화, 인공지능에 기반을 둔 플랫폼 비즈니스라는 시각에서 바라보기도 한다(이은민, 2016. 8. 16. : 3).

이것을 정리하면 제 4차 산업혁명은 기술혁신, 제조업혁신, 플랫폼 기반의 서비스 혁신을 말한다(이은민, 3). 그리고 산업혁명을 하는 동네에는 공공성-공익성을 주창하는 사람이 거의 없다.

수십 년 동안 인공지능을 개발하는 회사들이 치명적인 실패를 거듭하자 국가적, 사회적 관심도 많이 떨어졌다. 그러다가 인공지능 기술에 관련된 회사는 '머신러닝', '딥러닝'과 같은 새로운 개념을 만들어 돌파구를 만들었다. 이것으로 인공지능 기술이 결정적인 난관을 뚫은 것이다. 그리고 앞으로 인공지능을 탑재한 로봇이 대량생산될 가능성이 높아졌다. 위키피디아의 '로봇' 편을 보면 모바일 로봇, 산업용 로봇, 서비스용 로봇, 교육용 로봇, 모듈러 로봇, 협동형 로봇, 군용 로봇 등으로 세분해서 개발되고 있다, 연예용 로봇, 오락용 로봇이 시장에 나오면 상당한 인기를 끌 것이다.

인공지능을 비롯한 제 4차 산업혁명에 관한 정보의 과잉과 과소가 서로 충돌하고 있어 이번 혁명의 불투명성, 불안정성을 가중시킨다. 인공지능에 관련된 기술은 최근에 비약적으로 발전했다고 한다. 문제는 인공지능 기술에 많은 기업들이 앞뒤 가리지 않고 투자하여 시장을 선점하려는 데 있다. 미디어는 과거 도덕적, 윤리적 문제가 있음을 비판했지만 지금은 인공지능 기술과 제4차 산업혁명이 어렵다 해도 우리가 가야 할 오로지 하나 남은 외길인 것처럼 과장한다. 오로지 이윤추구에 골몰하다 보니 인공지능 기술을 가진 기업, 이들로부터 광고비를 받는 미디어가 합작하여 제4차 산업혁명을 불가피한 시대적 선택이라고 선전한다. 특히 인공지능 관련 기업 정보는 엉터리가 많다고 한다. 이에 미국의 기술전문지 〈알퍼〉가 '우리가 알아야 할 인공지능 현주소 아홉 가지'를 발표함으로써 시장의 혼란을 정리하고자 했다.

① 인공지능의 발달 속도는 상상 그 이상이다, ② 인공지능, 실은 매일 이용하고 있다, ③ 로봇이 사람들의 일을 빼앗을 것이다, ④ 2040년이면 인공지능이 인간보다 똑똑할 것이다, ⑤ 인공지능을 인간 수준까지 발달시키려는 것은 위험하다, ⑥ 인간은 인공지능을 이해하지 못할 것이다, ⑦ 인공지능은 악마가 아니라 프로그램됐을 뿐이다, ⑧ 슈퍼 인공지능은 세 가지 유형으로 나타난다(오라클, 지니, 사버린), ⑨ 인공지능에 대한 관점이 인간 생존설과 인간 멸종설로 나누어진다(〈알퍼〉, 2016. 2. 29.).

제4차 산업혁명이 어떤 상품, 어떤 노동에 의해 전개되는가? 인공지능, 로봇, 빅데이터가 직간접적으로 저널리즘, 미디어산업에서 실질적 영향력을 크게 내보였다. 이런 요소를 충분히 이용하는 지구적 독점자본은 생산현장을 자동화, 기계화하여 노동, 노동자, 노동의 가치를 무기력하게 만든다. 이들은 노동의 가치를 떨어뜨려 이윤을 증대하려고 한다.

누가 제4차 산업혁명을 주도하는가? 연구결과 정보통신산업, 전자산업, 미디어 및 오락산업 등으로 구성된 지구적 독점자본이 세계시장을 지배한다.[21] 지구적 독점자본은 인공지능, 로봇, 무인자동차, 바이오 등 새로운 상품, 정교한 첨단기술을 직접 개발하여 가치를 증식하는 경우도 많지만 기술을 가진 기업을 인수·합병으로 인공지능을 비롯한 최첨단 기술을 자신의 것으로 만든다.

이들은 시민과 노동자들에게 꼭 필요한 사회적 커뮤니케이션을 따돌리고 극단적인 자기중심적 커뮤니케이션 시스템을 만들고 있다(박지원, 2012: 29~35). 사회불평등, 저널리즘의 타락과 소셜미디어의 확산, 시민과 노동자의 빈곤과 같은 요소가 작동하면서 커뮤니케이션 실패는 불가피하다. 국가, 광고주 및 미디어 사주는 커뮤니케이션의 공공성, 공익성을 배척하고, 사유화, 관영화, 상업화를 껴안는다.

무엇보다 미디어산업을 격렬한 경쟁의 장으로 만든 것이 영향력의 핵심이었다. 또한 미디어산업은 커뮤니케이션의 바탕이 되는 노동과 민주주의도 제대로 수호하지 못한 채 자동화, 지능화, 집중화, 거대화에 온 신경을 쓴다. 이것보다 더 의미 있는 일은 제4차 산업혁명의 철학적 가치는 효율성이며, 실행전략은 생산의 자동화·인공지능화에 두었다는 점이다. 그리하여 제4차 산업혁명은 지구적

---

21 지구적 독점자본은 동질적이지 않다. 우선 정보통신, 금융, 미디어를 중심으로 하는 신주류 독점자본이 있다. 이들과 경쟁하는 구주류 독점자본은 제조업, 건설업, 부동산업 등으로 이루어진다. 두 세력 간의 다툼이 치열하게 전개되는 가운데 구주류의 지지를 받고 미국 대통령에 당선된 사람이 도널드 트럼프다.

독점자본을 위해 노동자 고용은 최소한에 그치고, 해고는 대량으로 함으로써 노동의 가치를 떨어뜨린다는 것이다. 드디어 인류는 무인 자본주의라는 탈 인간사회로 한 발짝 다가서는 것처럼 보인다.

제4차 산업혁명은 커뮤니케이션 구조와 내용 등에도 상당한 영향을 미칠 것이 분명하다. 그 가운데 특히 주목할 것은 인공지능이다. 저널리즘 분야에서는 역시 지능형 로봇과 빅데이터가 기존의 가치를 뛰어넘을 것이며, 대중문화의 영역에서는 로봇문화, 가상현실, 증강현실, 사물인터넷이 진입하여 대중문화의 방식을 바꿀 것이다. 로봇이 노래를 작곡하고, 드라마 각본도 쓰는 등 창조적 영역까지 들어와 있다. 인공지능을 가진 로봇은 시장경쟁력도 있다. 가상현실과 증강현실도 광고나 대중문화의 낡은 틀을 산산이 깨버릴 것이다.

국가도 자본의 안정을 위해 지속적인 경제성장과 이윤실현의 환경을 마련해 준다. 이 과정에서 국가는 커뮤니케이션 산업과 유착하여 이들이 성장하고 이익을 남길 수 있도록 값싼 전기요금, 아주 낮은 조세 부담률을 정책으로 실행한다. 여기서 그치지 않고 국가는 노동조합, 비판적 지식인을 적대시함으로써 정치적, 이념적 승리를 거둔 것 같지만 이것이 부메랑이 되어 국가권력을 크게 위협한다.

생산 자동화·지능화가 이루어진 공장, 유통과정에서 기업들은 많은 이익을 낼 수 있겠으나 그런 호황은 단기적이다. 제4차 산업혁명 때문에 무수한 일터, 엄청난 규모의 노동자가 사라진다. 이들은 인공지능 공장에서 일하는 로봇노동에 의탁하여 살거나 기본 소득을 갖고 비참한 삶을 살아가야 하는 무인자본주의에 갇히고 만다.

참고문헌

구본권(2015). 《로봇 시대, 인간의 일: 인공지능 시대를 살아가야 할 이들을 위한 안내서》. 서울: 어크로스.

_____(2016. 7. 4.). "사람은 편견 가득 … 로봇에 맡기면 공정한 판단 나올까". 〈한겨레〉.

김봉기(2017. 1. 18.). "내 말 척척 알아듣는 인공지능 TV가 나온다". 〈조선비즈〉.

김영주·정재민·오세욱(2015). "로봇저널리즘의 가능성과 한계: 호의적 평가 많지만 정확성·신뢰성 문제 해결해야". 〈신문과 방송〉, 539호: 31~35.

김지혜(2016. 10. 28.). "4차 산업혁명, 미디어는 천지개벽". 〈사이언스타임즈〉.

김창근(2009). "정보재 가치논쟁과 마르크스주의 경제학". 〈마르크스주의 연구〉, 제6권 1호: 273~294.

김학준 외(2016). 〈2017년 인터넷/게임, 통신/미디어/엔터산업전망〉. 서울: 키움증권.

김효정. (2017. 2. 6.). "4차 산업혁명". 〈주간조선〉, 28~32쪽.

〈뉴스위크〉(2016. 11. 30.). "How Artificial Intelligence and Robots Will Radically Transform the Economy".

〈뉴시스〉(2017. 4. 24.). "마윈 회장 "세계 30년간 고통 맛볼 것" 경고 … AI·인터넷이 변화 강요".

데이비스, E. (2017. 2. 18.). 얼마든지 조작할 수 있는 빅데이터로 의료·기술 혁신한다고?.

〈동아사이언스〉(2017. 2. 25.). "똑똑해지는 인공지능 … 단순 기계인가 별도 인격체인가".

로봇 뉴스 & 인포(2017. 3.). "글로벌 로봇 산업 동향: 로봇의 법적 지위 부여를 위한 검토 착수". 한국로봇산업진흥원.

류한석(2017. 3. 28.). "아마존 알렉사의 무한대 확장성". 〈주간경향〉.

〈매일경제〉(2016. 3. 23.). "변호사·애널리스트·의사 … 일자리가 위험하다?".

_____(2016. 10. 11.). "인공지능, 이미 인간지능 뛰어넘어 … 슈퍼 AI시대 곧 도래".

〈미디어오늘〉(2016. 6. 1.). "알고리즘은 공정해? 손끝만 건드려도 휘청". 5면.

박가열 외(2017). 〈기술변화에 따른 일자리 영향 연구〉. 한국고용정보원.

박건형·최인준(2017. 3. 13.). "알파고가 인간 통제 못하게 … 美·日·유럽, 잇따라 AI 윤리지침". 〈조선일보〉.

박영균(2009). 《노동가치》. 서울: 책세상.

〈베타뉴스〉(2016. 7. 11.). "기자 실직시대? AP통신 로봇 기자 채용해".

서스킨드, R. & 서스킨드, D. (2017). *The Future of the Professions*. 위대선 역 (2016). 《4차 산업혁명 시대 전문직의 미래: 빅데이터, 인공지능, 기술 혁신이 가져올 새로운 전문직 지형도》. 서울: 미래엔.

손덕호(2017. 3. 8.). "스스로 학습하며 두뇌 키운 AI, 매년 55%씩 고속 성장 美·中·日, 국가적 과제로 연구개발·기술 선점 경쟁". 〈Economy Chosun〉, 10~12쪽.

손철성(2007). 《독일이데올로기 연구: 역사적 유물론의 주요 개념 분석》. 대구: 영한.

송재도(2017). 《마케팅 지배사회: 소진, 파괴 그리고 불평등》. 파주: 들녘.

송진식(2017. 3. 7.). "한국 미래 좌우할 4차 산업혁명 '현실적 지혜' 모아야 할 때다". 〈주간경향〉.

〈시사저널〉(2016. 3. 24). "20년 내 지금 직업의 절반이 사라진다".

안상희 외(2016). "제 4차 산업혁명이 일자리에 미치는 영향". 〈한국경영학회 융합학술대회〉. 통합학술대회 발표 논문집.

안준용(2017. 4. 7.). "제 2의 구글·애플 … '4차 혁명株'를 찾아라: 인공지능·사물인터넷·로봇·가상현실 … 4차 산업혁명 투자법". 〈조선일보〉.

〈연합뉴스〉(2016. 7. 2.). "AI·로봇 … 사이버·현실 경계 사라진다".

_____(2016. 11. 3.). "MS AI 기술 '민주화' 필요 … 코타나 한국어 곧 지원".

_____(2017. 3. 25.). "므누신 '로봇 실업 걱정할 것 없어' 발언, 美언론 뭇매".

오세욱·최순욱(2017). "미디어 창작도 기계가 대체하는가?: '휴머리즘'(human +algorithm) 미디어의 가능성 혹은 한계". 〈방송통신연구〉, 제 94권: 60~90.

오찬종(2017. 1. 3.). "네이버, 인공지능 특공대 'J' 만들었다". 〈매일경제〉.

유성민(2017. 5. 1). "정신병 걸린 로봇: 학습능력과 자의식 있는 인공지능 로봇이 자해를 한다면". 〈한겨레21〉, 제 1159호.

이경주(2016). 《4차 산업혁명 앞으로 5년》. 서울: 마리북스.

이동재(2017. 2. 11.). "중국 후베이성, 로봇산업에 주력: 산업용 로봇·스마트 제조 산업 발전의 방향 제시". 〈일간투데이〉.

이명현(2015). 과학과 휴머니즘의 해후. 권복규 외(2015).《호모 사피엔스 씨의 위험한 고민: 미래 과학이 답하는 8가지 윤리적 질문》. 서울: 메디치 미디어.

이용성(2017. 12. 18.). "[AI 열풍 2: 유통] 거울 앞에 서면 몸에 맞는 옷 추천하는 시각검색 서비스 AI가 고객 응대하는 시대 … 대규모 인력 감축 우려도".〈Economy Chosun〉.

이은민(2016). "4차 산업혁명과 산업구조의 변화". 서울: 정보통신정책연구원.

이재현(2013). "빅데이터와 사회과학: 인식론적, 방법론적 문제들".〈커뮤니케이션이론〉, 제9권 3호: 127~165.

_____(2016). "인공지능에 관한 비판적 스케치".〈마르크스주의 연구〉, 제13권 3호: 12~43.

이준웅(2017. 5. 8.). "4차 산업혁명 구호는 버려야".〈경향신문〉.

이준환·김동환(2015). "로봇저널리즘 국내 실험사례: 신속·효율성 뛰어나 과도한 기대는 아직 일러".〈신문과 방송〉, 제539호: 26~30.

전해영(2017). "국내외 AR·VR산업 현황 및 시사점".〈VIP 리포트〉, 통권 제687호. 현대경제연구원.

정다운 외(2017. 1. 1. ~1. 4.). "해외 4차 산업혁명 전략은: 독 스마트공장·미 빅데이터·일 로봇 …".〈매경이코노미〉, 38~41쪽.

정동훈(2016). "'장자의 꿈'일까? CG가 만든 세상".〈신문과 방송〉, 제11월호. 6~10.

정종환(2000). "마르크스의《요강》에 대한 연구".〈철학연구〉, 제76권: 123~141.

〈조선일보〉(2017. 4. 26.). "지금 IBM에서 가장 잘나가는 직원은 왓슨".

_____(2017. 4. 27.). "로봇 펀드매니저가 자산관리 … 13개 중 3개 종목은 4~7% 수익".

주간기술동향(2016. 8. 23.). "인공지능을 이용한 광고 카피 작성 시스템 '퍼사도'(persado)". 서울: 정보통신기획평가원.

주형환(2017. 4. 11.). "코리아 루트를 찾아라: 밀려오는 4차 산업혁명 파도".〈신동아〉, 691:438~447.

〈중앙일보〉(2017. 4. 20.). "러시아 쌍권총잡이 로봇 공개… 터미네이터 실현 앞당겨지나".

〈지디넷코리아〉(2016. 2. 29.). "우리가 알아야 할 인공지능 현주소 9가지:

'2040년이면 AI가 인간보다 똑똑할 것'".

_____(2017. 3. 29.). "〔美보고서〕로봇 탓에 일자리·임금감소 실증: 산업로 봇, 美서 17년간 일자리 67만개 없애".

진석용(2016. 8. 10.). 〈인공지능의 자율성, SF의 주제가 현실의 문제로 다가오 고 있다〉. 서울: LG경제연구원.

진석용·남효정(2017. 1. 9.). 〈중국 제조혁신 동력될 산업용 로봇 급성장〉. 서 울: LG경제연구원.

진성혜 외(2016. 4. 4.). IT/기계. KTB투자증권.

채만수(2016). "인공지능? 그것은 자본주의의 저승사자다: 알파고·이세돌 바 둑 대결을 계기로 지식인들이 토해낸 담론 비판". 〈정세와 노동〉, 제 122권: 58~90.

최상철(2016). "'인공지능? 그것은 자본주의의 저승사자다'에 대한 보론". 〈정 세와 노동〉, 제 125권: 151~163.

최희원(2017. 1. 26.). "인공지능 통제불능 시대 오나". 〈경향신문〉.

포스코경영연구소(2016. 4. 11.). "인공지능 시대, 사람만이 할 수 있는 분야를 찾아라". 〈POSRI 비주얼리포트〉. 포스코경영연구원.

하원규(2016. 11. 14.). "제 4차 산업혁명과 초지능형 사회로의 진화". 〈SDT M〉, 제 22호.

〈한겨레〉(2016. 8. 1). 알파고 일자리 절벽 괴담의 해답.

_____(2017. 1. 3.). "무인매장·무인공장·무인운전 … 노동자가 사라진다".

_____(2017. 1. 23.). "한국은 왜 '4차 산업혁명'이 안 보일까".

_____(2017. 4. 24.). "인간 업무 셋중 하나는 로봇이 대체 가능".

〈한국일보〉(2017. 1. 6.). "AI시대 일자리 감소 등은 불가피 … 현명한 대응이 앞서야.

한국직업능력개발원(2017. 5. 15.). 제 4차 산업혁명에 따른 취약계층 및 전공별 영향. 〈KRIVET Issue Brief〉, 123권.

황준원(2016. 10. 15.). "인공지능과 경쟁하라?: 〈미래행복론〉 변화하는 미래사 회, 개인은 어떻게 행복할 것인가". https://brunch.co.kr/@myf21/4

BBC(2015. 9. 11.). "Will a Robot Take Your Job?".

Bendell, J. (2016. 6. 22). "Does Capitalism Need Some Marxism to Survive the Fourth Industrial Revolution?". World Economic Forum.

Choonara, J. (2017).《마르크스주의 계급론》. G. Croix 외·책갈피 편집부 역 (2017).《계급, 소외, 차별: 마르크스주의는 계급, 소외, 여성·성소수자·인종차별을 어떻게 설명하는가》. 서울: 책갈피.

Frase, P. (2016). "Class Struggle in Robot Utopia". *New Labor Forum*, *25* (2): 12~17.

Garnham, N. & Fuchs, C. (2014). "Revisiting the Political Economy of Communication". *tripleC*, *12* (1): 102~141.

Gleick, J. · 박래선·김태훈 역(2017).《인포메이션: 인간과 우주에 담긴 정보의 빅히스토리》. 서울: 동아시아.

Kusin, A. A. · 노태천 역(1990).《마르크스의 기술론》. 서울: 문학과지성사.

Marx. K. · 김수행 역(2015가).《자본론》, I (상). 서울: 비봉출판사.

＿＿＿(2015나).《자본론》, I (하). 서울: 비봉출판사.

Marx, K. & Engels, F. · 김대웅 역(2015).《독일이데올로기》. 파주: 한울.

Mason, P. (2017). "Postcapitalism: A guide to our future". 안진이 역 (2017).《포스트자본주의: 새로운 시작》. 서울: 더퀘스트.

Matt, E. (2015. 5. 14.). "Robots Threaten These 8 Jobs". CNN.

McKinsey & Company(2017. 1.). "A Future That Works: Automation, employment, and productivity". Mckinsey Global Institute.

O'Reilly, L. (2016). The 30 Biggest Media Companies in the World. *Business Insider*.

Roso, S. (2016. 3. 4.). "Get Used to Automation in Newsrooms".

RT America (2017. 8. 12.). "Artificial Intelligence 'Vastly More Risk' than N. Korea".

Rutkin, A. (2014. 3. 21.). "Rise of Robot Reporters: When software writes the news". *New Scientist*.

Schwab, K. (2016). *The Fourth Industrial Revolution*. 송경진 역(2016).《클라우스 슈밥의 제4차 산업혁명》. 서울: 새로운 현재.

The Economist (2016. 9. 17.). "The Rise of the Superstars".

＿＿＿(2017. 5. 6.). "The World's Most Valuable Resource". B7.

The Guardian (2017. 1. 11.). "Can Democracy Survive the Fourth Industrial Revolution? Should It?".

The Independent (2016. 11. 27.). "Technophobes Can Relax: There's no such thing as the fourth industrial revolution".

Wagner, C. G. (2011). "Emerging Careers and How to Create Them". *The Futurist*, January-February 2011.

6

미디어 사람들의 변화[1]

1. 미디어와 미디어 종사자

사람들은 인터넷을 그냥 오락이나 소통의 수단으로만 여기곤 한다. 그러나 대다수 세상 사람들에게 인터넷은 생명선일 수 있다(페이스 북의 최고경영자 마크 주커버그가 딸에게 보낸 편지에서, 2015. 12. 1.).

탁월한 정보기술자이자 페이스북의 최고경영자인 주커버그가 인터넷을 오락이나 소통의 수단으로 보는 통념을 넘어서 사람들의 생명선(*lifeline*)으로 비유한 것은 그리 과장된 표현이 아니다. 수용자 대중에게 구명줄과도 같은 인터넷 미디어는 거대자본의 손에 들어

---

1 〔편집자 주〕이 글은 김승수(2014), "제 5장 미디어노동시장의 타락". 《저널리즘의 몰락과 정보공유혁명》에 기초하여 수정한 것이다.

갔다. 극소수 거대자본, 비민주적 국가권력, 비양심적 미디어엘리트들의 독식과 탐욕이 미디어와 사회정보의 투명성, 독립성을 침해하고 있다.

마르크스는 산업혁명이 한창이던 영국에서 "신문은 노동자들에게 필수적인 생활자료"라고 평가했다. 그는 말년에 프랑스 잡지인 〈노동자조사표〉에 쓴 글에서 노동자에게 신문은 생활필수품이라고 다시 한 번 강조한다(陳力丹, 2010: 31). 당시 신문은 그만큼 사람들에게 유익했고, 신문을 구독할 정도로 노동자 계급의 경제적 상태가 좋았다는 증거다. 그러나 지금은 어떤가? 신문을 비롯한 미디어는 언론권력으로 변질되었고, 수익을 내는 도구로 전락해 버렸다. 미디어시장에 모여든 지식인들은 정치적, 상업적 목적에서 정보를 조작하고 여론을 통제하는 미디어엘리트가 되기도 한다. 미디어엘리트에 대해 주목해야 하는 이유이다.

주커버그의 인터넷 생명선론이나 마르크스의 신문 생활필수품론은 시대만 달랐지 똑같이 미디어와 소통의 중요성을 강조한 것이다. 커뮤니케이션 수단이 사람들의 삶에 얼마나 중요하고 값진지를 안다면 이것을 국가나 시장에만 맡겨 놓아서는 안 된다. 자본과 권력이 미디어경영과 정보생산을 지배한 결과 뉴스나 프로그램에서 사실성, 진실성, 포용성, 복지, 책임, 정의와 같은 가치는 잘 보이지 않는다.

여기에 불을 지른 것이 재벌-미디어-권력복합체이다. 이들은 자본, 권력, 정보 및 문화를 독점, 지배하는 데 필요한 사회여론을 조작 및 통제하는 미디어자본주의라는 괴물을 탄생시켰다. 미디어자본주의는 기업, 자본, 부동산, 지식 및 정보를 소유하거나 지배하는 세력이 미디어산업의 도움을 받아 불평등과 이윤의 논리를 합리화하는 사회이다. 미디어산업은 사주, 광고주, 권력의 이익에 집착하다 보니 시민과 공익은 배척된다. 이곳에서는 언론의 자유, 민주주의, 미디어공공성이 심각하게 훼손된다. 대다수 시민들은 변변한 방패도 없이 미디어자본주의에 의한 선전 선동에 쉽게 노출된다. 미디어자본주의에서는 재벌기업과 국가권력이 저널리즘, 대중문화, 광고2를 앞세워 자신의 이익을 최대한 늘리고, 시민과 노동자의 이익을 최소화하려고 한다. 그래도 인터넷이나 SNS를 이용하여 비판적 정보를 확산하면 지배복합체는 법률적, 기술적 통제를 강화하여 이런 의견이 사회여론화되지 않도록 한다.

  미디어, 교육, 종교, 정치는 한목소리로 감시자본주의, 재벌자본주의, 미디어자본주의를 대신할 체제는 없음을 강력히 주장하면서 시민들에게 현존하는 불평등이나 불공정에 대해 받아들일 것을 강요한다. 미디어는 사람들에게 사회의 부조리한 현실에 대해 침묵하고 외면하도록 유인하기도 한다. 미디어, 광고, 마케팅 수단은 소비자의 자연적 욕구를 넘어서 인위적 욕구를 자극함으로써 소비자들이 돈을 꾸어서라도 과잉소비를 습관화하게 한다(Lowy, 2010). 3

---

2 삼성, 현대자동차, SK, LG는 한국의 4대 재벌기업이다. 이들이 2014년 지상파 TV, 신문, 잡지, 라디오에 총 9,462억 원의 광고비를 제공했다. 그룹별로 보면 삼성이 3,033억 원, 현대자동차가 2,484억 원, SK는 1,823억 원, LG가 2,121억 원의 광고비를 썼다(김상조·이승희, 2015: 22). 이리하여 4대 재벌기업의 총 광고비는 4대 미디어 광고비의 18.31%를 차지한다(같은 책, 23).

디지털기술 발전에 힘입어 시민과 노동자들이 정보생산에 직간접적으로 참여하면서 문제가 생겼다. 정보생산 및 소비의 사회화는 정보생산 수단의 사유화, 이윤의 사적·자본주의적 독점과 충돌한다. 이것은 생산의 사회화와 자본주의적·사적 소유 사이의 모순관계가 확장된 것이다. 그 결과 미디어가 시장 및 영향력 독점을 무기로 부당한 언론권력을 행사하는 것이다.

이들은 국정에 대해 논평하는 수준을 넘어서 특정한 방향으로 유도하고, 불공정한 선거보도를 함으로써 공직 선출에까지 영향을 미친다. 이렇게 파행적인 사회일수록 지식인의 감시와 비판이 절실하며 특히 유력한 미디어가 이를 바로잡을 만한 정의로운 기능을 한다면 더할 나위가 없다. 그러자면 미디어 종사자 및 미디어 출연자와 기고자들이 지켜야 할 가치는 비판성, 전문성, 공정성, 진실성이다. 민주적 여론 형성에서부터 사람들의 삶에 깊은 영향을 미치는 미디어 종사자들은 자본 및 국가권력과 일정한 거리를 두어야 한다. 미디어 종사자들은 기업, 부동산, 기계 등과 같은 생산수단을 소유하지는 않았지만 대신 정보나 지식을 수단 삼아 영향력 및 통제력을 행사하는 한편 대부분 임금 노동으로 생활하는 노동자들이다. 이것이 미디어 종사자의 계급적 위상을 모호하게 만든다. 미디어 종사자들은 노동자계급이지만 동시에 전문지식을 가지고 노동과정에서 상

---

3 자연적 욕구란 음식, 물, 주거지, 옷과 같은 기본 생활을 영위하는 데 필요한 것이다. 인위적 욕구는 소비자들이 광고와 같은 것들의 영향을 받고 남에게 보여 주기, 낭비, 상품물신의 소비행태를 보여 준다는 뜻이다.

대적인 독립성과 자율성, 사회적 영향력을 가진 것으로 보아 중산층 전문직에 속하기도 한다.

그런데 미디어산업을 벗겨 보면 진실과 정의를 구현하려고 투쟁하는 미디어 공공지식인도 많다. 이들은 사익과 권력을 추종하는 미디어 지식인과는 모습도 다르고 역할도 다르다. 그러나 미디어종사자에 대한 기존의 연구들을 보면 미디어 종사자를 단일적, 동질적 집단으로 보았다.

기존 연구에서 드러난 미디어 종사자의 모습은 이렇다. 미디어기업은 광고주와 정권의 눈치를 보면서 최대한 실리를 챙기고, 기자를 비롯한 미디어 종사자는 광고주, 정권의 입맛에 맞추어 뉴스를 만들고 프로그램을 편성한다. 이런 과정을 반복하면서 미디어 종사자들은 권력지향성을 갖게 된다는 것이 기존 연구의 공통된 결론이다. 미디어가 권력 및 독점자본에 흡수되면 독립성, 사실성, 비판성이 사라진다. 정부의 잘못으로 시민이나 공익 또는 주권이 파괴되는 사건이 터져도 사건을 덮으려고만 한다.

이런 현실에 대해 라모네 〈르몽드 디플로마티크〉 편집장은 "기자란 저널리즘이라는 단순공정에 종사하는 노동자가 되었고, 뉴스통신사가 보내주는 기사를 손보는 역할로만 격하되었음을 개탄하면서 기자노동이 기공할 만한 테일러식 노동방식으로 바뀌었다"고 말한다(Ramonet, 2000: 79). 김재영(2011: 309)도 한국의 신문업계에서는 유독 사주의 힘이 보도, 제작 및 편집 현장을 압도하는 봉건적 관계가 오늘날까지 지속되고 있다고 말한다.

한편 언론인의 성격을 역사적 전개와 결부시켜 연구한 박용규

(2015: 440)는 언론인이 공공지식인(*public intellectuals*)이 되려면 "지사적 언론인 전통의 긍정적 유산을 계승하면서도, 언론노동자로서의 철저한 자각과 전문직으로서 언론인에 대한 체계적 인식을 통합하는 노력이 필요하다"고 말한다. 박용규의 주장에서 권력과 자본에 비판적인 공공지식인으로서의 미디어 종사자의 모습을 볼 수 있다. 그리고 현실에서 보여지는 미디어 종사자의 모습도 다양한 것이 사실이다. 그렇다면 미디어 종사자를 미디어엘리트와 공공지식인으로 가르는 요소는 무엇인가?

역사의 흐름에서 지식, 정보를 다루는 지식인을 보면 어떤 때에는 지배층의 편을 들고, 어떤 때는 약자의 편을 드는 양면성을 보여왔다. 경제적 양극화는 권력, 정치, 정보, 문화의 양극화로 이어졌고, 미디어와 대부분의 지식인은 권력자의 편에 서서 사회의식을 통제하였다. 어떤 사람은 조선시대의 선비를 지식인의 표상이라고 주장하지만 계승범(2011: 10)은 조선의 선비를 두고 "역사상 지배계층으로서 자기들 본연의 임무에 태만하고 책임지지 않았을 뿐 아니라, 미래에 대한 비전도 제시하지 못한 지배층이자 지식인"이라고 평가한다. 이들은 조선이 멸망하고 식민지 조선이 되자 재빨리 일본 옷으로 갈아입고 일제에 충성하다 민주공화국이 들어서면서는 다시 권력과 자본의 편에 서서 사익을 추구했다.

양극화, 디지털기술, 개방 경제가 전개되면서 미디어종사자들은 우리 사회의 미디어엘리트가 되어 재벌-미디어-권력복합체로 거듭나면서 권력에 대한 비판기능은 거의 상실했다. 신문재벌이 운영하는 종편채널까지 나오면서 지배복합체는 자신의 이익을 극대화하는 데만 여념이 없고, 한국의 민주주의도 서서히 몰락하는 순간을 맞고 있다.

특히 민주주의를 떠받치는 소통민주주의는 공정한 의사소통제도가 없으면 설 땅이 없는데 불행하게도 이명박 정권하에서는 공정하고 투명한 소통공간이 사라졌다(이준웅, 2011: 42~44). 에릭 홉스봄(Hobsbawm, 2013: 239~248)에 따르면, 20세기 후반부터 사상가를 비롯한 지식인들은 미디어를 배경삼아 이성과 사회적 변화를 추구하는 임무를 사실상 포기하고 대중오락 사회에 안주했다.

미디어와 정보는 상품성, 공공성, 계급성을 가진다. 그래서 다른 노동시장과는 차이가 있다. 따라서 미디어 종사자를 제대로 이해하려면 이들의 노동통제 방식을 알아야 한다. 미디어 노동통제는 어떤 특징이 있으며, 미디어 공공지식인은 어떤 사람을 말하는가?

2. 미디어노동의 통제

1) 노동통제 방식

미디어 종사자들을 이해하기 위해서는 미디어 노동통제 방식을 알아야 한다. 우선 미디어노동에는 편집권, 편성권, 경영권 같은 개념이 있다. 미디어기업은 편집권, 편성권을 빌미로 시민과 미디어 노동자들이 누려야 할 언론과 표현의 자유, 민주주의를 통제해 왔다. 미디어 종사자들이 누려야 할 노동 3권은 헌법 제33조에 명시되어 있지만 편집권, 편성권, 경영권은 헌법적 근거가 없는 억지 논리이다. 미디어기업은 법적 근거가 없는 편집권, 편성권, 경영권을 무기삼아 미디어 종사자의 양심과 자유의지를 위협했다. 지배복합체는 자신의 이익을 지켜주는 한에서만 언론의 자유를 허용했다.

편집권이란 세계 어느 곳에서도 인정하지 않는 개념으로, 일본 신문재벌이 언론의 자유를 통제하기 위해 만든 인위적 규제장치이다. 이것이 한국에 들어와 언론의 자유를 심하게 억눌렀다. 1948년 3월 16일 일본 신문협회는 '신문편집권 확보에 관한 성명'을 통해 편집권을 자본의 사유물이라고 못 박는다. 그 내용의 일부를 보면 다음과 같다.

> 편집권이란 신문의 편집방침을 결정하고 시행하여 보도의 진실성, 평론의 공정성, 그리고 공표방법의 적정성을 유지하는 등 신문편집에 필요한 일체의 관리를 실시할 수 있는 권리이다. 편집내용에 대한 최종적인 책임은 경영, 편집관리자에게 귀속되기 때문에, 편집권을 행사하는 자는 경영관리자 및 그 위탁을 받은 편집관리자에 한한다. 신문기업이 법인조직인 경우에는 이사회 등이 경영관리자로서 편집권 행사의 주체가 된다(일본신문협회, 1948).

일본신문협회는 편집권이란 신문내용 전체를 통제할 자본 측의 일방적 권리라고 단정해 버렸다. 일본의 신문기업은 신문을 자본의 소유물로 보고, 편집권을 통해 제작을 지배하려고 했다. 일본신문협회에 의해 이른바 편집권 성명이 나올 때는 일본신문 노조가 전범

(戰犯)이나 다를 바 없는 신문재벌을 개혁하는 투쟁이 활발했다. 이런 움직임을 분쇄할 목적으로 일본신문협회는 전체주의적 편집권을 꺼내 들었다. 불행히도 이런 억압적이고 엉터리 가치를 담은 일본의 편집권 개념이 한국에 수입된 것이다. 이후 편집권은 마치 신성불가침의 성역으로 조작되었다. 이것이 한국적 언론 자유의 비극이다. 그럼으로 편집권 · 편성권이라는 개념의 폐기여부가 언론의 자유를 보장하는 기준이 된 것이다.

두 번째는 비용을 절감하는 방향으로 노동과정을 통제한다. 미디어기업은 노동과정을 단순화하고, 노동생산성 향상을 위해 당대의 최고급 정보기술을 도입하기도 했다. 이 과정에서 노동자들의 일거리가 기술로 대체되어 자동화되거나 비정규직으로 바뀌는 경우도 많다. 미디어산업의 비정규직 비율은 20%를 훨씬 넘어섰다.[4]

비정규직 비율이 가장 높은 미디어는 조선일보사이다. 조선일보사는 유료 발행부수, 광고수입, 매출액, 순이익 면에서 압도적 1등인데 비정규직 직원이 34%나 되는 것은 조직과 노동을 쥐어짠 결과가 아닌지 추정해 볼 수 있다. 한편 인터넷뉴스 분야의 비정규직 비율도 35%에 이른다. 고용이 없는 디지털 미디어 생산체계에서 노

---

4 방송산업은 각종 노동이 밀집해 있는 노동백화점이다. 방송산업은 비정규직 노동자가 없으면 문을 닫을 판이다. 방송작가 유니온과 전국언론노동조합이 함께 조사한 자료에 의하면, 647명의 방송작가를 대상으로 설문조사를 했는데, 이들은 주당 평균 53.8시간 일하며, 170만 원의 월급을 받고, 4대 보험 가입은 고작 2%에 그쳤다(〈경향신문〉, 2016. 3. 17.). 소셜미디어는 콘텐츠 생산과 유통 그리고 소비와 이용의 과정을 반복하는데, 이들 사이의 경계선은 많이 흐려졌다.

동자들은 움츠러들 수밖에 없다.

세 번째는 미디어노동의 상업주의를 강요한다. 미디어기업은 저마다 수용자 대중의 눈길을 잡으려고 극단적인 선정주의를 추구한다. 이런 경영방식은 미디어노동을 자본, 광고주에 복속시키는 작용을 한다. 미디어와 광고산업이 제작하고 공급하는 콘텐츠는 대개가 상업주의를 이념적으로 실현한다.

2) 새로운 통제방식

미디어는 기자, 프로듀서 등 제작자들을 물리적인 방식으로 관리·통제한다. 미디어기업은 소속 미디어노동자로부터 이념적, 정치적 복종을 끌어내려고 한다. 그래야 뉴스, 정보를 조작해야 할 때 순종적인 분위기를 만들 수 있기 때문이다.

미디어산업은 노동시간 연장, 노동강도 증가라는 고전적인 노동 착취에만 의존하지 않고 노동자의 자발적 순종, 불의에 복종하도록 요구한다. 즉, 취업하기가 별따기만큼이나 어렵고, 회사에서 나가면 실업자에서 벗어나기 어려운 환경에서 미디어노동자가 미디어기업의 노동통제 방식을 거부하기는 어렵다. 박민영 문화평론가는 새로운 노동통제 방식에 대해 이렇게 설명했다.

자본은 틈만 나면 노동자의 노동을 착취하려는 속성이 있다. … 그런데 지금의 양상은 조금 다르다. 예전에는 일시적 기만과 강요에 의해 노동을 착취하려 했다면, 지금은 노동자의 세계인식과 자기인식을 변환시킴으로써 기업의 노동착취에 자발적으로 협조하게 만든다(박민영, 2016: 136~137).

세월호 침몰사태를 취재하던 기자도 이런 말을 했다.

기자들이 지망생 시절에 갈고 닦았던 글쓰기 실력을 이제 와 뽐내는 것 같다. 마치 '세월호 백일장'이라도 하려는 것 같다. 마치 누가 더 많이 독자를 울릴 수 있느냐를 경쟁하듯이(〈미디어오늘〉, 2014. 12. 23. 에서 재인용).

3. 미디어엘리트

1) 개념

미디어 지식인은 중국 화동대학 역사학과 허기림(許紀霖) 교수를 비롯해 많은 사람들이 제기한 개념이다. 허 교수는 미디어산업이 발전함에 따라 '미디어 지식인'이라는 집단이 형성되었다고 관찰했다. 미디어엘리트는 미디어를 중심으로 활동하는 작가, 예술가, 기술자, 인문학자 등을 말하며, 이들은 미디어산업이 형성한 문화시장에서 상업적 동기에 따라 움직인다(許紀霖, 2013: 219)는 것이 허 교수의 주장이다.

프랑스의 철학자인 자크 부브레스(Jacques Bouveresse)도 미디어엘리트가 누구인지 개념화했는데, 그에 따르면 미디어엘리트란 언론과 유착한 채 민감한 사회문제를 회피하며, 특권층으로 군림하는 사람이다(Jacques Bouveresse, 2014: 276). 전상인 홍대 경제학과 교수는 지식인이란 "돈 먹고 나팔 불어주는 먹물들"인데, 이들은 "한국사회의 문제를 외면하는 편의적인 침묵으로 위안을 삼거나, 아예 노골적으로 돈을 먹고 기득권의 나팔을 불어주는 생계형 대변인을 자처"한다고 꼬집었다(〈주간경향〉, 2016. 1. 5.).

이성재 충북대 역사교육학과 교수도 미디어엘리트를 비판적으로 평가했는데, 그에 따르면 미디어는 거대 자본이나 특정 정당의 기관지 역할을 하는 바람에 중립성, 객관성, 전문성을 잃고 말았다. 이런 미디어에서 일하는 일부 지식인은 "오직 출세를 위해 자신의 지식을 여기저기에 끼워 맞추는 사람"들이다(이성재, 2012: 101~103). 한승동 〈한겨레〉 기자는 이런 미디어를 두고 '유곽(遊廓) 언론'이라고 질타했으며, 우익정권의 홍위병 구실을 하는 기자를 '매춘(賣春) 기자'라고 불렀다(〈르몽드 디플로마티크〉, 2013-1월호). 미디어엘리트는 권력이나 자본이 언론과 표현의 자유를 탄압해도 자기 일이 아니라는 듯이 모른 척한다. 미디어기업이 정부홍보 기사를 만들어 팔아도 이들은 별 말을 하지 않는다. 오죽했으면 기자협회가 '돈 앞에 내버려진 저널리즘 … 협찬 표기도 않고 보도'라는 기사를 냈을까(〈기자협회보〉, 2015. 12. 9.)! 기사인지 광고인지 홍보인지 구별하기 어려울 정도의 속임수 뉴스나 저널리즘이 판을 친다. 전통 저널리즘 시스템과 시장이 무너지는 순간이다.

미디어엘리트 가운데 일부는 '유사 전문가 집단'의 영향력을 갖고 있다. 민경배 경희사이버대 교수에 의하면, "유사 전문가란 실제로 특정 분야에 전문성을 갖고 있는 것이 아니라 대중매체를 통해 스스로를 전문가로 포장해 대중들에게 영향력을 행사하는 자들을 말한다"(〈주간경향〉, 2016. 7. 5.). 이들 유사전문가들은 종편채널에 출연하여 검증되지 않은 주장, 편파·왜곡된 정치적, 이념적 선전을 서슴지 않았다. 이용훈 전 대법원장에 따르면, 유신헌법 제정에 참여한 헌법학자들은 승승장구해서 요직을 다 거쳤으며, 이들의 행태는 "출세와 재물에 눈이 어두우면 사람이 짐승 수준으로 행세할 수다"는 것을 보여 주었다(〈한겨레〉, 2012. 9. 22.). 지식인들이 모두 지식권력은 아니다. 오히려 상당수 지식인들은 지배체제에 의한 권력남용을 비판하고, 때로는 사회변혁을 추구하기도 한다. 그럼에도 많은 지식인들이 권력이나 시장 주변을 서성거리다 먹이가 나오면 날쌔게 가로채는 지식권력으로 표변한다.

지금까지 여러 가지 각도에서 미디어엘리트의 개념을 살펴보았다. 이를 종합하면 미디어 지식인이란 인터넷, 방송, 신문 따위의 커뮤니케이션 수단을 이용하여 특정한 이념을 선전하고, 홍보하며, 광고하는 전문노동자를 말한다. 이들은 재벌-미디어-권력복합체의 하나가 되어 시민과 노동자를 물질적, 정신적으로 통제하고 지배하는 집단이다. 미디어엘리트들은 교환가치를 목적으로 콘텐츠를 만드는데 이런 형태의 사회를 미디어자본주의라고 한다.

2) 미디어엘리트의 탄생

상품경제와 민주주의는 근대 저널리즘의 뿌리다. 한국에서는 19세기가 끝날 무렵 근대저널리즘 제도가 도입되었다. 그러나 근대저널리즘은 뿌리를 내리기도 전에 일본 침략에 의해 박살이 났다. 일본은 조선을 식민통치하면서 조선인에게 노예의 삶을 강요했을 뿐 언론의 자유니 민주주의니 공공성이니 하는 정의로운 가치는 허용하지 않았다. 일본 침략자들은 자신들에게 완전히 굴종한 식민지 저널리즘, 식민지 상업문화, 식민지 광고만을 허용하였다. 이런 분야에서 일했던 식민지 조선의 미디어 종사자들 대부분이 일본과 조선총독부 그리고 일본 기업의 손발이 되어 일본의 조선착취를 도왔다. 일제 식민지 치하에서 근대 저널리즘은 꺾이고 식민지 저널리즘과 대중문화가 식민지 조선의 사회의식을 조작하였다.

일제의 식민지 수탈, 6·25 전쟁 그리고 분단에 따른 피해가 엄청나 한국은 산업화를 실행할 동력이 약해졌다. 그러다가 1961년 초반 박정희 정권에 의해 산업화가 시작되었다. 박 정권은 수출경제 정책, 소비경제 조성에 적극적이었다. 산업자본주의는 시장경제, 대의민주제, 상업문화를 필요로 한다. 대다수 시민들이 민간 정부를 군사정변으로 쓰러뜨린 후 세워진 독재정권에 큰 불만을 갖고 있었다. 이에 정부는 저널리즘, 대중문화 시장을 대대적으로 육성하여 자신들에게 정치적으로 유리한 정보를 확산하고, 오락공간을 제공함으로써 시민들의 비판의식을 희석시키려 하였다. 저널리즘은 정부가 추진한 산업화를 적극 지지했고, 정치적으로 정부여당을 지지했다. 뉴스나 대중문화를 생산하는 직업도 각광을 받았다.

미디어산업이 형성되면서 기자, 프로듀서, 방송작가 등의 미디어 전문지식인, 정치인, 연예인, 운동선수, 교수, 변호사, 의사, 문화예술인, 평론가처럼 미디어에 기고하거나 출연하여 사회여론을 조성하는 미디어 관련 지식인을 모두 미디어 지식인이라 할 수 있다. 1960년대부터 지금까지 미디어엘리트는 군사정권과 재벌기업 그리고 미디어기업에 기대어 사익을 챙겼다.

그런데 또 한 번의 군사정변이 미디어구조와 경영방식을 근본적으로 바꾸었다. 방송, 통신뉴스, 방송광고를 국영으로 바꾼 전두환 군사정권은 양심있는 수많은 언론인을 구속하고 해고했다. 비판성향의 교수, 문화예술인도 된서리를 맞았다. 그런 반면 정권에 우호적인 미디어엘리트에게는 각종 이권이나 특혜가 주어졌다. 군사정권은 언론과 표현의 자유, 정치적 자유는 철저히 봉쇄하고, 시민들은 괴롭히고 고통을 주었는데, 미디어와 미디어엘리트들은 모른 척했다.

독재, 폭압정치에 전 시민이 저항하여 부분적이나마 민주화를 이루었으나 미디어엘리트들은 독재정권의 나팔수 역할을 하며 민주주의를 끝까지 거부했다. 노태우 정권에서 주요 미디어기업의 미디어엘리트들은 국정과 시장을 주물렀다. 이때부터 정부, 국회, 사법, 시장 모두 언론권력의 눈치를 보기 시작했다. 1997년 외환위기로 제도, 시장, 이념 등 거의 모든 것이 바뀌었다. 돈이 권력을 쥐고 흔드는 사회로 바뀐 것이다. 미디어도 재벌-미디어-권력복합체를 더욱 강화시켜 더 많은 이익과 이권을 따냈다.

한국사회는 2000년대부터는 본격적인 디지털 시대로 진입하였다. 거대 미디어가 독점하던 정보체계는 경쟁확대 및 소셜미디어의 확산으로 균열이 생기기 시작했다. 미디어 자본주의는 저널리즘과 대중문화를 매개로 거대자본의 잉여가치체계 및 불평등한 권력관계를 정당화, 안정화하는 구실을 했다. 광고는 저널리즘과 대중문화의 자금원이 됨으로써 지배복합체가 바라는 정치안정, 산업화, 소비문화를 적극적으로 후원하였다. 이런 사회에서 민주주의, 복지, 공공성, 공익성, 약자에 대한 배려와 같은 사회적 가치는 냉대를 받았다. 시민과 노동자의 시위, 저항은 당연한 민주주의 권리인데도 미디어와 미디어엘리트들은 '종북'(從北)이니 IS를 닮았느니 하면서 지극히 부정적으로 보도했다. 미디어엘리트는 왜 사실을 말하지 않을까?

3) 미디어엘리트의 본질

미국의 정보기술 전문가인 멜레(N. Mele)는 미국의 거대 미디어가 "지난 20년간 언론 조직들은 중요 정보에 접근할 수 있는 자신들의 특권을 유지하고, 언론을 수익성 있는 사업으로 만드는 데 몰두하며 점점 더 권력에 부합하는 행태를 보여왔다"(Mele, 2013: 64~65)고 정리했다.

이 말은 거대 미디어가 특권, 상업주의, 권력저널리즘을 추구해왔다는 지적이다. 한국, 미국과 체제는 달라도 중국도 고민은 똑같다. 장정(張靜, 2015)은 중국의 뉴스 종사자들이 사익을 추구하는 등 문제가 많아도 이를 제대로 감독하지 못한다고 평가했다. 미국이나 중국에서 벌어지는 현상이 한국에서 재현되고 있기 때문이다.

미디어엘리트들이 사회적 지탄을 받았던 배경에는 시민과 노동자를 희생하여 권력과 재벌기업의 이익을 증가시키는 신자유주의에 앞장섰다는 잘못이 있다. 리영희는 일찍부터 '언론인'이라 불리는 기자들이 사실마저 조작하는 권력저널리즘의 정보조작을 경계하였다. 1974년 쓴 《전환시대의 논리》에서 다음과 같이 적었다.

> 외국인 특파원들은 30명이나 월남전쟁에서 취재 중 전사하거나 실종되었다고 하지만, 우리 특파원은 그럴 필요가 없다. 사이공 호텔의 안락의자에 앉아서도 외국기자에 못지않게, 아니 오히려 그들보다 생생한 전투 묘사와 창의력 넘쳐 보이는 종군(從軍) 기사를 써 보내거나 사진을 찍어 보낼 수 있기 때문이다. 다만 그것이 외국의 특파원이 피를 흘려가면서 쓴 기사보다 언제나 하루가 늦게 나온다는 것쯤은 문제가 되지만 … (리영희, 1974: 482).

이것이 한국저널리즘의 현실이다. 그 틈을 치고 들어온 것이 바로 권력욕, 돈벌이이다. 이런 와중에 사회공공성과 민주주의는 현저히 퇴보했다. 독점자본과 국가권력이 시민과 노동자들을 철저히 통제했고, 교육과 지식의 시장화로 인해 일터에서 효율성의 압박을 받아온 지식인들은 자기 살기에도 급급했다. 신자유주의는 지식인의 자율적 공간을 아예 없애려고 한다. 그나마 호황을 누리는 사람들은 텔레비전에 자주 출연하고, 신문지상에 이름이 오르내리는 몇

몇 미디어엘리트들뿐이다. 좀더 구체적으로 말해 미디어산업에서 일하는 미디어 종사자, 명성이나 인기 또는 재능 등을 배경으로 미디어에 칼럼을 쓰거나 인터뷰하고 출연하여 대중적 영향을 미치는 집단이 미디어 지식인들이다.

(1) 권력의 전사로서 미디어엘리트

국가권력을 대신하여 미디어를 통해 시민들의 이익과 요구를 관리하는 집단이 미디어엘리트이다. 그들은 기자나 프로듀서를 비롯해 칼럼니스트, 평론가, 미디어 출연이 빈번한 연예인, 교수, 변호사, 의사 등이다. 이들은 미디어나 정보를 이용하여 권력을 수호하는 역할을 한다. 그리고 미디어엘리트들은 일정한 영향력을 갖고 유사 권력자가 된다. 따라서 권력에 대한 비판기능은 거의 사라졌다. 국가권력을 비판하지 않는 미디어 지식인은 정당의 부름을 받는다.

미디어자본주의 한가운데에 미디어엘리트가 있다. 이들은 정치적 이득이나 돈벌이를 목적으로 미디어를 이용한다. 이들은 권력을 비판하고, 사회부조리를 걸러주는 역할을 해야 하는데, 그렇게 하지 않았다. 경쟁 비용, 디지털 비용은 급증하는 데 반해 미디어, 특히 신문을 비롯한 구형미디어의 수익능력은 떨어져 경영불안정이 심각하다. 재정 불안정에 빠진 미디어기업은 권력의 유혹에 넘어가기 쉽다. 기자들과 미디어기업은 정부로부터 돈을 받고 기사를 쓴다. 한마디로 정권홍보를 목적으로 기사를 사고파는 지경에까지 이르렀다. 미디어의 권력비판 기능이 사라지면서 한국사회의 누적된 제도적, 인적, 사상적 결함을 수정할 수 있는 기회도 함께 없어졌다. 그리하여 한국사회는 사회적 모순과 갈등으로 분열상태에 있고, 시민들의 저항은 폭발 직전에 있었다.

구형 미디어가 민주주의 기능을 하지 못해서 대안을 찾던 수용자 대중에게 소셜미디어가 신기루처럼 찾아왔다. 사람들은 소셜미디어를 통해 잠시나마 소통민주주의를 경험할 수 있었다. 그러나 소셜미디어, 1인 미디어와 같은 새로운 서비스가 나왔다고 해서 민주주의 및 사회공공성이 자동적으로 증대되지는 않는다. 그래서 김재영(2011: 320)은 미디어를 "자율적 행위자라기보다는 권력의 대리인"으로 평가한 것 같다.

이런 성격의 미디어자본주의 사회에서 미디어 지식인은 저널리즘, 대중문화, 광고, SNS가 만들어 놓은 사상의 감옥에 수용자 대중을 가두는 역할을 함으로써 불평등한 권력질서를 견고히 하는 전문가집단이 되고 있다.[5] 기자, 프로듀서, 작가, 정치인, 교수, 변호사, 평론가, 문화예술인, 인기스타 등을 포괄하는 미디어엘리트들은 정권이 듣고 싶어 하는 말을 각색해서 수용자 대중에게 전달함으로써 권력질서를 정당화한다.

미디어 공공지식인은 언론의 자유, 공공성, 공익성을 중요한 가치로 여기는 반면 미디어엘리트들은 자신과 지배복합체의 이익을

---

5 한국의 미디어엘리트만이 정보를 왜곡하는 것은 아니다. 예를 들면 독일에서도 미디어는 정부나 기업이 공급한 보도자료에 의지하여 왜곡된 정보를 확대 재생산함으로써 '정보왜곡 동맹'을 구축한다는 비판을 받았다(Otte, 2011: 45). 다만 한국의 미디어는 독일과 비교해 보도의 사실성, 언론과 표현의 자유, 정치적 자유를 누리는 정도에 차이가 있고, 공공성 및 공익성을 추구에도 격차가 크다.

중시한다. 지배복합체는 네이버, 다음카카오를 압박하여 포털 저널리즘의 비판성도 약화시켜 놓았다. 정부는 또 홍보대행사와 계약을 맺어 미디어에 자주 등장하는 '전문가'에게 정부정책을 지지하는 기고문을 쓰게 하기도 한다(〈피디저널〉, 2015. 9. 25.). 미디어와 정치권력은 합쳐지고 미디어엘리트들은 융합권력의 논리를 따른다. 이들은 특히 선거보도, 공직인사, 노동정책 등에서 정치적으로 권력을 도와준다. 권력저널리즘과 미디어엘리트가 불신을 받는 이유이다. 급기야 '부정청탁 및 금품수수 금지에 관한 법'(이하 김영란법)까지 나와 미디어엘리트 집단도 특별한 감시와 규제를 받는 처지가 되었다. 6 김영란법 제2조 12호는 김영란법 규제대상으로 언론사를 포함시켰는데, 여기서 언론사란 방송사업자, 신문사업자, 잡지 등 정기간행물사업자, 뉴스통신사업자, 인터넷신문사업자를 뜻한다. 언론사가 김영란법의 적용을 받으면, 외부 기업의 협찬 및 지원을 받아 포럼이나 체육대회를 열면 처벌을 받고, 해외출장이나 연수도 할 수 없다.

결국 김영란법은 권력과 자본으로부터의 독립이 필요한 언론사에게는 꼭 필요한 법이지만 언론사들은 언론의 자유가 위축된다느니 농어민들이 고통받는다며 반대 논리를 펼친다. 급기야 보수세력은 김영란법이 위헌적 요소가 있다며 헌법재판소에 심판을 요구하기까지 했다. 〈조선일보〉는 2016년 5월 12일 "한우의 한숨, 굴비의 비

---

6 이 법에 따라 공직자, 언론인, 사립학교 임직원은 직무와 무관하다 해도 다른 사람으로부터 100만 원 이상의 향응을 받으면 처벌받는다.

명"이라는 기막힌 제목의 기사를 내보냈다.

전남 영광군 법성포에서 30년 넘게 굴비 가게를 운영하는 최유심 (64) 씨는 시름에 빠져 있다. 지난 9일 '김영란법' 시행령으로 공직 자 등이 받을 수 있는 선물가격을 5만 원으로 제한한다는 소식을 들 은 이후 걱정이 태산이다. 최씨는 "굴비 선물세트를 5만 원 이하로 만들면 굴비가 작아서 먹지도 못할 거요. 가뜩이나 굴비가 잡히지 도 않는데 김영란법으로 더 먹고살기 어려워졌소"라고 했다.

경기도 과천에서 10년째 난(蘭)을 팔고 있는 장우진(42) 씨도 눈 앞이 캄캄하다. 장 씨는 "재작년 세월호, 작년 메르스를 거치면서 3 년 전보다 벌이가 절반으로 줄어들었는데, 이제는 아예 난산업 자 체를 없애려 한다"며 푸념했다. 난은 판매량의 80~90%가 선물용 이고, 가격도 10만 원 안팎이다. 그래서 5만 원 상한을 걸어놓으면 판매가 어렵다는 게 장 씨의 주장이다.

오는 9월 시행되는 '김영란법'(부정청탁 및 금품 등 수수의 금지에 관한 법률)의 구체적인 시행기준이 나오면서 농업·축산업·수산 분야 생산자와 판매자들에게 비상이 걸렸다. 국민권익위원회는 식 사 3만 원, 선물 5만 원, 경조사비 10만 원으로 공직자, 사립학교 교직원, 언론인 등이 받을 수 있는 사교·의례용 비용을 제한했다. 적용 대상자가 약 300만 명에 달하기 때문에 선물이나 경조사와 관 련된 산업에 종사하는 사람들은 판매 위축을 우려하고 있다. 특히 한우·인삼·굴비·난·화환 등 명절이나 경조사 때 선물로 주고받 는 품목을 생산하는 농어민들이 직격탄을 맞았다. 이런 품목은 선물이 보통 10만 원대 이상으로 구성되기 때문에 5만 원 이하의 선물은 시중에 내놓기 어렵다는 것이다.

강원도 춘천에서 인삼을 재배하는 농민 서정권(43) 씨도 "마트에서 12만~13만 원에 파는 인삼 선물세트를 5만 원에 맞춰 내놓는 건 불가능에 가깝다"고 했다. 축산업계에 따르면 작년 한우 판매액은 4조 3천억 원이며, 그중 설·추석에 8천억 원어치가 팔린다. 하지만 김영란법 시행으로 한우 선물이 막히면 명절 매출 8천억 원의 대부분이 사라질 수밖에 없다고 한우 농가들은 주장한다. 이에 농림·축산·수산업 관련단체들이 강력 반발했다. 전국한우협회는 성명을 내고 "김영란법의 취지는 이해하나 비쌀 수밖에 없는 한우를 키우는 농가는 피해를 입고 (값이 싼) 외국산 쇠고기 소비를 촉진하게 될 것"이라며 "정부와 국회가 재논의하지 않는다면 끝없는 투쟁을 전개할 것"이라고 했다.

이 칼럼이 보여 주듯이 부당한 방식을 개선하려는 노력이 마치 농어촌을 죽이는 것처럼 여론을 왜곡한다. 권력저널리즘, 상업저널리즘의 격한 반대 속에서 헌법재판소는 확고한 국민적 지지를 배경으로 부정청탁 및 금품 등 수수 금지에 관한 법은 합헌이라고 판결하였다.

미디어가 만들어내는 권력저널리즘에 대하여 선대인경제연구소의 선대인 소장은 "언론은 받아쓰기 하는 곳이 아니다. 비판 정신을 가져야 하는 언론사 기자가 최소한의 팩트 검증에도 소홀하다는 것은 양식을 넘어서 상식과 양심의 문제다. 양치기 소년도 3번밖에 거짓말을 안 했는데 언론은 수천 번의 거짓말을 하고 있다. 양치기 소년의 역할을 한 언론은 반성해야 한다"(〈PD저널〉, 2014. 3. 5.)고 질책했다.

기자들은 패를 지어 취재도 하고 기사도 쓴다. 기자들이 속한 미디어산업이 진영논리에 충실한 정파저널리즘을 고집하다 보니 사실보도조차 제대로 안 되는 경우가 허다하다. 정파저널리즘은 가뜩이나 분열된 한국사회를 더욱 분열시킨다. 그들이 만든 뉴스를 보면 부자와 가난한 사람, 권력자와 무권력자, 명문대와 비명문대, 재벌기업과 중소기업, 서울과 지역, 지역과 지역으로 양극화한다. 그리고 기자들은 힘을 가진 쪽에 유리하게 보도한다.

한편 저널리즘이 이 지경이 된 데에는 언론학자들에게도 일부 책임이 있다는 의견도 있다. 이봉수 세명대 저널리즘스쿨 교수는 종편채널 허가를 강력히 주장했던 언론학자의 무책임을 질타했다.

　… 방송을 망치는 데 결정적으로 기여하고도 아무런 피해를 보지 않는 집단이 있다. 바로 언론학자들이다. 미국에서 공부한 언론학자 중에는 유럽에 견주어 언론의 공공성이 현저히 떨어지는 미국을 표준으로 삼는 이들이 많다. 꽤 많은 연구비를 지원받고도 한국 언론의 현실을 제대로 살펴보지 않은 채 언론정책을 농단한 사례가 많았다. 그런데도 한국언론학회 등을 중심으로 함께 활동하면서 서로의 과오를 비판하지 않는 침묵의 카르텔을 형성한다. 이제 한국언론 수난사에 그들의 이름을 등재할 때가 됐다. 종편을 포함한 방송

정책이 민주주의를 어떻게 유린해 왔는지 규명해 방송개혁의 여론을 조성하고 책임자들을 특정하는 일이 진보언론의 급선무다(〈한겨레〉, 2012. 6. 27.).

최낙진·김성해(2015) 교수의 언론학자 비판은 한 걸음 더 나갔다. 이들은 방송통신위원회 위원에서부터 방송사 이사까지 권력홀에 빠진 언론학자들이 스펙과 인맥을 확보하고, 더 나아가 권력의 이익을 위해 노력한다는 흔적을 보여야 권력홀에 참여할 수 있다는 점도 밝혔다. 비슷한 맥락에서 박홍수 사회공공연구소 객원연구위원은 언론인을 비롯한 지식인들의 의식부재를 질타했다.

한국의 수많은 지배 집단들, 국회의원, 법률가, 언론인, 교수, 고위 공직자들이 가진 자들과 자본의 이해를 실현하는 데 자기 일처럼 발벗고 나서는 것은 단 한 번도 공화국의 가치, 공공성의 정신을 체화시키는 수련과 경험을 하지 못했기 때문이다. 백성들을 구석으로 몰아붙이는 여러 정책들, 이를테면 철도나 의료 민영화, 서민 증세, SNS 감시 같은 것들을 거침없이 밀어붙이는 이들 '확신범'들의 모습 속에서 또다른 수많은 이완용을 본다(〈프레시안〉, 2014. 10. 5.).

(2) 자본의 도우미로서 미디어엘리트

미디어자본은 두 가지 차원에서 미디어엘리트의 고삐를 바짝 쥔다. 하나는 미디어산업이 유지되려면 자본 증식이 필수적이다. 다른 하나는 일반 자본, 특히 재벌기업을 비롯한 독점자본이 증식하도록 도와주는 것이다. 하물며 소셜미디어도 자본을 축적하지 못하면 망한다.[7] 자본은 자신의 통제에서 벗어날 능력을 지닌 행위자와 주체를 포섭함으로써 위기를 봉쇄하려고 하며, 이 과정에서 미디어엘리트들은 상품의 유통기간을 단축하려는 자본의 욕구를 실현하는 데 전력을 다한다(Dyer-Witheford, 2003: 485).

미디어엘리트의 수입원은 광고를 기반으로 삼는 미디어 시장인데 가만히 보면 다른 시장과 비교해 규모가 별로 뒤지지 않는다. 11만 개 미디어사업체가 62만 명을 고용해서 연간 91조 원 규모의 시장을 형성하는 것만 보아도 그렇다. 미디어 무역도 흑자다. 수출이 69억 달러인 데 비해 수입이 14억 달러에 그쳐 50억 달러 이상의 흑자를 낸다. 거기에다 디지털 커뮤니케이션 기술이 발전하여 새로운 시장, 신규 서비스를 끊임없이 개발하고 공급한다. 집집마다, 기업마다 디지털 미디어를 보유한다. 그럼에도 기대했던 것과는 달리 디지털 경제체제에서 고용창출은 안 되고, 미디어엘리트는 한층 심각해졌다. 특히 비정규직 노동자가 처한 현실이 조선시대에 있었던 외거노비(外居奴婢)보다 나을 것이 없다는 평가는 충격적이다(이덕일, 2014: 293).

자본주의 생산은 양적으로 막대하다. 그러나 소비의 뒷받침을 못 받으면 과잉투자, 과잉생산으로 경제위기가 발생한다. 또 생산의

---

7 소셜미디어의 자본축적 방식은 4가지가 있다. 인터넷 프로슈머의 상품화, 인터넷 이용자의 무보수 노동(unpaid labor), 표적 광고, 경제적 감시가 구글이나 네이버와 같은 소셜미디어 기업의 자본축적 방식이다(Fuchs, 2014: 255).

기계화-자동화가 노동자를 몰아내고 이윤율을 저하시켜 시장경제를 위기에 몰아넣기도 한다. 그래서 기업은 저널리즘, 대중문화, 광고 같은 것들을 마케팅 수단으로 삼아 상품물신을 조장하고 소비를 촉진한다. 가톨릭 교황 프란치스코는 반인간적인 상업저널리즘을 이렇게 통박했다. "늙은 노숙인이 거리에서 숨진 채 발견되는 건 뉴스가 안 되지만, 주식시장이 단 2% 포인트라도 떨어지면 뉴스가 되는 게 말이 되느냐"(〈한겨레〉, 2013. 11. 28. : 3면). 상업저널리즘의 비인간성을 고발한 것이다.

(3) 디지털 기술로부터의 소외

민주주의가 제약받는 사회에서는 창조력, 상상력이 떨어져 새로운 기술이나 서비스가 나오기 어렵다. 권력을 비판하고 시장을 감시할 권리가 보장되지 않는 비민주적 상황에서 선진기술은 별로 쓸모가 없다. 강상현(2015: 481~495)이 규명했듯이 아무리 커뮤니케이션 기술이 풍부해도 한국사회는 여전히 양극화되었고, 소통이 되지 않는 사회이다. 커뮤니케이션 기술은 사람의 삶과 민주주의 발전에 필수조건이지 충분조건은 아니다. 법과 제도, 경영, 사상, 시민의식에서 공공성·공익성이 보장될 때 비로소 충분조건이 만족된다. 그렇지 않을 경우 미디어 종사자 및 수용자 대중은 자본과 권력의 아성으로 변질된 미디어자본주의 체제에서 소외당하고 고통받는다.

정보기술, 전산화, 자동화, 빅데이터, 알고리즘, 인공지능과 같은 지능형 과학기술은 대량생산의 임금노동, 전문직 봉급노동의 수요를 대폭 줄인다(Refkin, 2014: 215). 미디어 생산의 전산화로 인해 신문사의 교정기자직이 사라진 것처럼 디지털 기술은 사진, 영상 종사자를 비롯한 미디어 종사자를 퇴출시켰다. 디지털기술이 발전하면 미디어 생산과 분배의 네트워크화가 이루어져 사람의 노동을 대체할지도 모른다. 미디어 종사자들은 디지털 기술혁명의 최대 희생자가 될 가능성도 있다.

경제위기와 디지털 기술혁명은 전통적인 시장, 생산방식을 없애거나 바꿔서라도 효율성을 받아들이려 한다. 그러나 결과는 늘 마찬가지이다. 미디어산업의 경우 중소규모의 미디어, 수입원이 불안정한 지역미디어들은 기반을 잃고 몰락하는 중이다.

디지털 기술혁명은 미디어를 이전보다 훨씬 더 상업적, 통제적으로 만들었다. 기자나 프로듀서 등 제작자도 디지털 기술의 지배를 받았다. 미디어산업에서도 디지털 기술자를 뽑기 시작했다. 그동안 미디어산업은 디지털노동자를 고용하지 않았다. 그러다가 중앙일보사-JTBC가 2015년에 기자, 프로듀서, 아나운서, 경영지원, 편성홍보, 디지털 분야에서 신입사원을 선발했다. 디지털 분야는 온라인(모바일) 서비스 기획 및 개발을 담당하는 전문가를 뽑는 것이다. 그럼에도 대부분의 미디어기업은 1차 서류심사, 2차 논술 및 작문쓰기, 3차 상식, 4차 실무능력 평가, 5차 최종면접을 통해 신입기자를 뽑는다. 과거에는 이른바 '학벌', '지역'이 기자, 프로듀서 선발에 중요하게 작용했지만, 지금은 스펙의 시대다.

이런 여러 가지 평가를 정리하면, 미디어엘리트들의 활동은 공공성, 공익성, 민주주의와는 동떨어져 있으며, 시민의 삶과도 별로 관련이 없다. 이들은 권력이나 자본의 이익을 따르는 권력저널리스트이며 사이비 지식인일 뿐이다.

4. 미디어 공공지식인

1) 미디어 공공지식인의 개념

산업자본주의 시대만 해도 대규모 노동자들이 노동조합을 결성하여 정치에도 막강한 영향력을 발휘했다. 기자를 비롯한 미디어 종사자들도 노조를 만들어 언론의 자유를 쟁취하고자 투쟁했다. 1960년대부터 시작된 한국의 산업화는 새로운 지식 및 정보를 필요로 했다. 정치적으로는 대의민주주의가 도입되었다. 지식인들은 산업화를 위한 지식을 제공했고, 대의민주주의 제도의 정착을 도왔다. 당시 기자, 교수 등 지식인은 약간이나마 독자적인 정체성을 갖고 있었다. 그런 이들에게 공공성, 공익성은 무시해도 괜찮은 것이 아니라 수호해야 할 가치였다.

정보자본주의 시대가 와도 공공성, 공익성은 소중한 가치로 인정받았다. 공공성과 무관해 보이는 광고 분야에서도 광고인들은 공공성을 귀하게 여긴다. 광고기획자인 한화철(2014: 104~105)이 말했듯이, 광고도 "자본의 편에서 결정된 지식"이지만 광고인들이 사회 공공성이라는 절대선을 지키는 것은 시민으로서의 당연한 의무이다. 공공성은 특정한 직업군이나 산업영역에서만 지키는 것이 아니라 시민 모두가 지켜야 할 보편적 가치이다. 미디어를 이용하여 이런 가치를 구현하려는 집단이 미디어 공공지식인이다. 이들은 전문가이면서 노동자이고 역사의 기록자이다.

미디어 공공지식인은 진실 규명을 자신의 임무라고 여기는 사람들이다. 사회적, 자연적, 인간적 현상에서 무엇이 사실인지 탐구하고, 사실의 변동을 추적하는 통찰력을 가진 전문가를 일컬어 '미디어 공공지식인'이라고 한다. 이들이 정론 저널리스트 활동을 통해 진실을 찾고 정의를 향해 분투할 때 비로소 불평등 구조가 조금이라도 개선될 수 있다.

종합하면 미디어 공공지식인은 첫째, 역사의 정직한 기록자이다. 저널리스트라면 누구나 정확한 사실을 기록할 의무가 있다. 둘째, 역사의 비판적 평가자이다. 언론인이라면 정당한 논리와 근거를 갖고 역사를 평가하는 역사의 비판자이다. 셋째, 정보, 문화, 미디어 개혁을 실현함으로써 사회개혁의 단초를 마련해 주는 역사의 변혁자이다. 거꾸로 가는 역사를 바로 세우려는 변혁저널리즘을 추구하려는 사람들이다.

이들은 미디어제도 및 정보를 포함한 사회제도, 가치 등을 다수의 사람에게 이익이 되는 방향으로 바꾸려고 한다. 언론인들이 이런 구실에 충실하면 사회부조리가 상당히 줄어들 것이다.

2) 미디어 공공지식인의 사례

많은 선각자들이 몸과 마음을 다해 시대의 어둠을 뚫고 사상적, 정치적 이정표를 세웠다. 이 가운데 조용수, 송건호, 리영희 등은 글로써 권력의 횡포를 감시하고 민주주의의 길을 닦았던 언론인들로 이들이 바로 미디어 공공지식인이다. 이들은 사회적으로 필요한 사상을 정립하고 확산하는 데 기여했다는 공통점이 있다.

조용수는 진보적이고 비판저널리즘의 모범인 〈민족일보〉를 발행하여 대중적 대안 뉴스를 공급했다. 4·19혁명이 만들어준 민주주의 분위기가 혁신적 언론의 탄생을 재촉했는데, 조용수는 이런 시대적 요구에 부응해 제일동포들이 제공한 자금을 포함한 5천만 환으로 1961년 2월 〈민족일보〉를 창간했다. 이 신문은 사회주의나 민족주의를 가리지 않고 사실 보도에 충실함으로써 주가를 올렸다. 〈민족일보〉는 통일문제나 한미경제협정, 반공법과 같이 사회적, 정치적으로 중요도가 높은 주제를 집중적으로 보도하는 등 〈동아일보〉나 〈조선일보〉와 같은 보수신문과 차별화하였다(김민환, 2011: 106).

그러나 5·16 군사쿠데타가 일어나고 〈민족일보〉는 폐간되었고, 조용수 사장을 비롯한 간부들은 구속되었다. 군사혁명재판소는 조용수 사장이 평화통일이나 남북협상에 관해서 '북괴에 동조'했다는 죄목을 들어 구속하였다. 더구나 혁명재판소는 조 사장을 비롯한 간부들이 "공산당 자금으로 신문을 발행함으로써 특수 반국가행위에 해당하는 활동을 하였다"는 죄목으로 가둔 지 6개월이 지난 1961년 12월 조용수의 사형을 집행했다. 당시 조용수는 31세에 불과한 젊은 나이였다. 2006년 '진실·화해를 위한 과거사정리위원회'는 조용수 사장의 사형 판결과 집행이 위법적이라고 판단하고 국가에 필요한 조치를 취할 것을 권고했다. 2008년 서울중앙법원도 조용수의 무죄를 선고했다.

기자가 진실을 추구하는 직업이라면 송건호는 그 일을 가장 먼저, 가장 충실히 실천했던 언론인이다. 1969년 발생한 〈신동아〉 사태를 기점으로 권력과 미디어가 일체화되는 권언복합체가 만들어지자 송건호(2012: 283)는 자유언론 투쟁에 뛰어들었다. 그는 〈동아일보〉, 〈동아방송〉 기자 등 언론인들이 독재정권에 맞서 언론의 자유를 부르짖다가 대거 해직을 당하자 〈동아일보〉 편집국장직을 사임하고 언론민주화 투쟁에 전념했다. 송건호는 권력과 자본의 간섭을 받지 않는 '독립·자유언론'을 꿈꿨다(김영희·박용규, 2011: 129). 박용규(2012: 79)는 송건호의 사상이 언론자유의 사상이며, 그에게 언론의 자유는 민족주의와 민주주의에 기여하는 것이었다고 설명한다. 송건호는 군사정권에 의해 구속 중 고문을 당했고, 그 후유증으로 세상을 떠났다. 그는 몸을 바쳐 우리 민족에게 언론의 자유 정신을 남겼다.

리영희는 언론계와 학계를 두루 거치면서 남북 분단을 극복하는 문제를 다루었다. 그는 독재정권에 글 하나만을 가지고 맞섰다. 그 싸움에서 리영희 교수가 늘 견지했던 사상은 비판과 정명이었다(최영묵, 2015: 339~383). 리 교수는 국가보안법과 친미사상을 숭배하는 집권층을 맹렬히 비판하였다. 그리고 사람들에게 사회의식이 얼마나 중요한지 글로써 증명했다. 이봉현(2012: 34~40)이 전문가를 대상으로 한 인터뷰에 따르면, 리영희의 언론사상은 인식론적인 측면에서 실체적 진실을 추구하였고, 실증적 글쓰기를 실행했으며, 전문직 정체성 및 독자와의 상호작용을 중시했다.

〈오마이뉴스〉를 창간한 오연호도 기록할 만한 저널리스트다. 그

는 시민, 인터넷, 저널리즘을 결합하여 시민저널리즘 시대를 열었
다. 한편 언론의 자유가 질식되고, 민주주의가 신독재정권에 의해
파괴되는 악조건에서 시민들을 괴롭히는 권력과 공익을 희생시키는
법과 정책을 비판하는 〈뉴스타파〉의 최승호 전 'MBC 피디수첩' 프
로듀서, 김용진 전 KBS 탐사보도팀장도 시대를 지킨 정론저널리스
트이다.

종편채널이라는 선동저널리즘의 동굴에서 빠져나온 손석희 JTBC
사장의 노력도 돋보인다. 3대 지상파 방송, 3개 종편채널, 2개 보도
전문채널이 정권홍보 방송을 할 때 비판의식이 담긴 '손석희 저널리
즘'은 수용자 대중에게 한줄기 희망의 빛이었다. 삼성-중앙일보에 뿌
리를 둔 JTBC가 어떻게 권력과 시장을 비판적으로 보도하게 되었는
지는 연구할 만한 주제이다.

3) 정론저널리즘의 모습

미디어 공공지식인들이 꿈꾸는 정론저널리즘은 재벌-미디어-권력
복합체로 구성된 미디어자본주의를 비판하고 해체하는 데 필요한 정
보, 문화, 지식을 전해 주는 사람과 이념을 뜻한다. 미디어공공성과
민주주의를 지지하는 리즈대학 헤스몬달프 교수는 "뉴스저널리즘은
시민들이 사회적 부당성(social injustice)에 맞서 저항하는 데 필요한
정보를 핵심적으로 제공할 수 있다"(Hesmondhalgh, 2013: 385)고
말한다. 또 〈서울경제신문〉의 이상훈(2011: 11) 기자에 의하면 기
자란 진실추구자에 가깝다. 맞는 말이지만 진실에 이르는 길, 즉 정

론저널리즘의 구현은 아주 어려운 일이다. MBC 〈피디수첩〉과 '노근리 양민학살' 사례를 통해 무엇이 정론저널리즘인지 보자.

(1) MBC 〈피디수첩〉의 고난

"난세에는 충신부터 죽인다"는 옛말이 있다. 그것은 독재정권 아래서 올곧게 사는 사람에게도 해당되는 말이다. 지식인들이 바른말을 하면 고난이 따른다. 군사독재정권에서 특히 글 쓰는 사람들이 박해를 많이 받았다. 민간정권이 들어서도 지식인에 대한 탄압은 계속되었다. 물론 군사독재정권과 비교하면 탄압의 강도는 약했지만 해고라는 경제적 충격을 줌으로써 정론저널리즘의 실천을 함정으로 만들었다. MBC 〈피디수첩〉 제작진은 우익 민간정권하에서 희생된 정론저널리트들이며 미디어 공공지식인이다. 이들은 정부와 조·중·동의 공세 앞에서 무릎을 꿇지 않고 독립적이고 비판적인 시각에서 미국산 쇠고기 수입과 광우병에 대해 보도했다.

〈피디수첩〉은 2008년 4월 29일 "미국산 쇠고기, 광우병에서 안전한가?"를 1편으로 내보냈고, 5월 13일에는 같은 제목의 프로그램을 2편으로 방송하면서 제작자들의 고난은 시작되었다. 〈피디수첩〉이 미국산 쇠고기의 위험성을 폭로하자 시민들은 미국산 쇠고기 수입을 반대하면서 거리로 나섰다. 광화문에서는 미국과 재협상을 촉구하는 촛불시위를 벌이기도 했다. 이에 정부는 "미국에서 광우병(BSE·소해면상뇌증)이 발견되면 즉각 수입을 중단하겠다"고 약속하면서 사태를 진정시키려 했다. 그러나 2012년 미국에서 광우병이 재발했는데도 통상마찰이란 이유로 정부는 미국산 쇠고기 수입을 중단하지 않았다. 더군다나 정부는 일부 미디어, 전문가의 광우병에 대한 우려는 공허한 주장이라고 비난하며 시민들의 우려를 '반미'로 몰아갔다. 이명박 정권은 더 나아가 광우병 우려를 주장한 MBC 〈피디수첩〉 제작진8을 고소했는데, 그 과정을 순서대로 따라가 보면 〈표 6-1〉과 같다.

〈표 6-1〉 MBC 피디수첩의 미국산 쇠고기 보도와 관련한 국가적 압박

사건의 배경(이명박 대통령 당선자 측근들이 이 대통령의 4월 미국 방문 전 미국산 쇠고기 수입 개방약속, 2008.1.17.)
↓
사건의 발단(한국정부의 미국산 쇠고기 수입결정, 2008.4.18.)
↓
MBC 피디수첩 '긴급취재 미국산 쇠고기' 방송(2008.4.29.)
↓
제1차 압박(농식품부가 언론중재위원회에 MBC 〈피디수첩〉의 미국산 쇠고기 편에 대한 반론 및 정정보도 신청)
↓
MBC 〈피디수첩〉 "미국산 쇠고기, 과연 광우병에서 안전한가 2" 방송(2008.5.13.)
↓
제2차 압박(농식품부가 MBC 〈피디수첩〉 제작진을 명예훼손 혐의로 고소, 2008.7. 검찰수사 시작, 프로그램의 원본 테이프 제출 요구. MBC는 제출거부 제작진 4명 소환 통보, 불응)
↓
제3차 압박(서울남부지법은 〈피디수첩〉에 내용 수정 및 반론 보도의 판결)
↓
제4차 압박(1,200명의 국민소송인단이 〈피디수첩〉을 상대로 손해배상 소송, 2008.9.4. 소송 대리인은 시민과 함께 하는 변호사들. 〈피디수첩〉의 조능희, 송일준 피디를 상대로 12억 원의 손해배상 및 정정보도 신청)
↓

---

8 문화방송은 피디수첩에서 오랫동안 활동을 해왔던 6명의 작가도 해고했다. 문화방송의 간판프로그램이었던 피디수첩이 힘에 의해 해체를 당하는 모습이다.

제5차 압박(미국산 쇠고기 수입 및 판매업자는
〈피디수첩〉을 상대로 업무방해 진정서제출)

↓

제6차 압박(정운천, 민동석이 〈피디수첩〉 제작진 6명을 상대로
명예훼손 혐의로 고소, 2009.3.3.)

↓

제7차 압박(검찰은 MBC 본사 압수수색을 1차로 시도했으나 무산, 2009.4.8.)

↓

제8차 압박(검찰이 김보슬 MBC 〈피디수첩〉 소속 프로듀서 체포, 2009.4.)

↓

제9차 압박(검찰은 MBC 본사 압수수색을 2차로 시도했으나 무산, 2009.4.22.)

↓

제10차 압박(검찰이 조능희 책임프로듀서 등 4명의 제작진 체포,
프리랜스 프로듀서 체포, 2009. 4월과 5월)

↓

제11차 압박(서울고법은 〈피디수첩〉의 내용 일부를 정정하고 반론할 것을 명령)

↓

제12차 압박(검찰 〈피디수첩〉 관련 제작진에 징역 2년에서 3년을 구형, 2009.12.21.)

↓

재판 결과(서울중앙지법은 〈피디수첩〉 제작진 전원이 무죄임을 판결, 2010.1.20.)
(서울남부지법은 손해배상과 정정보도 청구를 모두 기각 판결, 2010.1.27.)
(서울중앙지법 항소심은 무죄 판결. 2010.12.2.) (대법원도 무죄 판결, 2011.9.2.)

출처: 〈연합뉴스〉(2010.1.20.; 2011.9.2.), 〈한겨레〉(2010.1.27.: 11면; 2011.9.5.: 1면).

농림식품부가 MBC 〈피디수첩〉 제작팀을 고소한 것은 분명 권력의 횡포이고 언론탄압이었다. 다행히 1심과 항소심 재판부는 〈피디수첩〉팀에게 무죄 판결을 내렸다. 항소심 재판부는 쇠고기 수입과 관련한 〈피디수첩〉 프로그램에서 일부 과장, 번역오류 등이 있었지만 의도적이라고 단정하기 어렵다고 평가하면서 "공적 사안에 대한 비판의 경우 언론의 자유가 보다 폭넓게 인정돼야 하고, 보도의 목적이 정부의 미국산 쇠고기 협상정책을 비판하려는 것인 만큼 정운천 전 장관 등의 명예를 훼손했다고 보기도 어렵다"고 판결했다.

대법원도 2011년 9월 최종적으로 〈피디수첩〉 팀의 무죄를 확정했다. 대법원은 "보도내용 중 일부가 객관적 사실과 다른 허위사실의 적시에 해당하지만, 국민의 먹을거리와 관련된 정부정책에 대한 여론형성에 이바지할 수 있는 공공성 있는 사안을 보도대상으로 한데다, 보도내용이 공직자인 피해자의 명예와 직접적인 연관이 없고 악의적인 공격으로 볼 수 없다는 점에서 명예훼손의 죄책을 물을 수 없다고 판단한 원심은 정당하다"고 판결했다.

하지만 〈피디수첩〉에 대한 정치적 박해는 정론저널리즘에 깊은 생채기를 남겼다. 권력을 비판하거나 권력에 잘못 보이면 보복당할지 모른다는 압박감이 그것이다. 이 사건 이후 미디어 종사자들은 논쟁적인 주제를 피하거나 수박 겉핥기식으로 접근하는 경향을 보였다. 또 당시 MBC는 비판적인 피디저널리즘의 산실이었던 교양제작국을 없애버렸다.

(2) AP통신의 "노근리 양민학살" 특종

정론저널리즘을 추구하는 외국의 저널리즘은 보도의 사실성을 중심적 가치로 삼는다. '노근리 양민학살'에 관련된 AP통신의 보도가 좋은 사례이다. 원래 이 사건은 오연호 기자가 〈말〉지 1994년 7월호 표지기사로 '노근리 사건'의 진상을 보도하면서 세상의 주목을 끌었다. 이 기사는 한국전쟁 중에 미군이 충북 영동에서 300명가량의 양민을 학살한 사건을 다루었다. 당시 〈한겨레〉 이외에 누구도 이 사건에 주목하지 않았다.

그런데 뜻밖에 미국 AP통신의 헨리 기자가 이 사건에 주목하고,

자료를 찾고 관련자들을 인터뷰한 끝에 1999년 9월 29일 '노근리 학살사건'은 사람들의 관심을 받았다. 〈말〉지가 보도할 때는 침묵하던 국내 미디어들이 AP통신에서 기사가 나오자 일제히 받아썼다. 한국의 미디어에서 노근리 참상을 몰랐을 리 없지만 보도하지 않았다. 이것이 한국 저널리즘의 실체라고 주장하기는 무리가 있지만 실체의 반쯤은 보여준 현상이다. 반면 노근리 사건을 특종 보도한 헨리는 미국 기자에게 최고의 영예인 퓰리처상을 받았다. **9** 그의 험난한 특종과정을 정리하면 〈표 6-2〉와 같다(〈경향신문〉, 2008. 12. 11.).

이상 정론저널리즘 사례를 검토한 결과 진실과 정의를 향한 언론인들의 분투가 공통으로 나타났다. 세계 유수의 언론기관인 AP통신조차 미국 국방부와의 갈등을 염려해 노근리 관련기사를 1년이나 묵

〈표 6-2〉 미군의 노근리 양민학살 사건에 대한 AP통신의 특종보도 과정

1998년 5월 AP통신사는 미군의 노근리 양민학살사건을 다루는 취재팀을 구성. 밥 포트 부장 등 3명의 탐사취재팀이 취재를 시작
↓
1998년 7월 첫 기사 작성. AP통신사 간부들은 이 기사가 AP의 보도기준에 미달한다는 이유로 기사 출고를 불허
↓
밥 포트 부장은 이에 반발하여 사표를 제출
↓
AP기자 및 AP가맹사 간부들이 노근리 관련 기사의 출고를 요구
↓
1999.9.29. AP통신사가 노근리 양민학살사건을 특종 보도

---

9 헨리 기자가 퓰리처상을 받은 데 비해 MBC 〈피디수첩〉 팀은 광우병 특집을 만들었지만 회사에서 해고되고, 검찰에 기소되었다.

했다. 이것만 본다면 미국식 민주주의는 생각보다 얄팍한 것 같다.

정리하면 미디어자본주의는 미디어산업을 앞세워 보수적, 사대주의적, 획일적, 계급적, 상업적 가치를 만들어 자신의 기득권을 유지하려 한다. 이들은 물질적 지배에 만족하지 않고 정신적 지배까지 관철시키려 한다. 지배복합체는 저널리즘, 대중문화, 광고를 매개로 시민들을 소비문화에 중독되게 만들었다. 미디어는 대체로 보수적, 상업적 콘텐츠를 제작하고 공급함으로써 광고주들의 자본증식 욕망을 실현한다.

그런데 미디어관련 종사자들은 단일집단이 아니라 미디어엘리트와 미디어 공공지식인으로 분리된다. 미디어엘리트는 저널리즘과 대중문화를 무기로 권력과 자본에 접근하여 사익을 추구하는 집단을 말한다. 그래서 미디어엘리트에게 사회적, 역사적 책임의식을 기대하는 것은 어리석은 일이다. 반대로 미디어 공공지식인은 미디어자본주의라는 악조건에서도 진실과 정의를 추구하는 정론저널리스트이다. 이들이 추구하는 정론저널리즘은 비판성을 바탕으로 사회부조리를 폭로하고 사회개혁을 실천하는 정치적, 이념적 가치를 말한다.

미디어 지식인과 미디어 공공지식인을 구분하는 결정적 요소는 국가권력과 독점자본을 비판하는가에 있다. 그럼 어떻게 해야 미디어 공공지식인이 미디어엘리트들을 압도할 수 있을까? 쉽지 않은 일이지만 조그만 가능성이라고 찾아보아야 한다. 10 미디어 공공지식

---

10 공공성 철학을 가장 잘 구현하는 나라 가운데 하나로 꼽히는 영국에서조차 공익규

인은 지식인으로서 "자신의 전문성을 바탕으로 사회변화를 만들어 가는 것"을 임무로 여긴다(이성재, 2012, 141쪽).

미디어와 관련 종사자들이 통찰력과 비판성을 갖고 민주적 여론 형성 기능에 충실할 수 있는 환경을 조성하는 일이 남았다. 미디어 사주, 미디어 종업원, 권력, 광고주, 인기인의 품에 있는 미디어지배권이 시민의 손으로 넘어갈 때 한국사회는 비로소 민주주의와 사회공공성이 풍요로운 사회가 될 것이다. 마르크스는 숱한 어려움을 겪으면서 뉴스, 정보가 얼마나 중요한지를 깨달았다. 그가 기자에게 남긴 말은 "편견이나 당파에 대한 고려 때문에 역사적 진실에 침묵을 지키지 않기를 바란다"(陳力丹에서 재인용)는 것이었다.

참고문헌

강상현(2015). 《커뮤니케이션과 사회변동: 미디어 기술이 과연 세상을 바꾸는 가》. 서울: 컬처룩.
〈경향신문〉(2008. 12. 11.). "AP지휘부가 노근리 기사 1년간 묵살 美 국방부선 정보누락 등 은폐 시도".
_____ (2016. 3. 17.). "'프리랜서 굴레'에 우는 방송작가: 주 54시간 노동·월급 평균 170만원·4대보험 가입 2%".
계승범(2011). 《우리가 아는 선비는 없다》. 서울: 역사의 아침.
〈기자협회보〉(2015. 12. 9.). "돈 앞에 내버려진 저널리즘 … 협찬 표기도 않고 보도."

제기구인 커뮤니케이션청(Ofcom)이 소통시장(communication market)이라는 개념을 중시하고 있으니 공공성은 그만큼 멀어지고 있다.

김기현(2009). 《선비》. 서울: 민음사.

김민환(2011). "민족일보 사건의 성격과 언론학적 함의". 고승우·김민환·김지형·원희복(2011). 《반세기만의 복권: 조용수와 민족일보 재조명》, 103~142쪽. 서울: 유니스토리.

김상조·이승희(2015). 〈4대 재벌의 언론사 광고 지배력 분석〉. 서울: 경제개혁연구소.

김승수(2014). 《저널리즘의 몰락과 정보공유혁명》. 파주: 한울아카데미.

김영희·박용규(2011). 《한국현대 언론인 열전》. 서울: 커뮤니케이션북스

김재영(2011). "미디어 조직과 메시지 생산과정". 한국언론정보학회(2011). 《현대사회와 매스커뮤니케이션》, 296~321쪽. 서울: 한울아카데미.

〈르몽드 디플로마티크〉(2013). "유곽 언론의 매춘 기자들". 2013-1월호.

리영희(1974). 《전환시대의 논리》. 서울: 창작과 비평.

〈미디어오늘〉(2014. 12. 26.). "언론의 주술, 사회분열과 죽음의 상품화".

박민영(2016). "광고는 어떻게 자본에 복무하는가"?. 〈인물과사상〉, 9월호: 124~138.

박용규(2012). "송건호의 언론활동과 언론사상". 〈한국언론정보학보〉, 통권 59호: 71~91.

_____(2015). 《한국의 언론인, 정체성을 묻다: 지사에서 샐러리맨으로》. 서울: 논형.

송건호(2012). "박정희 정권하의 언론". 《한국언론 바로보기 100년》, 240~318쪽. 파주: 다섯수레.

〈연합뉴스〉(2010. 1. 20.). "'광우병 보도' PD수첩 제작진 무죄".

_____(2011. 9. 2.). "PD수첩 '광우병 보도' 무죄 확정".

이덕일(2014). 《이덕일의 고금통의1: 오늘을 위한 성찰》. 파주: 김영사.

이봉현(2012). "뉴미디어 환경과 언론인 직업 규범의 변화". 〈한국언론정보학보〉, 통권 59호: 31~49.

이상훈(2011). 《기자, 편집된 진실을 말하다》. 서울: 지식갤러리.

이성재(2012). 《지식인》. 서울: 책세상.

이준웅(2011). 《말과 권력》. 파주: 한길사.

일본신문협회(1948). 일본신문윤리강령. https://www.pressnet.or.jp/

〈조선일보〉(2015. 12. 29.). "한우의 한숨, 굴비의 비명".

〈주간경향〉(2016. 1. 5.). "돈 먹고 나팔 불어 주는 먹물들 때문에".

_____(2016. 7. 5.). "종편 시사프로 장악한 유사 전문가들".

최낙진·김성해(2015). "언론학자와 권력, 전문성과 정치성의 위험한 줄다리기." 한국언론정보학회 가을철 학술대회 저널리즘학연구소 특별 세션 발표문. 전남대.

최영묵(2015). 《비판과 정명: 리영희의 언론사상》. 파주: 한울아카데미.

〈프레시안〉(2014. 10. 5.). "'가만 있어라', 95년 전 이완용도 강조했다".

〈피디저널〉(2014. 3. 6.). "집값 떠받치기 정책, 언론도 공범이다".

_____(2015. 9. 25.). "신문 속 전문가 기고? 정부 돈 받았나 공개 의무".

〈한겨레〉(2010. 1. 27.). "PD수첩 '광우병 보도' 손배소도 승소". 11면.

_____(2011. 9. 5.). "MB 2008년 미국 방문 전 '쇠고기 개방' 약속했었다". 1면.

_____(2012. 6. 26.). "우리 방송을 망친 이데올로그들". 29면.

_____(2012. 9. 22.). "이용훈 '유신, 헌법의 이름으로 독재 길 열어줘'". 1면.

_____(2013. 11. 27.). "교회가 손에 흙 묻히는 것 주저말라" 프란치스코 교황 '현실참여' 강조. 3면.

한화철(2014). 《아주 우아한 거짓말의 세계》. 서울: 문이당.

Bouvresse, J. (2014). *Langage Et Pouvoir Symbolique*. 김현경 역(2014).《언어와 상징권력》. 파주: 나남.

Dyer-Witheford, N. (1999). *Cyber-Marx Cycles and Circuits of Struggle in High Technology Capitalism*. 신승철 외 역(2003).《사이버-맑스》. 서울: 이후.

Hesmondhalgh, D. (2013). *The cultural industries*. London: SAGE Publications.

Hobsbawm, E. (2013).《파열의 시대: 20세기의 문화와 사회》. 서울: 까치.

Löwy, M. (2010). "Advertising is a "serious health threat"-to the environment". *The Monthly Review*, *61*(8): 19~25.

Mele, N. (2013). *The End of Big*. 이은경·유지연 역(2013).《거대 권력의 종말: 디지털 시대에 다윗은 어떻게 새로운 골리앗이 되는가》. 서울: RHK.

Otte, M. (2010). *Informationscrash: Wie wir systematisch für dumm verkauft werden*. 염정용 역(2011).《정보왜곡 경제: 소비자가 쉽게 속아 넘어가

는 이유》. 서울: 로그아웃.

Ramonet, I. (1999). *La tyrannie de la communication*. 원윤수 외 역(2000). 《커뮤니케이션의 횡포》. 서울: 민음사.

Rifkin, J. (2014). *The zero marginal cost society: the internet of things, the collaborative commons, and the eclipse of capitalism*. 안진환 역(2014). 《한계비용 제로사회》. 서울: 민음사.

張靜(2015)

陳力丹(2010).《馬克思主義 新聞思想槪論》. 상해: 復旦大學出版社.

許紀霖(2011).《啓蒙如何起死回生》. 송인재 역(2013).《왜 다시 계몽이 필요한가》. 파주: 글항아리.

7

문화제국주의와 기술적 지배

세상에 영원한 것이란 없다. 만들어지면 없어지고, 새로운 것이 낡은 것을 대신한다. 이것이 세상의 이치다. 미국도, 문화도 그런 것이다. 얼마 전까지만 해도 미국이 경제파탄으로 주저앉고, 중국의 도전에 전전긍긍하리라 누가 예상했겠는가! 그렇다고 미국이 금방 망한다는 뜻은 아니다. 다만 미국이 누려온 풍요와 세계적 지배권은 크게 흔들리고 있으며, 이에 따라 미국의 문화제국주의도 약화되거나 사라진다는 말이다. 20세기에 풍미했던 미국 문화제국주의는 숨을 거둘 정도는 아니라 해도 예전에 비해 그 위력이 크게 줄어든 것만은 사실이다.

1. 문화제국주의 비판

문화제국주의란[1] 지배국가가 예속국가에 대한 지배력을 확립하고, 이를 영구화하기 위해 자국의 문화를 강요하는 것으로, 케이시 (Casey, 2008)는 지배적 문화의 우월성을 반영하거나 재생산하는 것으로 기독교, 영어, 소비문화와 같은 문화적 가치, 이념, 습관을 확산시키는 것이라고 정의했다. 문화제국주의는 토착문화를 타락시키고 파괴한다는 것이다. 이렇게 미디어의 문화적 영향력을 강조하는 것이 구 문화제국주의 개념이다. 신 문화제국주의는 문화적 지배와 불평등에도 주목하지만 글로벌 미디어산업 자본의 경제적 동기, 즉 초과이윤 획득이나 광고주를 위한 마케팅 기능에 더 주목한다. 문화제국주의는 강대국과 약소국의 경제적, 군사적 불평등을 정치적, 문화적 불평등으로 확대시키며, 글로벌 자본에 의한 약소국의 시장잠식을 증대시킨다. 정치, 경제, 군사, 기술의 지배권을 가진 미국 등 강대국과 글로벌 기업이 다른 나라와 국민 그리고 시장을 상대로 정신적 지배력을 행사하고, 경제적 이득을 목적으로 언론, 정보, 지식, 오락, 문화 등의 분야를 통제하는 이념, 구조 및 국제적 제도를 총칭해서 문화제국주의라고 한다.

그런데 지구화와 신자유주의에 따라 문화제국주의 방식이 변하고

---

1 〔편집자 주〕이 장은 이 책의 다른 부분에 비해 내용이 많이 부족해 보완하는 작업을 했다. 내용 보완은 김승수 교수가 2008년에 발표한 논문 "문화제국주의 변동에 관한 고찰"과 2012년에 발표한 논문 "한류 문화산업의 비판적 이해"를 참고해 보완했다.

있다. 주로 정신적 지배력을 추구하던 냉전시대의 문화제국주의에서 경제적 이득을 추구하는 '신자유주의적 문화제국주의'로 이행되고 있는 것이다. 신 문화제국주의는 약소국 시장을 강제로 열어 시장을 잠식하는 한편 국민들의 자주의식을 갉아먹는 등 부작용이 심하다. 일찍부터 미국과 일본에 시장을 개방한 대만의 사례는 많은 것을 시사한다. 1980년대 후반부터 대만은 케이블TV, 영화, 음악, 애니메이션 등 미디어와 통신시장을 개방했다. 대만은 호기 있게 시장을 개방했지만, 시장개방에 따른 이점을 별로 취하지 못했다. 케이블TV와 영화는 미국과 일본의 차지가 되었고, 통신이나 인터넷도 종속된 상태다. 영화시장은 특히 처참하다. 1985년 기준으로 자국영화의 시장점유율은 12.3%였으나 10년 후인 1995년에는 1.3%로 떨어졌고, 또 10년 후인 2005년에는 1.1%에 머물렀다(Feng Chien-San, 2006: 83). 대만정부와 영화계가 자국영화의 부흥을 위해 애썼지만 무너진 제작시스템과 관객은 돌아오지 않았다. 신 문화제국주의 아래서 미디어 기반과 문화정체성이 무너지면 회복하기 더더욱 어렵다.

지구적 미디어산업은 상업메시지를 통해 해외에서 자국 상품의 판매를 촉진하고, 강대국의 지구적인 정치, 문화적 주도권 확보에 기여하는 바가 크다. 이들은 미국이나 영국 등 강대국 소속 기업들이 다른 나라에 들어가 토착시장을 빼앗거나 잠식하는 과정에서 도우미 역할을 한다. 미디어 시장을 잠식함으로써 문화와 정치 분야에서도 일정한 통제력을 행사한다(김승수, 2008: 54~55).

문화제국주의는 불변의 현상이거나 구조가 아니라 자본주의와 세계질서의 변동에 민감하게 반응한다. 문화제국주의론이 완결된 이론이 아니라 논쟁적이고 변화하는 이론임에도 재론이 필요한 까닭은 지구화와 신자유주의로 촉발된 미디어의 구조변화를 이해하기 위해서는 문화제국주의론이 제기했던 가치나 개념이 유용하기 때문이다. 강조하건대, 문화제국주의가 변하듯이 문화제국주의론도 변동하고 있다(김승수, 2008: 55). **2**

1) 규모의 경제인가, 금융자본의 힘인가?

지구적으로 활동하는 미디어복합기업은 그 규모가 거대해 이들과 견줄 수 있는 기업이 많지는 않다. 그중에서도 미국계 미디어기업은 세계시장의 35%를 차지한다. 특히 미디어와 콘텐츠의 지배력은 상당하다. 현재 세계 소통시장을 주도하는 애플, 구글, 마이크로소프트, 유튜브, 페이스북, 트위터 등의 플랫폼은 모두 미국 기업들이다. 이들은 엄청난 자본력을 바탕으로 미디어기업, 금융기업, 정보통신기업 등 이질적인 기업들을 인수·합병하면서 영향력을 확대해 가고 있다. 정보와 금융의 융합이 결정적으로 자본을 거대하게 만들고 있다.

---

2 김승수(2008)는 논문을 통해 냉전 체제와 신자유주의 체제의 문화제국주의를 구분해서 각각 변동의 실상을 밝히려 했다. 특히 한국이 미국과 일본의 문화제국주의로 인해 피해자가 된 동시에 동남아시아를 상대로 문화제국주의를 실행함으로써 가해자가 되는 이중적 위상에 있는 상황을 정리하면서 신 문화제국주의에서 볼 수 있는 경제적 논리가 무엇인지를 고찰했다.

미국의 미디어·오락(엔터테인먼트)은 전 세계에 영향을 미치고 있으며, 다양한 방식으로 한국시장을 위협한다. 예를 들면 첫째, 자본 투자이다. 미국은 한국 대중문화산업에서 시장경쟁력을 높이려고 직접 투자를 시작했고, 2016년엔 인터넷 동영상 플랫폼 기업인 넷플릭스가 국내에 진출해 국내 OTT 산업의 지형을 흔들고 있다. 특히 국내 영화산업에 투자하는 외국자본은 거의 미국으로부터 왔다. 둘째, 제작 투자이다. 이것은 미국 기업이 한국의 게임, 영화 등 제작에 직접 투자하는 형태를 말한다. 20세기 폭스는 〈곡성〉의 순제작비 약 100억 원을 전부 투자했다. 또 워너브라더스는 140억 원이 소요된 〈밀정〉의 제작에 100억 원을 투자했다(김혜선, 2016: 345~346). 셋째는 배급 투자이다. 20세기 폭스코리아는 2013년 SBS의 〈런닝맨〉부터 총 4편을 투자 배급했고, 2016년 〈곡성〉에 투자한 후 흥행에도 성공했다. 월트디즈니컴퍼니 코리아도 2017년 한국영화 〈그래, 가족〉 배급에 투자하면서 해외시장에 한국영화 배급을 확대했다. 막강한 자본력을 가진 해외 엔터테인먼트기업들이 대규모 물량공세로 국내시장 점유율을 높여가고 있다.

해외 직배사를 포함한 해외 자본의 한국영화 투자는 계속 늘어날 전망이다. 실제 영화진흥위원회에 따르면 2012년 26.6%에 그친 미국 직배사의 관객 점유율은 2014년 33.5%로 늘었고, 2016년엔 39.1%로 증가했다(유재혁, 2017.5.9.).

해외 자본 투자는 영화에 그치지 않고 영상산업 전반으로 확대되고 있다. 단적인 예가 바로 한국시장에서의 넷플릭스의 성장이다. 2015년 한국시장 진출을 부정적으로 보았던 전망과 달리, 넷플릭스

〈표 7-1〉 2016~2017년 한국영화에 투자한 미국 기업과 투자액

한국영화	투자사(국적)	투자액(원)
곡성 (2016)	20세기 폭스	약 100억 원*
밀정 (2016)	워너브라더스 코리아(미국)	약 100억 원**
대립군 (2017)	20세기 폭스 코리아	120억 원 총제작비 중 절반 이상***
옥자 (2017)	넷플릭스	약 5천만 달러****

* 〈중앙일보〉(2016.5.18.). "〈곡성〉 100억 투자한 폭스, 〈밀정〉 찍는 워너브라더스".
** [편집자 주] 〈스포츠니어스〉(2019.2.18.). "할리우드 대형 스튜디오 워너브라더스가 영화 〈밀정〉에 투자한 금액은?"
*** 유재혁(2017.5.9.). "할리우드 '큰손', 한국영화 투자 대공세 ··· 관객 점유율 40% 육박". 〈뉴스래빗〉.
**** 김회권(2017.6.29.). "넷플릭스가 옥자를 만든 까닭". 〈시사저널〉.

는 5년 만에 유료 가입자 수 362만 명으로 첫해 8만 명에 비해 45배 증가했고, 5년 동안 70여 편의 한국 오리지널 콘텐츠를 제작하며 공격적으로 현지화 전략을 펼치고 있다.**3** 뿐만 아니라 LG유플러스, KT 등 주요 통신업체 등과 제휴해 시장 영향력을 키우며 국내 OTT 사업자들이 대항하기 어려울 정도로 격차를 벌이고 있다(노현섭, 2021. 3. 15.).**4**

넷플릭스의 성공적인 국내외 스토리를 기반으로 2021년 Disney

---

3 〔편집자 주〕 최근 넷플릭스 드라마 〈오징어게임〉은 2021년 9월 17일 넷플릭스를 통해 공개된 이후 9월 23일부터 11월 7일까지 46일 연속 전 세계 순위 1위를 유지하며, 넷플릭스 사상 최장 1위 기록을 세웠다. 공개 후 4주(28일) 동안 콘텐츠 시청시간은 16억 5천 45만 시간으로 영어권 드라마 중 1위를 차지했고, 〈오징어 게임〉을 시청한 구독자도 전 세계에서 1억 4천 200만 가구를 넘어섰다(〈연합뉴스〉, 2021. 12. 16.).

4 〔편집자 주〕 노현섭(2021. 2. 25.). "넷플릭스 '올해 한국 콘텐츠 제작에 5,500억 원 투자' ··· 설 자리 잃어가는 토종 OTT". 〈서울경제〉.

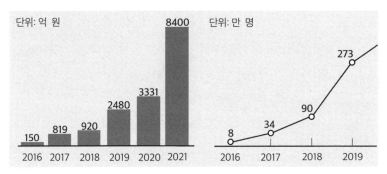

〈그림 7-1〉 넷플릭스 한국 콘텐츠 투자액과 국내 가입자 수

출처: 김희경(2021.1.11.). "[넷플릭스 진출 5년] 7,700억 원 투자, 4,500편 공급으로 한국시장 공략". 〈한경〉.

플러스, Apple TV플러스, HBO MAX 등이 국내 및 아시아 진출을 다각도로 검토하고 있다. 국내 영상시장에서의 글로벌 사업자의 영향력은 더욱 확대될 것으로 보인다. 자본력이 큰 글로벌 사업자의 시장 잠식은 국내 영상사업자들에게도 위협이 되고 있다.

최근 논란이 되는 것은 정보와 금융자본의 융합이다. 이 둘 사이의 융합이 많이 진행되어 이제는 미디어, 통신, 정보, 오락 등 문화산업이 제조산업과도 금융을 매개로 덩치를 키워왔다. 마르크스는 금융자본을 '이자 낳는 자본'이라고 불렀다(강신준, 2014: 498~509). 금융자본은 자본을 주도하는 자본 중의 자본으로 규모도 상당하다. 〈포브스〉(*Forbes*)가 선정한 세계 2000대 기업의 자산 가운데 무려 75.96%가 금융자본이다. 그 다음은 석유, 가스 등의 에너지산업이 5.82%, 정보산업이 4.63%, 소비제품이 1.96%, 식품이 1.48%를 차지한다(Fuchs, 2010: 40~41). 정보산업이 커졌다고는 하지만 금융산업과 비교하면 존재감이 거의 미약하다.

정보산업조차 금융산업에서 빌려온 돈을 갚고 나면 앙상한 뼈다귀만 남을 것이다. 그러니 지구자본주의, 정보자본주의에서 금융자본은 영향력을 넘어 횡포를 부리고 있다. 돈이 된다면 금융자본은 무슨 일이든 한다. 그래서 마르크스는 오래전 《프랑스에서의 계급투쟁》에서 금융자본의 횡포를 이렇게 묘사했다.

금융 귀족이 법을 명하고 국정을 지도하며 모든 권력을 손아귀에 넣어 여론을 지배한다. 이들이 궁궐에서부터 누추한 카페에 이르기까지 모든 영역에서 생산에 의하지 않고 타인의 부를 강탈하면서 매춘, 뻔뻔한 사기, 치부를 향한 갈등을 재생산해 내는 것을 우리는 목도하고 있다(르시앙 세부, 2008: 3에서 재인용).

미국 월가를 중심으로 런던, 파리, 프랑크푸르트, 동경 등 세계 곳곳에 널려 있는 금융자본은 제왕 행세를 해왔다. 한국은 1997년 금융자본의 실체를 톡톡히 보았다. 메뚜기 떼가 논을 쓸고 가듯이 지구적 금융자본은 한국의 시장경제를 철저히 망가뜨렸다. 이때부

〈표 7-2〉 국내 방송 · 통신 · 언론 분야에 투자한 금융자본

투자자	지분율(%)
미래에셋캐피탈	(방송) 한국경제TV(5.22), (인터넷) CJ(7.58)
미래에셋생명보험	(방송) YTN(14.98)
국민연금관리공단	(방송) SBS(11.63), (통신) KT(12.98), (전자) 삼성전자(9.69), (인터넷) 카카오(7.43), NHN(8.04), (전자) LG전자(8.56)
한국투자신탁운용	(방송) SBS(7.98), (인터넷) NHN(5.01)
우리은행	(방송) YTN(7.40)

출처: 기업별 공시자료 참고 재작성 (2021.10.12.)[5]

터 한국의 금융시장은 지구적 금융자본에 완전히 개방되어 늘 위험에 노출되었고, 미디어산업도 금융자본에 포위되는 신세가 되었다.

2) 정보 기술과 데이터 제국의 위력

아날로그 미디어 분야에서는 미국의 쇠퇴가 눈에 띈다. 그렇지만 디지털 미디어분야에서 미국은 지구적 지배력을 갖고 있다. 애플, 구글 두 기업만 봐도 미국의 기술적, 경제적 역량이 어느 정도인지 쉽게 파악할 수 있다. 누가 뭐래도 미국은 창의적인 나라다. 개인의 창의성, 기업의 상업주의, 소비자의 욕망이 결합하여 새로운 상품, 새로운 시장을 만드는 나라가 미국이다. 대표적인 예가 애플, 구글, 아마존, 페이스북이라는 인터넷 4대 천왕이 모두 미국에 있다. 이들은 정보, 기술, 상거래, 오락 등에서 압도적이다.

　21세기 디지털 커뮤니케이션 시대에 문화제국주의는 '구글'이 주도할지도 모른다. 6 한국, 중국, 독일이 아무리 큰소리를 쳐봤자 구글이 제공하는 안드로이드 운영체계(OS)가 없으면 아무것도 못한

5　〔편집자 주〕 전자공시시스템(http://dart. fss. or. kr), 와이즈리포트(https://comp. wisereport. co. kr) 기업현황 자료 참고.

6　〔편집자 주〕 구글은 유럽 검색시장의 90%를 독점한다. 구글에 의한 자원유출을 우려한 영국 등 유럽국가들은 2016년부터 구글세 도입을 논의하기 시작했으나 나라마다 이해관계에 따라 입장의 차이를 보였다. 다만 구글세 도입을 주장한 영국은 2021년 4월부터 '디지털 시장 유닛'이라는 부서를 신설해 구글 등 IT기업의 불공정행위를 감독하는 권한을 부여했고 그 외 프랑스 등의 EU국가들도 구글세를 도입했다. EU를 중심으로 구글세 논의가 본격화되자 미국도 이에 대한 보복과세를 하는 등 유럽의 구글세 도입에 제동을 걸고 있다.

다. 군사기술로 치면 미국이 레이더 기술을 독점하는 것과 비슷하다. 이뿐만이 아니다. 지구적 모바일 검색 점유율도 구글이 82.2%이다(〈전자신문〉, 2014.6.10.). 구글은 이미 구글 제국으로 성장하였다.7

19세기 중반 무렵부터 유럽은 물론 미국, 일본까지도 산업자본주의를 앞세워 근대국가 체제를 일궈냈다. 이때부터 20세기가 끝날 때까지 가장 중요한 자원은 석유였으나 디지털 시대에는 데이터가 가장 중요한 자원이다(The Economist, 2017.5.7.: 7). 미국은 전 지구적 군사력, 경제력 등의 데이터와 데이터기술을 함께 보유한 거의 유일한 나라이다.

3) 영어제국주의와 소통의 불평등

말이나 글은 강대국이 약소국을 지배하는 수단인 적이 많았다. 영어는 특히 영미제국주의를 선도한 수단의 하나였다. 영국은 세계에 산업자본주의를 전파하고, 미국은 다른 나라와 전쟁을 하고 점령하는

---

7 〔편집자 주〕 2021년 8월 한국은 세계 최초로 글로벌 플랫폼 기업의 수수료 정책에 제동을 거는 '구글 갑질방지법'을 제정했다. 즉, 구글·애플 같은 앱마켓 사업자가 모바일 콘텐츠 제공 사업자에게 자체 개발한 결제방식(인앱 결제)을 강제하지 못하게 하는 내용으로 2020년 구글이 게임 앱에만 적용하던 인앱 결제를 웹툰 등 콘텐츠 앱 전반으로 확대해 결제 대금의 30%를 수수료로 물리겠다고 했는데, 이것은 한국 게임과 웹툰 등 한류 산업을 겨냥한 구글 정책으로 보았다. 출처: 최은경 (2021.8.31.). "'구글 갑질방지법' 국회 통과 … 세계 최초 앱마켓 규제". 〈중앙일보〉.

과정에서 영어 잘하는 사람을 권력에 끌어들였다. 한국의 초대 대통령인 이승만은 프린스턴대 박사 출신으로 영어에 능통했다. 영국 제국주의는 산업, 기술, 교육, 종교 등에서 영어를 확산수단으로 이용했고, 약소국, 약소민족은 자신들의 고유한 말이나 글을 포기하고 영어를 소통수단으로 받아들였다.

한편 미국 제국주의는 전통적인 영어권 지역만이 아닌 비영어권 지역을 영어로 지배하고자 했다. 교육, 영화, 스포츠, 광고 등은 미국이 영어를 전파하는 데 중요한 수단으로 쓰였다. 그러나 영어제국주의도 일정한 한계를 보인다. 세계 지역이나 민족들이 저마다 말과 글을 회복해서 쓰고 있으며, 인터넷은 특히 영어제국주의에 치명적인 타격을 입혔다. 예전에는 영국, 미국, 프랑스, 독일, 스페인 정도만이 자국의 언어를 퍼뜨릴 수 있는 미디어가 있었고, 교육적, 문화적 지배력이 있었다. 약소국은 식민지 또는 비지배국이기 때문에 강대국 언어에 노출될 수밖에 없었다. 특히 정보를 유통시킬 만한 수단이 없었다. 그런데 이런 한계가 인터넷으로 극복되었다.

커뮤니케이션 혁명은 시민, 기업, 정부가 상호 소통할 기회를 주었다. 사람들은 저마다 정보와 문화를 만들어 퍼뜨리는 1인 미디어를 갖게 되었고, 이를 통해 돈까지 벌 수 있는 기회를 얻게 되었다. 국제 시장은 한류라는 문화상품도 받아들였다. 이러한 일련의 변화는 결국 커뮤니케이션 혁명 덕분에 가능했다. 아날로그 시대에 한국 미디어산업은 언어 등의 문화적 차이, 미국의 유통망, 콘텐츠, 광고의 통제를 받았다. 아무리 콘텐츠를 잘 만들었어도 이를 외국시장에 전달할 유통망을 찾지는 못했다. 디지털 커뮤니케이션 혁명은 이런 역설적 상황을 극복해 주었다. 위성방송, 인터넷으로 전 세계 수용자 대중은 서로 연결되었고, 한류 문화시장은 이런 흐름 속에서 성장해 갔다.

한국의 주요 기업들은 세계시장을 상대로 소비품을 팔아 자본을 축적했다. 한류 문화는 한국의 기업과 상품에 가치를 더했고, 그러면서 한류 문화산업은 '작은 문화제국주의'가 되어 있었다. 그럼에도 디지털 혁명이나 제4차 산업혁명의 주도국은 여전히 미국이다. 지구적 독점자본, 기술 및 기계, 소프트웨어, 콘텐츠 등은 대부분이 미국 것이다. 시장에서는 아마존, 애플, 구글, 페이스북, MS, 트위터 등 미국계 기업이 두각을 나타낸다. 미디어와 콘텐츠 시장에서도 디즈니, 타임워너가 지구적 규모로 생산하고 유통함으로써 세계시장을 지배하고 있다. 미국의 영향력이 옛날보다는 못하지만 세계 커뮤니케이션 산업을 주도하고 있고, 덧붙여 기초과학, 응용과학 기술, 의학 방면에서도 선두에 있다. 인공지능 시장만 해도 구글8의 어시스턴트, 애플의 시리가 경쟁 중이다. 광고시장도 미국의 영향권에 있다. 2015년 기준으로 구글, 페이스북, 바이두, 야후, MS는 세계 광고시장의 19%를 차지했다(O'Reilly, 2016).

---

8 한국과 중국을 제외한 대부분의 나라는 구글에 포털서비스권을 넘겼다. 한국에서는 네이버와 다음이 포털서비스를 독점한다.

2. 한류의 역습과 변종 문화제국주의[9]

1) 한류 문화의 특성

세상에 나타난 문화현상 치고 사소한 것은 없다. 문화는 나름대로 뿌리가 있고, 영향력도 있다. 특히 사회적으로 또는 지구적으로 확산된 문화는 단순히 문화에 한정되지 않고 정치경제적, 이념적 차원에서 깊은 연관관계를 맺는다.

한류 문화도 이미 문화적 차원의 현상을 벗어나 경제적, 이념적 중요성이 커졌다. 국제적으로도 한류 문화는 시민권을 인정받았다. 예를 들면 무료 영문 백과사전인 위키피디아(Wikipedia)도 한류(Korean wave)를 독립된 주제로 분류해 소개했다. 이것은 한류 문화의 중요성이나 보편성을 인정한 결과일 것이다. 이 사전에 따르면 "한류란 한국의 문화가 전 세계적으로 확산되는 것이다".

한국이 아시아를 비롯한 세계시장을 상대로 드라마, 영화, 음악 등 문화생산물을 제공하고, 공연, 투자, 공동제작 등 다양한 방식으로 다른 나라에 진출하여 문화적, 경제적, 국가적 이득을 얻는 힘을 한류라고 할 수 있다.

한류 문화가 국내외적으로 커다란 반향을 일으키는 만큼 이에 관한 연구도 많이 진행되었다. 특히 한류 문화에 대한 연구는 해외시

---

9 〔편집자 주〕이 부분의 내용은 김승수(2012) "한류문화산업의 비판적 이해"에서 일부 내용을 참고해 보완했다.

장에서 이것이 수용되고, 확산되는 현상에 주목했다. 그러나 한류 문화의 성공을 강조한 나머지 한류 문화 상품의 속성이나 영향력 등을 비판적으로 규명한 연구는 그리 많지 않다. 흥미로운 점은 한류 문화의 경제적, 이념적 속성이 외국시장 못지않게 국내시장에서도 상품성과 파급효과가 크다는 것이다. 이것은 한류 문화가 이질적인 수용자들을 만족시키는 보편적 특성을 갖고 있기 때문이다. 그래서 일본을 비롯한 외국시장은 한류 문화산업으로 특별한 초과 이윤을 얻는 공간이지만 외국시장에서의 인기를 바탕으로 국내 시장으로 역수출해도 더 큰 이윤을 얻을 수 있다. 한류 문화는 외국시장에서도 인기나 이득을 얻을 수 있는 상품이지만, 국내 시장에서도 자본의 이득을 증대시키는 데 동원되는 마케팅 도구적 기능도 크다(김승수, 2012: 102).

이런 맥락에서 한류 문화의 본질을 해명하려면 한류 문화의 자본주의적 성격과 역할에 대한 이해가 필요하다. 이것은 한류 문화를 긍정적으로 보느냐 부정적으로 보느냐 하는 이분법적 구분을 떠나 한류 문화가 한국자본주의 축적에 어떻게 기여했고, 외국시장에서는 어떤 방식으로 수용되는지를 추적하는 일이다. 결국 한류 문화를 정치경제학적으로 해명하려면 한국 문화산업자본, 독점자본, 국가, 국내외 수용자 대중 간의 역학 관계를 분석해야 한다.

하지만 매우 복잡한 한류 문화의 속성이나 영향 등을 구조적으로 이해하고 비판하는 일이 쉽지는 않다. 한류 문화는 문화적 가치가 있고, 소통을 촉진하는 기능을 하지만 자본의 욕구와 국가 이념이 교묘하게 결합된 문화상품이기 때문이다. 재벌경제, 미디어산업자본, 스타파워, 국가의 힘, 한국 사람들의 대외팽창 욕망, 미국과 일본의 대중문화 이념, 외국시장과 수용자들의 욕망이 비빔밥처럼 뒤섞여 있는 것이 한류 문화다. 한류 문화는 미국 대중문화를 모방한 것도 있지만 우리에게 고유한 공동체 의식 등을 반영한 것이기도 하다. 이렇게 복잡하게 얽힌 한류 문화의 본질을 파악하기는 쉽지 않다(김승수, 2012: 102~103). **10**

2) 한류 문화에 대한 정치경제학적 연구

한류 문화가 새롭고도 중요한 현상이어서 그런지 다양하게 연구가 이루어졌다. 이런 연구는 한류 문화의 이해에 도움을 주었다. 그럼에도 약간의 틈이 있다. 한류 문화에 대한 비판적 연구가 충분히 이루어지지 않았던 것이다. 특히 한류 문화를 생산하는 한류 문화산업의 구조적 특징과 운영논리를 비판적으로 다룬 연구는 거의 없었다. 이에 문화연구자인 이기형도 문화이론 일변도에서 비판적 정치경제학의 수용 내지 접목을 주장했다. 그는 비판적 정치경제학으로 한류 문화를 산업적으로 분석하고, 문화의 초상업화 과정을 해명하는 한편 미디어행동주의(*media activism*)로 미디어 현실에 개입하자고 제안했다(이기형, 2005: 207). 이런 제안들은 한류 정치경제학의 필요

---

10 〔편집자 주〕김승수(2012)는 한류에 대한 그간의 연구가 유익하지만 긍정적, 양적 연구에 치중한 나머지 비판적, 구조적 연구를 충분히 실행하지 못한 점이 있어 이를 보완하는 차원에서 한류를 둘러싼 경제적, 이념적 실체에 접근해서 한류의 본질이 무엇인지 이해하고자 했다.

성을 일깨운다. 대중문화와 정보를 자본주의 생산과 연결시켜 보려는 연구는 미디어 정치경제학의 차원에서 이루어졌다. 대표적인 정치경제학자인 간햄 웨스트민스터대학 교수는 정치경제학의 연구 방향을 이렇게 정리하였다(Garnham, 2005).

- 미디어와 문화산업을 자본주의의 틀에서 접근한다.
- 경제성장과 같은 외부의 힘에 의존하는 문화영역을 고찰한다.
- 자본주의 시장이라는 조건에서 정보 또는 상징 상품과 서비스를 생산하는 정보 경제의 특수성을 이해한다.
- 상징 상품과 서비스 시장의 특수성에 비추어 시장의 성격을 다시 고찰한다.

간햄에게 미디어 정치경제학은 미디어와 문화산업을 자본 축적과 연관해서 이해하려는 학설이다. 한편 캐나다 퀸대학교의 모스코 교수는 정치경제학을 좁은 개념, 넓은 개념으로 나누어 설명했다. 모스코에 따르면, 좁은 개념의 "정치경제학이란 생산, 유통, 커뮤니케이션 자원을 포함한 자원의 소비로 이루어지는 권력관계를 비롯한 사회관계를 연구하는 학문"이며, 넓은 개념에서는 "사회생활의 통제와 생존을 연구하는 학문"이다(Mosco, 2009: 2~3).

이런 연구를 종합하면 정치경제학이란 물질적 생산만이 아니라 정신적 생산까지도 포괄적으로 연구해서 자본주의 작동원리를 해명하는 이론이다. 이런 맥락에서 살피건대 한류 문화의 정치경제학은 한류 문화가 어떻게 자본주의 축적에 기여하는지, 어떤 방식으로 지

<표 7-3> 한류 문화산업의 축적 모형

1단계	해외시장을 겨냥한 대규모 한류 문화산업의 투자/한국정부의 지원/ 전자, 자동차, 화장품 등을 생산하는 대기업의 광고후원 → 한류 문화의 상품화
2단계	해외시장 효과(해외시장에서 한국상품, 상표, 기업, 국가 등의 이미지 향상, 한류 문화산업의 이윤극대화. 문화적 동질화. 이념적 침투) → 초과이익의 획득
3단계	국내시장 효과(한국으로 한류 문화상품의 역수출) → 특별 추가이익의 획득, 국가 이념적 효과

배 이념을 확산하는지, 그리고 외국의 수용자들은 왜 한류 문화를 수용하고 또 거부하는지를 연구하는 것이다.

이런 문제를 해명하기 위해서 이 글에서는 한류 문화산업의 축적 모형을 〈표 7-3〉과 같이 상정한다(김승수, 2012: 104~105).

〈표 7-3〉에서 보듯이 한류 문화산업은 3단계를 거치면서 이익을 실현한다. 이 과정에서 한류 문화는 한국 상품의 외국 판매를 촉진하는 등의 경제적 효과가 있다. 이뿐이 아니라 한류 문화는 우리와 다른 공간에 살고 있는 외국인 수용자와 함께 한국식 가치관, 한민족의 놀이문화 등을 함께 즐길 수 있도록 함으로써 아시아 문화의 정체성을 창조하는 작용을 한다. 이와 같은 한류 문화의 이면에는 한국 기업이나 상품 또는 국가와 관련된 상표, 이미지 등을 향상시키는 이념적 상승효과가 있음을 과소평가할 수 없다.

여기서 강조하고 싶은 것은 한류 문화가 수출용 상품에 국한된 것이 아니라는 사실이다. 한류 문화산업은 한류 문화의 기획과 제작 시점부터 점점 더 대기업 광고주와 밀착해서 사업을 전개한다. 따라서 한류 문화의 정치경제학은 한류 스타의 국내시장 지배, 일본 등 외국시장에서 초과이윤 획득, 광고를 통한 한류 문화의 이윤실현 등 다양한 경제적 기능을 해명해야 한다. 방송사, 연예기획사는 한류 문화를 앞에서 끌고, 광고주와 팬덤은 뒤에서 밀어준다. 그럼으로써 축적 메커니즘이 확립되었다(김승수, 2012: 106).

한류 문화의 정치경제학은 국내외 시장에서 이윤을 극대화하는 방식을 찾아야 하는데, 일본을 제외한 대부분의 외국시장은 한류 문화산업 자본을 별로 증식시키지 못함에도 국내 시장에서 더 큰 인기를 얻기 위한 교두보 역할을 한다는 점에서 주목을 받는다. 그런 한편 정치경제학은 대중문화가 민족 간 소통을 촉진하지만 정반대로 저항과 투쟁을 촉발시키는 이중적 역할에 관심을 둔다. 비판적 정치경제학을 정립한 마르크스는 자본주의 생산방식이 발전함에 따라 문학, 전신, 선박 등을 이용한 세계적 소통이 가능해졌다고 기술한 바 있다. 그는 이렇게 말했다.

> 각 민족의 정신적 생산품은 공공의 재산이 되었고, 민족의 단편성과 한계성은 날로 불가능한 일이 되었다. 그리하여 수많은 민족과 지역의 문학은 세계문학을 형성했다(陳力丹, 2008: 34에서 재인용).

여기서 문학이란 넓은 의미의 정신적 생산품까지를 포괄하는 개념이다(陳力丹, 2008: 34). 이것은 한류 문화 같은 문화상품이 자본주의 논리에 따라 만들어지지만 동시에 세계인들이 소통하고 단결하며 공동체의식을 갖는 데 기여한다는 뜻으로 해석할 수도 있다.

한류 문화는 기본적으로 서울 중심의 지구적 대중문화 현상이다. 이것은 그동안 강조되었던 문화의 지역화와 지구화를 동시에 실현하는 글로컬라이제이션(*glocalization*)의 동인이 될 수 있다. 그러나 지금과 같이 해외시장만을 강조하는 한류 문화는 지역문화의 가치를 위축시킬 가능성이 있다. 미디어 및 문화정책이 한류 문화의 지구적 확산에 치우친 나머지 지역문화 발전을 소홀히 함으로써 나타날 수 있는 역효과는 우려할 일이다. 따라서 한류 문화와 지역문화가 함께 활성화하는 방향으로 전개되는 것이 바람직하다(김승수, 2012: 106).

요약하면 한류 문화의 정치경제학은 한류 문화산업의 이윤창출, 광고주의 이윤실현, 국가 개입과 이데올로기 재생산이 미디어공공성, 민족의 자주성을 파괴하고, 국내외 수용자를 착취한다고 주장한다. 결국 시장의 논리를 추종하는 한류 문화산업은 공공성, 자주성과 모순관계를 맺으며, 이런 관계가 한류 문화시장의 성격을 좌우한다. 한류 문화산업은 이윤의 논리에 종속되기 때문에 이들이 만든 한류 문화가 사회현실이나 수용자 대중의 어려운 삶을 반영하려고 하지 않는다. 그래서 그레이엄 머독(2011: 15)은 한류상품이 한국사람들의 복잡한 삶의 특징을 대변하는지 질문하고, 그게 아니라면 한류상품이 한국적인 것을 동원하여 과거에 대한 향수와 유산을 이용하거나 어려운 사회적 환경을 회피하는 도구로 이용되는 것은 아닌지 물었다. 이런 질문에 답하려면 한류 문화의 정치경제학이 필요하다(김승수, 2012: 101~107).

3) 한류 문화상품의 특징과 복합성

한류 문화는 자본주의 과정을 거쳐서 나온 상품이다. 문화산업자본이나 광고주의 이윤동기와 같은 경제적 요소가 한류 문화의 생산에 깊은 영향을 미친다. 그렇다고 한류 문화가 상품의 논리에 의해서만 만들어지는 것은 아니다. 사람들의 문화적 갈망이나 한류스타의 흡입력 같은 문화적 동기가 한류 문화를 만들며, 한류 문화를 통한 소(小) 미국화라는 이념적 동기도 생산에 영향을 준다. 한류 문화는 미국 대중문화11와 달리 아시아적 가치를 많이 담고 있어 아시아 수용자 대중의 선택을 받기가 수월했다.

김수정(2012)은 동남아지역 사람들이 한국 사람과 상호 소통하고, 대중문화를 초국가적으로 공유하기 위해서 한류 문화를 수용한다고 설명했다. 소노다 시게토 일본 도쿄대 대학원 교수가 "미국 문화에 치우쳐 있던 아시아 국가들이 한류 드라마와 가요 등을 통해 '아시아화'를 시도하고 있다"고 말한 것도 비슷한 맥락이다(〈연합뉴스〉, 2012. 3. 18.).

한국 문화산업은 아시아 시장을 개척함으로써 새로운 이윤기반을 확보했다는 점에서 획기적이다. KBS가 〈겨울연가〉 한 편을 수출해서 번 돈이 무려 266억 원에 이른다니 대단한 성과(KBS, 2012:

---

11 1980년대 이래 지속된 미국자본주의 퇴조와 2000년대의 경제위기는 미국이 주도하던 문화제국주의를 결정적으로 약화시켰다. 미국의 퇴조는 한류 문화시장이 만들어지는 배경으로 작용했다.

95)가 아닐 수 없다. 드라마 수출을 계기로 매년 급속한 매출 성장을 이룩한 KBS는 2011년 한 해에 5천만 달러어치의 프로그램을 수출했다고 한다(KBS, 2012: 95). 연예기획사는 한류 문화의 최대 수혜자인데, SM엔터테인먼트를 보면 음악사업 중 국내수입은 27%에 불과한데 외국시장에서는 로열티 수입 및 음반판매 수입으로 42%를 번다(Mahr, 2012. 9. 17. : 46). 해외수입이 국내수입을 압도한다. 사정이 이렇다 보니 한류 문화산업의 관심은 온통 나라 밖을 향해 있다. 나라 밖에 대한 관심은 2005년 유튜브의 등장으로 한류 문화산업이 국제적으로 팽창하는(이승한, 2012. 9. 28. : 29, 31) 것으로 나아갔다. 그래서 전문가들은 한류의 국제적 확장을 위해 3단계 발전론을 제시하기도 했다.

> 1단계: 한류 문화상품을 수출하는 단계
> 2단계: 현지회사 또는 연예인과 합작으로 시장을 확대하는 단계
> 3단계: 현지회사와 합작회사를 만들어 현지 사람에게 한국의 문화 기술을 전수하는 단계

이것을 보면 한류 문화산업의 해외진출 방식은 산업자본 전략을 빼 닮았다. 현재 한류 문화산업의 위치는 1단계를 지났고, 이제 막 2단계에 들어가는 중이다. 한류 문화산업이 외국시장에서 수익을 증대하려면 재미, 역동성과 같은 가치를 풍부하게 담은 양질의 콘텐츠 생산, 이를 신속하고 안정적으로 확산시킬 수 있는 유통망 확보가 관건이다(김승수, 2012: 107~108). **12**

4) 한류 문화의 역설과 산업의 파급효과

한국 문화산업이 한류 문화를 계속해서 생산해 내려면 반드시 자본
을 축적해야 한다. 한류 문화가 제아무리 인기가 있고, 경쟁력이 높
아도 이윤의 뒷받침이 없으면 지탱하지 못한다. 자본축적이란 자본
가들이 이윤을 내서 그 일부를 자본으로 사용하는 것이다(마르크스,
2008: 794). 이윤극대화, 재투자, 그리고 확대재생산만이 문화산업
자본이 생존하는 길이다. 한류 문화산업의 축적은 국내시장에서 독
점이윤 획득, 일본시장에서 초과이윤 획득, 범정부적 지원, 한류
문화산업 종사자의 노동력 착취를 통해 이루어진다. 한류 문화산업
자본은 한류스타가 대중적 인기를 독차지한다는 이유를 들어 비싼
출연료, 광고모델료, 공연료 따위를 받는다. 스타가 자본에 고용되
어 이윤을 위해 일하는 한 독점의 횡포는 필연적이다.13 이들은 공
연, 오락프로그램과 드라마, 광고시장 등을 독식해서 문화산업의
이윤을 증식해 주고, 광고주에게는 판촉을 통한 이윤실현에도 도움
을 준다, 그래야 스타 자신의 가치도 커진다(김승수, 2012: 109∼

---

12 K-팝은 여러 번에 걸쳐 미국을 비롯한 서구시장에 진출했으나 대부분 실패로 끝났
다. 그런데 유튜브, 페이스북, 트위터를 통해 K-팝이 널리 퍼질 수 있었다(NYT,
2012. 3. 4.). 하지만 K-팝이 독자적인 유통망을 갖추지 않고 미국 SNS에 의지하
는 것은 성장에 한계가 있다.

13 마르크스는 《잉여가치 학설사》에서 배우나 곡예사가 자본가에 고용되어 일한다
면 이들이 받는 임금보다 더 많은 돈을 벌어와 이윤을 남겨야 하는 생산적 노동자
라고 말했다. 물론 스타들이 일반적 개념의 노동자는 아닐지라도 자본에 의해 고
용되고, 반드시 이윤을 내야 하기 때문에 강도 높은 노동과 착취가 이들을 기다린
다. 스타는 끝없는 경쟁에서 이겨야 살아남는 로마시대의 검투사들이다.

110).**14**

한류 문화가 확산되고, 한류 문화산업자본이 성장할수록 기대하지 않았던 현상이 발생한다. 대표적인 것이 한류 문화와 한류 문화산업이 성장하고 사업으로써 성공할수록 일본시장 의존도가 비례하여 증가하는 현상이다. 이런 현상은 '한류 문화의 역설'이라 할 수 있다. 예컨대 한국 음악산업의 일본시장 의존도는 상당히 높다. 2012년 상반기 SM엔터테인먼트는 총매출액의 46.1%인 327억 원을 일본에서 벌었다(〈문화일보〉, 2012.8.17.). 이렇게 일본시장 의존도가 높다보니 한류 문화산업은 투자, 기획, 내용, 출연자에 이르기까지 일본의 눈치를 본다. 돈 때문에 한류 문화의 내용을 일본적 가치에 묶는 것은 문화 정체성을 훼손하는 것이다. 더구나 한류 문화를 생산하는 한국 문화산업에는 일본자본이 진출해서 제작방향에까지 영향을 미친다.

결국 일본시장을 겨냥해서 만든 한류 문화는 일본인의 입맛에 우리의 입맛을 억지로 맞추는 방향으로 간다. 그럴수록 한국 대중문화의 자율성, 자주성이 위축될 수밖에 없다. 일본 의존적 한류 문화 생산은 제작의 자유를 침해하는 것이어서 제작자의 반발도 거세다.

---

14 〔편집자 주〕1990년대 한류가 발아한 중국에서 한국 연예인의 인기와 경제적 가치가 높아지면서 최근 중국 정부는 연예계 단속을 위해 강력한 규제를 선포했다. 즉, 중국 아이돌 팬클럽 문화의 원조가 한국이며, 중국 정책에 도전하면서 이득을 취하는 해외기업에 관용이 있을 수 없다고 발표하자, 중국판 트위터인 웨이보는 방탄소년단(BTS), 아이유, 엑소 등 한국 연예인 팬클럽 계정 20여 개를 정지시킨 것이다. 출처: 강봉진·고보현(2021.9.7.). "'중국 잘못된 팬덤 문화는 한국 탓' … 中 관영언론 샌트집에 한류 난기류". 〈매일경제〉.

방송인들은 왜 우리가 일본한테 돈을 꾸면서까지 드라마를 만들어야 하는지 질문하고 있는 것이다. 심지어 한국 문화산업은 일본 시청자를 목표로 해서 만든 드라마를 국내 시장에 공급함으로써 한국 수용자를 일본식 취향에 물들게 할 위험성도 있다.

대중문화산업 구조도 일본을 본 딴 것이 많다. 대형 기획사는 한류 문화의 본거지다. 그런데 한국의 대형기획사는 일본의 기획사인 쟈니즈의 경영, 기획, 인재 발굴 방식 등을 모방했다(최석영, 2012: 106). 이것이 다가 아니다. 한류스타까지도 일본의 눈치를 보는 실정이다. 예를 들면 항일정신이 깃든 드라마나 영화에 출연을 꺼리는 스타가 많다. 일제 치하에서 독립을 꿈꾼 시인 이육사를 그린 MBC의 〈절정〉, 일제하 반일 정신을 다룬 KBS 2TV의 〈각시탈〉은 주인공을 찾기가 어려웠다고 한다(〈뉴스엔〉, 2012. 5. 24.). 스타들은 항일 드라마에 출연했다가는 일본시장 진출에 지장이 있을 것이라고 판단했을지도 모른다. 이렇게 한류 문화가 일본에 밀착하고 의존할수록 한국 문화산업은 독자성, 정체성을 잃는 혹독한 대가를 치러야 할 것이다(김승수, 2012: 101~112).

한류 문화산업은 동남아시아, 베트남 등에서 확산됨에 따라 관련국에서 문화제국주의를 경계하고 있다. 문제는 한국이다. 우리는 미국과 일본의 문화제국주의를 걱정하다가 한류 문화가 아시아지역에서 확산되는 것을 즐거워한다. 한편으로는 문화제국주의를 경계하고, 또 다른 한편으로는 소(小) 문화제국주의를 만들고 싶은 욕망이 우리들 마음속에 있다. 한류 문화가 약소국에 해를 끼치지 않도록 노력할 필요는 있지만 더 시급한 것은 외국자본과 기술 그리고 콘텐츠가 한국 미디어산업과 정보시장을 잠식하는 현실을 극복하는 일이다.

한 가지 사례만 보아도 문화제국주의는 죽지 않았다. 포털시장은 네이버와 다음카카오가 주도한다. 그런데 이것이 다가 아니다. 네이버의 외국인 지분은 61.1%나 된다. 어찌 이것을 한국기업이라 할 수 있겠는가? 한국의 재벌기업이 막강하고, 미디어산업이 거대하다고 해서, 또 국산 콘텐츠가 많아 보인다고 해서 문화제국주의가 약화되었다거나 사라졌다고 주장하는 것은 어리석은 판단이다. 한국이 한류 문화를 통해 소문화제국주의를 누리고 있다고 해서 문화제국주의가 사라진 것은 아니다.

지난 20세기 100년은 누가 뭐래도 미국이 정치, 경제, 군사, 기술 등 모든 면에서 절대강자였다. 미국은 문화제국주의 힘을 배경으로 세계의 정보, 문화, 예술, 지식, 오락, 스포츠와 같은 '소프트 파워'까지 지배했다. 〈위클리 스탠더드〉 선임편집장 콜드웨는 미국 대중음악의 강점을 이렇게 설명했다.

그동안 글로벌 스타일의 팝문화를 미국인들이 지배한 이유는 무엇인가? 미국은 눈에 보이지 않는 유리한 배경을 갖고 있다. 무엇보다 만국 공통어라는 영어를 사용한다. 또한 거대한 자체시장을 갖고 있다. 미국의 대중문화는 이질적 요소들이 융합되고 다양한 취향을 가진 소비시장에서 검증될 기회를 가졌다(〈프레시안〉, 2012.12. 30.에서 재인용).

미국 팝문화를 비롯한 대중문화의 배후에는 미국의 경제력, 정치 지배력, 군사력, 이념통제력이 있었다. 하지만 21세기 들어 미국의 경제적 지배력이 폭락하자 정보 및 대중문화 지배력도 현저히 줄었다. 그래서 많은 연구자들이 문화제국주의 종말을 주장하기도 했다. 스파크스(Sparks, 2007: 111~125)와 같은 진보적 학자도 문화제국주의 종말론에 동의했다. 그는 문화제국주의 패러다임이 약화되는 이유로 문화제국주의론의 내적 모순, 언론학 이론의 발전, 미디어 구조의 변동, 수용자 구조의 변동을 짚었다. 그의 문화제국주의 비판론은 설득적인 부분이 분명히 있다. 그럼에도 문화제국주의는 생각보다 뿌리가 깊어 간단치는 않다. 막대한 제작자금, 제작인력과 스타, 대본, 세계적 유통망, 영어를 모두 갖고 있는 할리우드 산업이 저물려면 좀더 기다려야 할 것 같다. 우리는 특히 미국 문화제국주의와 더불어 일본문화제국주의를 걱정하는 처지라는 점을 잊어서는 안 된다.

20세기 후반은 냉전체계의 붕괴, 시장과 개방에 의존하는 중국 사회주의의 등장이 한국의 성격을 규정하는 요소들이다. 한국과 중국은 겉으로는 우호관계인 것처럼 보인다. 무엇보다 한·중 무역규모는 5천만 달러가 넘고, 인적 교류도 상당하다. 한류 문화도 한국과 중국을 이어주는 역할을 한다. 막대한 무역흑자 등 한국은 중국으로부터 많은 것을 얻었다. 하지만 한중관계는 2017년 한국의 고고도미사일방어체계 '사드'(THAAD) 배치를 놓고 심각하게 대립하기 시작하였다. 한국과 미국은 사드가 북한 미사일을 겨냥한 것이지 결코 중국을 표적으로 삼지 않는다고 주장했으나 중국 정부는 관광,

화장품, 유통, 한류, 투자 등 거의 모든 부문에서 한국에 대해 압박하고 있다. 거의 사라졌다고 생각했던 문화제국주의는 모습을 달리해 지배력을 강화하고 있다. 미국의 한국 통제, 중국의 한국 통제가 바로 새로운 형태의 문화제국주의가 아닐까?

참고문헌

강봉진·고보현 (2021. 9. 7.). "'중국 잘못된 팬덤 문화는 한국 탓'… 中관영언론 샌트집에 한류 난기류". 〈매일경제〉.

강신준 (2014). 《오늘 자본을 읽다》. 서울: 길.

김수정 (2012). "동남아에서 한류의 특성과 문화취향의 초국가적 흐름". 〈방송과 커뮤니케이션〉, 13권 1호: 5∼53.

김승수 (2008). "문화제국주의 변동에 관한 고찰". 〈한국방송학보〉, 22권 3호: 51∼85.

_____ (2012). "한류 문화산업의 비판적 이해". 〈지역사회연구〉, 20권 4호: 101∼117.

김혜선 (2016). "영화, 외국자본: 영화, 외국 자본 유입에 어떻게 대응할 것인가". 한국출판마케팅연구소 (2016). 《2017 한국의 논점: 키워드로 읽는 한국의 쟁점 42》. 서울: 북바이북.

김희경 (2021. 1. 11.). "〔넷플릭스 진출 5년〕 7,700억원 투자, 4,500편 공급으로 한국 시장 공략". 〈한국경제〉.

김회권 (2017. 6. 29.). "넷플릭스 (Netflix) 가 옥자를 만든 까닭". 〈시사저널〉.

나원정 (2016. 5. 18.). "'곡성' 100억 투자한 폭스, '밀정' 찍는 워너브라더스". 〈중앙일보〉.

노현섭 (2021. 2. 25.). "넷플릭스 '올해 한국 콘텐츠 제작에 5,500억원 투자'… 설 자리 잃어가는 토종 OTT". 〈서울경제〉.

〈뉴스엔〉 (2012. 5. 24.). "'각시탈' 거절한 한류스타들 떨고 있다".

르시앙 세부 (2008). "금융위기 속에 '마르크스를 되돌아보다': 학계서 재조명…

극단의 '영리추구', '소외된 노동', '도덕률의 상실' 등 예견". 〈르몽드 디
플로마티크〉, 657호.

〈문화일보〉(2012. 8. 17.). "자본시장 영향은 크지 않을 듯: 국내증시 일본계
자금 1% 불과, 통화스와프 중단해도 충격 미미".

박미애(2020. 9. 23.). "워너브러더스, 한국 영화 사업 접는다 … 신규 투자 중
단". 〈이데일리〉.

〈스포츠니어스〉(2019. 2. 18.). "할리우드 대형 스튜디오 워너 브라더스가 영
화 '밀정'에 투자한 금액은?".

〈연합뉴스〉(2012. 3. 18.). "한류 현상은 아시아의 아시아화".

_____ (2021. 12. 16.). "〔2021결산〕 세계 홀린 '오징어 게임' … K-드라마 열풍"

유재혁(2017. 5. 9.). "할리우드 '큰손', 한국영화 투자 대공세 … 관객 점유율
40% 육박". 〈한국경제〉.

이기형(2005). "탈지역적으로 수용되는 대중문화의 부상과 '한류현상'을 둘러싼
문화정치". 〈언론과 사회〉, 봄호: 189~213.

이승한(2012. 9. 28.). "틀 깨부순 '두 통령': 서태지와 싸이 그리고 한국음악".
〈한겨레〉, 29, 31면.

〈전자신문〉(2014. 6. 10.). "광고 수익서 모바일 비중은 성장했지만 안드로이
드 성장세와 달리 기여도 낮아".

최은경(2021. 8. 31.). "'구글 갑질방지법' 국회 통과 … 세계 최초 앱마켓 규제".
〈중앙일보〉.

최석영(2012). "쟈니 기타가와: 한류의 교과서 '쟈니즈'를 만들다". 〈인물과 사
상〉, 6월호: 89~11.

KBS(2012). 《KBS 텔레비전 방송 50년》. 서울: KBS.

〈프레시안〉(2012. 12. 30.). "'강남스타일이 미국 신화 깼다' … 美칼럼 논란".

Casey, B. (2008). *Television Studies: The key concepts.* London: Routledge.

San, F. C. (2006). "Exceptions Proved to Be a Rule". 한국언론정보학회 주
최 국제학술심포지엄 발제문. 서울: 한국언론회관.

Forbes(2010. 4. 21.). "The World's Leading Companies".

Garnham, N. (2005). "A Personal Intellectual Memoir". *Media, Culture &
Society, 27*(4): 469~493.

Mahr, K. (2012. 9. 17.). "The World Is Finally Ready for the Sound of

K-pop". *Time*, 44~46.

Marx, K. (1867). *Das Capital*. 강신준 역(2008).《자본 I-2》. 서울: 도서출판 길.

Murdock, G. (2011). *Media, Culture and Economy*. 임동욱 외 역(2011).《디지털 시대와 미디어 공공성》. 파주: 나남.

Mosco, V. (2009). *The Political Economy of Communication* (2nd edition). London: Sage.

O'Reilly, L. (2016). "The 30 Biggest Media Companies in the World". *Business Insider.*

Sparks, C. (2007). *Globalization, Development and the Mass Media*. London: SAGE.

The Economist(2017. 5. 7.). "Data Is Giving Rise to a New Economy".

陳力丹(2008).《精神交往論》. 北京: 중국인민대학출판사.

와이즈리포트 (https://comp. wisereport. co. kr)
전자공시시스템 (http://dart. fss. or. kr)

8

수용자의 기술소통혁명

수용자 대중은 미디어산업 자본, 광고주 자본의 증식에 깊이 관여한다. 이들은 저널리즘으로 현안문제를 이해하고, 대중문화와 광고를 접함으로써 소비의식을 가진다. 이들이 가진 시간, 의식, 돈을 정보 및 콘텐츠에 투입하면 할수록 시청률, 클릭, 발행부수 등으로 계산되어 미디어 자본을 증식시킨다. 그와 동시에 수용자 대중은 잠재적인 상품소비자가 됨으로써 산업 자본의 증식에 도움을 준다. 미디어, 마케팅 그리고 상품의 논리에 따라 수용자는 상업화, 시장화, 사유화, 개인화하는데 이것들이 이윤 증식 및 불평등 구조와 어떤 관계에 있는지 규명할 필요가 있다(Biltereyst 외, 2011: 430). 또 수용자의 미디어 이용이 노동인지 지대인지도 논쟁거리다(김동원, 2015).

1. 수용자 대중의 일반적 상황

1) 착취적 소비세계에 탐닉

수용자 대중은 생산-마케팅-소비라는 자본주의적 생산방식에서 세 번의 착취를 당한다. 먼저 생산단계에서 수용자 대중은 노동자가 되어 자본에 끌려다닌다. 마케팅단계에서는 대중문화와 광고에 의해 정신적으로 닦달질을 경험한다. 소비자에게 불요불급한 소비를 유혹함으로써 미디어와 마케팅은 자본 회전을 빠르게 하는 데 기여한다.[1] 마지막으로 소비단계에서 수용자 대중은 소비자가 되어 노동자일 때 만든 상품을 값비싸게 사기도 하지만 경제적 능력이 부족하여 자신이 만든 상품조차 사지 못해 상품으로부터 소외를 겪는다.

그런데도 미디어 자본주의는 어지간하면 누구나 중산층이 되고 더러는 부자가 돼서 마음대로 상품을 살 수 있다는 허구의 세상을 보여준다. 이런 그림은 미디어가 생산하는 소비문화로 구체화된다. 미디어, 대중문화, 광고를 포괄하는 문화산업은 사람들에게 소중한 여가의 삶을 소비로 재생산하여 자본의 논리를 관철한다(김성민 외, 2005: 96). 소비문화에 길들여진 수용자는 상품 소비, 특히 유명상

1　소비에는 두 가지 종류의 소비가 있다고 한다. 하나는 생활에 필수적인 것들(*fundamental needs*)을 소비하는 기본적 소비가 있고, 다른 하나는 낭비, 과시, 상품물신 등 허위적 욕구(*false needs*)에 따른 탐욕적 소비가 있다(Lowy, 2010). 허위적 욕구는 광고를 통해 소비자에게 '강박적 소비 행태'를 습관화해서 인위적으로 만들어진 것이다(같은 글).

표의 소비를 두고 삶의 표상이요 출세의 상징으로 여긴다. 이 과정에서 광고와 마케팅의 역할은 특히 강조된다.

미디어산업은 소비문화를 공급함으로써 자본주의 소비공동체의 형성에 긍정적인 역할을 한다. 소비공동체는 소비자들이 대량으로 생산한 상품을 안정적으로 소비하도록 미디어산업이 소비문화를 만들고, 기업은 광고비를 제공함으로써 대량생산-대량소비를 통한 잉여가치의 획득을 목표로 삼는다. 지상파 방송, 유료채널 그리고 인터넷은 소비문화를 확산하는 주력 미디어다. 광고비는 주로 전자, 화장품, 자동차를 비롯한 소비재산업에서 나온다. 이렇게 수용자 대중은 돈과 시간을 들여 소비문화를 접함으로써 한편으로는 미디어 자본의 증식을 실행하고, 또 다른 한편으로는 광고주 자본의 증식을 돕는다.

2) 빼앗긴 국민 권력

국민들은 국가권력에서 배제된 지 오래다. 선거는 오래전에 지역갈등 행사로 전락하고 말았다. 지금 수용자 대중은 불안정한 안락에 빠져 있다. 편리함과 쾌락의 추구는 사람들에게 공통된 성향이다. 이들은 사회문제에 무관심하고 개인적 성취감을 중시한다. 이런 성향의 수용자는 보수성 및 오락성을 기준으로 미디어를 선택한다. 김귀옥은 "1984의 예언은 현실이 되는가"라는 글에서 디지털 시대의 수용자를 이렇게 묘사했다

텔레스크린이 지배하는 세상에서 사람들은 굳이 기억하고 기록할 필요가 없다. 필요한 모든 정보를 빅브라더가 텔레스크린을 통해 제공하기 때문이다. 사람들은 뭔가를 읽고 잡다한 생각은커녕 고민할 필요도 없다. … 시내 곳곳에는 거대한 전광판에 광고와 뉴스, 정보가 흘러나오고 있다. 지하철을 타면 구석에 부착된 스크린에 시선을 고정시킨 사람들, 휴대폰 단말기를 통해 오락게임, 드라마, 쇼 등에 몰입하고 있는 사람들을 흔하게 만날 수 있다. 소설이나 교양서적을 읽는 사람을 찾기란 가물에 콩 나듯 만나기 어렵다. 심지어 종이신문을 읽는 사람도 찾기 어렵다. 어렵게 찾으면 광고와 연예가 뉴스로 넘쳐나고 있는 무가지 신문을 읽고 있다. 편리함과 쾌락이 널려 있다(〈프레시안〉, 2009. 10. 17.).

모든 수용자가 이렇게 편안함만을 쫓는 것은 아니나 상당수의 수용자들은 이런 모습을 보인다. 한국사회가 수용자 대중에게 고단하고 비루한 삶을 강요하기 때문에 편안함, 쾌락, 오락을 탈출구로 삼아 집착하는 것이다. 괴로움과 절망으로 가득 찬 일상사는 수용자 대중을 눈앞의 이익에만 급급하게 만들고 장기적인 이익을 잊게 만든다. 이때 미디어와 광고는 중요한 역할을 한다.

3) 위태로운 언론과 표현의 자유

소셜미디어와 같은 새로운 기술은 민주주의를 촉진할 수도 있고, 반대로 이를 억압하기도 한다. 개방된 사회, 권력을 감시하는 시민의 힘은 언론과 표현의 자유를 넓힌다.

어떤 시대, 어떤 나라든 집권층은 사람들에게 필요한 것들을 아무 조건 없이 주지는 않는다. 시민권력이 바로 서면 사회는 시민 중심으로 움직이지만 그렇지 않으면 자본과 권력에 의해 중심을 잃고 만다. 집권층은 국가질서, 2 안보, 국익, 법치, 공익 따위를 내세워 정보 통제를 정당화하려고 한다. 그러나 이런 개념은 코에 걸면 코걸이 귀에 걸면 귀걸이며, 실체가 불분명하다.

예들 들어 국익 개념을 보자. 무엇이 국가의 이익인가? 누가 그 개념을 규정할 것인가? 살펴건대 국가와 미디어산업이 자신의 행동을 정당화하는 데 동원되는 것이 '국익'이라는 개념이다. 저널리즘에서 주장하는 '국익'이란 "부자나 권력자의 이익"이다(최경영, 2010: 25). 국익은 다수 국민의 이익과는 동떨어진 채 권력의 이념으로 남용되는 경우가 대부분이다.

2015년 삼성물산과 제일모직의 합병 건을 두고 미디어는 저마다 외국투기자본으로부터 삼성을 보호해야 한다는 보도를 쏟아냈다. 3 이때 동원한 가치는 '애국'과 '국익'이었다. 재벌기업이 상속이나 경영권 지배를 강화하기 위해 벌이는 기업합병을 애국주의로 덧칠한 것은 한국 미디어 역사에서 치부로 기록될 것이다. 사적 자본도 필요에 따라서는 국익 이데올로기로 포장되는 것이 한국 미디어자본

---

2 언론과 표현의 자유를 엄격히 제한하는 중국 공산당이 인민의 자유를 억압할 때 전가의 보도처럼 내놓은 것이 '불법'과 '질서 문란'이라는 것을 기억할 필요가 있다.
3 선대인은 2015년 〈오마이뉴스〉에서 "국익이 아닙니다, 이재용 부회장의 이익입니다: 삼성물산-제일모직 합병 찬성이 국익이라는 사람들에게"라는 글을 기고했다.

주의다.

국가란 서로 이질적인 사람들이 모여 사는 곳인데, 여기서 국익이란 것이 실제로 존재하는 것인지도 확실하지 않다. 구체성을 가져야 할 국가가 국익이라는 추상적 개념으로 자신의 행위를 합리화하려는 행태가 새삼스러운 일은 아니다. 이를 적극적으로 비판해야 할 미디어는 오히려 이를 지지하고, 언론과 표현의 자유에 대한 국가의 통제를 인정했다. **4**

4) 감성적 선전 선동

미디어는 두 가지 전술로 수용자 대중을 관리한다. 하나는 사람들이 존경하고 우러러볼 수 있는 '성인'(聖人)을 만들어 내는 것이고. 다른 하나는 공공의 적을 만드는 것이다. 우선 성인을 만든 사례로는 육영수 여사를 들 수 있다. 박정희 대통령의 부인인 육영수의 미디어 이미지는 '현모양처', 가난한 사람을 동정하고, 약자를 돌보는 '국모', '남편에게 잘못한 일을 비판하는 여당 속의 "야당"' 등이었다. 이것은 미디어가 만들어낸 '가상의 육영수'이지 '현실의 육영수'의 모습과는 전혀 다르다. 이러한 이미지 전략은 육영수 여사의 딸인 박근혜 전 대통령에게도 그대로 적용되었다. 육영수 여사와 많이

---

4 〔편집자 주〕 2021년 이재용 부회장의 사면을 두고 다시 '국익'이 정쟁의 대상이 되었다. 출처: 손가영(2021. 4. 24.). "언론이 띄우는 이재용 사면론 사골 국물 됐다〔비평〕'국익 위해' 레토릭 수십 년 반복, '공공선' 고민 시민보다 부족한 한국언론 ⋯ 이재용 사면의 공익 무엇". 〈미디어 오늘〉.

닮았던 박근혜 전 대통령은 최순실 사태가 불거지기 전까지는 최초의 여성대통령으로서의 자격에 아무런 문제가 없었다. 그런데 최순실 사태로 국민들은 박근혜 전 대통령의 민낯을 보게 되었고, 그동안 미디어를 통해 국민이 보았던 대통령 박근혜는 그저 한낱 이미지에 불과했음을 확인할 수 있었다.

첫 번째 전략이 성인의 이미지를 만드는 것이라면 두 번째 전략은 공공의 적을 만들어 버리는 것이다. 공공의 적이라는 수사학은 국민을 뭉치지 못하게 분열시키고 지배하겠다는 후진적 발상이다. 그런데도 미디어는 재벌-미디어-권력복합체의 이익을 해칠 위험이 있거나 사회적 파장을 일으키기 쉬운 대상을 골라 '공공의 적'이라는 딱지를 붙인다. '공공의 적'이라는 꼬리표가 붙으면 한국사회에서는 살아가기 어려워진다. 미디어가 만들어낸 공공의 적에는 진보정당과 노동조합이 있다. 이런 공공의 적 이미지는 부당한 권력을 유지하려고 할 때 주로 사용되며, 필요한 경우 선정적으로 조작된다. 물론 수용자 대중도 이런 정보를 불신해 SNS 등으로 사실을 확인하기도 한다. 그럼에도 불구하고 미디어의 영향력에서 벗어나기는 어렵다. 정보가 널리 공개되어 국가권력의 치부가 드러날 때면 어김없이 '종북론', '괴담론', '외부세력론'이 등장한다.

예전에는 '조·중·동'이 보수이념을 전파하고 보수정당을 지지해 왔는데, 종편채널5은 물론 공영방송까지 조·중·동화되고 있

---

5 2009년 7월 신문법과 방송법이 개정되면서 신문의 방송사 겸업이 가능해졌고, 기업의 방송사 지분 소유허용 규제도 완화되었다. 결국 2011년 매일경제의 MBN,

다. 이정희(2016. 1. : 22)는 종편이 쏟아내는 말은 자신과 견해가 다르거나 이해관계가 부딪히는 사람들을 대화나 비판이 아니라 증오와 배제의 대상으로 몰고 가는데, 이는 보도가 아니라 '혐오범죄'라고 말한다. 미디어에 의한 공공의 적 만들기는 결국 지배층이 자신의 기득권을 지키기 위해 국민을 두 패로 갈라 서로 다투게 만들려는 것이다. 편 가르기를 통한 분할통치는 사회적 약자를 괴롭히고 쥐어짜서 이익을 극대화하고, 기득권을 유지하려는 고전적 지배수법이다.

수용자는 궁극적으로는 현명하지만 지배세력의 선전선동에 쉽게 세뇌되고, 감성적 성향을 보이기도 한다. 이런 성격의 수용자를 상대로 미디어는 때로는 교묘한 논리로, 때로는 막무가내로 잘못된 가치관이나 이념을 주입시키려 든다. 또 어떤 때는 상업주의적 메시지로 소비자의 소비욕구를 조작하여 상품판매를 촉진하기도 한다. 재벌-미디어-권력복합체의 정보지배로 인해 선거보도를 비롯한 주요 보도에서 비판적, 진보적 내용의 정보는 거의 공급되지 않는다. 80~90% 이상이 보수 집권세력을 미화하는 보도로 넘친다. **6** 유권자들이 미디어의 보도내용을 속절없이 따라가지는 않는다 해도 상당히 영향을 받는 것만은 사실이다.

예나 지금이나 사람들이 스스로를 지키려면 정보력과 단결력 그

중앙그룹의 JTBC, 조선방송의 TV조선, 동아미디어그룹의 채널A, 즉 4개의 종합편성채널이 출범했다.

6 이영광(2019). "JTBC를 제외한 종편, 크게 달라지지 않을 듯". 〈고발뉴스〉 참고. 출처: http://www.gobalnews.com.

리고 전략이 필요하다. 미디어의 분열전략을 잘 파악하고 대처하려면 수용자 대중이 정보를 통제할 능력이 있으면 된다. 그러나 이런 능력을 갖는 일이 간단치 않다. 수용자 대중은 유익한 정보를 찾고자 능동적으로 움직이지만 부자 정당, 보수적 미디어를 선호하고 상대적으로 진보 정당, 비판적 미디어는 꺼리는 경향도 보인다.

5) 공적 가치의 외면, 이룰 수 없는 욕망

수용자 대중과 공익은 동전의 양면과도 같은 관계다. 그럼에도 미디어와 취약한 수용자는 눈앞의 이익에만 관심을 두고 공적 가치는 외면한다. 수용자 대중이 사익에 몰두하다 보면 공공성이나 공익에 대해서는 상대적으로 관심이 덜하다. 많은 수용자들이 투표에 불참하고, 공적 문제에도 무관심하다. 가수 정태춘은 수용자 대중이 사회적, 공공의 문제에 얼마나 무관심하고 외면하는지를 한탄하면서 이렇게 꼬집었다.

> 제가 몇 년 전 평택 대추리 사태와 관련해 교보문고와 보신각 옆에서 매일 거리공연을 한 적이 있습니다. 그런데 그들은 철저히 무관심했고 저는 외면당했습니다. 현실이었지요. 새로운 세기의 대중, 당대의 공동선(善)에 관해 아무런 관심도, 행동도 없는 대중 말입니다(〈경향신문〉, 2009. 9. 29.).

간혹 공공의 문제에 관심을 두는 수용자들도 있지만 대개는 나 몰라라 한다. 수용자 대중은 중요한 정치과정에서 빠지기 일쑤고, 약자의 권리보다는 강자의 편에 선다. 수용자 대중은 투표도 포기하고, 미디어 이용을 꺼리는 경우도 많다. 서민 수용자 대중은 사회현실에 일말의 기대감도 없어서 그런지 선거니 미디어니 하는 것들에 대해 관심이 별로 없다. 서민들은 돈도 시간도 여유도 없다. 이들은 정치나 시장에서 얻을 수 있는 것들이 별로 없다고 생각한다. 이렇게 되면 수용자 대중은 더욱 더 사회현실을 멀리하고 변화하고자 하는 동력마저 잃고 만다. 이들이 사회문제에 주목하게 하는 것이 미디어와 지식인의 기본 임무이다.

우리는 사람들끼리 함께 사는 데 필요한 공동체적 가치나 공화제적 개념을 공유하지 못하고 있다. 예나 지금이나 수단과 방법을 가리지 않고 돈 벌고 권력을 차지하면 그만이다. 시민들도 입시 경쟁, 취업 경쟁에서 이겨 부나 권력에 가까이 가기를 바란다. 이들에게 부자, 권력자, 엘리트, 스타는 닮고 싶은 대상이지 비판의 대상은 아니다. 지배세력에 대한 시민의 평가는 경험에서 나온 것도 있지만 미디어가 조작한 이미지에서 나온 것이 대부분이다. 일부 수용자들은 불평등과 불공정을 심화시키는 정책이나 제도를 고치려고 노력하는 편이 훨씬 효과적인 데도 불구하고 경쟁에서 살아남는 데만 신경을 쓴다.

일부 시민들은 재벌기업이 시장을 독식하고, 부자가 권력을 잡는 것을 당연하게 생각한다. 미디어는 사람들의 이런 심리에 편승해 부자 정당, 부자 후보를 최선의 선택인 것처럼 묘사하고, 부자들을 위한 정책을 지지한다. 상업적, 이념적 정보와 대중문화는 수용자 대중을 물질적, 정신적으로 더 빈곤하게 만든다. 수용자 대중이 부자가 되고, 모두가 엘리트가 되는 방법은 없다. 그런데 미디어가 그런 특급비밀을 말해 줄 수 있을까? 미디어가 공급하는 정보는 어디까지나 지배세력의 공동이익을 해치지 않는 것들이다.

2. 수용자 대중의 역동성

1) 수용자 대중의 변화

미디어 정치경제학은 미디어와 정보가 자본과 어떤 연관성을 갖는지 권력은 어떤 구실을 하는지 연구하며, 자본주의의 위기와 미디어의 관계를 탐구한다.[7] 미디어구조 및 정보생산은 여러 가지 원인에 의해 변화가 일어난다. 민주주의의 확대, 신뢰위기, 경제위기, 기술발전, 상품생산 및 유통방식의 변화, 미디어 시장의 경쟁, 인수 및 합병, 시장개방, 시민과 노동자의 사회지배권 획득과 같이 중대한 일이 생기면 미디어시스템이나 정보생산의 성격이 변한다. 분명한 사실은 아날로그 시대에 만들어진 정보독점 구조는 깨졌다. 영국의 존 헨리 〈가디언〉 기자는 디지털 커뮤니케이션 혁명이 저널리즘

---

[7] 미디어 정치경제학의 대표 저술로 로버트 W. 맥체스니의 《부자미디어 가난한 민주주의》, 벤 H. 바그디키언의 《미디어 모노폴리》, 크리스찬 푹스의 *Digital Labour and Karl Marx* 등이 있다. 최은경 (2015). 《커뮤니케이션 정치경제학자들》, 커뮤니케이션북스 참고.

의 변화를 촉진하는 상황을 이렇게 표현했다.

> 내가 기자로 네덜란드 암스테르담에서 일하던 1980년대만 해도 저널리스트는 유일한 '진실 전달자'였다. 기자가 기사를 쓰면 곧 뉴스가 됐고, 쓰지 않으면 뉴스가 되지 않았다. 무엇이 뉴스인지, 그 뉴스가 얼마나 중요한지, 그리고 우리가 무엇을 생각해 봐야 하는지를 기자가 직접 결정했다. 뉴스는 그렇게 일방향적으로 대중에게 전달됐다. 기자가 기사를 쓰면 그것으로 끝이었다. 신문기사는 '최후의 언어'였다(〈한겨레 21〉, 2015년 4월호).

이것이 20세기 저널리즘의 실무적 특징이라면 디지털 공간에서는 살아남기 어려울지 모른다. 그렇다고 150여 년 동안 생존해온 지배 저널리즘이 없어지는 것은 아니다. 이들은 힘을 가진 사회적 강자를 앞세워 디지털 시대에도 기득권을 유지하려고 발버둥 친다. 한국의 미디어구조와 정보생산은 권력과 자본이 결합한 산물이다. 재벌기업은 미디어산업에 광고비를 공급하고, 정부는 광고, 정책, 자리를 미끼로 미디어를 통제한다. 재벌-미디어-권력복합체가 정보를 지배한다. 이런 지배복합체에 속한 미디어산업이 위기를 만났다. 위기의 원인은 무엇일까?

첫째, 경제위기로 인해 광고가 감소했고, 수용자의 미디어 이용능력은 크게 줄었다.

둘째, 미디어 시장경쟁이 너무 치열해서 미디어기업들이 살아남기에 급급하다.

셋째, 수용자들이 권력화하고 거대해진 미디어를 언론권력이라 부르면서 이들을 불신한다.

넷째, 대량생산-대량소비를 기초로 성장해온 대중미디어가 소비자 대중을 만들어냈으나, 상품과 소비자의 세분화로 인해 상품의 보편적 소비시장을 지향하는 대중미디어가 광고주에게는 쓸모가 많이 없어졌다.

다섯째, 공공성 및 공익성을 명분으로 보호를 받아왔던 지역미디어가 효율성을 추구하는 서울의 미디어 전략에 밀려 고사 직전에 있다.

여섯째, 민주주의가 후퇴하고 언론과 표현의 자유가 위축되는 바람에 저널리즘은 사실보도조차 어려운 경우가 많다. 대중문화는 창의성이 줄어들고 금기만 늘어난다.

미디어의 위기는 이렇게 여섯 가지로 이야기할 수 있으나 이 중에서 가장 심각한 위기는 수용자 대중의 미디어에 대한 불신이다. 대중의 신뢰를 잃어버린 대중매체인 미디어는 생존하기 어렵기 때문이다. 수용자 대중의 역동성은 기존 미디어에 대한 오랜 신뢰를 철회하고 새로운 대안미디어를 찾는 방향으로 나아가고 있다. 수용자 대중의 미디어에 대한 인식의 변화로 갑의 위치에 있던 미디어가 을의 위치로 내려올지 지켜볼 일이다.

2) 변화의 방향[8]

현행 미디어구조와 정보생산을 대체할 수 있는 방법은 무엇일까? 미디어 개혁은 경제개혁, 정치개혁, 사상문화개혁과 맞물려 있다. 개혁적 대안을 정리하면 크게 세 가지로 나누어진다.

첫째는 제도 내적 개혁론이다. 이것은 자본주의 제도와 사상의 틀에서 현실을 분석하고 개량적인 방식으로 문제를 풀어나가는 입장이다. 주로 언론의 자유나 미디어공공성을 강조한다. 공익과 민주주의는 미디어가 추구해야 할 중요한 가치다. 제도 내적 개혁론은 미디어의 정치적 독립성을 가장 중요한 과제로 설정한다. 공영방송[9] 및 규제기구의 독립성 확보는 제도 내적 개혁의 주요한 목표다. 제도 개혁론자들은 국가 검열과 통제를 물리치는 개념으로 언론의 자유를 주장한다. 이들은 미디어제도 개혁을 위해 (보통) 언론노조, 시민운동, 학계가 연대하는 운동을 지지한다. 그렇지만 이런 개혁론은 정치권에서 논의되어 제도화하지 않으면 현실적 힘을 얻지 못한다.

둘째는 비제도적 개혁론이다. 이것은 비자본주의적 제도와 사상을 토대로 현실을 진단하고 공유를 중심으로 대안을 찾는다. 이런 입장을 지지하는 사람들은 비 (非) 자본, 탈 (脫) 국가의 이념을 기초

---

8 김승수 (2013). "스타권력의 정치경제학적 분석". 〈한국언론정보학보〉, 62호:119
~139의 일부를 인용함.

9 미국은 독점자본과 상업주의만이 방송을 지배하는 방송 후진국이다. 이에 맞서 개혁세력은 대중적인 공영방송 설립을 추진하고 있다.

로 하는 대안적 모형을 추구한다. 유럽 쪽에서는 공공성, 공유성에 주목해왔다. 푹스(Fuchs)와 머독(Murdock, 2011)을 비롯한 정치경제학자들은 '커뮤니케이션 공유지'(communication commons)와 같은 커뮤니케이션 생산수단의 공동 소유를 대안으로 제시하고, 민주 사회주의 사회를 이상적인 미래로 그렸다. 촘스키를 비롯한 비제도적 개혁론자들은 수용자 대중이 미디어접근, 뉴스, 미디어의 미래에 직접 참여하고 통제하는 '공공관리체제'를 지지한다(Chomsky, 1994/2004: 81).

위키피디아는 사회주의를 생산수단의 사회적 소유와 민주적 통제를 특징으로 삼는 사회경제적 시스템이며, 그런 것들을 설립하는 데 목적을 둔 정치적 이념과 운동으로 설명한다(Wikipedia, 'Socialism'). 이들과 좀 다른 시각에서 비자본주의적 대안을 말하는 자율적 마르크스주의도 있다. 자율주의자들은 인간의 주체성을 존중하여 이기심이 가득한 시장이나 국가로부터 탈출하여 어떻게든 자주적인 공간을 만들고자 노력해 왔다. 이들은 변혁의 주체로 다중(multitude)을 내세운다. 또한 이들은 디지털 커뮤니케이션 네트워크란 다중이 자율적 생산공간으로의 참여를 유도하는 민주적 정치 수단이라고 생각한다. 자율주의 마르크스주의자에게 리눅스,10 위키피디아,11 위키리크스,12 독립미디어는 자율적 정보공간이며, 문

---

10 리눅스(Linux)는 1991년 9월 17일 리누스 토르발스가 처음 출시한 오픈 소스 운영체제이다.
11 위키피디아(Wikipedia, 위키백과)는 2001년 1월 15일 창립된 대표적인 웹 집단지성의 서비스이다. 자유 저작물을 보유하고 상업적인 광고가 없으며 주로 기부금을

화의 공유지다(Dahlberg, 2011: 863).

셋째는 대안 제도론이다. 이것은 자본주의가 수명이 다했다고 보고 이를 대신할 새로운 사회를 찾자는 관점이다. 박노자 오슬로대학 교수가 내놓은 대안은 이렇다. "우리는 우리 생존권을 위해 자본가로부터 비정규직을 고용할 자유나 공장 해외이전을 할 자유, 공공부문을 민영화할 자유를 빼앗으려고 한다고 선언하고 계급투쟁의 전선을 분명하게 해야 한다."(박노자, 2016: 263)

이 과정에서 반자본주의적, 사회주의적 미디어와 정보양식을 탐색한다. 탈자본주의적 대안론의 공통분모를 뽑으면 생산수단의 사회적 소유-사회적 지배라는 개념이 나온다(Marx, 2008: 142). 마르크스가 자본주의의 대안으로 생각한 사회는 "공동의 생산수단으로 노동하면서 개별 노동력을 하나의 사회적 노동력으로 인식하며 지출하는 자유인들의 결사체(association)"였다. 이것은 "자본주의 사회가 새로운 사회를 자기의 태내에 잉태하고 있다"고 믿은 마르크스 사상이며, 사람들의 노동 소외가 사라져 "자유로운 개인들의 연합"을 새로운 사회로 상정한 것이다(김수행, 2012: 5, 10).

대안사회의 소유방식은 사회적 소유가 주를 이루며, 기타 다양한 방식의 소유도 허용된다. 그런데 새로운 사회의 이상적 국가형태는

통해 지원을 받는 비영리단체인 위키미디어 재단이 소유하고 있다.

12 위키리크스(WikiLeaks)는 2006년 선샤인 프레스에 의해 개설되어, 익명의 정보 제공자가 제공하거나 자체적으로 수집한 사적 정보 또는 비밀, 미공개 정보를 공개하는 국제적 비영리기관으로 주로 각국 정부나 기업 등에 속한 조직의 비공개 문서를 공개한다.

'작은 국가'이다. 왜냐하면, 자본이 집중됨에 따라 이를 규제하고 통제하려면 거대한 국가체제가 필요하지만 작은 국가는 거대자본 및 시장을 필요로 하지 않기 때문이다(마토바 아키히로, 2015).

사회적 소유와 자유로운 개인이라는 가치는 미디어, 정보, 문화에도 적용된다. 미디어와 그 생산물인 정보의 사회적 소유-사회적 지배가 이루어지면 이윤이 아니라 사회적 필요가, 권력이 아닌 민주주의가 주도하는 사회를 향한 디딤돌 구실을 할 수 있다. 미디어 공동경영은 사회적 소유-사회적 지배를 구현하는 방법이 될 수 있다. 이것은 편집과 편성의 공유를 통해 부분적으로 달성될 수 있다. 그럼으로써 우리 사회는 자주적 커뮤니케이션 공동체로 바꿀 수 있다. 이곳은 불의, 불평등, 불공정이 없는 정의, 평등, 공정, 포용력이 넘치는 사회가 된다.

미디어구조와 정보생산방식의 개혁은 수용자 대중의 힘에서 나온다. 이들은 일간지 구독을 끊음으로써 이른바 조·중·동 독점구조에 경고신호를 보냈다. 좀더 적극적으로 정보를 추구하는 수용자 대중의 대응은 기존의 저널리즘 중심에서 탈피하여 네이버13와 카카오14를 비롯한 SNS에 기대어 새로운 언로(言路)를 개척하였다. 대량생산-대량소비를 근간으로 삼는 미디어자본주의는 대중적 소비의식을 비롯한 세계관을 통제하지 않고서는 존립이 불가능하다. 그

---

13 1999년 6월 출시된 한국 포털사이트로 2000년 한게임과 합병해 NHN이 된 후, 재분리하여 현재 주식회사 네이버로 운영되고 있다.
14 주식회사 카카오는 국내 대표 IT기업으로 1995년 설립된 주식회사 다음커뮤니케이션을 전신으로 2014년 카카오와 합병하면서 상호가 ㈜카카오로 변경됐다.

래서 나온 장치가 저널리즘, 대중문화, 광고 및 마케팅이다. 이런 것들을 공급하는 미디어산업이 위기에 처했다. 저널리즘, 대중문화, 광고를 중심으로 짜인 전통적인 미디어체제는 매년 쪼그라들고, SNS체제가 새로운 언로, 다양한 정보소통을 확대하고 있다.

이제 자본주의적 미디어와 정보생산은 시민들의 연대, 미디어노동 운동의 힘, 비판적 정보의 확산, 시장과 권력의 파편화, 세계 커뮤니케이션 노동자의 단결, 15 자주적 커뮤니케이션 공동체로 대체될 수도 있을 것이다. 그렇지만 미디어, 정보를 과대평가할 필요는 없다. 정보 및 미디어는 사실을 확인하고 소통하는 데 도움을 주는 수단일 뿐이다. 더구나 정보상품은 순간적인 것이어서 조금만 시간이 지나도 쓰레기가 된다는 특징을 이해해야 한다. 결론적으로 말해, 미디어 정치경제학은 "노동자계급의 단결과 주도권 및 자본제적 생산관계의 극복이라는 원칙"을 따른다(서유석, 2013: 39).

참고문헌

〈경향신문〉(2009. 9. 28.). "5년 넘게 노래 만들기 침묵하는 가수 정태춘·박은옥 부부".
김동원(2015). "이용자를 통한 미디어 자본의 가치 창출". 〈한국언론정보학

---

15 세계 커뮤니케이션노동자의 단결론은 빈센트 모스코(Mosco, 2011: 376~377)의 제안이다. 그는 세계 커뮤니케이션노동자들이 국제기자연맹, 국제노동조합네트워크 등을 중심으로 단결하자고 호소했다.

보〉, 70호: 165~188.

김성민·김성우(2005). "문화산업의 논리와 신화: 문화분석을 위한 맑스의 유물론적 관계존재론의 가능성에 대한 서론". 〈철학연구〉, 94권: 85~115.

김수행(2012). 《마르크스가 예측한 미래사회: 자유로운 개인들의 연합》. 파주: 한울아카데미.

김승수(2013). "스타권력의 정치경제학적 분석". 〈한국언론정보학보〉, 62호: 119~139.

마토바 아키히로(2015). 大學生に語る資本主義の200年. 홍성민 역. 《위험한 자본주의: 자본주의를 모르면 자본주의에 당한다!》. 서울: 사람과나무사이.

〈미디어오늘〉(2021. 4. 24). "언론이 띄우는 이재용 사면론 사골 국물 됐다".

박노자(2016). 《주식회사 대한민국: 헬조선에서 민란이 일어나지 않는 이유》. 서울: 한겨레출판사.

선대인(2015. 6. 27.). "국익이 아닙니다, 이재용 부회장의 이익입니다". 〈오마이뉴스〉.

이영광(2019. 12. 4.). "JTBC를 제외한 종편 크게 달라지지 않을 듯". 〈고발뉴스〉.

이정희(2016). 《진보를 복기하다: 버리기 아까운 진보정책 11가지》. 서울: 들녘.

최경영(2010). 《9시의 거짓말: 워렌 버핏의 눈으로 한국 언론의 몰상식을 말하다》. 서울: 시사IN북.

최은경(2015). 《커뮤니케이션 정치경제학자들》. 서울: 커뮤니케이션북스.

〈프레시안〉(2009. 10. 17.). "《1984》의 예언은 현실이 되는가?"

한국철학사상연구회(2013). 《다시 쓰는 맑스주의 사상사: 맑스에서 지젝까지, 오늘의 관점으로 다시 읽는 맑스주의》. 파주: 오월의 봄.

〈한겨레21〉(2015). "공유·개방·협업으로 만드는 저널리즘의 미래". 1059호.

Bagdikian, B. H. (2004). *The New Media Monopoly*. 정연구·송정은 역 (2009). 《미디어 모노폴리》. 서울: 프로메테우스.

Biltereyst, D. & Meers, P. (2011). "The Political Economy of Audiences". In Wasko, J., Murdock, G. & Sousa, H. (Eds). *The Handbook of Political Economy of Communications*, 415~435. Oxford: Wiley

Blackwell.

Chomsky, A. N. (1993). *The Prosperous Few and the Restless Many.* 강주헌 역 (2004).《촘스키, 세상의 권력을 말하다》. 서울: 시대의창.

Dahlberg, L. (2011). "Re-Constructing Digital Democracy: An outline of four 'positions'". *New Media & Society, 13*(6): 855~872.

Fuchs, C. (2014). *Digital Labour and Karl Marx.* New York: Routledge.

Löwy, M. (2010). "Advertising Is a 'Serious Health Threat'-to the Environment". *The Monthly Review, 61*(8): 19~25.

Marx, K. (1859). *Das Kapital: Kritik der Politischen Okonomie.* 강신준 역 (2008).《자본 I-1: 경제학 비판》. 서울: 길.

McChesney, R. W. (1999). *Rich Media, Poor Democracy: Communication politics in dubious times.* 한국언론재단 역. (2006).《부자 미디어 가난한 민주주의》. 서울: 한국언론재단.

Mosco, V. (2011). "The Political Economy of Labor". In Wasko, J., Murdock, G. & Sousa, H. (Eds). *The Handbook of Political Economy of Communications,* 358~380. Oxford: Wiley Blackwell.

Murdock G. (2011). *Media, Culture and Economy: Critical interrogations.* 임동욱 외 역(2011).《디지털 시대와 미디어 공공성: 미디어 문화, 경제》. 파주: 나남.

Wikipedia. 'Socialism'. https://en. wikipedia. org/wiki/Socialism

9

새로운 사회, 새로운 커뮤니케이션의
주요 이슈들

1. 주자학적 커뮤니케이션 사회에서
민주적 커뮤니케이션 사회로

송시열이 말하기를

"네가 감히 주자(朱子)가 한 것과 달리할 수 있느냐?"

윤휴가 답하기를

"천하의 이치를 어찌 주자 혼자 알고 나는 모른단 말이냐?"[1]

---

[1] 우리 역사를 보건대 노론으로 일컬어지는 극소수 기득권층이 수백 년 동안 부와 권력 그리고 사상을 독점해 왔다. 이들은 자신만의 입맛에 따라 기준을 세우고 이를 따르지 않으면 누구도 그냥 두지 않았다. 이런 작태를 본 윤휴는 송시열을 우두머리로 하는 수구세력을 향해 사상 독점권을 인정할 수 없다며 버티다가 강제로 삶을 마쳐야 했다. 이에 관해서는 이덕일(2010)의 책을 참조하기 바란다.

이 논쟁은 유교 경전의 해석을 둘러싼 주류와 비주류의 정치적, 이념적 대립을 반영한 것이다. 집권층은 사상을 독점하려 하고, 반대세력은 이를 물리치려고 했다. 예나 지금이나 지식, 정보, 문화는 지배계급의 독점물이었다. 그전에는 왕과 사대부가, 때로는 외국의 점령군이, 지금은 재벌-미디어-권력복합체가 언론, 정보, 지식, 교육 등 정신적, 문화적 영역을 독점하며 여론을 통제해 왔다. 물론 이에 맞서는 부류들도 생겨났는데, 바로 대항언론이다. 21세기 민중적 대안언론은 SNS이다.

이제까지 한국사회는 진실이나 정의는 말뿐이고, 공익을 존중하는 사람보다는 사익을 위해 공익을 희생시키는 사람들의 논리가 정당화되어 왔다. 정의로운 사람은 어떤 방식으로건 괴롭힘을 당한 역사도 있다. 이런 역사 속에서도 미디어는 권력과 부자를 대변하느라 갖가지 방식으로 정보를 조작한다. 진실과 정의를 추구하지 않는 사회형태가 미디어자본주의다. 미디어자본주의 사회는 광고주, 건물주, 고위공무원, 이데올로기만이 상층으로 살아남고 시민, 노동자, 빈민에게는 정확한 정보나 유익한 문화를 주려 하지 않는다. 어디까지나 지배계급에 유리한 범위 안에서 미디어산업의 상품으로 정보를 공급한다. 수용자 대중은 이를 비판하면서 조작된 정보의 지뢰밭을 피해 다닌다.

조선시대에도 극소수 집권 사대부가 절대 다수인 일반 백성을 괴롭혔다. 이들과의 만남 자체를 끔찍이 여겼던 백성들의 감성이 피맛길2을 만들었다. 이것은 물론 수탈하는 지배층을 거부한다는 표시이기도 했다.

나라의 주인인 백성들이 큰 길을 놔두고 샛길로 다니는 것은 떳떳치 않다. 정보도 마찬가지다. 미디어가 전해주는 정보가 삶에 그다지 중요하거나 필요하지 않은 것들이 많고 필요한 것은 없다. 수용자 대중은 미디어산업의 발전을 위해 많은 비용을 부담하면서 언제까지 대안정보를 찾아 헤맬 것인가? 우리가 어떤 생산방식, 어떤 계급구조에서 살든 사회여론을 좌우하고, 사람들의 삶에 중대한 영향을 미치는 미디어 및 정보는 사회적인 공적 소유체계로 만들어 자본이나 권력에 의해 조작되지 않고, 수용자 대중이 직접 지배할 수 있도록 하자는 것이다.

2. 미디어산업의 개혁

당시 군부가 아무리 무소불위의 힘을 가졌다 해도 언론과 검찰만 제위치를 지켰더라면 그들은 결코 성공하지 못했을 것이다. [3]

1) 미디어의 민주적 지배

비판언론학의 범주에는 문화연구, 정치경제학, 담론분석 등 여러

---

2 피맛길은 조선시대 고관대작들이 가마나 말을 타고 행차하는 행렬을 피해 일반 백성이 다니던 길이었다. 출처: 네이버 백과사전
3 1980년 5·18 광주시민항쟁 당시 국방부 대변인이 김준범 TBC 편성국 기자에게 건넨 회고담으로 〈미디어오늘〉, 1995. 12. 1. 3. 에서 재인용함.

가지가 있다. 각 이론은 고유한 논리, 이념, 지향점을 가진다. 비판 언론학자라면 미래의 이상적인 미디어는 자본가와 국가권력의 지배에서 벗어나야 한다는 점에 이견이 있으면 안 된다(Fuchs, 2015: 23). 미디어 및 정보에 대한 의견이나 이론이 아무리 많아도 다음 두 가지에 대해서는 의견이 같을 것이다. 첫째는 수용자 대중은 국가주권자로서 미디어를 민주적으로 지배하며, 둘째는 미디어가 민주적 여론 형성의 기능을 한다는 점이다.

공영미디어, 정보, 미디어 규제기관이 공공성, 공익성, 공정성에 충실하도록 민주적, 집단적 지배를 받도록 하는 것이 상책이다. 영국의 저명한 문화사상가인 윌리엄스(Williams)는 커뮤니케이션에서 대중 커뮤니케이션의 '집단적 지배'(collective control)를 이상적인 대안으로 생각했다. 이것은 마르크스의 사회적 소유-사회적 지배론과 맥이 닿아 있다. 스마이드(Smythe, 1981)는 중국의 대자보가 모든 수용자 대중이 접근 가능하고, 통제할 수 있는 유력한 대안 미디어라고 평가한 적도 있다. 이것은 대자보의 집단성, 비판성을 높이 샀기 때문이다. 지금은 인터넷 같은 신흥미디어가 대자보를 대체했지만 SNS 같은 개인미디어가 대자보에 비해 효율성, 참여성, 비판성 등에서 우위에 있는지는 궁금하다. 대자보 커뮤니케이션의 회복에 주목한다면 또 하나의 대안 미디어를 가질 수 있을 것이다.

미디어 개혁 가운데 특히 방송개혁이 관건이다. 방송을 시장과 국가 모두로부터 독립시키는 안에는 누구나 동의한다(Williams, 1976: 164~166). 미디어, 정보, 문화 규제를 담당하는 모든 기구는 반드시 합의제에 따라 운영되어야 한다. 미디어와 규제기구는 행정이나 정치권력으로부터 멀리 떨어져 있는 것이 서로에게도 좋으며, 수용자 대중에게는 더 좋다. 이런 흐름이 한동안 지속되면 제도가 될 수 있고, 그래야 미디어에 대한 실질적인 민주적 지배가 이루어 질 수 있다.

2) 미디어산업의 구조 및 이념 개혁

언론, 저널리즘, 미디어, 커뮤니케이션 용어는 다르지만 뉴스라는 개념을 공통적으로 포함한다. 이제는 뉴스를 담는 저널리즘, 저널 리즘과 대중문화를 담은 미디어를, 커뮤니케이션 양식을 전면적으 로 손 볼 때가 되었다. 미디어 개혁은 다른 어떤 개혁보다 급박하고 피할 수 없는 일이 되었다.

　미디어 이념은 우리가 어진 국민, 어진 나라, 어진 미디어의 나라 가 되어 '문화대국'으로 발전하기를 소망한다. 정치도 미디어도 소 통능력은 별로 없는데 정파싸움이 지나치다. 특히 미디어는 진실보 다는 거짓이, 공정한 보도는 멀리하고 편파방송이 횡행하며, 이념 이 과잉된 문제를 안고 있다. 이것을 조금이라도 치료하려면 '미디 어의 독립성', '언론의 독립성'이 확보되어야 한다. 예병일 플루토 미디어 대표는 미디어기업이 선택할 수 있는 길은 세 가지뿐이라고 말한다.

　　이제 언론사 앞에 놓여 있는 선택지는 세 가지다. 첫째는 비용을 절 　　감하며 언론의 전통적 역할을 수행하는 조직으로 남는 방법이다.

그게 아니라면 직접 IT기업과 경쟁하며 플랫폼 이니셔티브 장악을 시도할 수 있다. 'AI시대의 네이버'가 되는 길이다. 그런 경쟁이 버겁다면 페이스북 등이 구축할 인공지능 플랫폼 속으로 들어가 작지만 자신의 영토를 구축할 수도 있다. 두 번째, 세 번째는 '고전적 언론'과는 다른 길이다. 고객 개인별 취향을 파악해 맞춤형 종합정보를 제공하면서 그걸 기반으로 콘텐츠의 유료화, 개인별 광고, 대화형 커머스 등 다양한 부가가치를 만들어내야 한다. 인터넷과 모바일 플랫폼에서 주도권을 상실했던 언론사들이 다음번 플랫폼에서는 자신의 영역을 구축할 수 있을까. 첫 번째 길을 택하지 않는다면 당장 '인공지능', '데이터', '맞춤형 서비스'라는 화두에 대해 고민을 시작해야 한다(예병일, 2016. 8. 3.).

3) 공영방송과 공영방송 이사 및 사장의 제자리 찾기

공영미디어는 공공서비스를 공급함으로써 국민들에게 공정한 뉴스, 다양한 문화, 즐거운 오락콘텐츠를 제작, 공급하는 사회제도이다. 국민들은 권력의 횡포, 시장의 독재를 감시하고 비판함으로써 민주적 여론을 형성하는 기능을 갖는 것이 공영미디어라고 말한다. 공영미디어가 권력의 부당한 행태를 합리화하면서 상업주의를 추구하는 상업적 관영방송을 할 때 국민들은 이에 대하여 책임을 물을 수 있다.

유감스럽게도 공영미디어 경영진은 대통령의 낙점을 받아서 그런지 언론의 존립이유라 할 수 있는 권력감시 기능을 제대로 수행하지 않고, 정권을 홍보하는 선전기구로 변질되었다. 공영미디어의 정상화를 위해서는 대통령이 가진 미디어관련 인사권을 회수하여 국민에게 되돌려주는 것은 시대적 요구이다. 사회적 논쟁과 대책을 마련하는 공론장의 역할을 공영미디어가 할 수 있도록 제도를 강화할 필요가 있다.

공영미디어 사장은 경영사장에 불과한 국민의 심부름꾼이다. 그런 이들이 주인 행세를 하며 자신들이 꼭 해야 할 사회적 비판기능을 하지 않는다. 정치적 목적으로 시민들의 필요와 요구를 무시하고 정권의 편에 서서 진실과 정의를 파괴한 것도 공영방송 이사회였다. 공영미디어나 미디어관련 공공기구의 사장 등 경영진에게 집중된 권한을 줄여서 국민에게 돌려주어야 한다. 공공미디어의 사장 등 대표는 사기업 미디어의 소유경영자들이 갖는 절대적 지배권을 행사해서는 안 된다. KBS, MBC, 교육방송, YTN처럼 국민의 재산인 공공서비스 미디어, 미디어 지원기구의 책임자가 정권이 아니라 국민에게 결재받는 통로를 마련해야 한다.

공영미디어, 미디어 정책 및 규제기구는 국민이 주인인 관계로 이사, 사장은 국민대표성을 가진 사람이 맡아야 한다. 세대차, 지역불평등, 빈부격차가 큰 한국사회의 공영미디어는 20~30대의 젊은층, 빈곤계층 등이 감시하고 참여하도록 함으로써 공영미디어가 사회적, 민주적 커뮤니케이션의 공론장이 되도록 해야 한다. 이런 목적에 충실한 'KBS 사장추천위원회'를 두어 각계 대표, KBS 구성원 등이 참여토록 하며, 여기서 추천받은 사장후보는 국회청문회를 거치도록 하면 된다.

다시 말하면 대통령이 가진 공영미디어 인사권을 분리해서 국민에게 돌려주어야 한다는 것이다. 공공미디어의 고위직 인사, 미디어 정책 및 규제담당 고위 공무원, 한국언론진흥재단과 같은 공적 연구 및 지원기구의 관리자에 대한 미디어 인사권을 대통령으로부터 분리하여 독립시켜야 한다. 그래야 공영방송이 제자리를 찾을 수 있다.

4) 공공성-공익성의 실체화

대통령이 가진 KBS를 비롯한 공영미디어의 이사, 사장, 이사장의 인사권을 국민들과 공영방송 종사자들에게 분산시키는 것이 방송을 언론권력이 아닌 공공서비스 기구로 거듭나게 할 수 있다.

방송통신위원회, 방송통신심의위원회, 공영미디어 등의 위원장, 이사장, 사장, 이사, 시청자위원회와 같은 자리는 참여민주주의를 실현하고자 만들어진 것이다. 그러나 이런 자리가 정치적으로는 정부 여당과 야당, 세대별로는 60대 이상의 중장년, 성별로는 남성, 지역별로는 서울을 배경으로 하는 사람들이 독식한다. 그 결과, 청년, 여성, 지역민들은 미디어 관련기구에 거의 참여하지 못하는 것이 현실이다. 청년쿼터, 여성쿼터, 지역쿼터를 신설하여 민주주의가 살아 있음을 알려야 한다.

공영미디어 이사회, 시청자위원회, 미디어 규제기구인 방통위, 방통심의위 등의 위원 수를 지금보다 늘려 실질적인 참여민주주의를 실현할 기반을 만들어야 한다. 방송통신위원회 위원, 위원장은 국민의 위임을 받은 공적 가치의 실현자라는 점을 방송법에 명시하면 좋다. 공영방송 사장 선임 및 예결산을 결정할 때 이사회 제적 이사의 2/3 이상의 찬성을 얻도록 한다.

미디어마다 차이는 있겠으나 공공성-공익성을 추구한다는 보편적 인식은 아직 살아 있다. 특히 공영방송은 독립성과 투명성을 확보해야 공공성이 긍정적인 작용을 한다. 독립성은 모든 방송에 필수불가결한 가치이며, 투명성은 공영방송을 감시할 수 있는 장치이다. KBS의 경우 수신료, 광고수입, 간접광고 및 협찬광고 등이 어떻게 쓰였는지 회계자료로 알 수가 없다. 돈을 벌어서 어디에, 얼마만큼을 썼는지 모르는데 어떻게 수신료 인상에 찬성할 수 있겠는가? KBS의 회계투명성을 법에 상세히 규정해 실천하도록 해야 한다.

방송을 비롯한 미디어산업에서 공영미디어서비스와 사영미디어서비스가 균형을 이루도록 공적 재원을 증액해야 한다. 그렇지 않고 이대로 둔다면 우리 수용자들은 지상파 방송에서 과학기술 프로그램 하나도 정기적으로 보지 못한다. 공영미디어도 상업주의로 가기 때문에 시청률에 전전긍긍한 나머지 과학기술 프로그램, 문화예술 프로그램을 외면한다. 지금의 공적 재원이 너무 적다.

미디어 재정구조가 균형을 이루면 다양한 콘텐츠가 나올 수 있다. 텔레비전 재정으로는 광고, 공영방송 수신료, 유료방송 시청료가 있는데 KBS의 공적 재원의 비중은 너무 낮다. 공영방송이 발전한 나라들의 공적 부담액은 우리보다 훨씬 높은데, 영국 국민이 수신료로 내는 공적 부담금은 연간 23만 원으로 우리의 7배 이상이다. 일본도 NHK 수신료로 연간 15만 원을 받고 있어 우리보다 5배 이상

많다. **4**

이렇게 우리보다 공적 재원 부담률이 훨씬 높은 이유는 공공서비스가 유료방송이나 상업방송에 밀리지 않도록 하자는데 그 목적이 있다. 그런데 KBS에 대해서는 불공정 편파방송이라는 비난이 수그러들지 않아 수신료 인상은 엄두도 내지 못한다. 국민이 수신료 인상을 기꺼이 받아들일 정도로 신뢰를 받으려면 피나는 노력이 있어야 한다.

이와 함께 KBS가 사실상 독점하는 수신료 수입의 일부를 다른 방송, 다른 제작자들에게도 배분하여 공적 프로그램을 만들자는 안을 신중히 검토할 때가 왔다. 지난 10년간 KBS가 공정보도라는 공공서비스를 잘 실천하는지를 의심하는 국민들이 많을수록 수신료에 대한 거부감은 사회적으로 강하게 분출되었다. 지금처럼 KBS가 수신료를 독식하려면 공공성·공익성, 특히 독립성과 공정성을 준수하고 있다는 증거를 국민들에게 보여주어야 한다.

수신료 결정방식도 바꿔야 한다. 수신료 인상을 결정하기 위해서는 KBS이사회 → 방통위 → 국회라는 과정을 밟는데, 이런 제도적 장치가 한 번도 작동된 적이 없다. 이를 대신하여 독립기구인 '수신료위원회'를 두어 공정하고 투명하게 수신료 액을 제시하면 국회가 이를 결정하도록 함으로써 객관성, 투명성을 확보한다면 국민의 불신을 조금이라도 줄일 수 있으리라 기대한다.

---

4 〔편집자 주〕 영국과 일본의 수신료 금액은 KBS가 2021년 4월 28일 KBS아트홀에서 실시한 〈TV수신료 조정안을 위한 공청회〉 발표문의 내용을 참고했다.

5) 지역미디어의 충실화

지역미디어는 지역수용자들에게는 나름대로 중요한 정보와 지역문화를 창달하고 많은 고용을 창출하고 있다. 그럼에도 중앙집권적인 미디어 집중구조에 따라 지역미디어는 피폐해지고 있다. 이 시점에서 국회는 지역미디어의 현실을 정확히 조사하고 정책적 대안을 마련하는 '지역미디어 발전위원회'를 여야 합의로 설치할 것을 제안한다.

유료방송의 고용상황을 보면, 케이블TV가 다른 유료방송보다 훨씬 지역친화적이다. 케이블TV 산업의 고용은 총 4,692명에 이르고, 이 중 3천 명 가량이 지역에서 고용되었다. 케이블TV는 지역고용의 챔피언이다.[5] 서울에 본사를 둔 IPTV와 위성방송은 각각 645명, 320명을 고용하고 있지만 지역에서는 일자리를 제공하지 못한다. IPTV와 위성방송 등 지역사회 발전에 기여하는 바는 별로 없다. IPTV 등이 지역사회에 어떤 도움을 줄 수 있을지에 대해 고민해야 한다.

지역미디어는 양적으로나 질적으로 만족할 만한 수준에 도달하지 못했다. 그럼에도 재정 부족, 인력 부족이 그 원인이라면 지역서비스를 하지 않거나 지역에서 인력을 고용하지 않고 돈만 벌어가는 중앙의 미디어기업에 번 돈의 일부를 떼어 지역고용이나 지역프로그램 제작에 사용하도록 하는 방법이 가능한지 검토할 필요가 있다.

---

5   방송산업의 인력구조에 관해서는 2015년 방송통신위원회가 발행한 〈2015년 방송 산업 실태조사 보고서〉 56쪽을 참고하였다.

6) 제 4차 산업혁명의 명암, 노동가치의 폭락

제 4차 산업혁명은 지금 막 문을 열었다. **6** 이번 혁명은 생산-유통과정을 기계화, 자동화, 지능화함으로써 많은 노동자, 종사자를 일터에서 몰아내 노동가치를 대폭 줄일 수도 있다. 그들이 떠난 자리는 인공지능, 자동화기계 등이 채운다. 그리고 소수의 기술엘리트가 인간노동의 대부분을 담당한다. 이런 생산양식은 '무인자본주의' (*unmanned capitalism*) 이다. 노동도 없고, 사람도 없는 체계인 것이다. 단기적으로 보면 인간노동을 기계노동, 지능노동으로 대체하고 보완하면 단기적으로는 자본가에게 유리할 수 있다. 하지만 실업이 만연하고, 소비능력이 없어 생산과 소비는 또다시 불균형을 이룬다. 전형적인 과잉투자, 과잉생산의 문제가 반복된다.

미디어, 광고, 대중문화가 어떻게 인공지능이나 기계와 접속되는지에 대한 조사연구가 필요하고, 교육, 고용시장, 복지를 어떻게 바꿔 제 4차 산업혁명이 드리운 그림자를 지울지도 판단해야 한다. **7** 특히 미디어 및 정보생산 그리고 유통 영역이 기계화, 자동화, 지

---

6 제 4차 산업혁명은 제 3차 산업혁명의 연장이라는 평가도 있다. 이 점에 유의하면서 정책이나 시장전략을 짜는 것이 좋다.

7 기술 및 기계 발전에서 이른바 '특이점'(singularity) 이란 중요한 개념이 있다. 이 것은 '기술이 인간을 넘어서는 시점', 또는 '인공지능이 인간지능을 넘어서는 시점'을 말한다. 그 특이점은 가까운 미래에 도달할 수 있다. 우리에게는 그림의 떡이지만 과학기술, 기계, 인공지능 따위가 인간을 넘어서는 순간부터 한국이 따라가기가 벅찬 상태가 된다. 이 점을 고려하여 필요한 재정 인력, 전략 등을 치밀하게 구성해서 노동의 가치가 땅에 떨어지는 무인자본주의, 공공성, 공익성이 파괴되는 포스트커뮤니케이션 체제를 슬기롭게 넘어설 일만 남았다.

능화되면서 미디어기업의 수익은 기계로부터 나오면서 노동가치는 폭락하고 만다. 노동가치가 너무 떨어지면 정보생산이 역동성을 잃을 수 있다. 정부와 국회는 뉴스, 정보, 문화, 지식의 생산기업과 종사자들이 디지털 커뮤니케이션 혁명이나 제 4차 산업혁명의 희생양이 되지 않도록 해야 한다. 지구적 디지털 생산이 정보공유, 문화공유 등 새로운 소유관계를 형성한다. 시민사회가 공유 경제의 뿌리를 내릴 수 있도록 법제 개혁에 나서야 한다.

3. 미디어와 시민사회

1) 삶에 긍정적인 커뮤니케이션

하늘 아래서 일어나는 어떤 일이라도 국민의 삶을 향상시키는지를 기준으로 평가하고, 실행하는 것이 기본이다. 우리가 흔히 말하는 커뮤니케이션도 라틴어로 '뜻이나 의미를 나누는 것'이다. 이런 나눔의 정신이 필요한 곳이 공공영역이다. 그중 미디어산업과 커뮤니케이션의 접속은 민주주의와 공공성 및 공익성과 같은 가치를 구현하는 지름길이다.

조지프 스티글리츠 컬럼비아대 교수는 "(페이스북과 같은) 더 나은 광고엔진을 갖는 것은 광고업에서 중요한 일이지만 본질에서 우리 삶의 기준을 바꾸지는 못 한다"(〈매일경제〉, 2017. 2. 14.)고 주장한다. 이 말을 해석하면 시장, 산업, 의회나 정부가 자신들이 하는 일을 평가할 때 기준으로 삼아야 하는 것은 국민의 삶을 편하게 하느냐의 여부라는 것이다.

국민들의 삶에 직접적인 영향을 미치는 것은 바로 뉴스이다. 그리고 뉴스의 핵심가치는 바로 수용자의 신뢰이다. 이는 국가도 마찬가지다. 신뢰받지 못하는 권력이나 국가는 오래가지 못한다. 공자는 국가를 유지하기 위해 꼭 필요한 세 가지 요소를 경제력, 국방력, 백성의 신뢰로 꼽았고, 순자는 어진 사람, 국방력, 부유함이라고 말했다(순자, 2011: 88). 공자와 순자 모두 비슷하게 답했는데, 순자가 말한 '어진 사람'이란 공자가 대답한 백성의 신뢰를 받는 사람과 같은 뜻이다. 다른 분야도 그렇지만 커뮤니케이션 분야는 신뢰가 생명이다. 디지털 커뮤니케이션 혁명이나 산업혁명이 성공하려면 제도, 시장, 국가, 정책 등에서 국민적 신뢰를 받아야 한다. 정치 민주주의, 경제 민주주의, 정보와 소통의 민주주의는 우리가 당면한 불확실성, 불안정성을 헤치고 나갈 길을 마련해 준다. 이 모든 것을 따질 때 미디어산업의 개혁도 오로지 국민의 삶을 향상시키고, 이들이 국가의 주인임을 확고히 하는 방향으로 나아갈 때 성공이 가능하다.

독일 메르켈 총리는 1933년 히틀러가 독일총리가 되어 "독일 사회의 다양성을 모두 쓸어버리는 데 고작 6개월이 걸렸다"고 회상하며, "나치의 부상(浮上)은 함께한 독일 엘리트들과 이를 묵인한 사회가 있었기 때문에 가능했다"고 덧붙였다(〈한겨레〉, 2013. 1. 31.). 한 나라가 잘못된 근본 원인이 지배 엘리트만이 아니라 일반 시민에게도 있다는 메르켈 총리의 지적은 따끔하다.

한국사회에서도 노동조합, 시민단체, 진보적 미디어를 비롯한 시민사회는 독재정권을 끝내는 데 중요한 역할을 했다. 그러나 이 과정에서 정권과 유착했다는 비판을 받으면서 시민단체의 입지는 더욱 좁아졌다. 물론 진보적 시민단체 중심에서 진보와 보수성향의 시민단체가 양립하면서 시민단체의 수는 늘어났다. 그러나 사회구성원들의 절대적인 지지와 신뢰를 받지 못하면서 과거에 비해 영향력이 줄어든 것도 사실이다.

한편 생산의 디지털화와 무인화는 노동력의 필요성을 현저히 줄였다. 이런 환경 속에서 노동조합의 위상도 크게 위축되었고, 그만큼 사회적 영향력이 줄어들었다. 고용방식도 비정규직 중심으로 바뀌면서 비정규직 노동자, 실업자, 반실업자 등은 스스로를 지탱할 힘을 상실했다. 이들이 언제 어떻게 변화의 동력이 될 수 있을지가 관건이다.

지금이야말로 시민사회가 사회변화와 시민의 기대에 부응하여 조직과 가치관을 재정립하여 새롭게 할 때다. 그리고 시민사회는 시민들이 국정과 사회운동에 관심을 갖도록 하는 것이 중요하다.

2) 사회적 연대 강화

사회구조와 운영방식을 바꾼다는 것은 실로 중차대한 일이다. 국민하나하나가 주목하고 참여하려는 정서가 형성되면 사회연대는 성공한다. 몇몇 유명인, 전문가만으로는 언론개혁운동이 성공할 수 없듯이 사회운동 역시 시민대중의 적극적인 참여와 주도가 절대적으로 필요하다. 시민대중들은 시민언론운동을 자신의 문제로 생각하지 않는 것 같다. 이탈리아 독재자 무솔리니는 노동조합과 시민사회를 억눌러 민주주의의 진행을 막았다. 사회 곳곳이 무솔리니에 의해 황폐해졌다. 그래도 사람들은 꿈쩍도 않았다. 그러나 시민대중은 외면과 무관심한 행태를 보여 주었다. 무솔리니의 파시즘에 맞서 싸운 안토니오 그람시는 이런 말을 했다고 한다. "나는 무관심한 자들을 미워한다."(강남순, 2016: 83에서 재인용)

미디어나 정보가 사회적으로 유용한 자산이 되려면 수용자 대중과 소통과 연대를 촉진해야 한다. 소통이라 함은 예나 지금이나 계급 간 소통, 지역 간 소통이 중요하다.8 예를 들어 조선시대의 정조가 추구했던 대동(大同)사회론은 계급적, 지역적 소통을 중시하는 개념이다(한상권, 2009: 161).

현대사회에서 사회적 소통은 시민연대의 단초가 되기도 한다. 양극화와 대립이 심한 사회일수록 대화와 타협, 깊은 인간적 포용력, 약자에 대한 배려, 사회적 연대를 통해 다수 시민의 어려움을 극복할 수 있다. 박인규 프레시안 대표는 이렇게 말했다.

우리 사회에서 지금 가장 필요한 것은 '사회적 합의'다. 콘센서스가

---

8 소통에는 두 가지 종류가 있다. 하나는 내적 소통이다. 이것은 계층, 계급, 지역, 생각 등이 같거나 비슷한 사람끼리 의견을 교환하고 합의하는 것으로 소극적인 소통방식이다. 다른 하나는 외적 소통이다. 이것은 계층, 계급, 지역, 생각 등이 서로 다른 사람이 모여 의견을 교환하고 논쟁을 통해 문제를 해결하려는 적극적 소통방식이다. 외적 소통이 내적 소통보다 더 중요하고 본질적이다.

필요한데 지금은 이른바 '진영논리'가 판치고 있다. 진지한 성찰과 논의, 합의과정이 이뤄지고 있지 않다. 그런 사회적 합의를 이끌어 나갈 세력, 즉 구심점도 없고 심판도 없다(〈오마이뉴스〉, 2007. 12. 15.).

   다수의 시민이 소수의 지배세력으로부터 부당한 대접을 받지 않으려면 정보를 나누고 집단지성을 통한 사회적 연대가 필요하다. 미디어 및 정보의 정의를 세우자는 것이 이 책에서 주장하는 핵심 논점이다. 이로써 한국사회는 '사회적 커뮤니케이션 공동체'로 거듭날 수 있을 것이다. 커뮤니케이션 공동체는 사상과 양심의 자유, 언론과 표현의 자유를 철저히 보장한다.

   세상을 돌아보면 영원할 것 같았던 자본주의가 위기와 균열의 단계를 넘어서 해체과정에 들어간 것 같다. 특히 미국 자본주의는 언제 폭발할지 모르는 휴화산이다. 자본주의가 파국 국면에 접어들면서 그 중심에는 자본을 철저히 감시하지 못한 미디어와 국가의 부실이 있다. 미디어독점, 정보통제, 여론조작이 아니면 결코 유지되지 못하는 미디어자본주의를 보호하기 위해서 재벌-미디어-권력복합체가 시민들을 괴롭힌다.

3) 소통혁명

물질적, 정신적 소통이 거침없이 이루어지고, 공정한 경쟁이 보장되는 나라는 소통국가다. 재산이나 권력 또는 명예나 인기 어느 것도 고착되지 않고 공정하게 배분되는 사회가 소통사회다. 그 반대가 불통의 사회다. 소통의 국가는 계급 간, 지역 간, 세대 간 격차가 최소한이 되도록 하고, 수용자 대중의 삶을 보호하기 위해 구성원들이 머리를 맞대고 논의하고 합의하는 사회다. 미디어 및 정보는 이 과정에서 긍정적인 기능을 할 수 있다. 소통을 하기 위해서는 생각할 문제가 하나 있다. 환경변화에 적합한 소통 양식을 개발하는 것이다. 전통 및 신흥미디어의 공존, 모바일, 빅데이터, 시장개방, 소셜미디어 등 다양한 현상이 습관처럼 수용자 대중에게 다가왔다.

우리가 미디어 정의를 추구하고, 정보공유사상을 확립하려는 까닭은 사람이 사람답게 사는 공동체 사회에 필요한 것이기 때문이다. 시민, 노동자, 실업자, 청년을 비롯해 사회의 다수인 시민대중이 불의나 불평등을 격파하고자 하는 의지만 있으면 무엇이든 할 수 있다.9 미디어 정의와 정보공유는 정보공유사회의 좌표이다. 이런 사회는 미디어가 강자의 잘못을 비판하고 약자의 권리를 보호함으로써 두 진영을 수렴하도록 한다. 사람들은 정확하고 풍부한 정보를 바탕으로 다른 사람과 소통하고 연대한다. 이렇게 정보공유사회에

---

9 2011년 쓰나미 대참사를 경험한 일본의 시민들은 모든 것을 권력과 기업에만 맡겨 두던 관행에서 비로소 깨어나는 중이다. 이들은 스스로 주인이 되려는 투쟁에 나섰다. 원전 반대운동에 참여한 일본시민들은 이런 말을 했다고 한다(〈시사IN〉, 2012. 3. 3. : 25).
"시위가 재미있다. 젊은이들이 거리에서 구호를 외치는 광경을 처음 본다."
"우익과 좌익이 같은 구호를 외치고 있다는 게 믿어지지 않는다."
"무엇이든 사람의 진정성이 있는 것은 다른 사람의 심금을 울린다. 진정성이 보이는 사회운동은 재미도 있고, 즐겁기도 하다."

서는 미디어가 민주적 통제를 받고 정보는 사회적 약자를 위해 만들어진다.

소통혁명을 뿌리내리기 위해서는 새로운 차원의 미디어 운동을 통한 연대가 필요하다. 정연우(2016: 1)에 의하면, "언론운동은 민주주의의 가장 기본적 토대"이다. 미디어운동은 언론노동운동과 시민언론운동이라는 양대 축을 중심으로 진행되었고, 언론민주주의, 공영방송의 정상화 등에 적지 않은 성과를 냈다. 그렇지만 디지털 커뮤니케이션 시대, 파시즘 체제에서 언론노동운동은 외부의 힘에 의해 부서지고 있다.

수용자 대중의 참여가 결여된 운동은 실패로 끝난다. 이들과의 결합만이 미디어운동의 미래를 보장한다. 시민단체들은 자신의 이해관계에 따른 조직운영체제를 버리고 수용자 대중 중심의 조직으로 탈바꿈할 때 비로소 살아있는 운동단체가 된다. 인터넷 표현의 자유운동, 감시 반대 및 프라이버시 보호, 정보공유 운동, 인터넷 공공성과 망(網) 중립성 확보운동이 그것이다(오병일·장여경, 2013).

모든 시민이 열린 언로(言路)를 요구하고, 진실한 정보에 노출되는 사회는 행복한 세상을 만들 수 있다.[10] 권력자나 기업에만 열린

---

[10] 사람 모두에게 열린 언로는 진취적이었던 선조들의 꿈이었다. 중종 때 정치가였던 조광조는 '열린 언로'를 주창했다. "언로가 통하거나 막히는 문제는 나라에서 가장 중요한 일입니다. 이것이 통하면 나라가 잘 통치되고 평안하지만, 막히면 혼란스럽고 쇠망합니다. 그래서 군주는 언로를 넓히는 데 힘써, 위로는 공경(公卿, 총리·장관급)과 백집사(百執事, 전체 공무원)에서 아래로는 주택가와 시장의 백성에 이르기까지 모두 의견을 개진할 수 있도록 해야 합니다."(《중종실록》, 1515년 12월 26일 자 기사, 김종성, 2014.5.17.에서 재인용)

미디어산업으로는 민본주의를 다지는 사회적 소통공간을 만들기 어렵다는 것이다.

4) 대중문화시장의 개혁

대중문화산업은 역사상 최고의 인기와 높은 수익을 올린다. 유튜브, 페이스북 등 SNS는 한류 문화상품이 전 세계적으로 빠르게 확산되는 데 결정적 역할을 했다. 누가 어떤 기준으로 보아도 대중문화는 수용자 대중과 밀접한 연관 속에서 움직이며, 대중적 영향력도 막강하다. 그러나 대중문화가 시장논리에 지나치게 사로잡혀 있고, 재벌경제에 너무 의지하는 모습은 문제다. 그래서 사람들이 대중문화시장의 개혁을 바라는지도 모른다.

첫째, 대중문화시장을 지배하는 원천적인 힘이라 할 수 있는 재벌기업의 정상화가 중요하다. 이들이 제공하는 대중문화는 이제 시민들을 소비의 노예로 만드는 소비문화로 전락하고 있다. 과다한 소비문화를 억제한다면 시민들이 상품노예 상태에서 벗어나는 데 도움을 줄 수 있다.

둘째, 공공경제와 공공문화를 획기적으로 확장한다. 공영방송의 정치적, 문화적 정상화를 이루어 공공문화를 이끌도록 하는 것은 현실적 대안이다. 또 다른 방법을 찾으면, 정보, 문화, 오락의 기획과 제작을 전문으로 하는 독립된 전문가들에게 일정기간 재정적으로 지원하고, 이들의 미디어 접근을 대행해 주는 '문화기획 제작공사'를 설립하는 방안도 있다.[11] 이 공사는 독립적으로 활동하는 가수,

탤런트, 개그맨, 감독, 작가, 방송영상기술자, 프로듀서 등과 일정
기간 계약을 맺고 기획과 제작활동을 지원하는 기능을 한다면 연예
오락의 공공성, 다양성을 증대할 수 있을 것이다. 이렇게 함으로써
무명의 연예인이나 비주류 연예인들도 자신의 재능을 대중적으로
노출시킬 수 있는 기회를 갖게 된다. 오락의 다양성, 비영리성이 구
현될 수 있는 방안이다.

셋째, 연예계 및 스포츠계의 스타가 술,[12] 약, 패스트푸드, 대부
업 등과 같은 광고에 출연하는 것을 금지한다. 체력이나 미를 가진
스타들이 맥주 광고 따위에 출연함으로써 소비자에게 맥주가 건강
이나 미를 촉진시킬지 모른다는 착각을 하게 할 수 있다. 중국광고
법을 개정해서 약품광고에 모델을 쓸 수 없도록 제한했으며, 약품광
고에는 반드시 금지불량 반응을 뚜렷하게 표명해야 한다고 규정하
였다(〈인민망〉, 2015. 9. 1.). 이것은 참고할 만하다.

넷째, 대중문화 노동자의 최저생활비를 보장하고, 노동시간도 법
정 한계를 넘지 않도록 제도적 장치를 두고 사회적으로 감시할 필요
가 있다. 연예오락 종사자들은 지금보다 훨씬 여유로운 공간에서 자
유와 창의성을 누리고, 끼를 발휘할 능력도 권리도 있다. 국가는 이
문제에 개입할 의무가 있다.

다섯째, 어린이를 세뇌하거나 착취하는 것을 포함한 모든 형태의

---

11 문화기획제작공사는 윌리엄스가 제시한 '독립 전문가 공사'(independent profes-
sional companies) 개념을 빌려왔다(Williams, 1976: 174~176).
12 소주광고 모델에 이효리(처음처럼), 문채원(참이슬), 신세경(즐거워예), 이다해
(맛있는참)를 내세운 이유는 여성 술 고객을 유인하기 위한 광고주의 전략이다.

어린이 상업화는 금지한다. 물론 현재도 방송광고심의규정 제 23조 2항에 어린이 보호를 위해 상업광고에서 금지해야 할 사항들을 명시해 놓고 있다. 가령 어린이가 상품과 관련된 상업문이나 광고노래, 또는 제품의 특징을 전달하는 표현 또는 상품을 소유하지 못하면 열등감을 갖거나 조롱의 대상이 된다는 표현이나 사행심을 조장하는 표현 등은 금지한다.

5) 저작권의 탈 상품화

저작권은 긍정적인 기능이 있다. 이것은 투자를 이끌어내 정보나 문화가 지속적으로 생산될 수 있도록 한다. 다만 무엇을 어느 정도로 저작권을 인정하느냐의 문제는 있다. 재산권과 이윤을 보장할 목적에서 너무 많은 것을 저작권에 묶어 둔다면 시민들에게 꼭 필요한 것을 주기 어렵다. 장기적으로는 저작권과 같은 정신적 상품화는 폐지되어야 하지만, 저작권의 공공성과 상업성의 균형을 찾는 것이 필요하다.

　정보나 지식 그리고 문화와 같은 것은 인류 공동의 재산이자 정신적 유산이다. 그런 것을 시장의 논리에 맡기면 자본에게 일방적으로 유리한 배타적인 재산권으로 전락하고 만다. 저작권이니 특허권이니 하는 것들은 생산자, 발명자들에게 응분의 보상을 한다는 차원에서 본다면 필요한 제도이다. 그러나 자본집단이 정보, 문화, 기술 등에 대하여 저작권이나 특허권을 남용하여 사람들의 접근을 막는 것은 문제가 된다. 외국인도 이런 푸념을 늘어놓았다. "다음에 우리는 화장지에 특허료를 받으려는 사람들을 만나게 될지도 모른다. 이 광기는 어디서 멈출 것인가"(미헬 라이몬 외, 2010: 254). 정보사회에서 지식이나 정보는 원자재이기 때문에 특허권이나 저작권으로 이것을 사유화하는 것은 위험한 일이다(같은 책, 252).

인터넷 공간이 극단적인 상업화로 인해 더 이상 자유로운 정보접근과 이용이 불가능해진 만큼 정보 공유화 운동은 더 절실해졌다. 자유 소프트웨어운동, 오픈 소스 소프트웨어운동 등을 통해 정보의 사유화, 상업화를 저지하고 공유화를 증대하려는 움직임이 활발한 것은 반가운 일이다(조동원, 2009). 이광석(2009)은 특히 전통적으로 공유재산이었던 저작권이 지나치게 사유화되는 문제에 주목하고 카피레프트를 적극 변호했다. 다시 말하면 지적재산권을 악용해 지식과 정보를 특정집단이 독점하는 것을 막아야 한다는 것이다.

그래서 반(反) 저작권자들은 경제적, 정보기술적, 문화적 차원에서 저작권을 반대했다(Wikipedia, Anti-copyright에서 인용). 경제적 반대론에서 보면 지적 재산권은 공공재적 가치를 지니고 있어 한 사람의 소비가 다른 사람의 소비에 영향을 미치지 않는다. 따라서 가능한 한 많은 사람이 이용하고 공유할 때 경제적 가치도 올라간다. 그런데 지적 재산권에 저작권을 적용하면 지적 재산권은 특정인의 사적 소유가 되면서 독점화된다. 경제적 반대론자들은 많은 사람들이 함께 공유하고 향유할 수 있는 지적 재산권을 저작권이란 개념을 적용해 소수에게 독점화시키는 것은 횡포라고 보았다.

정보기술적 차원에서도 저작권은 낡았다. 웹2.0은 저작권이라는 개념을 불투명한 것으로 만들었다. 위키피디아에 따르면 문화적 차원에서 저작권은 지식의 자유를 부정하고 저자(*authorship*)와 창의성을 너무 좁게 해석했다고 설명한다. 저작권 공유화 내지 카피레프트는 공동소유·공동생산의 가치를 내세우는데, 그런 뜻에서 이광석의 지적은 타당하다.

> 자본과 권력의 영역이 첨단화하고 스스로 체질을 개선하고 있다면, 그 속에서 정보공유의 가치를 대중화하면서 새로운 대응논리를 세우고 카피레프트의 구체적인 사례들을 지속적으로 발굴해야 한다(이광석, 2009: 75).

시장경제가 지배적인 한국사회에서 저작권이나 특허권을 전부 부정하고, 영업의 자유나 언론과 표현의 자유만을 주장하기에는 한계가 많다. 다만 시민대중의 삶에 중요하고 필요한 정보나 지식을 언제 어디서나 자유롭게 접근하고 이용할 수 있는 제도를 만들어야 하는데 그렇지 못한 것이 아쉽다.

6) 언론직 종사자들의 도덕 및 윤리교육 강화

사회가 발전하고, 사람들이 아끼는 사회를 만들려면 그에 합당한 정보에 접근할 수 있어야 한다. 앵무새처럼 받아쓰는 언론이 아니라 사실과 진실을 바르게 전달하려는 언론인의 의지와 실천이 필요하다. 언론사는 자체 윤리규정뿐만 아니라 기자협회, 신문협회, 방송협회, 편집인협회 같은 직능단체의 윤리강령까지 이중 삼중으로 두었다. 언론윤리 실종의 문제가 불거질 때마다 새로운 윤리규정이 만들어지고 공표된다. 그런데 이렇게 만들어진 윤리규정은 너무 추상적이거나 원칙적인 내용이 많아 현실상황에서 유용한 준거가 되지 못한다는 비판도 있다. 결국 윤리규정보다 더 중요한 게 바로 언론종사자들의 윤리의식이다. 무너져가는 수용자의 신뢰를 되찾기 위해서라도 언론윤리의 재교육과 실천은 중요하다.

참고문헌

강남순(2016). 《정의를 위하여: 비판적 저항으로서의 인문학적 성찰》. 파주: 동녘.

김종성(2014. 5. 17.). "세월호 '미스터리' … 언로 막으면 이렇게 된다". 〈오마이뉴스〉.

〈매일경제〉(2017. 2. 14.). "노벨상 석학 스티글리츠 "SNS보다 화장실 발명이 중요'".

〈미디어오늘〉(1995. 12. 13.). "증언: 내가 겪은 5·18-강제해직".

방송통신위원(2015). 〈2015년 방송산업 실태조사 보고서〉.

순자(2011). 《순자》. 서울: 풀빛.

〈시사IN〉(2012. 3. 12.). "도쿄는 지금 '사요나라, 원전'". 233호.

예병일(2016. 8. 3.), "인공지능 플랫폼". 〈한국기자협회보〉.

〈오마이뉴스〉(2007. 12. 15.). "언론공동체 씨앗 뿌리는 '프레시앙의 꿈'".

오병일·장여경(2013). "정보자본주의에 대한 사회운동의 대응". 〈문화과학〉, 75호: 73~111.

이광석(2009). "저작권 과잉시대의 카피레프트 문화정치". 〈황해문화〉, 65호: 55~77.

이덕일(2010). 《조선 왕을 말하다》. 고양: 역사의아침.

인민망(2015. 9. 1.).

정연우 (2017). "한국 시민언론운동의 특성과 전망: 이명박·박근혜 정권시기를 중심으로". 〈한국언론정보학보〉, 81호: 122~152.

조동원 (2009). "정보 사유화의 울타리 걷어차기: 자유 소프트웨어 운동과 그 이상". 〈문화과학〉, 60호: 340~357.

〈한겨레〉 (2013. 1. 31.). "메르켈 '히틀러 집권은 독일 지식인과 사회의 책임'".

한상권 (2009). "백성과 소통한 군주, 정조". 〈역사비평〉, 89호: 144~172.

Fuchs, C. (2015). *Culture and Economy in the Age of Social Media*. London: Routledge.

Michel, R. & Christian, F. (2003). *Schwarzbuch Privatisierung: Was opfern wir dem freien Markt?*. 김호균 역 (2010). 《미친 사유화를 멈춰라: 민영화 그 재앙의 기록》. 서울: 시대의 창.

Smythe, D. W. (1981). "On the Audience Commodity and Its Work". *Dependency Road: Communications, capitalism, consciousness, and canada*, 22~51. Norwood, NJ: Ablex.

Williams, R. (1976). *Communications*. London: Penguin Books.

찾아보기(용어)

찾아보기(인물)

ㅎ

김승수(金承洙) 연보

1959. 6. 19. ~ 2018. 11. 24.

학력

1977. 3. ~ 1981. 2. : 한양대학교 신문학과 졸업

1981. 3. ~ 1984. 2. : 서울대학교 신문학과 대학원(석사)

1984. 2. ~ 1984. 8. : 홍콩중문대학교 연구생(research student)

1984. 9. ~ 1988. 9. : 영국 University of Leicester(언론학 박사)

경력

KBS 방송문화연구소 연구위원(1992~1994)

전북대 신문방송학과 교수(1995~2018)

방송개혁위원회 실행위원(1999)

선거방송심의위원회 위원(2002)

호남언론학회 회장(2001~2002)

미국 텍사스오스틴대 방문교수(2003)

한국방송협회 방송대상 심사위원(2002)

한국방송학회 부회장(2008~2009)

언론개혁시민연대 정책위원

전북민주언론시민연합 정책위원장

문화방송정책자문위원(2009)

케이블TV 방송협회 자문교수(2009)

한국언론정보학회 회장(2011~2012)

미디어공공성포럼 운영위원장/공동대표(2010~2011)

미디어공공성포럼 운영위원(2008~2017)

〈방송과 커뮤니케이션〉 편집위원장 (2010~2012)
한국탐사저널리즘센터 자문위원 (2014~2016) .

저서

《한국언론산업론》 (1995) , 《매체경제분석》 (1997) ,
《디지털제국주의》 (2000) , 《국민을 위한 언론개혁》 (2002) ,
《매체소유연구》 (2002) , 《디지털 방송의 정치경제학》 (2003) ,
《언론산업의 정치경제학》 (2004) ,
《정보자본주의와 대중문화산업》 (2007) ,
《미디어시장과 공공성》 (2010) ,
《저널리즘의 몰락과 정보 공유 혁명》 (2014)

수상/우수도서 선정

《매체경제분석》 - 한국언론학회 희관언론상 수상 (1998)
《정보자본주의와 대중문화산업》 - 한국방송학회 학술상 수상 (2007) ,
　　대한민국학술원 우수도서 선정 (2009)
《미디어시장과 공공성》 - 대한민국학술원 우수도서 선정 (2011)
한국인터넷기자협회 참언론상 수상 (2012)

뉴미디어와 정보사회 개정3판

오택섭(고려대)·강현두(서울대)·최정호(울산대)·안재현(KAIST) 지음

미디어 빅뱅시대 현대인의 미디어 교양서
뉴미디어 이론부터 최신 동향까지 다룬 개정3판

정보사회를 살아가는 데 필요한 지식으로서 매스미디어를 이해하려는 현대인에게 체계적인 이해의 틀을 제공하는 미디어 교양서다. 전문적 이론보다 모바일 웹 등 매스미디어의 최신 사례를 쉽게 이해할 수 있도록 서술하였다. 크라운판·올컬러 | 528면 | 29,500원

설득 커뮤니케이션 개정2판

김영석(연세대) 지음

시대와 학문을 초월한 '설득'연구를 집대성하다

다양한 설득 연구를 모아 설득의 역사, 심리학적 원리 기법을 커뮤니케이션 관점에서 체계적으로 분석했다. 또한 여러 학문에서 다루는 설득 이론 및 방법을 종합적으로 제시했다. 특히 개정2판에서는 시대에 따라 '설득'과 '소통'의 개념을 적극 반영하여 상호소통의 형태를 강조해 다루었다. 신국판 양장본 | 744면 | 38,000원

현대언론사상사

허버트 알철 | 양승목(서울대) 옮김

미국의 지적 전통은 어떻게 언론철학으로 굳어졌나?
300년에 걸친 미국 언론정신의 형성 과정

이 책은 '밀턴'에서 '맥루한'까지 미국 저널리즘의 근간을 이룬 300년간의 서구 사상가와 사상들을 총망라했다. 저자는 눈앞의 현실만을 강조하는 사람들에게 그 현실과 실천의 뿌리를 살펴볼 것을 촉구하며 역사성을 회복하라고 호소한다.

신국판 | 682면 | 35,000원

미디어 효과이론

브라이언트·올리버 편저 | 김춘식·양승찬·이강형·황용석 옮김

**미디어 효과이론의 고전부터 최신이론까지
최고의 미디어 학자 54인의 통찰을 담다**

미디어 효과이론의 과거, 현재, 미래를 한 번에 엿볼 수 있는 보기 드문 책. 급변하는 미디어 환경변화에 적응하기 위해 미디어 효과이론이 어떻게 진화해야만 하는지에 관한 통찰력 있는 조언을 담았다. 제 3판에서는 모바일 미디어 및 다른 테크놀로지의 효과를 중점적으로 다루었다.　4×6배판 변형·올컬러 | 712면 | 38,000원

매스 커뮤니케이션 이론 제5판

데니스 맥퀘일 | 양승찬(숙명여대)·이강형(경북대) 공역

**매스 커뮤니케이션 이론 연구의 권위자
데니스 맥퀘일이 쓴 언론학의 고전**

제 5판에서는 인터넷시대의 '뉴미디어'가 출현·성장하는 과정에서 기존 매스미디어 이론과 연구를 토대로 전달했던 것을 수정·보완하는 데 주력했다. 맥퀘일은 변화하는 미디어 환경에서 기존 매스 커뮤니케이션의 변화에 관심을 두고 내용을 전개한다.

크라운판 변형 | 712면 | 28,000원

커뮤니케이션 이론 연구방법과 이론의 활용

세버린·탠카드 | 박천일·강형철·안민호(숙명여대) 공역

과학의 눈으로 본 매스 커뮤니케이션 현상

매스 커뮤니케이션의 기본개념부터 다양한 이론적 논의와 연구방법, 그리고 많은 실제 연구사례에 이르기까지 언론학 전반을 조감해 주는 교과서다. 제반 이론을 소개하면서 과학의 특징인 실용성과 누적성이 절로 드러나는, 뚜렷한 관점을 가지고 있다는 점에서 기존 책과 구별된다.　크라운판 | 548면 | 22,000원

뉴욕타임스의 디지털 혁명

종이신문에서 초일류 디지털 미디어로

송의달(〈조선일보〉 선임기자) 지음

뉴욕타임스는 어떻게 디지털 전환에 성공했는가?

지능정보사회의 물결 속에 갈수록 매출이 줄어드는 종이 신문 대신 온라인 신문으로 수익기반을 옮기는 디지털 전환은 신문기업에게 더는 피할 수 없는 절박한 과제다. 미국 최고 권위지 〈뉴욕타임스〉의 성공 사례를 통해 해법을 모색한다.

신국판 양장본 | 488면 | 28,000원

방송영상미디어 새로 읽기

강형철(숙명여대) 외 지음

이론과 실천이 융합된 신개념 방송영상미디어 입문서

국내 대표 미디어 전문가 8인이 디지털미디어 시대의 새로운 패러다임을 이용자, 콘텐츠, 산업의 측면에서 조명한 책. 단순한 개론서를 넘어 학계와 현장의 다양한 생각과 경험, 그리고 지적 담론을 총망라했다. 현업인에게는 살아있는 지식을, 일반독자에게는 새 시대의 통찰을 제공할 것이다. 크라운판 | 494면 | 28,000원

지능정보사회의 이해

배영(포스텍)·최항섭(국민대) 외 지음

지능정보사회에서 인간과 사회는 어떻게 변화하는가?

지능정보사회가 도래하며 발생한 삶의 패러다임과 사회 변화를 총체적으로 분석했다. 인공지능, 알고리즘 등 주요 개념을 충실히 소개할 뿐만 아니라 지능정보사회가 가져온 인간 및 권력관계, 경제활동의 변화에 대한 논의를 사회학을 중심으로 다양한 측면에서 담았다. 신국판 | 472면 | 23,000원